LA DÉCISION MÉTAPHYSIQUE
DE HOBBES

CONDITIONS DE LA POLITIQUE

DU MÊME AUTEUR

Livres
- *Hobbes et la pensée politique moderne*, Paris, PUF, 1995 (traduit en allemand, espagnol, italien, portugais, catalan).
- *Philosophie et politique à l'âge classique*, Paris, PUF, 1998 (traduit en italien).
- *L'Etre moral et l'invention du sujet de droit*, Paris, PUF (à paraître en 1999).

Direction d'ouvrages collectifs
- *Thomas Hobbes : philosophie première, théorie de la science et politique*, (en coll.) Paris, PUF, 1990.
- *Hobbes et son vocabulaire*, Paris, Vrin, 1991.
- *L'Interpretazione nei secoli XVI e XVII, Milan*, (en coll.) Franco Angeli, 1993.
- *Raison et déraison d'Etat*, Paris, PUF, 1994.
- *L'Individu dans la pensée moderne (XVIᵉ -XVIIIᵉ siècles)*, (en coll.) Pise, Edizioni ETS, 1995, 2 volumes.
- *Jean Bodin : nature, histoire, droit et politique*, Paris, PUF, 1996.
- *La recherche philosophique en France*, Ministère chargé de l'enseignement supérieur et de la recherche, (en coll.) 1996 (2ᵉ édition 1997).
- *The Cambridge Platonists in Philosophical Context*, (en coll.) Dordrecht, Kluwer, 1997.
- *Fondements philosophiques de la tolérance*, (en coll.) 2 volumes, Paris, PUF (à paraître en 1999).
- *Aspects de la pensée médiévale dans la philosophie politique moderne*, Paris, PUF, (à paraître en 1999).

Editions
- Direction de l'édition des *Œuvres traduites de Hobbes*, Paris, 5 vol. parus, Vrin, 1990-.
- Direction de l'édition du *Hobbes latinus*, Paris, Vrin, 1 vol. paru 1999-.
- G. Naudé, *Addition à l'histoire de Louis XI*, Fayard, 1999.

Direction de numéros spéciaux de revues
- *Hobbes*, in *Philosophie*, n° 23, 1989
- *Hobbes et Locke*, in *Archives de Philosophie*, n° 55/4, 1992
- *Locke*, in *Philosophie*, n°37, 1993
- *Théologie et politique chez Robert Filmer*, in *La Pensée Politique*, n° 3, 1995.
- *Une métaphysique pour la morale – Les Platoniciens de Cambridge : H. More et R. Cudworth*, in *Archives de philosophie*, n° 58/3, 1995
- *La politica dei monarcomachi*, in *Rivista di Storia della Filosofia*, n° 3, 1995.
- *L'action à l'âge classique*, in *Philosophie*, n° 53, 1997.
- *Gabriel Naudé : la politique et les mythes de l'histoire de France*, (en coll.) in *Corpus*, 1999.
- *La critique après Kant*, (en coll.) in *Revue philosophique de la France et de l'étranger*, n°2, 1999.
- *Machiavel : nouvelles perspectives*, in *Archives de philosophie*, n° 61/2, 1999.

BIBLIOTHÈQUE D'HISTOIRE DE LA PHILOSOPHIE

LA DÉCISION MÉTAPHYSIQUE DE HOBBES

CONDITIONS DE LA POLITIQUE

par

Yves Charles ZARKA

Deuxième édition augmentée

PARIS
LIBRAIRIE PHILOSOPHIQUE J. VRIN
6, Place de la Sorbonne, Ve
—
1999

© *Librairie Philosophique J. VRIN, 1987*
2e édition augmentée, 1999
Imprimé en France
ISBN 2-7116-0959-6

A la mémoire de Robert Zarka,
mon père.

PRÉFACE À LA DEUXIÈME ÉDITION

Depuis la parution de *La Décision métaphysique de Hobbes* à la fin de 1987, l'œuvre de Hobbes a changé de statut. Ce qui a changé, c'est d'abord le rapport à l'œuvre : ce que nous en attendons, les questions que nous lui posons, les réponses que nous y cherchons. Mais c'est aussi, en un certain sens, l'œuvre elle-même, puisque, avec la mise en chantier d'éditions critiques en Angleterre et en France[1], les découvertes paléographiques, philologiques et historiques ont permis de rétablir la teneur originelle d'un bon nombre de textes et de formuler de nouvelles hypothèses sur leur genèse et leur rédaction[2], ce qui n'est pas sans influer sur la signification de la pensée.

Quel fut exactement le rôle joué par *La Décision métaphysique de Hobbes* dans le tournant qui a affecté la compréhension historico-philosophique de la pensée hobbesienne ? Il ne m'appartient évidemment pas de répondre à cette question. Je souhaite en revanche jeter, dans la présente préface, un regard rétrospectif sur cet ouvrage qui se donnait pour objet de ressaisir la signification philosophique de l'œuvre de Hobbes. A cette fin, je me référerai aux principes de l'historiographie philosophique que j'ai esquissés dans *Philosophie et politique à l'âge classique*[3].

L'historiographie philosophique ne se laisse pas réduire à l'histoire traditionnelle des idées. Celle-ci en effet prend pour objet immédiat de ses investigations, les œuvres, les doctrines et les courants intellectuels qui se sont sédimentés dans l'histoire, alors que l'historiographie philosophique va au-delà pour mettre au jour, à travers ce que dit un texte, l'objet même qu'il vise, ce qu'il donne à penser. L'histoire des idées déroule le trajet complexe de la pensée humaine comme s'il se produisait devant un regard neutre. L'historiographie philosophique engage au contraire une

---

1. Pour la France, il s'agit, d'une part, de l'édition Vrin des *Œuvres traduites de Hobbes* commencée en 1990 (5 volumes parus) et de l'édition du *Hobbes Latinus* (Œuvres latines de Hobbes en langue originale) commencée en 1999 (1 volume paru, à savoir le *De Corpore*) également chez Vrin. Pour l'Angleterre, il s'agit de *The Clarendon Edition of the Works of Thomas Hobbes* (Oxford) publiée depuis 1983 (4 volumes parus).

2. Cf. en particulier l'ouvrage magistral de Karl Schuhmann, *Hobbes, une chronique*, Paris Vrin, 1998.

3. *Philosophie et politique à l'âge classique*, Paris, PUF, 1998. Cette réflexion historiographique sera prolongée dans des travaux à venir.

réactivation de l'enjeu (ou des enjeux) philosophique d'une pensée, c'est dire qu'elle ne peut se contenter d'exposer la structure argumentative ou le système des idées, mais reproduit, ou tente de reproduire, assume, ou tente d'assumer, les opérations qui ont produit une configuration spécifique du savoir sur le double plan onto-gnoséologique et éthico-politique. Autrement dit, l'historiographie philosophique doit associer l'exigence de l'exactitude historique et celle de la spéculation philosophique. Elle doit consister en une interprétation philosophique dont la particularité est d'être tenue ou liée au texte dont elle tâche de mettre au jour la signification. Cela présuppose que nous puissions aujourd'hui réassumer la signification qu'avait un texte dans le passé, même si cette réactivation n'est pas (et ne peut être) intégrale, mais seulement partielle : sans cesse à corriger et à refaire, dans le temps – entre présent et passé – toujours inachevé de l'interprétation. Sans cette présupposition, toute œuvre philosophique et, plus largement, toute production de la pensée humaine, serait soustraite dans sa teneur originelle à notre compréhension.

L'historiographie philosophique implique donc une démarche qui considère trois niveaux à la fois distincts et solidaires : l'énonciation (la restitution des conditions historiques d'élaboration d'un texte), l'énoncé (le texte) et l'objet de l'énonciation (ce qui se donne à penser dans ce qui est dit ou écrit). Elle partage les deux premiers niveaux avec l'histoire des idées, mais le troisième lui est spécifique. C'est de ce type d'historiographie philosophique que relève *La Décision métaphysique de Hobbes,* à ceci près que la dimension de l'énonciation était comme mise entre parenthèses.

Qu'en résultait-il pour la pensée de Hobbes ? Ce qui singularise la lecture de Hobbes qui y est déployée, ne tient pas du tout à l'affirmation d'une cohérence intégrale de tous les aspects de l'œuvre. En effet, loin de vouloir prouver la cohérence de tous ces aspects, j'ai souligné la discordance fondamentale qui traversait cette pensée, laquelle est tendue entre une ontique du corps (séparation) et une doctrine éthico-politique du faire (fondation). La singularité tenait plutôt dans l'établissement d'un nouveau rapport à l'œuvre. Il s'agissait en effet de montrer que, ressaisie dans sa signification la plus profonde, la pensée de Hobbes reposait sur une position métaphysique[4]. Mieux, il fallait réinscrire Hobbes dans l'histoire de la métaphysique pour élucider sa place dans l'histoire de la pensée politique.

On conçoit facilement le déplacement que ce type de lecture impliquait dans la compréhension d'une œuvre qui était pour l'essentiel réduite à sa dimension politico-historique. Que l'on me comprenne bien, je n'ai jamais eu l'intention d'y réduire l'importance de la dimension politique, ni d'en minimiser l'inscription dans l'histoire de la guerre civile anglaise. Ce que

---

4. Il va de soi que l'on ne saurait utiliser les propos de Hobbes contre les métaphysiciens comme un argument pour nier toute dimension métaphysique de sa pensée. Hobbes élabore une logique et une philosophie première qui engagent des positions métaphysiques très importantes pour la connaissance de sa pensée.

j'ai voulu faire, c'est montrer que le système éthico-politique ne pouvait être élucidé, en dernier ressort, qu'en remontant à une position métaphysique fondamentale. Si Hobbes doit être réinscrit dans l'histoire de la métaphysique, c'est parce que sa pensée engage une réélaboration du concept de vérité, c'est-à-dire une redéfinition du rapport entre le discours et le monde qui constitue l'horizon de sa philosophie naturelle et de sa philosophie politique. Cette démarche exigeait que l'on tienne compte de la contemporanéité de la rédaction des textes successifs de logique et de philosophie première, d'une part, et de ceux d'éthique et de politique, d'autre part.

Je ne retiendrai ici que deux points, parmi plusieurs autres, qui me paraissent jouer un rôle clef dans ce que l'on peut appeler le moment hobbesien de la métaphysique. Le premier concerne la théorie de la proposition et l'analyse de la fonction de l'être comme signe de connexion *(signum connexionis)* dans sa fonction logique et sa fonction référentielle. A travers une critique de la fonction de la notion d'*être* dans le discours prédicatif, Hobbes dénoue la relation établie par Aristote entre les modes de la prédication et les genres de l'être. C'est donc la remise en question de l'articulation aristotélicienne [5] entre logique et ontologie qui est à la source de la redéfinition du vocabulaire de l'être et de la mise en place d'une ontique du corps. Le second concerne l'hypothèse de l'*annihilatio mundi* qui inaugure à la fois la philosophie première et l'exposé de la morale et de la politique (du moins dans les *Elements of Law).* La supposition de l'annihilation du monde conditionne donc à la fois l'établissement des principes de la philosophie et ceux de l'éthique et de la politique, c'est-à-dire l'étude de la nature humaine dans ses dimensions cognitive et passionnelle. Je pense encore aujourd'hui qu'il s'agit là d'un point capital qui permet de comprendre l'articulation entre la conception de la nature et celle de l'existence humaine.

Telle était donc l'intention qui présidait à la rédaction de *La Décision métaphysique de Hobbes.* Le texte de la première édition est intégralement repris ici, sauf quelques corrections matérielles secondaires. Cette reprise sans changement ne signifie bien entendu aucunement que je réécrirais aujourd'hui l'ouvrage de la même manière. Elle signifie, au contraire, que si j'avais à le réécrire, j'en ferais sans doute un autre, en raison du travail toujours inachevé, toujours imparfait et toujours à refaire de l'interprétation.

Paris, le 5 février 1999
Yves Charles Zarka

---

5. Rappelons que Hobbes avait une connaissance très directe d'Aristote et qu'il s'explique directement avec sa pensée sur les points majeurs. Il ne faut cependant pas oublier le rapport de Hobbes avec les aristotéliciens de son temps, cf. à cet égard la thèse de Cees Leijenhorst, *Hobbes and the Aristotelians : the Aristotelian Setting of Thomas Hobbes's Natural Philosophy,* Institute of Philosophy, Utrecht, 1998.

AVANT-PROPOS

Nous risquons ici une interprétation qui engage la signification de l'ensemble de l'œuvre de Hobbes. Le risque est à la mesure de l'ampleur et de la diversité de l'œuvre. Cette œuvre comporte-t-elle, au-delà des déclarations de principe, une cohérence interne qu'il soit possible de tenir jusqu'au bout, depuis la Philosophia prima *jusqu'au système éthico-politique, en passant par l'optique, les mathématiques, la physique, la physiologie etc.? Telle est la question qui a animé plusieurs années de notre réflexion. Pour repenser l'œuvre, il fallait, tout d'abord, faire l'effort de se détacher de la réduction qu'une tradition longue et persistante lui a fait subir en privilégiant sa dimension politique et en rejetant ses autres aspects dans les ténèbres. Certes, et c'est là notre conviction profonde, le système éthico-politique constitue l'essentiel, en tout cas, ce qui a marqué le plus profondément l'histoire de la pensée. Mais la signification du système éthico-politique risque précisément de nous échapper, s'il est isolé du problème métaphysique qui, à la fois, le sous-tend et le rend possible. Le recentrage métaphysique de l'œuvre auquel est consacré l'ensemble de ce livre n'a d'autre but que de tenter de mettre au jour la structure spéculative qui gouverne de l'intérieur le déploiement de la philosophie politique.*

Un auteur assume, seul, l'interprétation qu'il donne dans ses lacunes et ses imperfections. Mais cela ne saurait le dispenser de reconnaître la dette, quelquefois considérable, qu'il a envers ceux qui ont rendu possible l'achèvement de son travail. Nos remerciements vont, tout d'abord, à Monsieur Jacques D'Hondt qui a bien voulu diriger ce travail dès sa première heure, et qui a su nous redonner vigueur chaque fois qu'une difficulté paraissait insurmontable. Nous devons beaucoup à Monsieur André Robinet, à la fois sur le plan de la recherche et pour l'accueil chaleureux qu'il nous a réservé au sein de l'équipe 75 du CNRS; à Monsieur Pierre Magnard qui a su, par des remarques et des suggestions souvent lumineuses, nous éclairer sur les enjeux métaphysiques et la situation de l'œuvre de Hobbes au XVII° siècle; à Monsieur Alexandre Matheron qui nous fit découvrir cette œuvre.

Nos remerciements vont également à tous ceux qui, à un moment ou à un autre, par leurs remarques, leurs suggestions ou leurs invitations à des colloques nous ont aidé, ces dernières années, à préciser ou à donner un écho public à nos recherches: Madame Simone Goyard-Fabre, et Messieurs Jean Bernhardt, Olivier Bloch, Michel Malherbe, Henry Méchoulan et François Tricaud.

Nos derniers mots iront à nos amis Yves Thierry et Serge Waldbaum qui suivirent notre travail au jour le jour.

NOTE SUR LES RÉFÉRENCES

E.W.	= *English Works* édition W. Molesworth.
O.L.	= *Opera Latina* édition W. Molesworth.
S.T.	= *Short Tract.*
C.D.M.	= *Critique du 'De Mundo' de Thomas White.*
C.D.M. Ap. II	= Notes de Herbert of Cherbury sur une première ébauche du *De Corpore.*
C.D.M. Ap. III	= Manuscrit autographe de Hobbes A.10 de Chatsworth:*"Logica Ex T.H."* et*"Philosophia prima Ex T.H."*. La même référence renvoie aux variantes que présentent, par rapport au manuscrit A. 10, les notes prises par Cavendish sur une ébauche du *De Corpore.*
Troisième obj.	= *Troisièmes objections* aux *Méditations Métaphysiques* de Descartes.
D.C.	= *De Corpore.*
S.L.	= *Six lessons.*
Ex.	= *Examinatio et emendatio mathematicae hodiernae.*
P.P.	= *Problemata physica.*
D.Ph.	= *Decameron physiologicum.*
L.N.	= *Of liberty and necessity.*
Q.C.	= *The questions concerning liberty, necessity and chance.*
A.B.B.	= *An Answer to a book published by Dr. Bramhall, late Bishop of Derry, called the ' Catching of the Leviathan'.*
E.L.	= *The Elements of Law.*
D.Ci.	= *De Cive.*
Lev.	= *Léviathan.*
D.H.	= *De Homine.*
B.	= *Behemoth.*

– Cas général: les références comportent l'indication du titre abrégé de l'ouvrage, du chapitre (ou de la section), du paragraphe (s'il y a lieu) et de la page de l'édition utilisée. Lorsqu'il s'agit de l'édition W. Molesworth, le titre abrégé est immédiatement suivi par l'abréviation correspondant à la série des œuvres anglaises ou latines et par l'indication du volume en chiffres romains. Cependant nous nous sommes efforcé, autant que possible, de nous référer à une édition plus récente et plus rigoureuse. Dans ce cas la référence ne comporte pas d'indication sur l'édition qu'on pourra facilement retrouver dans la bibliographie.

– Cas particuliers: pour le *Short Tract*, le titre abrégé est suivi de *E.L.*, Ap. I, parce que ce texte figure en premier appendice à l'édition des *Elements of Law* que nous utilisons.

Pour les *Troisièmes objections* aux *Méditations Métaphysiques* de Descartes, la référence renvoie à la fois à l'édition Molesworth (*O.L.* V) et à l'édition Adam et Tannery des œuvres de Descartes (A.T., IX-1).

Pour les *Elements of Law*, le titre abrégé est immédiatement suivi par un chiffre romain qui indique qu'il s'agit de la première ou de la seconde partie de l'ouvrage.

Pour le *Léviathan*, nous renvoyons à la traduction de F. Tricaud, dont l'indication de la page suit immédiatement celle de l'édition anglaise de C.B. Macpherson. Tout renvoi à l'édition latine (*O.L.* III) figure explicitement dans la référence. Lorsqu'un passage de l'édition latine diffère du texte de l'édition anglaise, sa traduction est donnée en notes par F. Tricaud. Signalons que la confrontation de l'édition anglaise et de l'édition latine du *Léviathan* fait apparaître que pour le même mot anglais *power*, le latin utilise deux termes *potentia* (puissance) et *potestas* (pouvoir); nous modifierons la traduction française en substituant le mot "puissance" au mot "pouvoir" quand le latin correspondant est *potentia*, ou lorsque le contexte nous semble l'exiger; toute autre modification sera signalée.

INTRODUCTION

MÉTAPHYSIQUE ET POLITIQUE

§ 1. *Recentrage métaphysique*

L'œuvre de Hobbes met en place des concepts qui ouvrent l'espace dans lequel la philosophie politique moderne va s'établir. Non qu'elle ait fait autour d'elle l'unanimité, bien au contraire, mais parce que son point de départ dans l'individu, la détermination du désir comme *conatus,* la théorie de l'état de nature, la construction rationnelle du concept de droit subjectif, la théorie institutionnelle de l'Etat et la mise en œuvre d'une interprétation théologico-politique de l'Ecriture sainte, qui constituent les moments fondamentaux du déploiement de la doctrine, instaurent un champ théorique qu'aucune philosophie politique ne pourra désormais ignorer.

Or, à prendre ces concepts un à un, il est toujours possible de leur trouver une ascendance dans la philosophie antique, médiévale ou renaissante. On pourrait ainsi tisser un réseau de relations entre la théorie hobbesienne du désir et celle que Platon énonce par l'intermédiaire de Calliclès, entre la théorie des passions et celle que l'on trouve dans la *Rhétorique* d'Aristote, ou encore voir en Guillaume d'Ockham le précurseur du droit subjectif moderne, en Suarez, l'origine de la notion d'état de nature, et en Bodin, le fondateur de la théorie moderne de la souveraineté absolue, montrer enfin que Hobbes est loin d'être le premier à formuler une théorie contractualiste de l'Etat, et qu'on ne l'a pas attendu pour dégager le sens politique de l'Ecriture.

Mais quel que soit le bien fondé de telles analyses, elles nous paraissent manquer l'essentiel. L'essentiel est que le projet de fondation d'une science politique, que Hobbes s'attribue en propre, et par lequel il situe lui-même son œuvre aux côtés de l'œuvre accomplie par Copernic en astromomie, Galilée en physique, Harvey en médecine, Kepler, Gassendi et Mersenne en philosophie naturelle, n'est rendu possible que sous la condition d'une métaphysique hors de laquelle il demeure fondamentalement incompris. Cette métaphysique, nul n'est besoin de la chercher en dehors de l'œuvre elle-même; Hobbes l'expose en effet dans ses ouvrages non directement politiques comme la *Critique du 'De mundo' de Thomas White* (1643), le *De Corpore* (1655) et les manuscrits qui scandent les étapes successives de la rédaction de cette dernière œuvre dont la première ébauche date de 1638-1639. S'y trouve engagée une nouvelle définition des rapports de l'homme au monde, constituée à partir d'une réélaboration du concept de vérité et une réévaluation du statut du savoir où se joue une critique de la gnoséologie et de l'ontologie d'Aristote. C'est cette critique de la métaphysique aristotélicienne, que Hobbes présente comme une remise en cause du principe qui régit toute métaphysique comme discours sur l'être, qui met en place l'horizon lui-même métaphysique de sa politique. Ce n'est donc pas à un exposé complet du système de l'éthique et de la politique de Hobbes que nous voulons nous livrer ici, exposé qui fera l'objet d'un autre livre, mais à un recentrage métaphysique de l'œuvre pour prendre la pleine mesure de la signification de sa philosophie politique. Par ce recentrage métaphysique de l'œuvre, métaphysique de la séparation et fondation du politique apparaissent comme les deux versants de la même problématique.

§ 2. La Métaphysique de la séparation

L'enjeu métaphysique de la pensée de Hobbes ne peut être ressaisi que dans sa double relation de référence et d'opposition à la métaphysique d'Aristote.

Référence, car, renvoyant explicitement à Aristote pour définir contre Thomas White ce qu'est la philosophie, Hobbes explique que celui qui veut philosopher correctement doit commencer par la métaphysique, science des choses les plus communes, avant de passer à la connaissance des choses moins communes (cf. *C.D.M.* chap. IX, 16, p. 170). Or, ajoute Hobbes, c'est la notion d'étant (d'*Ens*) qui est la plus commune, et la science qui s'y rapporte est appelée sagesse par Aristote parce qu'elle comprend toutes les autres sciences, de même que le sujet (l'*Ens*) sur lequel elle porte comprend tous les autres sujets. Ainsi on peut lire dans la *Critique du 'De Mundo' de Thomas White* :

"La première partie de la philosophie, et le fondement des autres, est la science où sont démontrés les théorèmes concernant les attributs de l'étant en général, qu'on appelle Philosophie première" (*ibid.*, chap. I, 1, p.105).

Qu'on ne se méprenne pas sur ces déclarations, qui ne sont nullement de pure circonstance. En effet, d'une part, le projet d'une *Philosophia prima*, comme science des attributs les plus universels des choses, est permanent dans l'œuvre de Hobbes, et sera réalisé sous sa forme définitive dans la seconde partie du *De Corpore*, et d'autre part, la notion de *Philosophia prima* est exactement équivalente à celle de métaphysique (cf. *S.L., E.W.* VII, 226). Cette équivalence valait déjà, selon Hobbes, chez Aristote, dont les livres qui concernent les attributs les plus universels des choses ne reçurent que plus tard le nom de métaphysique, parce qu'ils étaient disposés dans l'ordre de l'œuvre après la physique. Ce faisant, Hobbes tranche dans l'interprétation du rapport problématique de la philosophie première à la métaphysique chez Aristote. Ramenant le contenu de la première à celui de la seconde, il refuse de considérer ce qu'Aristote nomme "philosophie première" comme une théologie et critique les passages de la *Métaphysique* qui semblent accréditer une telle interprétation. Mais le déplacement de sens qui a tiré la métaphysique dans la voie d'une théologie fut essentiellement l'œuvre de la scolastique qui a transformé le *méta-* du mot *métaphysique*, qui signifie seulement un *post*, en un *trans*, faisant ainsi de la métaphysique une science de ce qui transcende la nature (cf. *C.D.M.*, chap. IX, 16, p. 170). Mis à part ce déplacement de sens, qui a eu pour effet une confusion de la philosophie (qui relève en propre de la raison) et de la théologie (qui relève essentiellement de la révélation), c'est bien une métaphysique que Hobbes met au principe de sa philosophie.

Conservant la notion de *Philosophia prima* plutôt que la notion ambiguë de métaphysique, il met sous la dénomination de celle-là le contenu de celle-ci. Avec cet avantage supplémentaire que sous le titre de *Philosophia prima* la métaphysique retrouve sa vraie place dans l'ordre du savoir, car, touchant aux attributs les plus généraux de l'étant, elle doit être antérieure aux sciences particulières. Toute la question est, bien entendu, de savoir ce qu'est ce contenu, ce qu'est le sens de la métaphysique chez Hobbes.

Qu'il nous suffise pour l'instant de remarquer que, se référant toujours à Aristote, Hobbes fait suivre la métaphysique, dans l'ordre du savoir, par les sciences qui concernent les étants pris séparément les uns des autres. D'abord par la physique, où sont démontrées les raisons des effets naturels des corps naturels singuliers. Puis par l'éthique ou philosophie morale, qui a pour objet les affects, les mœurs, les fins et les desseins des hommes. Enfin par la politique, qui concerne la société humaine, et dans laquelle les lois civiles, la justice et les autres vertus sont discutées.

Rappelons que ce plan général de la philosophie du premier chapitre de la *Critique du 'De Mundo' de Thomas White* est identique à celui qui est développé à deux reprises au chapitre VI du *De Corpore* intitulé *"De Methodo"*, avec cette différence cependant que les mathématiques y occupent une place à part. Toute l'organisation du savoir est donc suspendue à la métaphysique, dont le sens va engager fondamentalement celui de l'éthique et de la politique. Deux questions doivent donc désormais être soulevées: 1) la notion de métaphysique chez Hobbes recouvre-t-elle le projet d'une ontologie ?, 2) quel est son rapport à la métaphysique d'Aristote ?

Dès que l'on passe des renvois explicites à Aristote et de l'organisation formelle du savoir au contenu qu'ils recouvrent, on passe aussi de la référence à l'opposition. Car lorsqu'il s'agit de déterminer les attributs de l'étant en général qui font l'objet de la métaphysique, Hobbes écrit:

> "On traite donc dans celle-ci de l'étant, de l'essence, de la matière, de la forme, de la quantité, du fini, de l'infini, de la qualité, de la cause, de l'effet, du mouvement, de l'espace, du temps, du lieu, du vide, de l'unité, du nombre [...] " (*C.D.M.*, chap. I, 1, p. 105).

On peut faire sur cette énumération des attributs de l'étant en général quatre remarques: 1) Hobbes déclare explicitement qu'elle n'est pas exhaustive. 2) De cette incomplétude résulte le fait qu'il en donne une version différente chaque fois qu'il la rappelle (cf. par exemple, *ibid.* chap., IX, 16, p. 170; *Lev.*, chap. XLVI, p. 683; *S.L.*, *E.W.* VII, p.226). 3) Le *De Corpore* en donne une version déductive, sous la forme d'une déduction des prédicaments ou catégories (cf. *D.C.*, *O.L.* I, chap. II, 15-16, pp. 22-25). 4) Sont admises des notions qui ne pourraient en aucune façon figurer dans la table aristotélicienne des catégories. On aperçoit déjà à quel point le contenu de la métaphysique pour Hobbes, non seulement diffère, mais même s'oppose radicalement au contenu que lui assignait Aristote, auquel il se réfère pourtant dans chacun de ces textes. Notons simplement que pour Aristote les dix catégories, qui expriment chacune quelque chose de l'être et qui constituent les premiers attributs des choses, sont irréductibles et que leur énumération est considérée (au moins probablement) comme complète. Irréductibles, parce que, comme genres les plus généraux de l'être, elles ne se laissent pas ramener à un genre suprême tel que l'Un ou l'Etre. Cette irréductibilité implique, d'une part, leur incommunicabilité – ce qui a pour conséquence leur indéductibilité à partir d'un genre unique –, et d'autre part, assure "la réalité qu'elles possèdent comme genres, puisqu'il n'est plus à craindre qu'elles soient, comme le genre suprême unique de Platon, vidées de tout contenu par une abstraction sans limites"[1]. En outre, l'énumération des catégories est considérée comme complète, le caractère empirique de cette énumération résultant non d'une imperfection mais de leur indéductibilité.

Or, en ôtant ces deux déterminations essentielles des catégories aristotéliciennes, Hobbes en modifie du tout au tout la signification. Ce ne sont plus désormais les catégories de l'être ou les déterminations les plus générales de la chوséité de la chose; leur signification ontologique est perdue. Ainsi, examinant dans la *Critique du 'De Mundo'* la signification de chacune d'entre elles, il déclare que, dans le livre qu'il appelle *Catégories,* Aristote distingue les noms ou appellations des choses en dix genres (cf. *C.D.M.*, chap. V, 2, p.129). Pour que ce point ne fasse plus de doute, il suffit de rappeler que dans le *De Corpore* Hobbes précise, toujours à propos des catégories, que, lorsque Aristote s'aperçut qu'il ne pouvait achever le recensement des choses, il a recensé les noms au gré de sa propre autorité (cf. *D.C., O.L.,* I, chap. II, 16, p.25).

Il n'est donc plus question de genres de l'être mais d'une classification de noms. La catégorie fondamentale de substance qui exprime chez Aristote ce qu'est la chose, "l'Etre au sens premier", alors que "les autres choses ne sont appelées des êtres, que parce qu'elles sont ou des quantités de l'Etre proprement dit, ou des qualités, ou des affections de cet être, ou quelque autre détermination de ce genre"[2], devient, dans l'interprétation qu'en donne Hobbes, la classe des noms que nous donnons aux choses eu égard aux *species* ou images que ces choses éveillent dans l'esprit (cf. *C.D.M.,* chap. V, 2, p. 129). Si ce dernier maintient que la catégorie des substances ou essences exprime le *Quid est?,* il n'en garde plus du tout le sens aristotélicien. Au point que la substance, réduite au substrat, sera tenue pour inconnaissable dans son essence réelle.

La métaphysique d'Aristote, en prenant pour objet "le problème toujours en suspens: qu'est-ce que l'Etre ?", qui "revient à demander qu'est-ce que la Substance?" (*Métaph.,* VII, 1, 1028 b, 3-4, trad., T. I, p. 349), où la substance est l'unité d'une essence et d'une existence, et où l'essence – qui fait à la fois ce qu'une chose est et qu'elle est – est exprimée dans la définition qui dit la quiddité de la substance, assurait au savoir une prise directe sur la réalité, un contenu ontologique qui empêche de séparer la logique de la métaphysique, la théorie du savoir de la théorie de l'être. Et cela depuis les catégories jusqu'à la théorie du syllogisme démonstratif. Ainsi les catégories sont-elles, au point de vue métaphysique, les genres de l'être, et au point de vue logique, les concepts simples et indivisibles, antérieurs à toute composition, saisis dans une intuition intellectuelle antérieure à tout discours − donc antérieure à la vérité et à l'erreur − et infaillible, puisqu'en ce qui les concerne il n'y a pas de moyen terme entre la science et l'ignorance [3]. En outre, ce sont précisément les concepts des natures simples qui entrent en composition dans la proposition, qui est le lieu du vrai et du faux, car:

> "De même qu'il existe dans l'âme tantôt un concept indépendant du vrai ou du faux, et tantôt un concept à qui appartient nécessairement l'un ou l'autre, ainsi en est-il pour la parole; car c'est dans la composition et la division que consistent le vrai et le faux" [4].

Cependant, la définition de la vérité du traité *De l'Interprétation* et des livres IV et VI de *La Métaphysique*, qui la ramènent à une affection de la pensée, avait pour conséquence d'exclure l'être en tant que vrai de la métaphysique:

> "Le faux et le vrai, en effet, ne sont pas dans les choses, comme si le bien était le vrai, et le mal, en lui-même, le faux, mais dans la pensée, et, en ce qui regarde les natures simples et les essences, le vrai et le faux n'existent pas même dans la pensée. [...] Mais puisque la liaison et la séparation sont dans la pensée, et non dans les choses, et que l'Etre, pris en ce sens, est différent de l'Etre au sens strict (car la pensée réunit ou sépare, pour un sujet donné, soit une essence, soit une certaine qualité, soit une certaine quantité, soit tout autre mode), nous devons laisser de côté, aussi bien que l'Etre par accident, l'Etre en tant que vrai" (*Métaph.*, VI, 4, 1027 b, 25-33, trad., T. I, pp. 344-345).

En revanche, on sait qu'au livre IX de *La Métaphysique* Aristote fait correspondre à la composition dans la pensée une liaison ontologique:

> "Or la vérité ou la fausseté dépend, du côté des objets, de leur union ou de leur séparation, de sorte qu'être dans le vrai, c'est penser que ce qui est séparé est séparé, et que ce qui est uni est uni, et être dans le faux, c'est penser contrairement à la nature des objets" (*ibid.*, IX, 10, 1051 b, 2-5, trad., T. II, p. 522).

Enfin toute la théorie du savoir des *Seconds analytiques* repose sur l'idée d'une coïncidence de l'ordre du connaître et de l'ordre de l'être. En effet, toute démonstration supposant une connaissance préexistante, "il est nécessaire aussi que la science démonstrative parte de prémisses qui soient vraies, premières, immédiates, plus connues que la conclusion, antérieures à elle, et dont elles sont les causes"[5]. Or, puisque les principes premiers de la démonstration ne peuvent être eux-mêmes l'objet d'une démonstration, ils présupposent un mode de saisie non discursif, ainsi "c'est une intuition qui appréhendera les principes" (*Sec. analy.*, II, 19, 100 b, 12, trad., p.247). Cette antériorité des principes sur la conclusion n'est pas seulement logique mais également ontologique:

> "Elles [les prémisses premières et indémontrables] doivent être les causes de la conclusion, être plus connues qu'elle, et antérieures à elle: causes, puisque nous n'avons la science d'une chose qu'au moment où nous en avons connu la cause; antérieures, puisqu'elles sont des causes; antérieures aussi au point de vue de la connaissance" (*ibid.*, I, 2, 71 b , 29-32, trad. p. 9).

La nature même du principe implique une coïncidence de la *ratio cognoscendi* et de la *ratio essendi,* sans laquelle la connaissance ne serait pas possible. Posséder la science d'une chose consistant à en connaître la cause ou le pourquoi, la supériorité de la première figure de syllogisme tiendra précisément à ce qu'elle l'indique, et par conséquent, à ce qu'elle reproduit de manière adéquate le contenu ontologique. En outre, le pourquoi résidant dans l'essence, on peut lire dans *La Métaphysique* :

> "La conclusion à tirer, c'est que, comme dans les syllogismes, le principe de toute production, c'est la substance formelle: car c'est de l'essence que partent les syllogismes, et c'est d'elle aussi que partent ici les productions. Et il en est des êtres dont la constitution est naturelle comme des productions de l'art" (*Métaph.*, VII, 9, 1034 a, 30-33, trad., T. I, p. 396-398).

Ainsi l'essence est, chez Aristote, au principe du savoir comme à celui de l'être, ce qui fonde une équivalence entre l'objet et la pensée, l'être et le connaître, par laquelle le développement de la nature et les lois de la pensée s'imitent réciproquement: "*L'idée* de la connaissance implique [...] que son ordre soit celui-là même de l'être, que l'ontologiquement premier soit aussi épistémologiquement antérieur. Si la nature semble 'syllogiser', c'est que le syllogisme ne fait que traduire le mode de production des choses: toute la théorie de la démonstration et de la science dans les *Analytiques* suppose cette coïncidence entre le mouvement par lequel la connaissance progresse et celui par lequel les choses sont engendrées"[6]. Même s'il ne s'agit là que de l'ordre de la connaissance idéale, avec lequel ne coïncide pas nécessairement celui de la recherche effective.

Or c'est précisément cette coïncidence de la *ratio cognoscendi* et de la *ratio essendi* qui est remise fondamentalement en question par la métaphysique de Hobbes, et cela non seulement en fait (non-coïncidence du canon de la connaissance idéale et de la recherche effective), mais également en droit (l'ordre de la connaissance, fût-il idéal, n'est plus celui de l'être), alors même que Hobbes reprend le vocabulaire aristotélicien. En instaurant une séparation entre le connaître et l'être, la métaphysique de Hobbes va isoler la logique du discours de l'ontologie. La systématisation des exigences internes du discours n'est plus amarrée aux choses. Cette rupture de la connaissance et de l'être va traverser tous les moments du savoir dans une symétrie surprenante avec les moments du savoir que nous venons d'examiner chez Aristote. Premièrement, comme nous l'avons vu, les catégories ne sont plus des genres de l'être mais des classes de noms, où les noms moins communs sont subordonnés aux plus communs. En outre, leur nombre est déterminé conventionnellement selon les besoins de la connaissance et de l'argumentation. Deuxièmement, la définition par "genre" et "différence" ne nous révèle rien sur l'essence de la chose, elle n'est que l'explication d'un nom par le discours, c'est-à-dire sa résolution en ses parties les plus universelles (cf. *D.C., O.L.* I, chap. VI, 14, p.73). Elle explique la pensée dont elle est l'instrument, et non les choses. Troisièmement, la proposition est bien le lieu de la vérité (comme de l'erreur) mais celle-ci semble perdre tout contenu ontologique, puisque Hobbes réaffirme sans cesse que la vérité se trouve dans la pensée, ou plus exactement dans le discours (verbal), et non dans les choses (cf. *ibid.*, chap. III, 8, p. 32). La notion de vérité ne semble donc plus avoir qu'un contenu logique. Quatrièmement, toute la théorie du syllogisme repose, cette fois, sur la distinction de la causalité dans la connaissance – par laquelle les prémisses sont causes de la conclusion – qui relève du discours (verbal), d'une part, et de l'ordre des choses, d'autre part (cf. *ibid.*, 20, pp. 38-39). Il n'y a donc plus de coïncidence immédiate entre les procédures de la connaisance et le développement de la nature. La nature ne syllogise plus avec l'esprit. De plus, la causalité ne réside plus dans la forme ou l'essence mais dans la cause efficiente. Connaître le pourquoi sera désormais connaître la cause efficiente. Mais loin de valoir immédiatement pour les choses, l'application au réel du concept de causalité efficiente devient un problème.

De la même façon encore, alors même qu'il reprend les distinctions aristotéliciennes de la connaissance du pourquoi et de la connaissance de fait, de ce qui est plus connu par nature et de ce qui est plus connu par nous, d'un ordre de l'analyse et d'un ordre de la genèse, Hobbes leur donne un sens radicalement antiaristotélicien. En ce qui concerne par exemple la méthode: si, pour Hobbes, la méthode analytique nous fait bien remonter aux principes premiers les plus universels de la *Philosophia prima*, ceux-ci ne sont que des définitions de mots, il n'y a donc plus d'intuition qui en assurerait la saisie et qui serait la traduction sur le plan de la connaissance de leur antériorité ontologique. On comprend dès lors que la restitution de l'ordre réel de la génération des choses par la méthode synthétique ou génétique se révèle très problématique. Bien plus, cette distance entre le discours et l'être, entre les mots et les choses, devient un critère de validité de la connaissance, puiqu'elle prévient toute réification des démarches discursives.

Enfin, Hobbes s'oppose à la formulation ontologique du principe de contradiction chez Aristote. En effet, le principe de contradiction est, pour Aristote, à la fois une loi du discours et un principe valable pour les choses, il signifie que la même chose ne peut pas être et n'être pas en même temps et sous le même rapport. En revanche, dans le *De Corpore*, Hobbes va s'opposer à la formulation ontologique de ce principe pour le ramener à une loi du discours. Ainsi, Hobbes reprend presque en propres termes, dans le chapitre V du *De Corpore* intitulé (ce qui n'est pas de peu d'importance) *"De erratione, falsitate et captionibus"*, le passage de *La Métaphysique* où il est affirmé que:

> "Celui qui connaît les êtres en tant qu'êtres doit être capable d'établir les principes les plus fermes de tous les êtres. Or celui-là, c'est le philosophe; et le principe le plus ferme de tous se définit comme étant celui au sujet duquel il est impossible de se tromper: il est, en effet, nécessaire qu'un tel principe soit à la fois le mieux connu de tous les principes (car l'erreur porte toujours sur ce qu'on ne connaît pas) et inconditionné, car un principe dont la possession est nécessaire pour comprendre tout être quel qu'il soit ne dépend pas d'un autre principe [...]. C'est le suivant: *Il est impossible que le même attribut appartienne et n'appartienne pas en même temps, au même sujet et sous le même rapport* [...]" (*Métaph.*, IV, 3 1005 b, 10-20, trad., T. I, pp. 194-195).

Mais c'est pour remarquer qu'une erreur s'est glissée du fait de l'équivocité du mot *principe*. Car Aristote entend par ce mot tantôt les causes des choses, tantôt une proposition première qui est la cause de la connaissance, c'est-à-dire ce qui relève de la compréhension des mots (cf. *D.C.,O.L.* I, chap. V, 12, p. 56). La dénonciation de cette confusion d'un principe de connaissance et d'un principe de réalité, qui ramène le principe de contradiction à une loi du discours, ne signifie pas que des choses contradictoires peuvent exister, mais à l'inverse, que seules les propositions peuvent être contradictoires, et que, par conséquent, le principe de contradiction comme principe commande nos propositions, c'est-à-dire l'intelligibilité de nos énoncés concernant les choses. On voit donc à quel point Hobbes s'oppose à Aristote sur la question du rapport de la connaissance et de l'être, et en quel sens nous sommes autorisés à parler d'une métaphysique de la séparation. Métaphysique de la séparation, parce qu'elle instaure une béance qui risque d'être insurmontable entre le discours et les choses. Mais, en même temps, on comprend que Hobbes se situe constamment par rapport à la métaphysique aristotélicienne, dont il élabore pour ainsi dire le négatif. A l'ontologie aristotélicienne répond chez Hobbes la négation de cette ontologie, l'impossibilité d'une connaissance des choses telles qu'elles sont dans leur essence réelle. Se trouvent ainsi fondées à la fois, et dans le même mouvement, la référence et l'opposition à la métaphysique d'Aristote. Mais loin qu'une telle position soit par elle-même satisfaisante, trois questions deviennent désormais incontournables parce qu'elles engagent toute la philosophie de Hobbes: 1) le savoir n'est-il pas désormais refermé sur lui-même, voué, toujours à distance de la nature, à une sorte de vacuité discursive ? 2) Comment un discours qui n'est plus amarré à l'être pourrait-il assurer à la certitude et à la nécessité internes de ses déductions une quelconque valeur ontologique ? 3) Comment dès lors rendre compte de la conception matérialiste du monde que délivre le *De Corpore* ?

Nous reviendrons sur ces questions. On notera simplement ici, que Hobbes ne se contente pas de s'opposer à l'ontologie d'Aristote, mais qu'il élabore aussi les instruments d'une critique, critique tout entière fondée sur son nominalisme. Sur ce point également la *Critique du 'De Mundo'* se révèle particulièrement éclairante. Dès le premier chapitre, Hobbes y affirme que la philosophie doit être traitée logiquement parce qu'elle a pour fin la connaissance certaine, c'est-à-dire la connaissance de la vérité des conclusions à partir de déductions nécessaires, et que cette vérité ne concerne que les propositions universelles (cf. *C.D.M.*, chap. I, 3, p. 107). Or, pour parvenir à démontrer la vérité d'assertions universelles, nous devons d'abord éliminer du discours toute ambiguïté et toute équivoque par des définitions de mots, et ensuite déduire de ces définitions des conséquences nécessaires, comme le font les mathématiciens (cf. *ibid.*, 2, p. 106). Un tel usage du discours relève donc de la logique, et s'oppose aux trois autres usages du discours dans l'histoire, la rhétorique et la poésie, qui ont pour fonction, la première, de narrer, la seconde, d'exciter l'esprit de notre auditeur à accomplir quelque chose, et la troisième de léguer des actions illustres à la mémoire de la postérité (cf. *ibid.*, 2, pp.106-107). Par conséquent seul un traitement logique de la philosophie pourra lui donner un statut *mathématique* (au sens, précise Hobbes, de *discere*) de sorte que:

> "Toutes les sciences auraient été mathématiques, si leurs auteurs n'avaient pas affirmé plus qu'ils ne pouvaient prouver. En effet c'est à cause de la témérité et de l'ignorance des auteurs de physique et d'éthique, que la géométrie et l'arithmétique sont maintenant les seules sciences mathématiques" (*ibid.* 1, p. 106).

Nous avons précédemment indiqué la place particulière que le premier chapitre de la *Critique du 'De Mundo'* accordait aux mathématiques, nous voyons maintenant que cette place tient à ce que Hobbes forme le projet d'une *mathesis universalis,* dont la géométrie fournit le modèle et qui gouverne aussi bien le projet d'une science de la nature que celui d'une science politique. L'idée de cette *mathesis universalis* est corrélative d'une logicisation de la philosophie, ce en quoi elle diffère fondamentalement de la *mathesis* de Descartes dont la possibilité réside dans l'intuition intellectuelle et aucunement dans une logique des procédures formelles du raisonnement. La logique, qui concerne pour Hobbes la théorie des mots, de la proposition, du syllogisme et de la méthode, confère, en même temps que les instruments de la science, les moyens d'une critique du discours philosophique. C'est précisément cette critique qui est appliquée au *De Mundo* de Thomas White, et qui sera également appliquée à la métaphysique aristotélicienne. La science dépendant des définitions de mots, de la signification des expressions, de la validité des propositions, et de la nécessité des démonstrations, la transparence de son discours résidant dans le respect de ces procédures, c'est aux mêmes exigences qu'il faudra soumettre tout discours philosophique. La critique de la métaphysique aristotélicienne prendra donc la forme d'une logique du discours ontologique, dont la possibilité réside dans un usage équivoque et fautif du verbe *être*. La critique nominaliste consistera donc à repérer dans le discours même l'abus de langage qui est à l'origine des erreurs, où, selon Hobbes, la philosophie d'Aristote s'est trouvée plongée, en ce qui concerne plus précisément la théorie de l'essence. Par là même, on voit que le rapport de Hobbes à Aristote est médiatisé par la connaissance de la tradition nominaliste. Qu'on nous comprenne bien: s'il se situe dans cette tradition, cela ne veut nullement dire que Hobbes reprenne purement et simplement les thèses des nominalistes médiévaux, en particulier celles de Guillaume d'Ockham. Mais il élabore une conception du nominalisme qui radicalise, comme Leibniz le remarquait déjà [7], le nominalisme d'Ockham en conférant à la fonction linguistique (au sens strict du langage parlé) un rôle prédominant. Ce dernier point le sépare également du nominalisme contemporain de Gassendi, avec lequel sa conception entretient néanmoins des convergences importantes.

Certes, Hobbes ne thématise son rapport ni au nominalisme du XIV° siècle, ni au courant logique qui s'en réclame au XV° et au XVI° siècles. Mieux, il ne cite aucun de leurs représentants majeurs. Cependant, l'évaluation du sens et de la portée de sa logique et, corrélativement, la détermination de la situation historique de sa métaphysique ne peuvent faire l'économie d'une mise en évidence du déplacement qu'il fait subir aux concepts fondamentaux de la logique et de la métaphysique scolastiques. Qu'on nous comprenne bien, il ne s'agit en aucune manière pour nous d'entreprendre une recherche des sources mais, au contraire, de mettre en rapport des systèmes afin de dégager les inflexions et les ruptures qui à la fois interdisent les assimilations abusives et découvrent les traits spécifiques. A cet égard, la logique de Guillaume d'Ockham, sous la forme achevée qu'elle trouve dans la *Summa Logicae* [8], servira de point de repère privilégié. Car bien que le *De Corpore* et la *Critique du 'De Mundo'* en reprennent des thèses majeures, comme la critique du réalisme de l'universel et de la relation, la valeur purement sémantique des distinctions linguistiques, la définition de la vérité et de la fausseté des propositions, etc., cette reprise s'opère dans un contexte qui en modifie profondément la portée. Disons simplement, pour l'instant, que si Hobbes hérite de la distinction ockhamienne entre l'ordre des signes et l'ordre des choses, laquelle rend caduc le parallélisme logico-ontologique de la tradition aristotélico-boécienne, en revanche, sa sémantique remanie foncièrement celle d'Ockham, parce qu'elle remet en cause le caractère référentiel de la signification. Cette remise en cause repose à son tour sur l'effondrement métaphysique de la doctrine de la saisie antéprédicative de l'existence de la chose individuelle, comme connaissance intuitive *(cognitio intuitiva)* à la fois sensitive et intellective, qui constituait chez Ockham le point de départ de toute connaissance. Le rapport entre le mot, la pensée et la chose va s'en trouver si considérablement modifié, qu'il semble, qu'alors que le nominalisme d'Ockham avait pour fonction essentielle de nous faire connaître adéquatement le monde, celui de Hobbes instaure une séparation insurmontable entre le langage et le monde.

Voici donc les questions qui orienteront notre réflexion: 1) la *mathesis* hobbesienne ne paye-t-elle pas l'exigence d'une cohérence interne du discours par une perte de la réalité ? 2) Qu'est-ce qu'une connaissance rationnelle se déployant dans et par le langage pourra retrouver du monde ? 3) Sachant, en outre, que cette *mathesis* (sur ce point encore une fois opposée à celle de Descartes) doit trouver son lieu privilégié d'application dans la philosophie politique, ne répond-t-elle pas sur le plan politique à une question soulevée d'abord sur le plan métaphysique ? 4) N'est-ce pas la métaphysique de la séparation qui fournit la condition la plus profonde du projet de fondation du politique ?

§ 3. La fondation du politique

La notion de fondation du politique, que nous avons laissée inexplicitée jusqu'ici, a un double sens. Tout d'abord cette fondation est la fondation d'une science que Hobbes annonce dès le texte inaugural de sa première œuvre éthique et politique *The Elements of Law Natural and Politic* (1640):

> "To reduce this doctrine to the rules and infallibility of reason, there is no way, but first to put such principles down for a *foundation,* as passion not mistrusting, may not seek to displace; and afterward to build thereon the truth of cases in the law of nature (which hitherto have been built in the air) by degrees, till the whole be inexpugnable. Now (my Lord) the principles fit for such a *foundation,* are those which [...] I have here put into method. [...] For my part, I present this to your Lordship for the true and only *foundation* of such science" (*E.L.*, the epistle dedicatory, pp. XV-XVI, c'est nous qui soulignons).

> "Pour ramener cette doctrine [la politique] aux règles et à l'infaillibilité de la raison, il n'y a pas d'autre moyen que de poser d'abord pour *fondation* des principes tels que, la passion, n'ayant pas de méfiance à leur endroit, ne puisse pas chercher à les ébranler, et ensuite de bâtir là-dessus par degrés la vérité des causes dans la loi de nature (qui jusqu'ici a été bâtie en l'air), jusqu'à ce que le tout soit inébranlable. Or (my Lord) les principes propres pour une telle *fondation* sont ceux que [...] j'ai appliqués ici en méthode. [...] Pour ma part, je présente ceci à votre Seigneurie comme la seule et véritable *fondation* d'une telle science".

C'est donc bien la fondation d'un savoir que vise dans ce texte la notion de *foundation* reprise trois fois en quelques lignes. Conférer à la politique le statut de science, c'est la faire sortir du conflit des opinions dont elle a jusqu'ici été l'objet. Or cette tâche ne peut être menée à bien en l'absence "d'une claire et droite méthode" (cf. *D.C., O.L.* I, chap. I, 7, p. 7). Fonder une science politique, c'est donc la ramener aux principes et à l'ordre que la *mathesis* met en place. La fondation d'une science politique constitue ici l'autre versant de la métaphysique de la séparation, parce qu'elle a pour condition le déplacement métaphysique du concept de vérité et la réélaboration du statut du savoir qui en découle. En effet, la *mathesis* hobbesienne trouve son champ privilégié d'application dans la philosophie politique, parce que l'ordre qu'elle met en place n'est pas celui d'une série d'intuitions où la vérité se donne dans une perception intellectuelle, comme chez Descartes, mais celui d'une connaissance génétique dont la géométrie fournit le modèle, puisqu'en elle coïncident la transparence de la démonstration des propositions et la construction de l'objet. La *mathesis* pose ainsi les conditions épistémologiques de la fondation d'une science politique.

Mais ce n'est pas tout, car, par cette fondation, la science politique est déterminée aussi comme science de la fondation du politique. La fondation ne caractérise plus ici le savoir: *la* politique, mais l'objet du savoir: *le* politique. Ainsi Hobbes peut-il écrire:

> "Nam ante pacta et leges conditas, nulla neque justitia neque injustitia, neque boni neque mali publici natura erat inter homines, magis quam inter bestias" (*D.H., O.L.* II, 5, p. 94).

> "Car avant la fondation des pactes et des lois, il n'y avait pas plus de justice ou d'injustice, ni de nature du bien et du mal publics, parmi les hommes que parmi les bêtes".

Fondation signifie donc ici instauration ou institution d'un Etat, sans lequel il n'y a aucune mesure ou norme qui permette de distinguer le juste et l'injuste, le bien et le mal publics. C'est la fondation d'une règle et d'une mesure certaines du droit, qui seule peut donner un sens à l'injonction de faire en toute chose ce qui est juste. Or, le rapport entre les deux sens de la notion de fondation n'est pas simplement accidentel ou fortuit, car il ne peut y avoir de fondation de *la* politique que parce qu'il y a fondation *du* politique:

> "En outre, la politique et l'éthique, c'est-à-dire la science du *juste* et de *l'injuste,* de *l'équitable* et de *l'inique,* peut être démontrée *a priori;* parce que les principes d'où découlent *le juste* et *l'équitable,* et à l'inverse *l'injuste* et *l'inique,* nous savons ce qu'ils sont, c'est-à-dire que nous avons fait nous-mêmes les causes de la justice: les lois et les pactes" *(ibid.).*

Il faudra, bien entendu, déterminer jusqu'à quel point l'implication mutuelle des deux fondations est possible. Retenons pour l'instant que l'inscription de la science politique dans la *mathesis* détermine également l'essence du politique. Ainsi Hobbes met-il en corrélation l'absence d'un ordre ontologique et d'un ordre axiologique naturels avec l'exigence d'une fondation d'un code juridique de l'Etat:

> "En effet ces mots de bon, de mauvais et de digne de dédain s'entendent toujours par rapport à la personne qui les emploie; car il

n'existe rien qui soit tel, simplement et absolument; ni aucune règle commune du bon et du mauvais qui puisse être empruntée à la nature des objets eux-mêmes: cette règle vient de la personne de chacun, là où il n'existe pas de République, et, dans une République, de la personne qui représente celle-ci; ou encore d'un arbitre ou d'un juge, que les hommes en désaccord s'entendent pour instituer, faisant de sa sentence la règle du bon et du mauvais" (*Lev.*, chap. VI, pp. 121-122, trad. p. 48).

En ce sens la fondation politique d'un code juridique de l'Etat se substitue à l'ordre ontologique perdu. C'est donc sur le plan politique qu'il faudra chercher la réponse au problème posé sur le plan métaphysique par la séparation du discours et de l'être. Autrement dit, l'œuvre de Hobbes nous fait assister à ce renversement par lequel la critique de l'ontologie ouvre l'espace d'une réforme de la problématique politico-juridique, qui prendra désormais la forme d'une fondation originaire et anhistorique de l'Etat. A un monde de choses hiérarchisées et signifiantes qui assurait naturellement à l'homme son lieu, sa fonction, son bien propre, son destin et la consistance de son discours, se substitue un monde qui est l'œuvre d'un *faire* et d'un *dire* humains, où ce *faire* et ce *dire* reçoivent leur règlement de l'instance qu'ils ont eux-mêmes fondée: le monde artificiel de l'Etat. Pour tenter de mener à bien cette tâche, qui, par le recentrage métaphysique de l'œuvre, modifie la signification conférée traditionnellement à la politique de Hobbes, nous examinerons successivement quatre points:

– Première partie: la séparation antéprédicative de la repré–sentation *(repraesentatio)* et de la chose *(res, ens)*.

– Deuxième partie: la constitution d'une théorie de la signification et de la proposition qui réélabore le concept de vérité et réévalue le statut du savoir.

– Troisième partie: les implications de la double détermination de la chose comme matière et comme artifice.

– Quatrième partie: la nécessité d'une fondation juridique de l'Etat, qui régit désormais un monde produit par le faire et le dire des hommes.

NOTES

1. O. HAMELIN, *Le système d'Aristote,* quatrième édition, Paris, Vrin, 1985, p. 100.

2. ARISTOTE, *La Métaphysique,* livre VII, 1, 1028 a, 15-20, trad. J. Tricot, Tome I, Paris, Vrin, 1970, p. 347.

3. Cf. ARISTOTE, *De l'âme,* III, 6, 430 a 26-430 b 7, trad., J. Tricot, Paris, Vrin, 1969, pp.184-185; *Métaph.,* VI, 4, 1027 b, 25-30, trad., T. I, p. 344; G. RODIER, *Aristote, traité de l'âme, Commentaire,* Paris, Vrin-reprise, 1985, pp. 473-477.

4. ARISTOTE, *De l'interprétation,* 1, 16 a, 9-13, trad., J. Tricot, Paris, Vrin, 1969, p. 78.

5. ARISTOTE, *Les seconds analytiques,* I, 2, 71 b, 20-22, trad., J. Tricot, Paris, Vrin, 1970, p. 8.

6. Pierre AUBENQUE, *Le problème de l'être chez Aristote,* troisième édition, Paris, PUF, 1972, p. 55.

7. LEIBNIZ, *Die philosophischen Schriften,* édition Gerhardt, Tome IV, p. 158; les pages 131 à 162 comportent de nombreuses références au nominalisme du *De Corpore* .

8. Pour la *Summa Logicae,* nous nous référons à l'édition Boehner, The Franciscan Institute , St. Bonaventure, New York, 1951-1954.

PREMIÈRE PARTIE

LA REPRÉSENTATION ET LE PHÉNOMÈNE

CHAPITRE PREMIER

L'ENJEU MÉTAPHYSIQUE DE LA THÉORIE DE LA PERCEPTION

Dans l'élucidation du sens de la métaphysique hobbesienne de la séparation, la théorie de la perception occupe une position clef pour deux raisons essentielles.

Premièrement, parce que la sensation est à l'origine de toute connaissance. La perception fournit donc la base psychologique de la théorie de la connaissance. Ainsi on peut lire dans la *Critique du 'De Mundo'* la formule somme toute très aristotélicienne: *"nihil esse in intellectu humano, quod non prius fuerit in sensu"*, "rien n'est dans l'entendement humain qui n'ait été auparavant dans la sensation" (*C.D.M.*, chap. XXX, 3, p. 349). La même idée est exprimée dans le *Léviathan* :

> "A l'origine de toutes nos pensées se trouve ce que nous appelons SENSATION (car il n'y a pas de conception dans l'esprit humain qui n'ait pas d'abord, tout à la fois ou partie par partie, été engendrée au sein des organes de la sensation). Les autres dérivent de cette origine" (*Lev.*, chap. I, p. 85, trad., p.11).

Ainsi la sensation est-elle le principe originaire, immédiat et inconditionnel de la connaissance. Originaire, parce qu'elle est une représentation élémentaire, qui entre à titre de composant minimal et premier dans les formes plus élaborées de l'expérience. Plus exactement, c'est la diversité des sensations, et non une sensation ponctuelle unique, qui donne la représentation d'un objet. Diversité veut dire: multiplicité et changement. Pour comprendre la nécessité d'une multiplicité donnée à notre sensibilité, supposons qu'un homme ne dispose que d'un seul organe des sens, par exemple la vue. Supposons, en outre, qu'il n'ait la vision que d'une seule chose de la même couleur et de la même figure sans la moindre variété. Il en résultera que cette sensation ne lui fournira aucune représentation de la chose, de sorte qu'on peut dire "qu'avoir toujours la sensation d'une même chose et ne pas avoir de sensation, revient au même" (*D.C., O.L.* I, chap. XXV, 5, p. 321). Corrélativement, le changement, c'est-à-dire la succession des sensations, est nécessaire comme condition même de cette multiplicité. Il n'y a de multiplicité que dans une appréhension successive. La représentation d'un objet dans l'espace suppose donc le temps. La représentation implique bien qu'il y ait une diversité donnée à notre sensibilité.

En outre, une sensation prise isolément ne serait pas différente de la réaction d'un corps inerte au choc d'un autre corps. Leibniz s'en souviendra dans sa définition de la matière comme *mens momentanea* qui inverse la thèse hobbesienne. En ce sens la sensibilité est indissociable de la mémoire qui retient les sensations passées, et permet donc de les comparer et de les distinguer de la sensation présente. En l'absence d'une capacité de rétention, il n'y aurait aucune succession, rien à distinguer et à comparer, par suite aucune diversité, et donc aucune représentation d'un objet. La sensibilité suppose donc non seulement la sensation mais aussi la mémoire (cf. *ibid.*, p.320). Si nous ne pouvons avoir de perception distincte que d'un seul objet, cette distinction n'est possible que sur un fond de non-distingué. Ainsi nous voyons une page entière, mais nous ne lisons les lettres et les mots que successivement. La diversité immanente à notre sensibilité, condition de la distinction, rend possible la représentation objective. De plus, cette diversité est également la condition du jugement qui infère, à partir de la multiplicité et du changement de nos sensations, l'existence du monde. L'existence du monde n'est donc pas une donnée immédiate de la conscience, mais le résultat d'une inférence rationnelle. La conscience perceptive n'enveloppe pas à elle seule la conscience de l'existence du monde, bien qu'elle en soit la condition. Enfin, la sensation est également la condition de la conscience de soi. A cet égard, il n'y a pas de séparation entre la perception et le sentiment de soi éprouvé dans le plaisir ou la peine. Il ne se passe quelque chose en nous qu'il soit possible de discerner et de reconnaître qu'à partir de l'affection sensible. On comprend donc qu'il n'y ait pas pour Hobbes de représentation du moi, mais seulement un sentiment plus ou moins confus de son état, suite à l'affection de notre sensibilité. Cette corrélation du sentiment de soi et de la perception exclut d'emblée la possibilité d'une réflexion sur soi par laquelle la pensée se saisirait elle-même et poserait son existence, comme dans le cas du *cogito* cartésien. Toute position du moi suppose une appréhension sensible. On voit donc en quel sens la sensation est originaire: condition à la fois de la conscience du monde et de la conscience de soi.

Ce caractère originaire de la sensation implique son immédiateté, par opposition au caractère médiat de l'imagination qui n'est qu'une sensation en voie de dégradation *(decaying sense)* à mesure que le temps passe et que d'autres affections nous adviennent. L'imagination peut bien composer des fictions mentales d'objets que nous n'avons jamais perçus, comme celle d'un centaure ou celle d'une montagne d'or, mais cette conception repose sur l'association d'objets représentés dans la sensation séparément les uns des autres. De plus, même lorsqu'elles nous paraissent fortuites, les associations imaginatives ont une cohérence fondée sur la cohérence de la succession des sensations:

> "La cause de la cohérence ou de la consécution d'une conception à l'autre, réside dans leur cohérence première ou consécution quand elles ont été produites par la sensation. Comme par exemple: de St. André l'esprit court à St. Pierre, parce que leurs noms sont lus ensemble; de St. Pierre à une pierre, pour la même raison; de la pierre à la fondation, parce qu'on les voit ensemble; et pour la même raison, de la fondation à l'église, de l'église au peuple et du peuple au tumulte" (*E.L.*, I, chap. IV, 2, p. 13; cf. *C.D.M.*, chap. XXX, 8-9, p. 352; *Lev.*, chap. III, pp. 94-95, trad. pp. 21-22; *D.C.*, *O.L.* I, chap. XXV, 8, pp. 324-325).

Cet enchaînement des pensées ou des représentations en quoi consiste le discours mental ou discours de l'imagination *(discursus imaginationis)* est gouverné par deux principes d'association: la contiguïté et la ressemblance. Lorsqu'en outre l'enchaînement des pensées est guidé par un dessein conscient, deux autres principes d'ordre règlent nos représentations, le premier par lequel la représentation de la fin ou du but poursuivi éveille la pensée des moyens que nous avons expérimentés auparavant conduire à cette fin, et le second, qui consiste à passer de la représentation d'une cause à celle de ses effets possibles. Mais, tandis que la première forme de discours mental guidé est commune à l'homme et à l'animal, la seconde n'existe que chez l'homme parce qu'elle suppose l'usage du langage. A partir de ces principes d'ordre internes à notre imagination, se constituent, d'une part, l'expérience, souvenir de la succession des choses perçues dans le passé et, d'autre part, la prudence, conjecture de l'avenir par l'expérience du passé. Là s'arrête la connaissance qui dérive de la sensation. Cette connaissance empirique est donc constituée de représentations, d'images ou d'dées; tous ces termes relevant de la même signification. Toutes les autres facultés humaines seront acquises par l'industrie des hommes, qui institue les mots et les ordonne méthodiquement. Ce n'est donc que la connaissance par représentations qui dérive de la sensation, et non pas la connaissance rationnelle qui suppose l'usage des mots:

> "Il n'y a, autant qu'il m'en souvienne, aucune autre activité mentale de l'homme qui lui soit naturellement inhérente, telle, autrement dit, qu'il ne faille rien d'autre, pour l'exercer, que d'être né homme et de vivre avec l'usage de ses cinq sens. Les autres facultés dont je vais parler, qui semblent propres à l'homme, sont acquises, développées par l'étude et le travail, apprises (chez la plupart) par l'éducation et l'étude; elles procèdent de l'invention des mots et de la parole, car la sensation, les pensées et l'enchaînement des pensées, sont tout ce que l'homme possède en fait de mouvement mental; mais grâce à la parole et à la méthode ces facultés peuvent être élevées à un tel niveau que l'homme se distingue alors de toutes les autres créatures vivantes" (*Lev.*, chap. III, pp. 98-99, trad. p. 25).

Enfin, la connaissance sensible est inconditionnelle par opposition cette fois à nos démarches rationnelles:

> "Il y a deux espèces de CONNAISSANCE : l'une est la *connaissance du fait;* l'autre la *connaissance de la consécution qui lie une affirmation à une autre.* La première n'est rien d'autre que la sensation et le souvenir: c'est une *connaissance absolue;* c'est le cas, lorsque nous voyons un fait en train de se passer ou lorsque nous nous rappelons le même fait en train de se passer. C'est la connaissance qu'on requiert d'un témoin. La seconde est appelée *science;* elle est *conditionnelle;* c'est le cas, quand on sait que *si la figure proposée est un cercle, alors toute ligne droite passant par le centre la divisera en deux parties égales"* (*ibid.*, chap. IX, p. 147, trad. p. 79).

Cette inconditionalité ou cette absoluité de la sensation ne signifie pas, bien entendu, qu'elle soit sans cause réelle (encore que la connaissance de la cause de la sensation dépende de la raison et non de la sensation elle-même), mais qu'elle nous fournit un donné qui ne dépend pas de nos hypothèses rationnelles. Inversement, la raison, dont les déductions sont vraies et nécessaires, ne sera jamais capable de présenter un donné ou un fait quel qu'il soit:

> "Aucune espèce de discours ne peut aboutir à une connaissance absolue du fait passé ou avenir. En effet, la connaissance du fait, c'est originellement la sensation, et, par suite, le souvenir. Quant à la connaissance des consécutions, qui selon ce que j'ai dit plus haut, s'appelle science, elle n'est pas absolue, mais conditionnelle. Personne ne peut savoir par la voie discursive que ceci ou cela est, a été ou sera: ce qui serait savoir absolument; mais seulement que si ceci est, cela est, si ceci a été, cela a été, si ceci doit être cela sera: ce qui est de savoir conditionnellement; et ce n'est pas connaître la consécution qui va d'une chose à une autre, mais celle qui va d'une dénomination d'une chose à une autre dénomination de la même chose" (*ibid.*, chap. VII, p. 131, trad. p.60).

La connaissance du fait, seuls la sensation et le souvenir sont capables de nous la procurer. La raison discursive pourra certes démontrer la cause d'un fait, et d'abord la cause du fait perceptif lui-même, mais la présence du fait n'a lieu que dans la sensation. Nous venons de voir Hobbes caractériser la connaissance sensible comme inconditionnelle et absolue, cela signifie-t-il qu'elle soit vraie, et que les renseignements qu'elle nous donne sur les choses soient fiables ? Par cette question le problème est désormais déplacé: nous savons que la sensation est l'origine de la connaissance, ce qu'il s'agit d'examiner maintenant c'est son rapport à la chose qui hors de nous affecte notre sensibilité. Autrement dit, dans la perception, la chose se révèle-t-elle telle qu'elle est en soi avec ses propriétés et ses qualités propres ? Le problème du rapport de la perception à la chose, nous fait passer de la théorie de la connaissance à une question métaphysique. C'est cette question métaphysique qui fournit la seconde raison de la position clef de la théorie de la perception. Pour en mesurer tout l'enjeu, rappelons que, pour Aristote, seule la perception nous permet de saisir la chose même dans son individualité et sa singularité. Sentir, c'est être en présence de la chose même, alors que le discours, qui en dit la cause et l'essence, n'a de prise que sur le général. Or cette présence de la chose dans la perception est définie comme la rencontre du sensible et du sentant:

> "L'acte du sensible et celui du sens sont un seul et même acte, mais leur quiddité n'est pas la même. Je prends comme exemple le son en acte et l'ouïe en acte: il est possible que l'ouïe n'entende pas et que ce qui a le son ne résonne pas toujours. Mais quand passe à l'acte celui qui est en puissance d'écouter, et que résonne ce qui est en puissance de résonner, à ce moment là, se produisent simultanément l'ouïe en acte et le son en acte, que l'on pourrait appeler

respectivement audition et résonance" (*De l'âme* , III, 2, 425 b 26-426 a 1, trad. p. 154).

Il y a donc à la fois séparation et unité entre le sensible et le sens: séparation lorsqu'ils sont en puissance, et unité lorsqu'ils s'actualisent par leur mise en présence l'un de l'autre. C'est ce qui permet à G. Romeyer Dherbey d'écrire que chez Aristote: "chose et sensation obéissent [...] au même rythme" [1]. L'acte du sens suppose en effet, d'une part, une action de la chose qui l'actualise et, d'autre part, que dans cet acte la chose révèle au sentant ses propriétés réelles. C'est en ce sens que la perception est le lieu d'une rencontre, la sensation n'est pas simplement un effet, mais aussi un dévoilement: "le percevoir est l'occasion d'une authentique rencontre avec les choses dans la mesure où la perception ne s'opère pas par l'appréhension d'une image de la chose, mais par celle de la chose elle-même" (G. Romeyer Dherbey, *op. cit.,* p. 163). De cette communauté du sens et du sensible résulte ce que le même commentateur appelle un "absolu perceptif", qui exclut toute relativité et toute subjectivité de la structure perceptive. En effet, d'une part, il ne manque à l'homme aucun sens dont le défaut laisserait échapper un sensible et relativiserait la perception, nous percevons donc tout ce qu'il est possible de percevoir; d'autre part, les sensibles ne sont pas des qualités subjectives internes au moi qui appréhende la chose, mais des propriétés dont la chose même est porteuse. La perception nous donne donc la chose telle qu'elle est dans son individualité et sa subsistance par soi en présence du sentant. Entre le moi et la chose, entre l'intériorité et l'extériorité, il n'y a pas l'écart que creuse la notion de représentation. De sorte que loin de nous tromper:

> "La perception contient une vérité qui n'emprunte rien à la vérité discursive, une vérité plus originaire que J. Moreau nomme 'vérité antéprédicative'. Une telle vérité [...] est celle de 'la perception sensible', laquelle constitue une 'révélation de la chose', 'une vérité de la chose' " (*Ibid.*, p. 157).

C'est à partir de cette vérité antéprédicative que le discours déploiera la vérité de l'essence de la chose. Or, c'est précisément à cet "absolu perceptif" d'Aristote où la chose se donne dans notre relation avec elle, que s'opposent la relativité des structures perceptives et la subjectivité des qualités sensibles chez Hobbes. Ce point permet de compléter la définition de la sensation par l'indication de son rapport à la chose. Elle est en effet "la représentation (*representation, repraesentatio*), l'apparition (*apparence, apparitio*) de quelque qualité, ou de quelque autre accident, d'un corps situé hors de nous" (*Lev.*, chap. I, p. 85, trad. p.11). La chose hors de nous est bien la cause de la sensation: "la cause de la sensation est le corps extérieur, ou l'objet, qui presse l'organe propre à chaque sensation, soit immédiatement, comme dans le goût et le toucher, soit médiatement, comme dans la vue, l'ouïe, et l'odorat" (*ibid.*; cf. *E.L.*, I, chap.II, 8-9, pp. 5-7; *C.D.M.*, chap. XXX, 3, pp. 349-350; *D.C., O.L.* I, chap. XXV, 2, pp.317-319). De plus notre sensibilité n'est pas simplement passive, elle implique une réaction qui est un *conatus* par lequel le cœur réagit à la pression de la chose. Mais cette réaction n'est plus une réponse par laquelle l'être percevant accueille la chose, mais une contre-pression qui produit un phantasme:

> "La sensation naît de l'effort de l'organe des sens vers l'extérieur, effort qui est engendré par l'effort de l'objet vers l'intérieur, cet effort durant un certain temps, il se produit par réaction un phantasme" (*D.C., O.L.* I , chap. XXV, 2 p. 319).

La réaction n'est plus une réponse parce que, dans le sentir, le percevant n'est plus interpellé par la chose, le couple action/réaction, pression/contre-pression se ramène à une relation de cause physique à contre-effet physiologique. La notion de représentation institue donc une hétérogénéité radicale entre la sensibilité et la chose. Loin de nous révéler la chose telle qu'elle est en elle-même, la représentation est un phantasme *(phantasma)* purement subjectif auquel ne correspond rien hors de nous:

> "L'objet est une chose, et l'image, le phantasme, en est une autre. Ainsi cette sensation, dans tous les cas, n'est rien d'autre que le phantasme originaire, causé comme je l'ai dit par la pression, c'est-à-dire par le mouvement, que les choses exercent sur nos yeux, nos oreilles et sur les autres organes destinés à cela" (*Lev.*, chap. I, p. 86, trad. p. 12).

La représentation n'est pas le lieu d'une rencontre mais celui d'une séparation où la chose se retire. Si la chose extérieure garde l'initiative, si c'est son action qui provoque la sensation, les qualités sensibles produites par la réaction physiologique relèvent entièrement de la structure du sujet percevant et ne sont plus des qualités dont la chose serait porteuse. Est-ce à dire que le monde de la représentation ne soit qu'un tissu d'erreurs et de faussetés ? A cette question il faut répondre à la fois oui et non. Non, tout d'abord, car la représentation, prise en elle-même comme une apparition, n'est pas trompeuse. Pour s'en rendre compte, il suffit de supposer qu'un animal, voyant dans un miroir l'image d'un homme, en ait peur ou lui témoigne de l'affection. Dans ce cas, nous ne pourrions pas dire qu'il en a été abusé, parce qu'il n'avait pas appréhendé cette image comme vraie ou fausse mais seulement comme semblable. Autrement dit, tant qu'on s'en tient à l'apparence ou à la semblance, il n'y a pas d'erreur. La vérité et l'erreur n'ont de place que dans le jugement, c'est-à-dire pour l'homme qui a le pouvoir d'utiliser des mots et de former des propositions (cf. *D.C.*, *O.L.* I, chap. III, 8, p. 32). La tromperie des sens est donc en fait une tromperie de la raison, lorsqu'elle juge que les choses sont réellement telles qu'elles nous apparaissent (cf. *ibid.*, chap. V, 1, pp. 49-51). Oui, ensuite, car cette erreur de la raison est sollicitée par la sensibilité qui projette hors de nous sous la forme de représentations objectives des qualités sensibles subjectives [2]. Ainsi Hobbes peut-il écrire que la sensation est à la fois cause de l'erreur et de sa correction:

> "Et c'est là la grande tromperie de la sensation, que la sensation doit aussi corriger. Car de même que la sensation me dit, quand je vois directement, que la couleur semble être dans l'objet; de même la sensation me dit, quand je vois par réflexion, que la couleur n'est pas dans l'objet" (*E.L.*, I, chap. II, 10, p. 7).

On voit donc que la sensation n'a plus du tout le caractère d'une vérité antéprédicative, par laquelle des choses, d'ores et déjà douées de sens, révèlent à un être la consistance et l'épaisseur du monde. Les choses ne se dévoilent pas en faisant passer à l'acte le sentant qui les reçoit et les accueille en leur lieu et dans leur nature. Bien au contraire, la représentation n'est qu'une image (*figmentum*), une fiction (*fictum*), qui, en tant que telle, s'oppose à la chose (*res*) ou à l'étant (*ens*). Quand Hobbes dit que, de tous les phénomènes, c'est l'apparaître(*to phainesthai*) même qui est le plus admirable (cf. *D.C.*, *O.L.* I, chap. XXX, 1, p.316), cet apparaître s'oppose à l'être et s'interpose comme un écran entre nous-mêmes et la chose. Il est à noter ici que, si le phénomène, ou ce qui apparaît (*to phainomenon*), est caractérisé comme une possession de modèles (*exemplaria*) des choses, cela n'engage nullement l'idée aristotélicienne d'une réception par l'intellect d'une forme, d'abord immergée dans le sensible, et que cet intellect actualise en la séparant de la matière. Ce qui chez Aristote impliquait que:

> "L'âme est, en un sens, les êtres mêmes. Tous les êtres, en effet, sont ou sensibles ou intelligibles, et la science est, en un sens, identique à son objet, comme la sensation, identique au sensible" (*De l'âme*, III, 8, 431 b, 21-23, trad. p. 196).

Ainsi on a pu dire que pour Aristote:

> "Le *phainomenon*, c'est le manifeste, l'évident, soit pour les sens soit pour l'intellect. L'objet même de la science physique est ce qui apparaît proprement selon la sensation. Il ne faut en aucun cas par conséquent faire violence à ce qui apparaît, si l'on veut pouvoir

rendre compte des phénomènes, puisqu'il semble que la raison témoigne pour le phénomène et les phénomènes pour la raison. Ce qui apparaît est donc le critère de la vérité dans les sciences de la nature; vouloir savoir si tout est immobile, par le raisonnement, au mépris de la sensation, est faiblesse d'esprit: l'expérience de ce qui apparaît est seule digne de foi. La conviction d'Aristote est si nette sur ce point qu'il en vient, par une extension extrême des termes, à présenter la *phantasia* comme l'expérience même" [3].

Hobbes subvertit complètement le rapport aritotélicien entre l'apparaître et l'être. Quoiqu'il fasse du phénomène le principe de la connaissance, et de la sensation, le principe de ce principe, il n'entend plus du tout le phénomène au sens d'un apparaître de l'être. Ce qui apparaît est certes provoqué par l'action de la chose sur les sens, mais il ne s'agit plus d'un apparaître de la chose même telle qu'elle est en soi. Le phénomène n'est plus manifestation de l'être, au contraire, c'est désormais une représentation subjective qui nous sépare de la chose. Corrélativement, l'imagination *(phantasia)*, qui était chez Aristote la capacité de faire apparaître les choses perçues comme choses de telle ou telle sorte, devient chez Hobbes la faculté de conservation et de reproduction des images mentales. On comprend, dès lors, que le phantasme devienne une représentation subjective qui ne ressemble pas à la chose. Percevoir, et par suite imaginer, c'est donc moins un mode d'être au monde, qu'une façon de ne pas y être, ou mieux, d'en être séparé. A la vérité antéprédicative de la perception sensible chez Aristote, s'oppose la séparation elle-même antéprédicative de la représentation et de la chose chez Hobbes. C'est pourquoi la position de l'existence du monde requiert un usage du discours verbal, qui l'infère à partir de la diversité sensible. C'est pourquoi, également, la connaissance que nous pourrons avoir du monde, ce que nous pourrons déterminer sur la nature des choses, relèvera de la fonction discursive. Autrement dit, nous apercevons déjà que c'est à cette séparation antéprédicative d'avec l'être, qu'introduit la théorie de la représentation comme phantasme, que sera confronté le discours rationnel. Toute la question étant de savoir s'il parviendra à la surmonter pour dire l'être ou l'essence d'une chose qui n'est pas donnée dans la représentation. Remarquons pour l'instant que la séparation de la représentation et de la chose trouve sa pleine signification métaphysique avec l'hypothèse de l'*annihilatio mundi*, que Hobbes met au point de départ de la *Philosophia prima* du *De Corpore*. Cette hypothèse a pour fonction de dégager les deux premiers principes de la philosophie, à savoir, l'espace et le temps, qui sont, nous le verrons, les structures formelles de la représentation.

CHAPITRE II

L'*ANNIHILATIO MUNDI*

La métaphysique de Hobbes commence par ces mots:

"Je ne peux mieux commencer la philosophie naturelle (comme je l'ai déjà montré) que par la privation, c'est-à-dire qu'en feignant que le monde soit annihilé" (*D.C., O.L.* I, chap. VII,p. 81).

Avant d'en élucider le sens, notons que cette hypothèse annihilatoire se retrouve dans tous les manuscrits[4] qui marquent les étapes successives de la rédaction de la *Philosophia prima* du *De Corpore,* le premier datant vraisemblablement de 1638-1639, ainsi que dans la *Critique du 'De Mundo'* [5]. De plus l'hypothèse est reprise chaque fois dans des termes presque identiques. Il ne s'agit donc aucunement d'une conception tardive que Hobbes aurait formulée seulement en 1655 dans le chapitre VII du *De Corpore,* et qui par conséquent n'affecterait pas les autres aspects de sa philosophie, cela d'autant moins qu'on la retrouve également au tout début des *Elements of law* (1640). Nous aurons donc à en dégager également les conséquences éthiques et politiques:

"Pour comprendre ce que j'entends par puissance cognitive, nous devons nous rappeler et reconnaître qu'il y a continuellement dans notre esprit certaines images ou conceptions des choses hors de nous, à tel point que si un homme était vivant et que tout le reste du monde fût anéanti, il n'en conserverait pas moins l'image, et l'image de toutes les choses qu'il avait vues et perçues auparavant en lui; chacun sait par sa propre expérience que l'absence ou la destruction des choses une fois imaginées ne cause pas l'absence ou la destruction de l'imagination elle-même. Ces images et représentations *(representations)* des qualités des choses hors de nous sont ce que nous appelons cognition, imagination, idée, notion, conception, ou connaissance des choses" (*E.L.*, I, chap. I, 8, p. 2).

Quel est le sens métaphysique d'une telle hypothèse ? Le texte des *Elements of law* l'annonce déjà, il s'agit d'étudier la représentation, abstraction faite de la causalité réelle de la chose. Car s'il est vrai que la chose hors de nous est la cause de l'impression qui produit la représentation, celle-ci ne dépend d'elle ni dans son mode d'être comme accident de l'esprit, ni dans son mode d'être représentatif:

> "Mais si on suppose une telle annihilation des choses, on peut peut-être demander ce qu'il resterait pour un homme quelconque (que j'excepte seul de cette universelle destruction des choses) à considérer comme sujet de la philosophie ou même seulement du raisonnement, ou à quoi donner un nom pour raisonner. Je dis qu'à cet homme il resterait les idées du monde et de tous les corps que ses yeux avaient vus ou que ses autres sens avaient perçus avant leur annihilation, c'est-à-dire la mémoire et l'imagination de leurs grandeurs, mouvements, sons, couleurs, etc., ainsi que leur ordre et leurs parties; toutes choses qui, bien que n'étant que des idées et des phantasmes, accidents internes de celui qui imagine, n'en apparaîtront pas moins comme extérieures et comme indépendantes du pouvoir de l'esprit" (*D.C., O.L.* I, chap. VII, 1, pp. 81-82).

On peut faire sur ce texte quatre remarques:

1) La fiction annihilatoire est principielle puisqu'elle constitue le point de départ de la *Philosophia prima*. Elle commande, premièrement, le statut de la représentation, et deuxièmement, la détermination ultérieure de la *res* comme *corpus sive materia* ainsi que l'établissement des lois de la nature. Ces deux derniers points paraissent solliciter une comparaison avec la fiction que Descartes mettait en œuvre dans *Le Monde* [6]: "Permettez donc pour un peu de temps à vostre pensée de sortir hors de ce Monde, pour en venir voir un autre tout nouveau, que je feray naistre en sa présence dans les espaces imaginaires" (*A.T.*, XI, chap. VI, p. 31). Sur le statut de la représentation sensible, Descartes posait en effet, au début du *Monde*, une différence de nature entre la représentation et la chose hors de nous:

> "Me proposant de traiter icy de la Lumière, la première chose dont je veux vous avertir, est, qu'il peut y avoir de la différence entre le sentiment que nous en avons, c'est à dire l'idée qui s'en forme en nostre imagination par l'entremise de nos yeux, & ce qui est dans les objets qui produisent en nous ce sentiment, c'est à dire ce qui est dans la flâme ou dans le Soleil, qui s'appelle du nom de Lumière" (*ibid.*, chap. I, p. 3).

Chez Hobbes comme chez Descartes les textes optiques jouent un rôle prépondérant dans la constitution de la notion de représentation, bien que leur élucidation du mécanisme physique de la lumière et leur explication du processus physiologique de la vision divergent souvent dans le détail [7]. Ainsi la critique de la théorie scolastique des espèces intentionnelles [8] et la dissociation de la notion de représentation et de celle de ressemblance sont des positions permanentes des textes optiques de Descartes comme de Hobbes à partir du *Tractatus Opticus I* (1640) [9]. Pour l'un comme pour l'autre la représentation sensible ne parle plus le langage de la ressemblance mais celui de la géométrie, ce sont les relations optico-géométriques qui articulent l'espace de la représentation sur l'espace réel. D'où cette géométrie naturelle que Descartes suppose dans *La Dioptrique* pour l'évaluation de la distance de l'objet, et parallèlement, la théorie de la constitution optique de la représentation que Hobbes met en évidence dans le manuscrit intitulé *A Minute or First Draught of the Optiques* et qu'il reprendra dans le *De Homine* [10]. Le parallèle peut se poursuivre jusqu'au prolongement esthétique que Descartes donne à son concept de représentation à propos des tailles douces:

> "Il faut au moins que nous remarquions qu'il n'y a aucunes images qui doivent en tout resembler aux objets qu'elles représentent: car autrement il n'y auroit point de distinction entre l'objet & son image: mais qu'il suffist qu'elles leur resemblent en peu de choses; et souvent mesme, que leur perfection depend de ce qu'elles ne leur resemblent pas tant qu'elles pourroyent faire. Comme vous voyés que les taille-douces, n'estant faites que d'un peu d'encre posée ça & là sur le papier, nous representent des forets, des villes, des hommes, & mesme des batailles & des tempestes, bien que, d'une infinité de diverses qualités qu'elles nous font concevoir en ces objets, il n'y en ait aucune que la figure seule dont elles ayent proprement la resemblance; & encores est-ce une resemblance fort imparfaite, vû que, sur une superficie toute plate, elles nous representent des cors diversement relevés & enfoncés, & que mesme, suivant les regles de la perspective, souvent elles représentent mieux des cercles par des ovales que par d'autres cercles; & des quarrés par des lozanges que par d'autres quarrés; & ainsi de toutes les autres figures: en sorte que souvent, pour estre plus parfaites en qualité d'images, & representer mieux un object, elles doivent ne luy pas resembler" (*La Dioptrique*, discours IV, A.T., VI, p. 113).

Un prolongement esthétique comparable se rencontre dans l'important chapitre IV du *De Homine* intitulé "De la représentation de l'objet en perspective" *(De repraesentatione objecti in perspectiva)* sous la forme d'une théorie de l'imitation picturale, non comme copie servile de l'objet, mais comme dissemblance réglée par les lois de l'optique:

"La représentation d'une figure en perspective n'est rien d'autre que le tracé des lignes vues sur l'objet dans un plan placé entre l'œil et l'objet. La perspective est donc l'art de décrire des sections de pyramides (par pyramides, j'entends aussi les cônes), que la surface soit plane ou non. [...] Etant donné qu'il y a déjà des tableaux de la peinture en perspective, qui font voir au spectateur des lignes non-parallèles pour des lignes parallèles, des lignes qui s'abaissent pour des lignes qui montent, des ellipses pour des cercles, des cercles pour des ellipses et d'innombrables autres traits représentés différemment dans le tableau que dans l'objet, j'expliquerai pourquoi le tableau est cependant la meilleure représentation de l'objet " (*D.H.*, *O.L.* II, chap. IV, 1, pp. 29-31, trad. modifiée pp. 73-74).

A partir de cette très large convergence que recouvre leur théorie de la représentation sensible, Descartes comme Hobbes sont conduits, dans *Le Monde* et dans la *Philosophia prima* du *De Corpore*, par la fiction d'un monde imaginaire, pour l'un, et la fiction annihilatoire, pour l'autre, à une conception purement matérielle de la nature et à une déduction des lois qui la régissent. D'un côté comme de l'autre, la fiction a pour fonction de nous détacher de l'expérience immédiate pour déployer le champ de la théorie physique. Cependant, malgré sa pertinence, la comparaison de la démarche du *Monde* et de celle du *De Corpore* est insuffisante, parce que cette dernière œuvre se situe sur un plan différent de la première. En effet, dans *Le Monde*, les thèses métaphysiques sont simplement posées et non élucidées par Descartes. La comparaison de la fiction annihilatoire avec le roman cartésien d'un monde imaginaire exige donc une élucidation plus profonde qui engage cette fois métaphysiquement, sur le plan de la philosophie première, le rapport de la fiction hobbesienne à une autre fiction, celle de l'argument du Malin Génie des *Méditations métaphysiques* .

2) L'hypothèse annihilatoire est en effet une fiction hyperbolique qui a pour fonction de nous faire accéder aux premiers principes de la philosophie, comme l'argument du Malin Génie devait permettre par l'unification et l'universalisation du doute d'atteindre la première vérité métaphysique. Avec deux différences considérables cependant: premièrement, la fiction est posée et reconnue comme telle dès le départ par le *De Corpore*, alors que dans l'ordre des raisons des *Méditations* la fiction du Malin Génie ne sera reconnue et par là détruite qu'à l'issue de la démonstration de l'existence d'un Dieu dont la toute-puissance implique nécessairement la véracité. Et deuxièmement, le *cogito* n'est pas pour Hobbes le premier principe métaphysique.

Commençons par le premier point, parce qu'il engage le sens même de la fiction hobbesienne. En effet, si la supposition annihilatoire est hyperbolique, l'hyperbole consiste ici en un passage à la limite du réel au possible et non pas du douteux au faux. Ce point est capital, parce qu'il en résulte que l'hypothèse annihilatoire n'est pas symétrique au doute cartésien. Descartes partait de l'incertitude de notre connaissance concernant le vrai et le faux, le réel et l'imaginaire, pour parvenir, par la mise en œuvre du doute hyperbolique, à la certitude indubitable de l'existence et de la réalité du moi pensant. En revanche, Hobbes part du réel en présupposant l'affection de notre sensibilité par les choses hors de nous: "Je dis qu'à cet homme il restera les idées du monde et de tous les corps que ses yeux avaient vus ou que ses autres sens avaient perçus avant leur annihilation". Mais ce réel est immédiatement mis entre parenthèses pour parvenir aux structures du possible, c'est-à-dire du concevable, qui sont celles de nos représentations. Ce qu'il s'agit de montrer, c'est, d'une part, que toutes les activités de l'esprit, lorsqu'il soustrait, compose, impose des noms, énonce des propositions et raisonne, reposent d'abord sur nos représentations ou phantasmes, et non sur les choses elles-mêmes, et c'est, d'autre part, ce qui dans nos représentations rend possibles de telles opérations. Or tout ce que l'esprit peut concevoir n'est pas nécessairement réel. Cela vaut non seulement dans le cas des fictions de tous ordres, en particulier astronomiques (concernant par exemple un lieu au-delà du monde où seraient placées des sphères imaginaires) ou poétiques (concernant par exemple le récit qu'un poète imaginerait se déroulant avant le commencement de l'histoire), mais aussi dans le cas des démonstrations mathématiques où l'on construit, divise et compose des lignes et des surfaces simplement représentées, et enfin dans les raisonnements philosophiques où l'on peut concevoir des lois du mouvement qui n'ont aucune effectivité dans le monde (cf. *C.D.M.*, chap. XXVIII, 1, p. 331). Seront donc posées comme premiers principes de la philosophie, les conditions qui permettent de telles opérations, à savoir les formes ou les structures de la représentation: l'espace et le temps.

A partir de ces formes du concevable, la démarche philosophique passera à la connaissance de ce que nous pouvons affirmer de valide sur l'existence[11] et la nature des choses hors de nous. La fiction de l'*annihilatio mundi* a donc pour but de montrer que la connaissance ne porte pas immédiatement sur le monde mais sur nos représentations. Toute affirmation concernant les choses ne sera que le produit d'une inférence rationnelle à partir de la représentation. C'est pourquoi les deux premiers principes de la philosophie ne concernent ni l'existence ni la nature des choses.

Mais ils n'établissent pas non plus l'existence et la nature du moi. L'existence d'un sujet de la pensée, loin d'être découverte comme une première vérité, est également présupposée: "Mais si on suppose une telle annihilation des choses, on peut peut-être demander ce qu'il resterait pour un homme quelconque (que j'excepte seul de cette universelle destruction des choses)". Si la démarche du *De Corpore* est comparable à celle des *Méditations* en ce qu'elle passe de la représentation à la chose – encore qu'il faille noter qu'il ne s'agit là pour Hobbes que d'une inférence rationnelle qui demeure hypothétique, et non d'une connaissance claire et distincte investie d'une garantie théologique –, en revanche il n'y a pas de saisie intuitive immédiate, intellectuelle et existentielle, de la pensée par elle-même. C'est pourquoi l'espace et le temps se substituent au *cogito* à titre de premiers principes de la philosophie. S'il s'agit de définir la connaissance que nous pouvons avoir de l'existence du moi, Hobbes explique, dans ses objections aux *Méditations*, que cette connaissance est le résultat d'une inférence rationnelle discursive: "De ce que je suis pensant, il s'ensuit *que je suis*, parce que ce qui pense n'est pas un rien" (*Troisièmes obj., O.L.* V, p. 252, A.T., IX-1, p. 134). L'expression *"sequitur"* doit être prise à la lettre car:

> "Encore que quelqu'un puisse penser qu'il a pensé (laquelle pensée n'est rien autre chose qu'un souvenir), néantmoins il est tout à fait impossible de penser qu'on pense, ny de sçavoir qu'on sçait; car ce serait une interrogation qui ne finiroit jamais: d'où sçavez-vous que vous sçavez que vous sçavez que vous sçavez, etc. ?" (*ibid., O.L.* V, p. 253, A.T., IX-1, p. 135).

Bien plus, si on demande quelle connaissance nous pouvons avoir de la nature du moi, Hobbes répond que cette connaissance ne nous est pas donnée par une idée ou une représentation. En effet, de l'âme:

> "Nous n'en avons aucune idée; mais la raison nous fait conclure qu'il y a quelque chose de renfermé dans le corps humain, qui luy donne le mouvement animal par lequel il sent & se meut; & cela, quoy que ce soit, sans aucune idée nous l'apelons *ame* " (*ibid., O.L.* V, p. 263, A.T., IX-1, p. 143).

La connaissance de la nature du moi n'est donc également que le produit d'une inférence rationnelle qui (et ce n'est pas là un petit paradoxe au point de vue de Descartes) prend pour modèle la connaissance du corps. Tel est sans doute le sens du passage où Hobbes rend compte du mode de connaissance du moi à partir de la connaissance de la nature du morceau de cire:

> "Et de là il semble suivre qu'une chose qui pense est quelque chose de corporel; car les sujets de tous les actes semblent estre seulement entendus sous une raison corporelle, ou sous une raison de matiere, comme il a luy-mesme montré un peu aprés par l'exemple de la cire, laquelle, quoy que sa couleur, sa dureté, sa figure, & tous ses autres actes soient changez, est tousjours conceuë estre la mesme chose, c'est à dire la mesme matiere sujette à tous ces changemens. Or ce n'est pas par une autre pensée qu'on infere que je pense" (*ibid.*, *O.L.* V, p.253, A.T., IX-1, p.135).

On comprend donc que, sur le second point de la différence de la philosophie première de Hobbes face à celle de Descartes, la connaissance de l'existence et de la nature du moi perde tout privilège par rapport à la connaissance de l'existence et de la nature du monde. Au point que, loin d'assister à une promotion de l'*ego* au rang de vérité première, c'est à l'inverse à une déchéance complète du *cogito* que nous assistons. Les premiers principes que permet d'établir l'hypothèse de l'*annihilatio mundi* sont donc les formes de nos représentations, à partir desquelles sera inférée la connaissance de la nature du monde, la connaissance de la nature de la pensée étant repoussée au chapitre XXV du *De Corpore* qui concerne la psychologie. L'hypothèse annihilatoire ne reprend donc aucunement la substitution unilatérale de l'*ego* comme *subjectum* à la chose, qui est réalisée par la métaphysique cartésienne, et qui permet à Heidegger d'écrire:

> "Jusqu'à Descartes, avait valeur de "sujet" toute chose subsistant par soi; mais maintenant le "Je" devient le sujet insigne, par rapport à quoi seulement les autres choses se déterminent comme telles. Parce que les choses – mathématiquement – reçoivent d'abord leur choséité de leur rapport fondatif au principe suprême et à son "sujet" (Je), elles sont essentiellement ce qui par rapport au sujet se tient comme un autre, ce qui repose vis-à-vis de lui comme un *objectum*" [12].

Le *subjectum* reste toujours pour Hobbes la chose en tant qu'elle est ce qui est subsistant par soi *(subsistens per se)*, l'existant *(existens)*, le substrat ou suppôt *(suppositum)* qui est seulement mis entre parenthèses par l'hypothèse annihilatoire (cf. *D.C.*, *O.L.* I, chap. VIII, p. 91). En ce sens le *subjectum* n'est pas l'*objectum* en son sens traditionnel de "ce qui est jeté vis-à-vis dans un pur se-présenter" (Heidegger, *op. cit.*, p. 115). L'objet est donné dans la repésentation tandis que la chose lui échappe. Il n'y a pas chez Hobbes d'idées claires et distinctes de l'entendement qui réinvestissent la ressemblance dans la représentation, et qui nous fassent saisir dans l'objet représenté l'essence de la chose hors de nous. On ne peut donc en aucune manière dire que pour Hobbes, comme cela a lieu chez Descartes, la chose est déterminée à partir de l'*ego*, comme un objet. Ce qui veut bien dire que la chose ne reçoit pas sa choséité, ou l'étant son être, du rapport à l'*ego* comme fondement.

Bien que Hobbes emploie parfois le terme d'*objectum* pour désigner la chose, et celui de *res* pour désigner le contenu de la représentation, cet usage équivoque des termes n'engage nullement une réduction de la chose à l'objet, lequel reste toujours l'image produite originairement dans les sens et conservée dans l'imagination. Cependant la possibilité même de l'équivoque est hautement significative, car si l'objet n'est pas la chose, nous verrons que c'est seulement à partir de la représentation que la raison pourra déterminer *hypothétiquement* quelque chose sur la nature d'une chose qui, dans son essence réelle, n'est pas donnée dans la représentation. Par conséquent, seul l'examen des opérations discursives de la raison peut nous révéler, dans la mesure où ces opérations ne s'en tiennent pas à la connaissance par représentations, ce qui de la chose pourra être énoncé dans le discours. Ce n'est donc que dans et par la fonction linguistique que les questions ontologiques sont posées chez Hobbes.

En nous en tenant strictement pour l'instant à la théorie de la représentation, et en rappelant que celle-ci est toujours pour Hobbes une image ou un phantasme qui a une origine sensible, on peut dire qu'alors que pour Descartes "de chacun des étants, on peut dire qu'il n'accède à l'Etre qu'en passant par la *cogitatio*, donc en devenant un *cogitatum*"[13], de sorte que, de ce point de vue "l'*ego* devient étant suprême pour une ontologie de l'étant représenté" (J. L. Marion, *op. cit.*, p. 205), pour Hobbes il en va exactement à l'inverse: tout ce qui passe par la *cogitatio* est séparé de l'être. Par conséquent, le *cogito – sum* ne sera érigé ni en axiome fondamental de tout savoir, ni corrélativement en fil conducteur de toute détermination de l'être. Ainsi l'*ego*, objet d'une connaissance confuse par sentiment, ne fait-il pas partie des vérités établies par la *Philosophia prima* de Hobbes, il n'accèdera jamais au statut de vérité première. Et, pour anticiper sur nos développements, ce n'est pas non plus en lui qu'il faudra chercher quelque chose comme un fondement de la politique. Bien plus, c'est parce que ni la chose ni l'*ego* n'ont le statut de fondement, qu'une fondation du politique devient pensable.

Si Hobbes caractérise dans le *De corpore* le sentant comme sujet (*subjectum*) de la sensation: "le sujet de la sensation lui-même est le

sentant" (*D.C., O.L.* I, chap. XXV, 3, p.319), il veut simplement dire
que la représentation est un accident qui a pour substrat un sujet, mais
ce sujet ne se dresse pas devant la chose comme un moi qui pose lui-
même l'évidence première de son existence et juge de l'être de la chose
en la réduisant à son être représenté. Bien plus, la notion de *subjectum*
ne se trouve pas modifiée, pour être amenée à signifier la subjectivité
d'un sujet déterminée comme "je pense", parce que le sentant comme
subjectum est lui-même une chose au même titre et au même rang que
les autres. Son existence et sa nature ne sont ni plus immédiatement ni
plus facilement connues que l' existence et la nature des choses hors de
nous. Il n'y a donc aucune transparence dans la saisie du moi par lui-
même, son existence et sa nature seront connues discursivement. La
représentation est certes subjective, mais cette subjectivité n'est pas
fondée sur un sujet posé comme un *ego,* c'est-à-dire comme une chose
qui se saisit d'abord elle-même dans une réflexion sur soi et qui
reconnaît la pensée comme son essence. C'est exactement ce que veut
dire Hobbes quand, dans les *Troisièmes objections aux Méditations
métaphysiques,* il déclare, au grand scandale de Descartes: "il se peut
donc faire qu'une chose qui pense soit le sujet *(subjectum)* de l'esprit,
de la raison, ou de l'entendement, & partant que ce soit quelque chose
de corporel" (*Troisièmes obj., O.L.* V, p. 253, A. T., IX-I, p. 134). La
restriction *"potest"* tient à ce que la détermination du sujet ou de la
chose qui pense comme corps ou matière demeure entièrement
hypothétique. Il y a donc une subjectivité de la représentation sans sujet
subjectif fondateur. On comprend ainsi que la *Philosophia prima* de
Hobbes inaugurée par l'hypothèse annihilatoire ne parte ni du monde,
ni du moi, mais de la représentation.

3) Quoique Hobbes n'en fasse pas explicitement mention dans le
texte du *De Corpore* que nous étudions, il semble bien que l'hypothèse
annihilatoire repose sur un argument théologique: celui de la toute-
puissance divine. Les *Elements of law* remarquaient déjà, que les
seules connaissances que nous puissions avoir naturellement de Dieu
concernent son existence et sa toute-puissance incompréhensible:

> "Vu que Dieu Tout-puissant est incompréhensible, il s'ensuit que
> nous ne pouvons avoir aucune conception ou image de la Divinité; et
> par conséquent tous ses attributs signifient l'incapacité ou le défaut de
> notre puissance de concevoir quoi que ce soit concernant sa nature, et
> que nous n'avons aucune conception à ce sujet sinon seulement: *qu'il y
> a un Dieu.* Car les effets que nous reconnaissons naturellement,
> comportent nécessairement une puissance capable de les produire
> avant qu'ils ne fussent produits; et cette puissance présuppose que
> quelque chose existe qui possède cette puissance; et la chose qui existe

avec cette puissance de produire, à moins qu'elle ne soit éternelle, doit nécessairement avoir été produite par quelque chose d'antérieur à elle; et cette dernière par quelque autre chose antérieure à elle, jusqu'à ce que nous en arrivions à un éternel, c'est-à-dire à une première puissance de toutes les puissances, et une première cause de toutes les causes. Et c'est cela que tous les hommes appellent du nom de DIEU, qui implique éternité, incompréhensibilité et toute-puissance" (*E.L.*, I, chap. XI, 2, pp. 53-54).

Mais on ne pourrait sans doute rien conclure de pertinent de la toute-puissance divine, considérée dans ce texte (et dans bien d'autres) à la fois comme un attribut incompréhensible d'une nature incompréhensible et comme la cause première des effets naturels, c'est-à-dire des phénomènes, si la *Critique du 'De Mundo'* ne la faisait intervenir dans trois thèses, certes non explicitement liées les unes aux autres, mais qui, lorsqu'elles sont rapprochées, peuvent se révéler d'une importance considérable eu égard à notre examen de l'hypothèse de l'*annihilatio mundi*. En effet le rapprochement de ces trois thèses permet de reconstituer ce qu'on peut appeler l'argument théologique de la toute-puissance. Voici ces trois thèses: premièrement, aucun étant ne peut être naturellement créé ou annihilé, les changements produits par la nature n'affectent que les modes ou les accidents des choses. Autrement dit, les changements naturels ne sont que des trans—formations. En revanche, si nous nous situons au point de vue de la toute-puissance divine, la création ou l'annihilation d'un étant devient concevable, bien que nous ne puissions pas en connaître le comment, puisqu'il s'agirait alors d'une œuvre surnaturelle (cf.*C.D.M.*, chap. XII, 5, p. 191; *ibid.*, chap. XXVII, 1, p.314). Deuxièmement, alors que la volonté de l'homme est toujours déterminée par des causes, et que sa liberté revient à la nécessité, la volonté divine éternelle ne peut avoir de cause en vertu de laquelle Dieu aurait voulu ceci plutôt que cela. La cause doit être antérieure à l'effet, or il ne peut y avoir quelque chose d'antérieur à l'éternité. La volonté divine ne peut donc pas être mise sur le même plan que la volonté humaine:

> "Il n'est rien qui ait jamais pu imposer une nécessité à la volonté divine, et bien moins, qui ait pu la contraindre ou la leurrer. Par conséquent, Dieu agit dans une liberté absolue *(liberrime)*, que la liberté soit opposée à la nécessité, ou qu'elle le soit à un obstacle. Mais cette liberté de Dieu n'est pas à proprement parler choix, qui est la détermination de choses auparavant indéterminées (on ne peut en effet dire cela de la volonté éternelle), mais accord des choses avec la volonté éternelle de Dieu" (*ibid.*, chap. XXXIII, 5, p. 378).

De ce principe, Hobbes fait une application particulière: il serait contradictoire avec la toute-puissance divine de vouloir démontrer que le monde a été créé, parce qu'il faudrait alors montrer que la création était nécessaire, et par conséquent, qu'il n'aurait pu en être autrement, même si Dieu avait voulu que le monde lui fût coéternel (cf. *ibid.* chap. XXVI, 3, p. 309). D'où on peut légitimement conclure, plus généralement, qu'en vertu de la liberté et de la toute-puissance divines, le monde n'est pas nécessairement tel qu'il est, et qu'il aurait pu être autre. Troisièmement, de même que la volonté divine ne peut être mise sur le même plan que la volonté humaine, de même on ne peut mettre sur le même plan l'entendement divin et l'entendement humain (cf. *ibid.* chap. XXX, 33, p. 364, *ibid.*, chap. XXVII, 15, p. 324).

Ces trois thèses permettent d'établir la contingence radicale du monde quand il est pensé au point de vue de la liberté et de la toute-puissance divines. Ainsi reconstitué, l'argument de la toute-puissance est, semble-t-il, le fondement théorique *implicite* de l'hypothèse de l'*annihilatio mundi*. S'il en est bien ainsi, c'est dans l'argument comparable *de potentia absoluta Dei* de Guillaume d'Ockham, qu'il faudrait chercher à la fois l'origine historique et la signification la plus profonde de l'hypothèse hobbesienne. Or cette relation de Hobbes à la théologie d'Ockham est d'autant plus probable que la *Critique du 'De Mundo'* en reprend plusieurs autres thèses[14]. Nous pouvons en retenir essentiellement trois. D'une part, l'incompréhensibilité divine, ce qui interdit de formuler une quelconque analyse de l'être divin; des attributs et des actes de Dieu nous ne pouvons connaître ni le pourquoi ni le comment (cf. *ibid.*, chap. XXVI, 1-7, pp. 308-311; *ibid.*, chap. XXVII, 4, p. 317; *ibid.*, 8, p. 319; *ibid.*, 14, p. 323; *ibid.*, chap. XXVIII, 3, p. 333; *ibid.*, chap. XXIX, 1-2, pp. 338-340; *ibid.*, chap. XXXI, 2, pp. 367-368). D'autre part, il n'y a pas d'ordre antérieur au vouloir divin. La volonté divine éternelle n'est pas déterminée ni soumise à l'entendement ou à la raison, comme c'est le cas pour la volonté humaine. Il n'en résulte pas pour autant que Dieu agisse contrairement à la raison ou sans droite raison, mais que le principe des actions divines réside dans la volonté divine (cf. *ibid.*, chap. XXXI, 3, pp. 368-369; *ibid.*, chap., XXXIII, 5, p. 378). L'ordre que Dieu établit dans le monde est un ordre contingent. Enfin, de là résulte que Dieu ne considère pas dans son entendement les idées d'un nombre fini ou infini de mondes possibles, avant de créer celui-ci. Hobbes, à la suite d'Ockham, refuse tout être du possible dans l'entendement divin. Ainsi pour Hobbes on ne peut pas dire qu'une chose est possible avant d'exister, parce que le possible en soi n'est rien d'autre que la puissance de créer qui appartient à Dieu. Ce n'est donc pas parce que ce monde est parfait que Dieu l'a créé, mais à l'inverse parce qu'il l'a créé qu'on doit dire qu'il est parfait, c'est-à-dire conforme à ce que Dieu a voulu faire (cf. *ibid.*, chap. XXXI, 1-2, pp. 367-368; *ibid.*, 4, p. 369; *ibid.*, chap. XXXIII, 6, p. 378).

Sur ces points Hobbes reprend presque exactement le double point de vue théologique sous lequel Ockham considère le monde: *de potentia absoluta Dei* et *de potentia ordinata Dei.* Or chez Ockham deux principes[15] découlent de la contingence radicale du monde selon l'hypothèse *de potentia absoluta Dei:* d'une part, Dieu pourrait par son efficience absolue se substituer comme cause première à l'action qu'il exerce par les causes secondes, c'est-à-dire réaliser seul ce qu'il accomplit par l'intermédiaire de la chose extérieure. D'autre part, Dieu pourrait faire exister indépendamment l'une de l'autre deux choses réellement distinctes. Seulement, il ne s'agit là que d'une hypothèse qu'il ne faut pas considérer comme une réalité, car *de potentia ordinata,* Dieu établit un ordre dans le monde dont la stabilité repose sur l'immutabilité de son vouloir. Si ces principes théologiques ne sont pas explicitement utilisés dans la *Philosophia prima* du *De Corpore* pour fonder l'hypothèse annihilatoire, il reste néanmoins à examiner dans quelle mesure les conséquences gnoséologiques de la supposition hobbesienne ne se trouvent pas préfigurées par celles de l'argument ockhamien.

Tout d'abord, pour mesurer la portée gnoséologique de l'argument chez Ockham, il faut revenir quelques instants sur sa théorie de la connaissance *(notitia)* et du concept *(conceptus)*[16]. L'intellect humain peut avoir du même objet deux connaissances spécifiquement distinctes. La première est la connaissance intuitive, à la fois sensitive et intellective, qui nous permet de connaître, d'une part, si une chose existe ou n'existe pas, et d'autre part, ce qui peut lui convenir accidentellement. Cette connaissance, qui fonde la vérité des pro-positions contingentes, est toujours causée par l'objet dans l'ordre ordinaire des choses. La connaissance intuitive engendre une seconde connaissance, qui est abstractive dans la mesure où elle fait abstraction à la fois de l'existence ou de la non-existence de l'objet et de ce qui peut lui appartenir de manière contingente. L'intervention de l'argument théologique de la toute-puissance divine dans cette théorie de la connaissance, s'opère de la façon suivante:

"Car Dieu peut de la même manière causer totalement l'une et l'autre *notitia* [intuitive et abstractive], et il n'est pas nécessaire que la chose meuve, selon son existence propre, par soi, objectivement la *notitia* intuitive, ainsi qu'il a été prouvé [...].

De cela suit que la *notitia* intuitive, tant sensitive qu'intellective, peut être *[notitia]* d'une chose non-existante. Cette conclusion, je la prouve d'une autre manière que plus haut. Toute chose absolue, distincte selon le lieu et selon le sujet d'une autre chose absolue, peut de par la puissance divine exister sans elle, car il ne semble pas vraisemblable que Dieu, s'il veut détruire une chose absolue existant dans le ciel, soit obligé de détruire une autre chose existant sur la terre.

Mais la vision intuitive, tant sensitive qu'intellective, est une chose absolue, distincte selon le lieu et selon le sujet de l'objet; comme si je voyais intuitivement une étoile existant dans le ciel, cette vision intuitive, soit sensitive soit intellective, est une chose absolue, distincte selon le lieu et selon le sujet, de l'objet vu. Donc la vision peut demeurer l'étoile étant détruite"[17].

Par sa toute-puissance, Dieu peut faire tout ce qui n'implique pas contradiction, comme faire exister, l'une indépendamment de l'autre, deux choses réellement distinctes ou deux connaissances. Ainsi, il peut causer une connaissance abstractive indépendamment de la connaissance intuitive dont elle dérive ordinairement. Plus généralement, il peut causer directement tout ce qu'il produit ordinairement par l'intermédiaire des causes secondes, par exemple, produire l'une sans l'autre deux réalités qui n'ont pas le même lieu, ni le même sujet: la vision sans l'objet vu, c'est-à-dire donner à l'homme la connaissance intuitive d'un objet absent ou même non-existant. L'argument *de potentia absoluta Dei,* implique-t-il pour autant une séparation de la connaissance et de son objet réel ? André de Muralt répond positivement à cette question, et tente d'en montrer les implications considérables pour la philosophie moderne de la connaissance[18]. Selon cette interprétation, l'argument théologique d'Ockham aboutit sur le plan gnoséologique à la notion d'un concept objectif sans objet, qui est le produit direct de la séparation qu'il creuse entre l'ordre du connaître et l'ordre des choses. Le rapport intentionnel du sujet à l'objet serait ainsi rompu, et le doute pourrait se porter sur l'objectivité de la connaissance.

"Ainsi, d'une manière ou d'une autre, il y aurait connaissance vraie, authentique et légitime, d'une chose qui pourrait ne pas exister. Ockham va sans doute le plus loin dans cette voie en affirmant la possibilité d'une connaissance intuitive d'une chose qui n'existe pas. Certes, il s'agit pour lui d'une hypothèse *de potentia absoluta Dei,* non pas d'une réalité attestée. Cette hypothèse théologique suffit pour jeter un doute radical sur l'union du sujet et de l'objet, sur la causalité objective, formelle ou efficiente, de la chose sur le sujet dans l'acte de connaître, en un mot sur l'objectivité du connaître. Elle suffit, puisqu'elle maintient la possibilité d'une connaissance vraie de la chose, que cette chose soit ou ne soit pas, *sive res sit sive res non sit*, pour affirmer que la relation intentionnelle à l'objet n'est pas essentielle à l'acte de connaître, c'est-à-dire que la relation à l'objet ne définit pas essentiellement l'acte de connaître. Cette conception proprement ockhamienne, grosse d'un formidable avenir, puisqu'elle introduit l'idée d'un savoir empirique a priori, invite dans l'immédiat la réflexion théologique et philosophique des contemporains d'Ockham à rechercher soit *au-delà*, soit *en deçà de la relation sujet-objet*, la condition de possibilité et le fondement de légitimité de toute connaissance vraie"[19].

L'argument *de potentia absoluta Dei* affecte, selon A. de Muralt, structurellement la philosophie moderne. Se transformant chez Descartes en la fiction hyperbolique du Malin génie, il engage toute sa théorie de la connaissance. En effet, l'idée a, pour Descartes, une réalité formelle comme mode de la pensée et une réalité objective comme mode d'être de la chose en tant qu'elle est représentée par l'idée. La doctrine de l'*esse objectivum* du concept, adoptée un moment par Ockham, devient doctrine de la *realitas objectiva* de l'idée, indépendante de la réalité formelle de la chose. Les idées claires et distinctes s'organisent ainsi en un ordre interne des raisons, distinct de l'ordre des choses. La correspondance des idées et des choses, n'allant plus de soi, exige d'être fondée. Le problème de la valeur objective de la connaissance devient, dans ce contexte, à la fois possible et nécessaire. Cette valeur objective est établie par le statut privilégié de l'idée de Dieu, dont la réalité objective fonde elle-même sa propre valeur objective et, en retour, celle de l'ensemble de nos connaissances claires et distinctes. Le parallélisme de la série des idées et de la série des choses requiert un fondement théologique. Ce parallélisme se retrouve, au-delà de Descartes, chez Spinoza, qui fonde la correspondance des attributs pensée et étendue sur ce qu'ils sont autant d'expressions de l'unité de la substance divine. L'argument *de potentia absoluta Dei* devient superflu, puisque c'est la puissance infinie de Dieu (qui n'a plus rien du volontarisme ockhamien) qui produit désormais la nécessité du parallélisme, mais ses conséquences subsistent. La plupart des philosophies de la connaissance qui engagent une théorie de la représentation seront confrontées à ce problème de la séparation des séries, ainsi qu'à l'exigence de trouver un fondement théologique de leur concomitance: causalité occasionnelle chez Malebranche, harmonie universelle chez Leibniz. Ainsi, pour A. de Muralt, c'est une réponse théologique non-ockhamienne qui est à chaque fois recher-chée, pour éviter les conséquences sceptiques de l'argument théologique d'Ockham, que cette réponse relève d'une théologie de la toute-puissance, ou d'une théologie de la régulation de la volonté et de la puissance par l'entendement divin ou le Verbe incréé.

Le XVII° siècle est ainsi pris entre une question qui trouve son origine chez Ockham et des réponses qui font souvent, mais pas toujours, appel à la tradition augustinienne dominante. Cette interprétation est d'autant plus intéressante pour nous, que l'hypothèse de l'*annihilatio mundi* rappelle encore plus directement l'argument *de potentia absoluta Dei,* dans la mesure où Hobbes s'interdit de faire appel à la théologie rationnelle pour répondre à l'incertitude créée sur l'objectivité de la connaissance. Reprenant les conséquences gnoséologiques de l'argument, Hobbes repousse toute issue du côté d'une théologie non-ockhamienne pour fonder l'accord des idées et des choses.

Mais, avant de développer la position de Hobbes, il importe d'examiner dans quelle mesure la séparation des séries ou des ordres, produite par l'argument ockhamien au XVII° siècle, se trouvait déjà réalisée chez Ockham lui-même. Car s'il est vrai que chez Ockham la toute-puissance divine fonde la possibilité d'une connaissance intuitive d'un objet non-présent et même non-existant, cela ne veut pas dire que Dieu puisse nous donner comme présent ou existant un objet non-présent ou non-existant:

> "Qu'elle trouve sa cause en son objet ou en Dieu seul, la connaissance intuitive est toujours vraie; elle nous fait juger qu'une chose est quand elle est, qu'elle n'est pas quand elle n'est pas; jamais elle ne nous abuse: la puissance même de Dieu ne peut faire intuitivement paraître présent un objet absent [...]. Une évidence trompeuse est une chose contradictoire, impossible à Dieu même. En voici la raison: c'est la définition même de l'évidence que les choses soient telles qu'elle les montre: un jugement évident dit exister ce qui existe [...]. L'évidence tient dans le rapport du jugement à la chose par le moyen de l'appréhension. Il y a, au point de départ d'Ockham, *un réalisme essentiel:* le jugement qui dit être ce qui est et repose sur une connaissance intuitive, voilà le fait dont la condition, également donnée, est l'objet existant et présent aux sens, comme cause de la connaissance; le problème est seulement de déterminer si la même connaissance vraie peut se réaliser sous d'autres conditions, par la toute-puissance divine"[20].

Or ce "réalisme essentiel", à entendre au sens où la connaissance suppose d'abord un contact immédiat et direct à la chose individuelle, est confirmé par l'évolution de la conception ockhamienne du concept. En effet, Ockham a d'abord formulé la théorie du concept comme *fictum:* "l'intellect voyant une chose quelconque hors de l'âme forge (*fingit*) une chose semblable dans l'esprit"[21]. Cette conception consiste à conférer, à tout ce qui est pensé, un être connu qui est un *esse objectivum* présentant à l'esprit un objet qui n'a d'existence réelle ni comme substance, ni comme accident, mais qui consiste en une image ou mode d'être connu de la chose. Cette théorie de l'*esse objectivum,* étendue aussi bien à la connaissance des objets particuliers qu'aux concepts universels, est ensuite présentée comme l'une des théories possibles du concept à côté de celle qui accorde au concept le statut d'un *esse subjectivum,* c'est-à-dire d'une qualité subjective existant dans l'âme et indépendante de l'acte d'intellection, et de celle qui identifie l'*esse subjectivum* à l'acte d'intellection. Dans la *Summa Logicae,* Ockham résume ces trois conceptions et fixe son choix définitif sur la troisième. L'une des raisons de ce choix repose sur le principe d'économie, selon lequel ce qu'on peut préserver en posant quelque chose d'autre que l'acte de connaissance on peut également le préserver sans lui: "par conséquent, il n'est pas nécessaire de poser quelque chose d'autre au-delà de l'acte de connaître" (*Summa Logicae*, I, 12, p. 39)[22]. Mais ce choix tient également à ce que le concept a moins le statut d'une représentation, que celui de signe de la chose[23]. Le rapport entre la pensée et la réalité est en effet moins défini en termes d'image, qu'en termes de signe et de signifié: le concept est un signe qui se réfère à la chose extramentale, c'est un "quelque chose dans l'âme qui est un signe, signifiant naturellement quelque chose d'autre pour quoi il peut supposer"(*ibid.*). C'est, par conséquent, toujours la réalité des choses qui est directement visée à travers l'acte de connaissance, contrairement à ce qui se passe dans le cadre des théories de la représentation au XVII° siècle. On peut donc émettre quelques réserves sur les conséquences qu'A. de Muralt tire de l'argument *de potentia absoluta Dei* pour la théorie ockhamienne de la connaissance. La notion du concept comme intention de l'âme qui signifie premièrement et proprement la chose rend au moins problématique l'idée d'une rupture de la relation intentionnelle à l'objet. La relation référentielle à la chose est un point d'ancrage que l'argument de la toute-puissance ne remet pas en cause, mais dont il fait varier les conditions.

En revanche, l'argument ockhamien, reproduit implicitement par l'hypothèse hobbesienne de l'*annihilatio mundi,* produit bien, cette fois, une rupture entre l'ordre de la connaissance et l'ordre des choses, parce que la connaissance est représentation, et non plus signe. Dès lors, la représentation peut être considérée séparément. Bien plus, elle doit l'être, puisque tout accès à la chose extramentale devient indirect et doit passer par la représentation, qui est l'objet propre et premier de notre savoir. On pourra certes objecter, à juste titre, que le concept de représentation n'est nullement incompatible avec celui de signe au XVII° siècle, mais précisément le signe perd au XVII° siècle l'ancrage naturel dans les choses qui le caractérisait chez Ockham. Cette possibilité d'étudier la représentation indépendamment de la chose est attestée chez Hobbes par la rémanence de la représentation dans l'esprit lorsque la cause qui la produit n'est plus présente, ou, selon l'hypothèse annihilatoire, lorsqu'elle est détruite. En ce sens, l'*annihilatio mundi* est un passage à la limite de l'absence d'un objet ou d'un être, dont nous concevons néanmoins l'image, à la destruction (nécessairement hyperbolique et surnaturelle) du monde (cf. *C.D.M.*, chap. III, 1, p. 117). Hobbes peut ainsi mettre en évidence les deux déterminations fondamentales de la représentation dans le texte du *De Corpore* que nous étudions:

> "Je dis qu'à cet homme il restera les idées du monde et de tous les corps que ses yeux avaient vus ou que ses autres sens avaient perçus avant leur annihilation, c'est-à-dire la mémoire et l'imagination de leurs grandeurs, mouvements, sons, couleurs, etc., ainsi que leur ordre et leurs parties; *toutes choses qui bien que n'étant que des idées et des phantasmes, accidents internes de celui qui imagine, n'en apparaîtront pas moins comme extérieures et indépendantes du pouvoir de l'esprit* " (*D.C.*, *O.L.* I, chap. VII, 1, pp. 81-82, c'est nous qui soulignons).

La représentation doit donc être envisagée de deux points de vue: d'une part, comme un accident interne de l'esprit (Hobbes substitue constamment la notion d'*animus* à celle d'*anima*) et, d'autre part, comme une image qui présente l'être apparaissant *(esse apparens)* d'une chose, distinct de la chose existante. D'un côté, la représentation est un mode de l'esprit qui renvoie au sujet pensant, de l'autre, elle a un contenu objectif par lequel elle représente quelque chose:

> "Or on peut les [idées et phantasmes] considérer, c'est-à-dire en rendre raison, à deux titres, soit comme accidents internes de l'esprit, on les considère de cette manière quand il est question des facultés de l'esprit, soit comme des apparitions des choses extérieures, conçues non comme existantes, mais seulement comme apparaissant exister ou être hors de nous" (*ibid.*, p. 82).

Comme accident de l'esprit, la représentation a une réalité dans l'esprit (cf. *C.D.M*, chap. III, 2, p. 118; *ibid.*, chap. XXVIII, 2, p. 332) que l'on peut comparer à la réalité formelle de l'idée chez Descartes. Mais chez Hobbes cet aspect de la représentation relève simplement de la psychologie de la connaissance, laquelle n'appartient pas à la *Philosophia prima,* mais se trouve déplacée au chapitre XXV du *De Corpore.* Autrement dit, ce n'est pas au point de vue du sujet pensant que la représentation va être abordée, ce qui impliquerait inévitablement une mise au premier plan de l'*ego* et sa position comme première certitude, mais dans son *esse apparens,* ce qui oriente la *Philosophia prima* du côté du rapport de la représentation à la chose. Cet *esse apparens* de la chose dans la représentation peut être comparé à la réalité objective de l'idée, qui fournit un tableau ou une image de la chose chez Descartes. Avec cette réserve très importante cependant que pour Descartes, contrairement à Hobbes, la réalité objective des idées comporte des degrés et des différences, par opposition à leur réalité formelle qui n'implique entre elles aucune inégalité en tant qu'elles semblent toutes procéder de moi:

> "Car, en effet, celles qui me representent des substances, sont sans doute quelque chose de plus, & contiennent en soy (pour ainsi parler) plus de realité objective, c'est à dire participent par la representation à plus de degrez d'estre ou de perfection, que celles qui me representent seulement des modes ou des accidens" (*Méditations métaph.,* méd. troisième, A.T., IX-1, pp. 31-32).

On sait le rôle considérable que cette différence de réalité objective des idées joue dans la première preuve de l'existence de Dieu. La réalité objective infinie de l'idée de Dieu permet en effet à la fois de sortir de la représentation pour poser l'existence de son idéat, et de garantir la conformité de l'idée à son idéat. Or Hobbes rejette totalement cette thèse d'une différence de réalité objective des idées:

> "Si cela est vray, comment peut-on dire que les idées qui nous representent des substances, sont quelque chose de plus & ont plus de realité objective, que celles qui nous representent des accidens ? Davantage, que Monsieur Descartes considere derechef ce qu'il veut dire par ces mots, *ont plus de réalité.* La réalité reçoit-elle le plus & le moins? Ou, s'il pense qu'une chose soit plus chose qu'une autre, qu'il considere comment il est possible que cela puisse estre expliqué avec toute la clarté & l'évidence qui est requise en une démonstration, & avec laquelle il a plusieurs fois traitté d'autres matieres" (*Troisièmes obj. O.L.* V, p. 264, A.T., IX-1, p. 144).

Si l'on peut parler d'un contenu représentatif de l'idée, cela n'autorise nullement à affirmer qu'il comporte des degrés de réalité, pas plus qu'une chose ne peut être plus chose qu'une autre. C'est pourquoi, Hobbes considère l'*esse apparens* comme *phantasma, figmentum, fictum* ou encore *apparitio,* dont tout l'être consiste simplement à être connu. En ce sens, la représentation n'a qu'un être imaginaire ou feint, et comme telle s'oppose à la chose ou à l'étant (cf.*C.D.M.*, chap. III, 2, pp. 117-118; *ibid.*, chap. XXVII, 1-2, pp. 331-332). C'est alors moins d'une réalité que d'une irréalité de l'image qu'il faudrait parler. Du reste Hobbes utilise, pour caractériser la représentativité de la représentation, l'analogie du miroir – que l'on rencontre quelquefois chez Ockham, mais en un sens différent –; l'image d'une chose est, pour ainsi dire, comparable à son reflet spéculaire (cf. *ibid.*, chap. XXVIII, 2, p. 332). L'analogie du miroir ne vaut pour Hobbes que dans la mesure où elle marque l'opposition de l'image à la chose, en revanche, il ne faut pas en tirer l'idée d'une ressemblance entre la représentation et la chose. A l'opposé de Descartes, il n'y a pas chez Hobbes d'idées claires et distinctes susceptibles de réinvestir la ressemblance dans la représentation. Que l'image ne soit pas une réalité du même ordre que la chose ne signifie pas qu'elle ne soit rien, elle a un contenu:

> "De même que ce qui apparaît s'oppose à toute chose réelle hors de l'esprit, de même il suppose une réalité interne, car s'il n'y avait rien, il n'y aurait aucune apparence"(*ibid.*, p. 332).

Cette réalité n'a donc pas le statut d'une réalité substantielle, mais se réduit au seul caractère représentatif de l'image. L'*esse apparens* de l'image se ramène donc à une modalité représentative. C'est donc bien l'*esse apparens* dans la représentation d'une chose qui n'existe plus, que l'hypothèse de l'*annihilatio mundi* est chargée de mettre en évidence. Avec cette conséquence que nos phantasmes ou nos représentations nous apparaîtront toujours comme s'ils provenaient d'une chose extérieure, et non comme dépendants du pouvoir de l'esprit. Ce point est capital, parce qu'il atteste que la fiction annihilatoire ne change rien à la structure de l'image mentale, qui se donne toujours comme la représentation d'un quelque chose hors de nous. En effet, si nous examinons notre champ mental indépendamment de cette fiction, nous voyons qu'en fait nous n'avons toujours raisonné que sur nos phantasmes et nos idées. Ainsi lorsque nous calculons la grandeur et les mouvements du ciel et de la terre, nous n'allons pas au ciel que pourtant nous divisons et dont nous mesurons les mouvements (cf. *D.C.*, *O.L.* I, chap. VII, 1, p.82). Tel est donc l'aspect fondamental de la supposition de l'*annihilatio mundi:* que le monde existe ou qu'il n'existe pas, cela ne change rien à la *représentation*. La séparation de la représentation et de la chose est donc bien une position fondamentale de la métaphysique de Hobbes. La reprise par Hobbes de l'argument d'Ockham entraîne une séparation que cet argument n'induisait sans doute pas chez le nominaliste du XIV° siècle.

4) Pour aussi étonnant que cela puisse paraître, c'est autour du statut de l'*annihilatio mundi* et de sa signification théologique, que se situe la croisée des chemins qui conduisent Hobbes au matérialisme et Berkeley à l'immatérialisme. En effet, c'est parce que l'annihilation du monde n'est qu'une hypothèse, et que la *Philosophia prima,* écartant la représentation comme accident de l'esprit pour s'attacher à son *esse apparens,* s'oriente vers une réflexion sur le rapport de la représentation à la chose, que Hobbes évite l'idéalisme subjectif de Berkeley pour se diriger, tout d'abord, vers un réalisme – au sens très large d'une affirmation de l'existence de choses hors de la pensée[24], qui exercent sur le sujet pensant et percevant une causalité –, puis, vers un matérialisme, par la détermination de la chose comme *corpus sive materia.* Rien n'est en effet plus éloigné de Hobbes que l'affirmation *esse est percipi,* car s'il est vrai que nos pensées et nos idées n'existent pas hors de l'intelligence, il ne s'ensuit nullement que le mot *être,* quand on l'applique aux choses, se réduise à leur être perçu. Ce serait là pour Hobbes confondre l'objet représenté avec la chose extramentale, laquelle n'est dite exister qu'autant qu'elle subsiste par soi indépendamment de la pensée. A défaut, le monde se réduirait à un délire subjectif de phantasmes. La chose doit donc être posée comme une substance non-sensible. En revanche, pour Berkeley la thèse de l'existence de la matière se heurte à des difficultés gnoséologiques insurmontables. Elles tiennent à ce que, non seulement l'existence d'une substance matérielle est inconcevable et contradictoire (dans la mesure où elle impliquerait l'existence d'objets sensibles hors de l'intelligence), ce qui réduit déjà la matière à un pur néant, mais, en outre, à ce que même si nous admettions son existence, une telle concession ne serait d'aucune utilité:

"D'ailleurs, même si des substances solides, figurées et mobiles pouvaient exister hors de l'intelligence, en correspondance avec les idées que nous avons des corps, comment donc pourrions-nous le savoir ? C'est par les sens ou la raison que nous devons le savoir. Les sens nous donnent uniquement la connaissance de nos sensations, de nos idées, enfin de ces choses immédiatement perçues par les sens, appelez-les du nom que vous voulez: mais ils ne nous informent pas de l'existence de choses extérieures à l'intelligence, de choses non perçues, semblables aux choses perçues. C'est ce que les matérialistes reconnaissent eux-mêmes. – Il reste donc que si nous avons quelque connaissance des choses extérieures, c'est que le raisonnement infère leur existence à partir des perceptions immédiates des sens. Mais [je ne vois pas] quel raisonnement peut nous amener à croire à l'existence de corps extérieurs à l'intelligence à partir de nos perceptions puisque les protecteurs eux-mêmes de la matière ne soutiennent pas qu'il y ait une connexion nécessaire entre ces corps et nos idées ? Tout le monde accorde, dis-je (et les faits du rêve, de la folie et d'autres analogues mettent l'affirmation au-dessus de toute discussion) que nous pouvons être affectés de toutes les idées que nous avons actuellement, même quand il n'existe pas de corps à leur ressemblance. Aussi n'est-il manifestement pas nécessaire d'admettre l'existence d'un corps extérieur pour que nos idées se produisent; car, accorde-t-on, celles-ci se produisent parfois, et peuvent toujours se produire, sans leur concours, dans l'ordre où nous les voyons présentement"[25].

Ce texte et d'autres du même ordre, nous mettent en droit de penser que les arguments par lesquels Berkeley inverse la thèse des "matérialistes" vers l'immatérialisme portent, directement ou indirectement – par l'intermédiaire de Locke en particulier –, contre les thèses du *De Corpore*. Bien plus, ils peuvent contribuer *a contrario* à éclairer le sens du matérialisme de Hobbes. Qu'il nous suffise de noter ici que pour Berkeley les idées ou les représentations demeurent identiques à elles-mêmes dans leur contenu et dans leur ordre, que les corps extérieurs existent ou n'existent pas. Or, nous savons que c'est là la conséquence majeure de l'hypothèse de l'*annihilatio. mundi* de Hobbes. Bien que Berkeley ne fasse pas directement référence à cette hypothèse, bien qu'il puisse toujours subsister un doute sur le fait qu'il ait lu ou non le *De corpore,* et bien que l'influence de la philosophie de Malebranche ait été prépondérante, il n'en reste pas moins que c'est exactement de cela qu'il s'agit. Puisque l'annihilation du monde ne change rien à nos représentations, puisque l'existence ou la non-existence des corps ne modifie en rien le contenu et l'ordre de nos idées, Berkeley en tire une conséquence exactement inverse à celle de Hobbes: l'affirmation d'une substance matérielle extramentale est dans le meilleur des cas une hypothèse gratuite:

"Bref, s'il existait des corps extérieurs nous ne pourrions jamais parvenir à le savoir; et s'il n'y en avait pas, nous aurions exactement les mêmes raisons de croire à leur existence que nous en avons actuellement" (*Principes*, I, 20, trad. p. 225).

Autrement dit, Berkeley opère une inversion radicale des notions hobbesiennes du réel et de l'hypothétique. Pour Hobbes, il est réel que le monde existe, mais on peut formuler l'hypothèse de son annihilation afin d'examiner la représentation qui est l'objet immédiat de la connaissance. En revanche, pour Berkeley, c'est une hypothèse fictive qu'un monde matériel existe, mais il est réel que l'explication de l'existence, de l'ordre, de la régularité, et de l'indépendance à l'égard de la volonté, des idées actuellement perçues par les sens, requiert l'existence d'un Esprit ou d'une Intelligence divine dont nous dépendons et qui éveille en nous les idées des sens. La reprise de l'argument ockhamien *de potentia absoluta Dei* par l'hypothèse hobbesienne de l'*annihilatio mundi* est transformée par Berkeley en un dogme théologico-métaphysique. Berkeley prend à la lettre la conséquence gnoséologique majeure de la reprise de l'argument ockhamien dans le cadre d'une philosophie de la représentation, et lui apporte une réponse théologique non-ockhamienne. Les choses réelles ne sont plus que les idées imprimées en nous par l'Auteur de la nature, les lois de cette nature ne sont plus que la suite ou la connexion qu'une Intelligence sage et bienveillante instaure entre les idées. Toute la connaissance humaine est désormais une sémiologie du langage par lequel Dieu parle à l'homme par l'intermédiaire de la nature. Bien qu'aucune existence extramentale ne corresponde à ce que nos idées représentent, notre connaissance n'en reste pas moins absolument vraie, parce que fondée absolument en Dieu. Une connaissance vraie sans l'existence de causes secondes n'est plus simplement possible, elle est réelle. Si "cet édifice cohérent et stable qui manifeste si évidemment la Bonté et la Sagesse de cet Esprit Gouverneur dont la Volonté établit les lois de la nature, est si éloigné de conduire vers Lui nos pensées, qu'il les envoie plutôt errer après les causes secondes" (*Principes*, I, 32, trad. p. 235), cela ne signifie pas du tout que Dieu soit un *Deus deceptor* qui se plaît à nous tromper, mais, au contraire, c'est en vertu de la perfection même du texte de la nature que nous pouvons le lire sans référence à son origine divine [26].

On voit donc comment Berkeley résout à la fois le problème de la séparation de la représentation et de la chose et le doute qui en résulte sur l'objectivité de la connaissance, en les supprimant: les choses sont des idées et inversement les idées des choses, la vérité de la connaissance ne se définit donc plus par l'adéquation de l'idée et de la chose extramentale, mais en vertu du rapport de l'idée à sa cause radicale première. Supprimer la chose ou, ce qui revient au même, la réduire à l'idée, qui devient elle-même chose, et par là transformer une hypothèse en dogme métaphysique, c'est rendre dans leur principe caducs les efforts que la métaphysique rationnelle avait entrepris pour assurer la vérité de la connaissance, en fondant théologiquement la correspondance de la série des idées et de la série des choses par la véracité divine (Descartes), par le parallélisme des attributs incommunicables de la substance (Spinoza), par l'occasionalisme (Malebranche), ou par l'harmonie universelle (Leibniz). En revanche, si chez Hobbes le recours à la toute-puissance divine rend possible *implicitement* l'hypothèse de l'*annihilatio mundi*, on ne trouve ni dans la *Critique du 'De mundo'*, ni dans le *De Corpore*, la moindre tentative d'assurer théologiquement la certitude et la vérité de la connaissance. Car s'il est certain pour la raison et la foi que Dieu est tout-puissant, il est tout aussi certain qu'il est incompréhensible et que ses attributs et ses desseins sont impénétrables. De sorte que si l'on peut faire reposer sur sa toute-puissance une hypothèse, il est hors de question d'en tirer argument pour valider les inférences de notre raison. Bien plus, Dieu n'est pas soumis aux nécessités internes de nos déductions, puisque ce qui pour notre entendement est inintelligible ne l'est pas pour le sien. Il en résulte que, si nous pouvons toujours penser que l'ordre qu'il a établi dans le monde n'est pas celui que nos nécessités rationnelles nous amènent à connaître, en revanche, on ne peut en aucune manière chercher en lui une quelconque garantie de la valeur ontologique de notre savoir. L'examen de la connaissance rationnelle nous placera donc devant une alternative: soit la raison sera, par l'usage de la fonction linguistique et sans aucun recours extérieur, capable de garantir la validité ontologique du savoir qu'elle produit, soit les nécessités internes de notre savoir rationnel n'auront qu'une valeur gnoséologique. C'est dans cette alternative que se jouera le sens du matérialisme de Hobbes. Tout va donc dépendre de ce que la raison pourra retrouver d'un monde tout d'abord aboli. L'hypothèse de l'*annihilatio mundi* constitue bien, on s'en sera rendu compte, un moment fondamental de la métaphysique de la séparation.

CHAPITRE III

L' *ESSE APPARENS* DE LA REPRÉSENTATION

L'hypothèse annihilatoire a permis de séparer la représentation de
la chose, c'est désormais un processus d'abstraction qui va dégager la
structure spatio-temporelle de la représentation. En effet, si nous
examinons l'image rémanente, non dans son contenu particulier,
comme image de telle ou de telle autre chose ayant telles ou telles autres
qualités, mais dans sa structure représentative en général, nous
observons qu'elle est toujours représentative d'un quelque chose qui
existe, ou mieux, paraît exister hors de nous. Il ne s'agit, bien entendu,
en aucune manière de séparer mentalement la structure de l'image de
son contenu quantitatif ou qualitatif particulier, pour s'en former deux
représentations distinctes. Car, pas plus la structure de l'image ou du
phantasme ne peut être conçue indépendamment d'un contenu, pas plus
telle image ou phantasme particulier ne pourra m'apparaître sans se
présenter comme le tableau de quelque chose d'extérieur. L'abstraction
ne divise donc pas la représentation, elle permet seulement de
considérer la structure de l'*esse apparens* indépendamment du contenu
particulier de ce qui apparaît:

> "Les mêmes images, en tant qu'elles représentent des corps finis
> avec des limites déterminées, sont des espaces possédant des formes,
> c'est-à-dire des formes imaginaires; en tant qu'elles nous représentent
> des corps colorés, les couleurs sont imaginaires" (*C.D.M.*, chap.
> XXVII, 1, p.331; cf. *ibid.*, chap.III, 1, p. 117).

Cependant, alors que le contenu de la représentation est telle
figure, telle grandeur ou telle couleur, la structure de la représentation
fait nécessairement apparaître ce contenu comme quelque chose
d'extérieur. Etre la représentation de quelque chose d'extérieur, est la
structure immanente de toute image que viennent remplir les
propriétés particulières, c'est-à-dire les qualités sensibles qui

appartiennent à l'idée de telle ou de telle chose. L'extériorité en question n'est pas celle de la chose réelle (supposée détruite), mais celle de ce qui apparaît dans la représentation. La représentation d'une chose en tant seulement qu'elle paraît exister hors de l'esprit est la définition de l'espace *(spatium)* et plus précisément de l'espace imaginaire *(spatium imaginarium)*:

> " *L'espace est le phantasme d'une chose existante en tant qu'elle existe*, c'est-à-dire sans considérer en elle aucun autre accident que le fait d'apparaître extérieurement à celui qui l'imagine *(spatium est phantasma rei existentis, quatenus existentis, id* est, nullo alio ejus rei accidente considerato praeterquam quod apparet extra imaginantem)" *(D.C., O.L.* I, chap. VII, 2, p. 83).

Si être la représentation de quelque chose qui apparaît hors de nous est la définition de l'espace, on peut dire que la réciproque est valable également, à savoir que toute représentation implique la spatialité, c'est-à-dire à la fois l'extériorité et les dimensions au niveau de son contenu représentatif. C'est en effet par la même abstraction que nous parvenons, d'un côté, à la structure immanente de la représentation, et de l'autre, à la définition de la spatialité. Tout phantasme est la représentation d'un quelque chose d'extérieur, c'est-à-dire que toute image implique la représentation d'une chose qui comporte des dimensions. La *Critique du 'De Mundo'* et le *De Corpore* parlent d'espace imaginaire parce que l'espace en question n'appartient pas au corps lui-même, mais "n'est rien d'autre que *l'image* ou *le phantasme du corps"* (*C.D.M.*, chap. III, 1, p. 117). C'est un accident de l'esprit, il dépend donc de notre pensée: "De là il est manifeste que l'existence de l'espace ne dépend pas de l'existence du corps, mais de l'existence de la faculté d'imaginer" *(ibid.*; cf. *D.C., O.L.* I, chap. VII, 4, p. 93). Il y a donc ce qu'il faut bien appeler une idéalité de l'espace, que Hobbes utilise pour résoudre les difficultés soulevées par les théories qui transposent l'espace dans les choses mêmes, en particulier celle de White et celle de Descartes. L'idéalité de l'espace permet ainsi de rendre compte de la différence qu'il y a entre le lieu et la chose localisée, à savoir que la chose déplacée ne transporte pas avec elle son lieu, mais que le même lieu peut être occupé tantôt par une chose, tantôt par une autre. De même, elle évite la projection sur le monde des opérations que nous effectuons sur l'espace. Que l'espace soit infini, c'est-à-dire qu'il soit toujours possible d'ajouter un espace à tout espace donné, n'implique pas que le monde soit infini.

De l'idéalité de l'espace, Hobbes déduit cinq propriétés: 1) l'espace est indifférent à tout contenu, il reste identique à lui-même quel que soit l'objet qui l'occupe; 2) en ce sens l'abstraction permet de déterminer l'espace non comme ce qui est occupé mais comme ce qui peut l'être, l'espace imaginaire est donc, en tant que structure de la représentation, vide; 3) puisque l'espace rend possible la représentation du déplacement d'un objet d'un lieu à un autre, il s'ensuit qu'il est immobile; 4) alors que tout objet représenté est limité, l'espace est un *continuum* infini; 5) et indéfiniment divisible. La division de l'espace ne parvient jamais à un minimum indivisible. On voit donc que l'espace imaginaire n'est défini que par des propriétés géométriques.

Cependant, F. Brandt [27] croit pouvoir relever une difficulté qui procéderait de la confusion chez Hobbes de deux théories de l'espace, une théorie psychologique et qualitative, et une théorie épistémologique où l'espace apparaît comme un système de coordonnées stables. Brandt voit ici s'amorcer deux lignes de développement, l'une menant à Berkeley, et l'autre à Kant. Mais plutôt que d'une confusion entre une théorie psychologique et une théorie mathématique de l'espace, nous dirons plutôt que Hobbes se situe en deçà de cette opposition. Car si nous reprenons notre distinction entre la structure spatiale de la représentation et son contenu particulier qualitatif – lesquels sont en fait inséparables –, nous comprenons que l'espace puisse apparaître à la fois comme un système de coordonnées stables, où il est possible de localiser, de diviser, de compter et de mesurer les objets, mais également comme un espace qualitatif différencié par des qualités sensibles déterminées qui constituent le contenu de la représentation. Bien sûr, il y a là bien des connotations kantiennes, mais l'idéalité de l'espace n'est pas chez Hobbes transcendantale, parce que l'espace imaginaire est causé par l'action d'une chose extérieure qui est elle-même conçue comme possédant une grandeur ou un espace réel.

Il y a une seconde difficulté, sans doute plus fondamentale, que l'on peut exprimer par une question: cette théorie de l'espace imaginaire ne reconduit-elle pas la *Philosophia prima* vers un idéalisme que nous avons cru naguère écarté ? En fait c'est l'inverse qui se passe, comme le montre la distinction de l'étant concevable et de l'étant inconcevable que Hobbes tire de sa théorie de la spatialité de la représentation. En effet, puisque toute image est spatiale, nous ne pouvons imaginer ou concevoir qu'une chose qui a une forme et des dimensions, comme un homme, un animal, une pierre. Cette chose est ce que Hobbes nomme *ens imaginabile* ou *ens conceptibile*. En revanche, s'il y a des choses que nous ne pouvons ni imaginer ni concevoir, c'est parce qu'il n'est pas possible d'en avoir une représentation spatiale, figurée et douée de dimensions, ainsi Dieu est-il un étant inconcevable. Il en résulte que:

> "Puisqu'il n'est nullement permis à la philosophie de décider ou de disputer de ces choses qui dépassent les capacités de l'homme, et puisque nous avons renoncé à définir *l'étant* qui n'est pas imaginable, et qui est appelé couramment substance incorporelle, nous définirons seulement *l'étant imaginable.* Par conséquent, en ce sens, *l'étant* est tout ce qui occupe un espace, ou ce que l'on peut évaluer selon la longueur, la largeur et la profondeur. De cette définition, il apparaît que *l'étant (ens)* et *le corps (corpus)* sont la même chose, car la même définition est admise par tous. Par conséquent *l'étant* dont nous parlons, nous le nommerons toujours *corps"* (*C.D.M.*, chap. XXVII, 1, p. 312).

Tel est donc le paradoxe de l'idéalité de l'espace chez Hobbes: dans la mesure où nous ne pouvons concevoir que des choses qui comportent des dimensions, nous ne pouvons nous représenter que des corps. Autrement dit, à partir de la théorie de la représentation, il est possible d'inférer l'existence d'étants corporels dont la nature est déterminée comme matérielle. Ainsi à l'espace imaginaire de la représentation, Hobbes fait correspondre dans les choses un espace réel qui lui est co-étendu:

> "L'extension d'un corps est la même chose que sa grandeur, ou ce que certains appellent *espace réel;* mais cette grandeur ne dépend pas de notre pensée, comme l'espace imaginaire, car celui-ci est un effet de notre imagination, dont la grandeur est la cause; celui-ci est un accident de l'esprit, celui-là un accident d'un corps existant hors de l'esprit" (*D.C., O.L.* I, chap. VIII, 4, p. 93; cf. *C.D.M.*, chap. III, 1-2, pp. 116-118).

La théorie de la double spatialité est rendue nécessaire parce qu'alors que Kant, par exemple, identifie totalement les conditions de la connaissance et celles de l'objet, Hobbes infère seulement les secondes à partir des premières. Dans le contexte de la *Philosophia prima,* l'idéalité de l'espace, loin de conduire à l'idéalisme, mène au matérialisme dans son sens spécifiquement hobbesien qui reste encore à élucider.

L'espace est donc à la fois la structure et la limite de la représentation [28]. C'est la raison pour laquelle nous ne pouvons non plus avoir de représentation du moi. Ainsi notre intériorité (c'est-à-dire nos sentiments et nos passions) ne peut-elle être connue par des idées ou des images dont elle ne constitue que la dimension affective, dimension affective que nous saisissons en nous comme le signe de ce que l'objet représenté est ou n'est pas favorable à notre mouvement vital, c'est-à-dire à la perpétuation de notre vie. L'intériorité ne relève donc pas d'une connaissance par idées ou images représentatives mais d'une connaissance affective par signes. On trouve chez Hobbes une distinction fondamentale qu'on retrouvera chez Malebranche et chez Berkeley, quoiqu'en des sens différents. Pour Malebranche, c'est parce que nous n'avons pas d'idée intelligible de l'âme que nous n'en avons qu'une connaissance obscure par conscience, tandis que pour Berkeley, c'est le fait que l'âme est active alors que l'idée est passive qui nous empêche de la connaître par une idée. Hobbes, pour sa part, refuse toute possibilité d'une connaissance de l'âme par l'idée à cause du caractère représentatif de l'idée. On comprend dès lors pourquoi de l'*ego* nous pouvons connaître l'existence par inférence rationnelle, mais non l'essence dont nous ne disposons d'aucune idée.

L'examen de la notion de temps va être point par point parallèle à celui de l'espace. Le temps est condition de la représentation du mouvement d'un objet qui se déplace d'un lieu à un autre. Autrement dit, il ne peut y avoir de changement dans nos représentations sans le temps. En ce sens le temps est une succession imaginaire, concevable par abstraction de ce qui se succède (cf. *C.D.M.*, chap. XXVIII, 1, p. 332). Comme dans le cas de l'espace imaginaire, il y a une idéalité du temps:

> "Si la nature du temps consistait en une succession réelle quelconque, le temps n'existerait pas" (*ibid.*, 2, p.332).

En effet, une succession réelle passée n'existe plus, parce qu'elle est passée, de la même façon, une succession réelle future n'existe pas encore, parce qu'elle est future, il ne resterait donc que l'instant présent comme temps réel, mais par définition cet instant ne comporte aucune succession, donc aucun temps: "il reste donc que le temps n'est pas un mouvement dans les choses elles-mêmes hors de l'esprit, mais une pure imagination" (*ibid.*). Le temps dépend donc de la pensée ou, plus exactement, de la mémoire qui retient le passé et permet de conjecturer l'avenir. S'il était besoin d'exemples supplémentaires, il suffirait de rappeler que nous considérons une année comme du temps, bien que rien ne lui corresponde dans les choses elles-mêmes. De plus, que sont les jours, les mois et les années, sinon des termes désignant des calculs que nous faisons dans notre esprit. Le temps comme phantasme du mouvement implique la considération de l'antérieur et du postérieur, mais il ne faudrait pas conclure comme le fait Aristote que le temps est le nombre du mouvement, car c'est, à l'inverse, à l'aide d'un mouvement quelconque comme celui du soleil ou d'une horloge que nous mesurons le temps (cf. *D.C., O.L.* I, chap. VII, 3, pp. 83-84).

De cette idéalité du temps résultent trois déterminations de la temporalité: 1) le temps est identique à lui-même et indifférent au contenu qui se succède en lui; 2) c'est un *continuum* infini, puisqu'il est toujours possible d'ajouter du temps à un temps quelconque donné. Cette infinité de l'écoulement du temps, nous l'appelons éternité. 3) Le temps est infiniment divisible. Mais l'idéalité du temps n'est pas plus tanscendantale que l'idéalité de l'espace, parce que le temps a pour corrélat réel dans les choses le mouvement.

La conjonction des déterminations de l'espace et du temps constitue la condition de possibilité de l'application des opérations d'addition et de soustraction à nos représentations. Ainsi les notions de partie, de nombre, de composition, de tout, de contiguïté, de continuité, de principe, d'extrême, de moyen, de fini et d'infini ne sont possibles, en tant que notions formelles indépendantes d'un contenu particulier, que sous les conditions de l'espace et du temps (cf. *ibid.*, 4-13, pp. 85-89).

Alors que chez Gassendi la réalité de l'espace et du temps débouchait directement sur une physique, leur idéalité chez Hobbes révèle les conditions *a priori* d'une géométrie et d'une arithmétique pures, à partir desquelles toute construction ou exposition de figures dans l'espace et tout calcul sur les nombres deviennent possibles. On voit donc la nouveauté et les implications considérables de la théorie hobbesienne de l'espace et du temps, pourtant si généralement négligée. Non seulement les mathématiques, mais la possibilité de leur application à la physique reposent sur les structures formelles de la représentation. Ainsi les notions de *conatus* et d'*impetus,* la loi d'inertie, celle du mouvement uniformément accéléré, seront déduites sans aucun recours à l'expérience sensible. En revanche, la dynamique de la force mouvante impliquera l'intervention d'hypothèses sur la structure de la matière. En ce sens Hobbes ouvre non seulement la voie aux premiers travaux de Leibniz en particulier dans l'*Hypothesis physica nova* (la distinction d'une physique abstraite et d'une physique concrète repose sur une lecture critique du *De Corpore),* mais, bien plus, c'est la fondation du savoir mathématique et l'idée d'une "Métaphysique de la nature", comme théorie des concepts les plus généraux de la science de la nature, que l'on trouve chez Kant, que suggèrent presque inévitablement les textes de Hobbes que nous venons d'étudier. Avec cependant cette différence considérable que la validité explicative des concepts de la science de la nature doit concerner, chez Hobbes, quoique toujours hypothétiquement, les choses en soi. On remarquera en outre que, mis à part le statut de la nature de l'espace et du temps, qui pour Gassendi [29] sont des réalités, tandis qu'ils relèvent pour Hobbes des formes de la pensée, l'idée d'un espace imaginaire et le parallélisme des déterminations de l'espace et du temps comme des continus infinis, infiniment divisibles et indifférents à tout contenu se trouvent élaborés chez l'un et chez l'autre autour des années 1640, c'est-à-dire à une époque où ils résidaient tous deux à Paris.

Ainsi, la théorie de l'espace et du temps comme structures de la représentation, exposée à partir de l'hypothèse de l'*annihilatio mundi,* fournit les deux premiers principes de la *Philosophia prima,* c'est-à-dire de la métaphysique de la séparation. Le savoir ne part plus du monde ou de l'être mais de la représentation. Toute la question est désormais de savoir si, à défaut de partir de l'être, le savoir peut y revenir: qu'est-ce que les inférences de la connaissance rationnelle permettent de connaître du monde ? L'écart creusé entre la représentation et la chose peut-il être comblé par l'usage rationnel du langage ? A défaut d'être immédiatement donné dans la représentation, l'être peut-il s'énoncer dans le discours ? La réponse à ces questions suppose la mise en évidence préalable de la nature et des fonctions de la connaissance rationnelle.

CHAPITRE IV

CONSÉQUENCES ÉTHIQUES ET POLITIQUES

On tirera cependant dès à présent deux conséquences éthiques et politiques de l'hypothèse de l'*annihilatio mundi* et de la séparation qu'elle entraîne entre la représentation et la chose, séparation qui est pour ainsi dire celle de deux mondes: le monde de la représentation et le monde des choses.

1) Au point de vue éthique, la séparation de la représentation d'avec la chose est, d'une part, reprise sur le plan anthropologique de l'étude de la puissance cognitive de l'homme, et d'autre part, transposée sur le plan de la théorie des valeurs. Pour s'en rendre compte, il suffit de se souvenir que Hobbes place l'hypothèse annihilatoire dès le premier chapitre des *Elements of law*. L'hypothèse conditionne cette fois l'étude de la nature humaine dans la double perspective de la puissance cognitive et de la puissance motrice, c'est-à-dire de la théorie des affects.

Dans l'éthique, la représentation est d'abord étudiée non plus en vue d'établir les premiers principes du savoir, mais en vue de l'examen de sa genèse dans la sensation, de sa conservation dans la mémoire et des règles de l'association dans l'imagination. L'hypothèse annihilatoire exceptée, il en va exactement de même dans le *Léviathan*. L'éthique, comme la métaphysique, commence donc par l'étude de la représentation comme phantasme, mais, tandis que dans la seconde la représentation était envisagée dans son *esse apparens,* dans la première elle le sera comme modification ou accident de l'esprit. Les représentations naissent, se conservent et s'organisent dans et par l'activité mentale d'un individu, dont toute l'expérience du monde des choses se résume à l'affection de sa sensibilité par les choses extérieures. Ensuite, la séparation de la représentation et de la chose est transposée sur le plan de la théorie des valeurs. De même que la représentation est indépendante d'une chose dont l'annihilation ne modifie ni la structure ni le contenu, de même les valeurs morales ou esthétiques ne dépendent plus de la nature de la chose:

> "L'objet quel qu'il soit, de l'appétit ou du désir d'un homme, est ce que pour sa part celui-ci appelle *bon;* et il appelle *mauvais,* l'objet de sa haine ou de son aversion; *sans valeur* et *négligeable* l'objet de son dédain. En effet ces mots de bon, de mauvais et de digne de dédain s'entendent toujours par rapport à la personne qui les emploie; car il n'existe rien qui soit tel, simplement et absolument; ni aucune règle commune du bon et du mauvais qui puisse être empruntée à la nature des objets eux-mêmes"(*Lev.*, chap. VI, p. 120, trad. p. 48; cf. *El. of Law*, chap. VII, 3, p.29).

Le désir n'est pas plus une tendance naturelle sollicitée par une chose spécifiée en elle-même comme un bien, que l'aversion n'est causée par un mal objectif. A la subjectivité et à la relativité des qualités sensibles par rapport à la structure perceptive du sujet, correspondent la subjectivité et la relativité des valeurs par rapport au désir:

> "Toutes les conceptions que nous avons immédiatement par la sensation sont plaisir, ou douleur, ou appétit, ou crainte; il en va de même des imaginations qui suivent la sensation. Mais comme ce sont des imaginations plus faibles, elles produisent un plaisir ou une douleur plus faible" (*El. of Law*, chap. VII, 3, p. 29).

Il y a donc, d'un côté, réduction des valeurs aux affects par lesquels l'individu éprouve dans le plaisir ou la peine l'état de son être, et de l'autre, relation explicite entre la représentation ou la conception et l'affect. La valeur intrinsèque de la chose ne suscite plus comme chez Aristote une dynamique du désir, au contraire c'est la dynamique interne du désir qui projette sur les objets des valeurs purement subjectives et relatives. Ce que l'un trouve bon peut être mauvais pour l'autre, non en vertu d'un quelconque défaut de connaissance, mais parce qu'il n'y a rien qui soit bon ou mauvais en soi, et que le bien et le mal se réduisent à ce qui favorise ou entrave l'expansion du désir. C'est dans l'espace de la représentation que refluent les différences affectives liées aux images des sens ou de l'imagination, différences affectives par lesquelles le sujet éprouve l'état de son moi. De par la relativité des valeurs, la nature ne peut plus être le fondement d'une règle morale universelle, le monde est désormais étranger et indifférent à un individu défini d'abord par son désir de persévérer dans son être. De par la subjectivité des valeurs, les désirs individuels ne trouvent en eux-mêmes aucun principe susceptible d'assurer leur compatibilité ou leur harmonie. Séparés du monde, les individus sont également séparés les uns des autres, et posés, chacun, dans la singularité de son désir dont la tendance originaire ne va qu'à sa propre reproduction. La métaphysique de la séparation se transpose en individualisme éthique: il n'y a ni rencontre des choses dans la perception, ni finalisme objectif du désir.

2) La conséquence politique de l'hypothèse de l'*annihilatio mundi* apparaît sous la forme d'une nouvelle hypothèse, celle de la dissolution de l'Etat:

> "Ainsi dans la recherche du droit de la cité et des devoirs des citoyens, bien qu'il ne faille pas dissoudre la cité, il faut cependant la considérer comme dissoute, c'est-à-dire comprendre correctement ce qu'est la nature humaine, ce qui la rend apte ou inapte à construire une cité, et comment les hommes qui veulent s'unir doivent se rassembler" (*D.Ci., O.L.* II, préface p. 146).

L'analogie des deux hypothèses est frappante: dans un cas comme dans l'autre, il s'agit d'une fiction hyperbolique permettant, pour la première, de parvenir aux premiers principes de la métaphysique, et pour la seconde, aux premiers principes de la politique. La théorie de l'état de nature, comme simulation des comportements humains en l'absence d'un pouvoir politique, est une conséquence de l'hypothèse de la dissolution de l'Etat. Mais il ne s'agit pas d'une simple analogie, car c'est la même supposition de l'*annihilatio mundi* que l'on retrouve transposée cette fois au plan politique. En effet, premièrement, s'il est possible de feindre la dissolution de l'Etat, c'est parce qu'il a été possible auparavant de feindre l'annihilation du monde: puisqu'il n'y a plus d'ordre ontologique pour soutenir une hiérarchie de valeurs ou de fins, il n'y a pas non plus de préfiguration naturelle de la société ou de l'Etat, donc plus de justice naturelle. Hobbes lie explicitement l'absence d'un fondement ontologique des valeurs avec la nécessité d'une fondation du politique seule susceptible d'instaurer un ordre, et à partir de laquelle les relations morales et les rapports juridiques prennent un sens (cf. *Lev.*, chap. VI, p.120, trad. p. 48). Deuxièmement, la notion d'*état* dans l'expression *état de nature* est définie en termes spatio-temporels; or cet espace-temps de l'état de nature, qui est à l'origine de la nécessité de fonder l'Etat, n'est ni l'espace réel du monde (l'état de nature n'est ni ne peut être l'objet d'une localisation géographique), ni le temps réel de l'histoire (l'état de nature ne correspond pas non plus à un état primitif de l'humanité). Il n'est concevable qu'à partir de l'espace-temps de la représentation, dans lequel le procès qui mène de l'individu à la relation, de la relation au conflit, et du conflit à la communauté devient lui-même intelligible. Troisièmement, on comprend que soient dès lors réunies les conditions d'une théorie de la fondation originaire et anhistorique du politique, qui doit reconstruire ce qui a été d'abord dissout, et associer ce qui a d'abord été dissocié. Cette protofondation du politique qui n'a rien d'une utopie, doit rendre compte de l'institution d'un code juridique là où une nature, devenue muette et indifférente, ne préinscrit plus dans l'ordre ontologique les principes d'une morale et d'une politique, et là où le temps n'est plus porteur du sens sédimenté de l'histoire des hommes.

NOTES

1. Gilbert ROMEYER DHERBEY, *Les choses mêmes, la pensée du réel chez Aristote,* Lausanne, L'Age d'Homme, 1983, p. 164.

2. Cf. notre étude "Empirisme, nominalisme et matérialisme chez Hobbes", in *Archives de Philosophie*, T. 48, n° 2, Paris, Beauchesne, Avril-Juin 1985, pp. 184-192 (ces pages concernent l'ambiguïté de l'empirisme).

3. André de MURALT, "Epoché - Malin Génie - Théologie de la toute-puissance. Le concept objectif sans objet. Recherche d'une structure de pensée", in *Studia philosophica*, Bâle, 1966, vol. XXVI, p. 169; repris in *La métaphysique du phénomène*, Paris, Vrin, 1985, p. 115.

4. Qu'il s'agisse du manuscrit autographe intitulé "Logica ex. T. H." (cf. *C.D.M.*, Ap. III, p. 474), ou de notes prises par d'autres, en particulier Herbert de Cherbury pour le manuscrit de la National Library of Wales, daté de 1638-1639 (cf.*C.D.M.*, Ap. II p. 449), et Charles Cavendish, pour le manuscrit conservé au British Museum daté de 1645-1646 (pour les variantes qui le distinguent du manuscrit autographe "Logica ex. T.H.", cf. *C.D.M.*, Ap. III, p. 474). Sur ces questions ainsi que pour une tentative de mesurer la portée de cette hypothèse par rapport au doute cartésien des *Méditations métaphysiques*, cf. notre article "Espace et représentation dans le *De Corpore* de Hobbes", in *Recherches sur le XVII° siècle*, n° 7, Paris, CNRS, 1984, pp. 159-180.

5. On retrouve cette hypothèse, dans la *Critique du 'De Mundo'*, dans les passages consacrés à l'étude de la représentation (cf. *C.D.M.*, chap. III, 1, p. 117).

6. Cette comparaison est suggérée quoique très allusivement par Martial Gueroult dans l'article posthume publié sous le titre: "Le Spinoza de Martial Gueroult", (*Revue philosophique de la France et de l'étranger*, n° 3, Paris, PUF, Juillet-septembre 1977, p. 297, note 16). Précisons que *Le Monde* ne fut publié qu'en 1664, et que par conséquent Hobbes n'a pu s'en inspirer. Cf. également A. PACCHI, *Convenzione e ipotesi nella formazione della filosofia naturale di Thomas Hobbes*, Florence, 1965.

7. Cf. la polémique avec Descartes sur *La Dioptrique* (*O.L.* V, pp. 277-307).

8. On pourra comparer ce texte de Descartes: "Il faut, outre cela, prendre garde a ne pas supposer que, pour sentir, l'ame ait besoin de contempler quelques images qui soyent envoyées par les objects jusques au cerveau, ainsi que font communément nos Philosophes; ou du moins, il faut concevoir la nature de ces images tout autrement qu'ils ne font" (*La Dioptrique*, Discours IV, A.T., VI, p. 112), avec celui de Hobbes : "Une lumière, une couleur ainsi figurée, cela s'appelle une image. Et, selon une institution de nature, tout être animé commence par juger que cette image est la vision de la chose même, ou du moins quelque corps qui reproduit la chose même par une structure identique de ses parties. Même les hommes (exception faite d'un petit nombre qui ont corrigé les erreurs des sens par le raisonnement) confondent l'image avec l'objet lui-même: s'ils ne l'ont pas appris, ils ne peuvent se mettre en tête que le soleil et les astres sont plus grands, ou

plus éloignés qu'en apparence" (*D.H., O.L.* II, chap. II, 1, p. 7, trad. p. 43). Le refus de la *species* se trouve déjà chez Ockham: "Pour la perception, il n'est pas besoin de poser à côté de l'intellect et de la chose connue quelque chose (d'autre) et absolument pas l'espèce", cité par Ruprecht PAQUÉ, *Le statut parisien des nominalistes,* traduction Emmanuel Martineau, Paris, PUF, 1985, p. 170.

9. Les textes d'optique, qu'il s'agisse de traités séparés ou de textes intégrés dans d'autres œuvres, scandent les moments majeurs de l'élaboration de la théorie de la représentation. Les principaux sont: 1) *A Short Tract on First Principles* (1630); 2) le *Tractatus Opticus I* (1640); 3) la correspondance avec Descartes sur *La Dioptrique* (1640-1641); 4) les chapitres IX et X de la *Critique du 'De Mundo'* (1643); 5) le *Tractatus Opticus II* (1644-1645); 6) *A Minute or First Draught of the Optiques* (1646), la seconde partie de ce traité sera traduite en latin et placée dans les chapitres II à IX du *De Homine* (1658); 7) le chapitre XXVII du *De Corpore* (1655). Pour une analyse détaillée du contenu de ces textes ainsi que de leur portée dans l'ensemble de l'œuvre, voir notre article "Vision et désir chez Hobbes", in *Recherches sur le XVII° siècle,* n°8, Paris, CNRS, 1986, pp. 125-140.

10. Depuis le *Short Tract* jusqu'au *First Draught* on constate une évolution de la théorie optique de Hobbes, qui passe d'un objectivisme radical, où l'objet est conçu comme l'unique agent et la représentation comme son image spéculaire, à un subjectivisme non moins radical, où la représentation est cette fois la synthèse subjective de points de vision.

11. Notons toutefois que si la *Philosophia prima* engage bien une détermination de la nature des choses, en revanche, on n'y trouve pas à proprement parler une preuve de l'existence du monde, l'existence du monde y est seulement posée par la raison, et non pas par les sens, sous ou derrière la représentation. Au chapitre XXV du *De Corpore,* Hobbes pose l'existence du monde à partir du changement de nos représentations.

12. Martin HEIDEGGER, *Qu'est-ce qu'une chose ?,* trad. J. Reboul et J. Taminiaux, Paris, Gallimard, 1971, p. 115.

13. Jean-luc MARION, *Sur l'ontologie grise de Descartes,* seconde édition revue et augmentée, Paris, Vrin, 1981, p. 204.

14. Sur le nominalisme et la théologie de Guillaume d'Ockham, cf. Paul VIGNAUX, article "Nominalisme", in *Dictionnaire de Théologie catholique,* Tome XI, première partie, Paris 1931, col. 733-784; *Nominalisme au XIV° siècle,* Paris, Vrin-Reprise, 1981; Robert GUELLUY, *Philosophie et théologie chez Guillaume d'Ockham,* Louvain-Paris, Nauwelaerts-Vrin, 1947; Léon BAUDRY, *Guillaume d'Occam, sa vie, ses œuvres, ses idées sociales et politiques,* Paris, Vrin, 1950; Gordon LEFF, *William of Ockham, the metamorphosis of scholastic discourse,* Manchester University Press, 1975.

15. Cf. Guillaume d'OCKHAM, *Quodlibeta Septem, Opera Theologica,* vol. IX, édité par J. C. Wey, The Franciscan Institute, St. Bonaventure, 1980, Quodlibet sextum, qu. 1, pp. 585-589, qu. 6, pp. 604-607.

16. Cf. Léon BAUDRY, *Lexique philosophique de Guillaume d'Ockham,* Paris, Lethielleux, 1958, pp. 172-178.

17. Guillaume d'OCKHAM, *Scriptum in Librum Primum Sententiarum (Ordinatio), Opera Theologica,* vol. I, édité par G. Gal et S.F. Brown, The Franciscan Institute, St. Bonaventure, 1967, Prologus, qu. 1, pp. 37-39; traduction avec introduction et commentaire d'une partie du Prologue des Sentences par A. de Muralt, in *Studia Philosophica,* Bâle, 1976, vol. XXXVI, pp.124-125.

18. Cf. A. de MURALT, "La structure de la philosophie politique moderne", in *Cahiers de la Revue de Théologie et de Philosophie*, n°2, Genève-Lausanne-Neuchâtel, Université de Genève II, 1978, pp. 3-83; du même auteur, "Kant, le dernier occamien. Une nouvelle interprétation de la philosophie moderne", in *Revue de Métaphysique et de morale*, n° 1, Paris, 1975; repris in *La métaphysique du phénomène, op. cit.*, pp. 138-159.

19. A. de MURALT, "La structure de la philosophie politique ...", *art. cit.*, p. 12.

20. P. VIGNAUX, "Nominalisme", *art. cit.*, col. 768-769, souligné par nous.

21. Guillaume d'OCKHAM, *Scriptum in Librum Primum Sententiarum (Ordinatio), Opera Theologica*, vol. II, édité par S.F. Brown et G. Gal, The Franciscan Institute, St. Bonaventure, dist. 2, qu. 8, p. 272.

22. La critique de la théorie de l'*esse objectivum* tient à ce qu'elle pose, pour ainsi dire, une réalité intermédiaire inutile qui risque précisément de devenir un obstacle entre l'acte de connaître et la chose.

23. Cf. Joël BIARD, *L'émergence du signe au XIII° et au XIV° siècles*, Thèse de Doctorat d'Etat, soutenue à l'Université Paris I - Sorbonne en 1985, pp. 425-439. Nous remercions Joël Biard de nous avoir donné l'occasion de la lire avant sa publication.

24. Ici la notion de réalisme n'est pas du tout à prendre au sens d'une affirmation de l'existence d'essences universelles *extra animam* (il faudrait dire pour respecter les déplacements de Hobbes: *extra animum)*, et par suite comme opposée au nominalisme. Bien au contraire, Hobbes, nous le verrons, dépasse les exigences du nominalisme d'Ockham, puisque non seulement il n'existe pour lui que des individus dans la nature, mais qu'en outre il n'y a pas d'universalité dans la pensée indépendamment de l'usage des mots. Alors qu'Ockham distingue le terme conceptuel universel ou intention de l'âme comme signe naturel, du terme universel parlé ou écrit comme signe conventionnel (cf. *Summa Logicae*, I, 1, pp. 8-10), Hobbes pose comme principe fondamental qu'il n'y a pas de concept universel en l'absence de fonction linguistique, au sens strict de langage parlé.

25. BERKELEY, *Principes de la connaissance humaine*, I, 18, traduction André Leroy, Paris, Aubier, 1969, pp. 221-223.

26. Cf. G. BRYKMAN, *Berkeley, Philosophie et Apologétique*, Paris, Vrin, 1984.

27. Cf. F. BRANDT, *Thomas Hobbes' mechanical conception of nature*, Londres, 1928, pp. 250-260.

28. Pour une analyse des conséquences de la thèse de l'espace comme structure et limite de la représentation, cf. notre article "Espace...", *art. cit.*, pp. 159-180.

29. Olivier René BLOCH, *La philosophie de Gassendi, nominalisme, matérialisme et métaphysique*, La Haye, Martinus Nijhoff, 1971, pp. 172-201.

DEUXIÈME PARTIE

LE MOT ET LA CHOSE

CHAPITRE PREMIER

RATIO ET *ORATIO*

La raison *(ratio)* est calcul, c'est-à-dire mise en œuvre d'une double opération élémentaire à laquelle peuvent se ramener toutes les autres: l'addition et la soustraction. Ces opérations définissent le domaine d'exercice de la rationalité, mais aussi ses limites. Ce domaine d'exercice ne se réduit pas aux nombres, mais s'étend partout où le calcul est applicable:

> "Ces opérations ne s'appliquent pas seulement aux nombres, mais à toutes les espèces de choses qui peuvent être additionnées les unes aux autres ou retranchées les unes des autres. De même en effet que les arithméticiens enseignent à additionner et à soustraire dans le domaine des *nombres*, les géomètres en font autant dans celui des *lignes* et des *figures* (solides ou planes), des *angles*, des *proportions*, des *temps*, des degrés de *vitesse*, de *force*, de *puissance* etc.; les logiciens font de même dans le domaine des *consécutions de mots*, additionnant ensemble *deux dénominations* pour faire une *affirmation; deux affirmations* pour faire un *syllogisme;* une *multiplicité de syllogismes* pour faire une *démonstration;* et de la *somme* ou *conclusion* du *syllogisme* ils soustraient l'une des *propositions* pour trouver l'autre. Les auteurs qui traitent de

politique additionnent ensemble les *pactes* pour trouver les *devoirs*
des hommes; les jurisconsultes additionnent ensemble les *lois* et les
faits pour trouver ce qui est *juste* ou *injuste* dans la conduite des
particuliers. En somme, si *l'addition* et *la soustraction* ont leur place
en quelque domaine, quel qu'il soit, la *raison* y a aussi sa place. Et là
où elles n'ont pas leur place, la *raison* n'a rien à faire" (*Lev.*, chap. V,
pp. 110-111, trad. p. 37; cf. *D.C.*, *O.L.* I, chap. I, 3, pp. 4-5).

L'extension de la raison aux différents objets du savoir s'opère par
une universalisation du calcul. On trouve ainsi chez Hobbes l'idée d'une
mathesis universalis comme méthode de la science, que la philosophie
tire des mathématiques et qu'elle tente d'appliquer à toutes les branches
de la connaissance. L'unité de la méthode ne présuppose pas, pour
Hobbes, à l'opposé de Descartes, l'unité et l'identité à soi-même de
l'esprit. C'est l'unité de l'opération, non celle du sujet, qui permet
l'unification et la totalisation du savoir. De cette *mathesis* dépendra à la
fois ce que la raison pourra retrouver du monde et le statut de la
philosophie politique. La connaissance scientifique que la raison rend
possible est caractérisée par deux déterminations, l'universalité et la
nécessité:

> "Par *science,* on entend ce qui relève de la vérité des théorèmes,
> c'est-à-dire des propositions générales, ou de la vérité des
> propositions conséquentes. Mais quand il s'agit de la vérité d'un fait,
> on ne la nomme pas à proprement parler science, mais simplement
> *connaissance.* C'est pourquoi cette science par laquelle nous savons
> qu'un théorème est vrai est une connaissance dérivée des causes, ou, si
> l'on préfère, de la génération du sujet au moyen d'un raisonnement
> correct" (*D.H.*, *O.L.* II, chap. X, 4, p. 92; cf *C.D.M.*, chap. I, 3,
> p. 107; *Lev.*, chap. V, p. 111, trad. p. 38; *D.C.*, *O.L.* I, chap. VI, 16,
> pp. 76-77).

L'universalité des propositions et la nécessité des démonstrations
sont requises par le savoir scientifique, dans la mesure même où celui-
ci ne se réduit pas à une connaissance de fait, mais implique une
connaissance de la cause ou du pourquoi. La connaissance des faits et de
l'association des faits relève, nous l'avons vu, de la sensation et de
l'imagination; en revanche, la science doit rendre compte de la cause
dont le fait procède, ce qui est l'œuvre de la raison (cf. *D.C.*, *O.L.* I,
chap. VI, 1, p. 59). Ainsi la notion de causalité est-elle inscrite dans la
définition même de la philosophie comme connaissance génétique. En
effet, la philosophie, consistant dans la connaissance des causes de
toutes choses, doit d'abord remonter aux causes les plus universelles
pour en déduire la connaissance des causes des choses singulières (*ibid.*,
4, p. 60). En cela, elle met en œuvre la double opération de
soustraction et d'addition de la raison, sous la forme d'une double

démarche analytique ou résolutive et synthétique ou compositive. L'analyse permet de remonter des propriétés singulières des choses aux propriétés les plus universelles et aux causes premières, en retour la synthèse permet de produire, à partir des causes premières, la connaissance génétique des effets particuliers de la nature. Le passage de la connaissance empirique du fait à la connaissance rationnelle de la cause doit donc nous faire passer de la particularité des sensations et de la contingence des associations dans l'imagination à des affirmations universelles et à des déductions nécessaires. La connaissance rationnelle doit donc être examinée, d'une part sur le plan gnoséologique, et d'autre part sur le plan ontologique. Le premier concerne les opérations internes de la raison, en particulier les conditions qui rendent possibles un savoir universel et des déductions nécessaires. C'est la logique interne des procédures rationnelles qui se trouve ici engagée. Le second concerne la capacité de la raison à rendre compte de l'ordre réel des choses. C'est cette fois la validité ontologique du savoir qui est mise en jeu.

Sur le plan gnoséologique des opérations internes de la raison, il est tout d'abord à remarquer que la raison ne pourrait en aucune façon nous élever à une connaissance universelle et nécessaire si elle s'en tenait aux liaisons empiriques de fait, c'est-à-dire à la connaissance par représentation et association des représentations dans l'imagination. En effet, d'une part, la représentation ou l'idée est, nous l'avons vu, une sensation dont la vivacité se dégrade à mesure que le temps passe et que d'autres affections sensibles retiennent notre attention. L'idée garde de son origine sensible une détermination qui la définit intrinsèquement, à savoir la particularité; ainsi Hobbes peut-il affirmer que:

> "Se trompent ceux qui disent que *l'idée d'une chose quelconque est universelle,* comme s'il y avait dans l'esprit une image d'un homme qui ne fût pas l'image d'un seul homme, mais celle d'un homme simplement, ce qui est impossible; car toute idée est une, et est l'idée d'une seule chose" (*D.C., O.L.* I, chap. V, 8, pp. 53-54).

Ce point est capital, car les représentations imaginatives étant toujours particulières, l'universalité de la connaissance rationnelle ne peut simplement en dériver. D'autre part, les associations d'idées ou de représentations dans l'imagination ne peuvent donner lieu qu'à des conjectures. Mais ces conjectures, devant leur degré de probabilité à l'expérience, ne sont jamais certaines, parce qu'il est impossible de retenir toutes les circonstances qui ont présidé à une expérience, ou de prévoir toutes celles qui peuvent en modifier l'issue. Il en résulte que la connaissance empirique ne pourra être pas plus nécessaire qu'universelle:

> "Car quoiqu'on ait toujours vu jusqu'ici le jour et la nuit se succéder; on ne peut en conclure qu'il en a été, ou qu'il en sera éternellement ainsi. L'expérience ne conclut rien universellement" (*E. L.*, I, chap. IV, 10, p. 16).

La notion de causalité, en tant qu'elle implique une relation universelle et nécessaire ne peut en aucune manière se fonder sur la répétition empirique. Ainsi lorsqu'il s'en tient aux successions empiriques, Hobbes parle plutôt d'antécédent et de conséquent, ce qui renvoie à la relation entre le signe naturel et son signifié, que de cause et d'effet. Certes, la relation causale est un cas particulier de consécution, et se trouve enveloppée dans la relation de signification ou d'indication naturelle, mais l'inverse n'est pas vrai:

> "Un *signe,* c'est l'événement antécédent à l'événement consécutif; ou, inversement, le consécutif de l'antécédent, si des consécutions semblables ont été observées auparavant; et le signe est d'autant moins incertain qu'elles ont été observées plus souvent" (*Lev.*, chap. III, p. 98, trad. p. 24, cf. *E.L.*, I, chap. IV, 9, p. 15; *C.D.M.*, chap. XXX, 13, pp. 354-355; *D.C., O.L.* I, chap. II, 2, pp. 12-13).

Par exemple, les nuages sont des signes naturels de la pluie à venir, et la pluie un signe naturel des nuages passés. La conjecture du passé et celle de l'avenir sont des lectures de signes naturels: "Mais cette conjecture [du passé] est presque aussi incertaine que la conjecture du futur, car toutes deux sont fondées sur la seule expérience" (*Lev.*, chap. III, p.98, trad. p.25). Cette notion du signe naturel rappelle en un sens la théorie du signe qu'Aristote donne dans *Les premiers analytiques*. Mais chez Aristote le signe naturel relève de la théorie du syllogisme, puisqu'il:

> "Veut être une proposition démonstrative, soit nécessaire, soit probable: la chose dont l'existence ou la production entraîne l'existence ou la production d'une autre chose, soit antérieure, soit postérieure, c'est là un signe de la production ou de l'existence de l'autre chose"[1].

Chez Hobbes, au contraire, la notion de signe naturel ne tient pas aux démarches de la raison dans la formation des syllogismes, mais simplement aux consécutions imaginatives, par conséquent le signe naturel ne relève jamais de la démonstration. En un autre sens, ce concept de signe naturel rappelle celui qu'Ockham formule dans la *Summa Logicae* (I, 1, pp. 9-10). En effet, pour ce dernier, la relation indicative du signe naturel à son signifié est également fondée sur l'habitude et la mémoire. De plus, les exemples de Hobbes sont très comparables à ceux d'Ockham. Il importe cependant de faire deux remarques: d'une part, certains exemples sont interprétés de manière opposée. Alors que pour Ockham le cercle est un signe naturel de la taverne, en revanche, c'est pour Hobbes un signe arbitraire, dépendant de la volonté humaine. D'autre part, Ockham enveloppe dans la catégorie de signification naturelle le rapport du concept à la chose extramentale, alors que pour Hobbes le signe naturel et son signifié sont tous deux des représentations qui se succèdent habituellement. Jamais il ne caractérise le concept comme signe naturel de la chose extérieure. La notion ockhamienne du signe naturel est donc déplacée au niveau de la liaison des représentations, et, à ce niveau, ne peut être identifiée à celle de causalité.

Avant Hume, on trouve donc chez Hobbes une critique du concept empirique de causalité, mais à l'opposé de Hume, la causalité ne se réduit pas pour Hobbes à l'habitude que nous prenons à voir les choses se succéder avec constance les unes aux autres; la raison doit être en effet capable de produire un concept de causalité qui satisfasse aux déterminations de nécessité et d'universalité. Mais si la raison ne peut tirer ce concept de l'expérience, dispose-t-elle par elle-même d'idées distinctes des représentations imaginatives ? A cette question la réponse doit être négative; car, d'un côté, la dérivation sensible de toute représentation implique que la raison ne peut disposer d'idées innées, et de l'autre, la raison ne peut former d'idées générales par un processus d'abstraction opéré sur le donné sensible immédiat. Il en résulte que la notion d'idée chez Hobbes désigne toujours une image mentale, et jamais un concept général ou abstrait de l'entendement. Comment dès lors la raison peut-elle produire une connaissance universelle et nécessaire, et construire le concept de causalité, alors qu'elle ne dispose ni d'idées innées ni de la capacité de former par abstraction une idée ou une représentation générale ? Cette possibilité, la raison la trouve dans le langage:

> "La RAISON n'est que *le calcul* (c'est-à-dire l'addition et la soustraction) des conséquences des dénominations générales dont nous avons convenu pour *noter* et *signifier* nos pensées: pour les *noter,* dis-je, quand nous calculons à part nous, et pour les *signifier* quand nous démontrons, quand nous prouvons à autrui nos calculs." (*Lev.*, chap. V, p.111, trad. p. 38)

Nous reviendrons sur cette double fonction des mots ainsi que sur le nouveau type de signe que leur usage implique; notons simplement pour l'instant que la raison est tout entière définie par rapport au langage. En effet, l'usage des mots permet "*de transférer (to transferre)* notre discours mental en discours verbal, et l'enchaînement de nos pensées en enchaînement de mots" (*Lev.*, chap. IV, p. 101, trad. p. 28, légèrement modifiée, c'est nous qui soulignons; cf. *E.L.*, I, chap. V, 14, p. 23; *C.D.M.*, chap. XXX, 19, p. 357) [2]. Or, ce transfert ne peut être conçu comme une simple transposition du mental en verbal, puisqu'il doit rendre possibles l'universalité et la nécessité des démarches rationnelles, universalité et nécessité qui ne sont pas préinscrites dans l'association des représentations imaginatives. Le langage ne peut donc avoir la fonction simplement instrumentale de communiquer des idées. Ainsi Hobbes peut-il affirmer: "*ratio*, now, is but *oratio* " (*E.L.*, I, chap. V, 14, p. 23). Cette formule ne signifiant pas "qu'il n'est pas de parole dont la raison soit absente, mais [...] que sans la parole il n'y a pas de raisonnement" (*Lev.*, chap. VI, p. 106, trad. p. 32). L'usage des mots est le seul moyen dont nous disposons pour dépasser les associations empiriques et permettre la science. Ainsi la raison ne se distingue pas du raisonnement effectif, et par conséquent il n'y a pas de raison sans syllogismes, de syllogisme sans propositions, et de proposition sans noms. La raison n'est donc qu'un calcul des dénominations:

> "En outre la raison n'est rien d'autre que la faculté de syllogiser, car la ratiocination n'est rien d'autre que la liaison ininterrompue ou la réunion des propositions en une somme, ou pour le dire en peu de mots, le calcul des noms" (*C.D.M.*, chap. XXX, 22, p. 358).

Ainsi, d'une part, le mot est le constituant élémentaire de la connaissance rationnelle, comme la sensation était le constituant élémentaire de la connaissance empirique. En effet, l'universalité, que nous n'avons rencontrée ni dans les représentations imaginatives, ni sous la forme d'idées innées, n'est possible que par les mots: "il n'y a rien d'universel dans le monde, en dehors des dénominations; car les choses nommées sont toutes individuelles et singulières" (*Lev.*, chap. IV, p. 102, trad. p. 29; cf. *E.L.* I, chap. V, 6, p. 20; *C.D.M.*, chap. II, 6, p. 112). Telle est la première thèse fondamentale du nominalisme de Hobbes. D'autre part, le jugement suppose une liaison de deux dénominations, dont l'une est le sujet et l'autre le prédicat, dans une proposition. Il n'y a donc pas de fonction judicative indépendante du langage:

> "Davantage, l'affirmation & la negation ne se font point sans parole & sans nom; d'où vient que les bestes ne peuvent rien affirmer ny nier, non pas mesme par la pensée, & partant, ne peuvent aussi faire aucun jugement" (*Troisièmes obj.*, *O.L.* V, p. 262, A.T., IX-1, p. 142).

Et puisque la vérité et l'erreur n'existent que dans l'affirmation ou la négation, le vrai et le faux n'ont de lieu que dans le discours parlé (cf. *D.C., O.L.* I, chap. III, p. 32). Enfin, la démonstration, par laquelle les connaissances sont liées nécessairement les unes aux autres, requiert la composition des propositions en syllogismes dont les prémisses sont causes de la conclusion, au sens où une connaissance est cause d'une autre connaissance (cf. *ibid.*, 20, pp. 38-39). Ainsi la droite raison est-elle définie par les fonctions linguistiques impliquées par les définitions nominales, les propositions vraies et les syllogismes concluants:

> "La droite ratiocination est la ratiocination qui, commençant par une exacte explication des noms, avance par le syllogisme ou la liaison ininterrompue de propositions vraies" (*C.D.M.*, chap. XXX, 22, pp. 359).

C'est dans cette droite raison, qui est la puissance ou la faculté d'enchaîner les propositions, que réside l'infaillibilité de la ratiocination. La position de Hobbes sur le rapport de la pensée au langage se distingue à la fois de celle qu'établit le nominalisme d'Ockham, et de celle qui se développe dans la philosophie moderne, en particulier chez Descartes et Spinoza.

Premièrement, si Hobbes distingue le discours mental *(mental discourse)* du discours verbal *(verbal discourse)*, cette distinction n'a pas le même sens que celle qu'Ockham établit entre le langage mental et le langage parlé ou écrit. En effet, le discours mental, préalable et indépendant de l'usage des mots, n'a pas de structure proprement linguistique. Il est constitué, comme on l'a vu, de représentations particulières liées par des principes d'association. Autrement dit, le discours mental ne comporte pas de termes, de propositions ou de syllogismes mentaux, il n'est pas un langage mental préalable au langage parlé ou écrit. Noms, propositions et syllogismes n'existent qu'avec l'usage des mots, c'est-à-dire sous la forme d'énoncés effectifs. On comprend donc que pour Hobbes la fonction linguistique puisse intervenir directement dans la constitution d'une pensée qui ne s'en tient pas aux associations imaginatives de représentations, mais comporte une valeur universelle. En revanche, Ockham, dans la tradition de Boèce, distingue le terme mental du terme verbal ou écrit, et la proposition mentale, composée d'intellections, de la proposition verbale, composée de mots parlés ou écrits (cf. *Summa Logicae* I, 3, pp. 11-15). Ici la pensée est déjà un langage, auquel le langage parlé est subordonné. Les signes verbaux ou écrits sont ainsi subordonnés aux signes mentaux, c'est-à-dire aux concepts ou intentions de l'âme (cf.

ibid. I, 1, p. 9). J. Biard a montré le double rapport que le langage au sens strict entretient avec le langage mental chez Ockham. En un sens, la structure du langage mental est pensée par métaphore à partir du langage parlé. Mais, en un autre sens, le langage mental constitue un langage idéal, seul apte à faire connaître le monde, parce qu'il ne comporte que les éléments sémantiques et syntaxiques constitutifs de la signification et de la vérité. Le langage mental devient l'objet propre de la logique. Par opposition, la logique de Hobbes a pour objet propre et immédiat le langage parlé c'est-à-dire la fonction linguistique directement engagée dans la production d'énoncés. Ainsi, alors que l'universel existe déjà sous la forme d'un concept ou d'une intention de l'âme chez Ockham, chez Hobbes, la signification universelle présuppose toujours l'usage des mots. En outre, le fait que la fonction linguistique relève immédiatement du langage parlé explique l'importance de l'aspect pragmatique de la théorie de la signification chez Hobbes: la production des énoncés est liée à l'existence d'un espace d'interlocution. Bien plus, la logique ne peut faire l'économie de cet espace, parce que le discours *(oratio)* est globalement orienté par la communication.

Deuxièmement, la place que Hobbes accorde au langage dans la science tranche avec le statut que lui confèrent Descartes et Spinoza. Mais pour une raison inverse à celle qui le séparait d'Ockham. En effet, pour Descartes et Spinoza, le langage n'a qu'une existence matérielle fondamentalement distincte de la pensée. Les idées de l'entendement et leurs liaisons n'ont donc aucun caractère linguistique. Mieux, par un double souci gnoséologique et ontologique, le langage doit être exclu de la connaissance du vrai. La vérité est à elle-même son propre signe, seule sa saisie directe peut nous préserver de l'erreur et assurer la pleine validité de notre savoir. Il y a une autosuffisance de l'entendement qui rend totalement inessentiel l'appareil matériel du langage. De plus, les idées ont une réalité qui ne dépend pas de nous, et dont la nécessité interne doit garantir la valeur objective ou ontologique de la connnaissance. Ainsi, pour Descartes, la pensée est immédiatement présente à elle-même, et ni l'intuition ni la déduction ne requiert de support verbal. Bien au contraire, l'usage des définitions de mots est le caractère même d'une pensée confuse, à distance de ses propres contenus. Dès lors, le langage ne peut trouver de fonction qu'à titre de véhicule extérieur d'une pensée capable de saisir les idées claires et distinctes dans la pure transparence d'une évidence intellectuelle. Cette conception instrumentaliste du langage implique que les mots ne disposent d'aucune vertu propre dans la connaissance.

Ainsi la signification et l'universalité relèvent-elles de la pensée et nullement du langage, qui n'en est doué que pour autant qu'il la suppose. En outre, pour Spinoza, le langage est un obstacle majeur au savoir car, relevant de l'imagination, il devient une cause permanente d'erreur et de confusion entre les idées de l'entendement et les représentations imaginatives, entre l'essence et l'idée générale. Le mot, par nature inadéquat aux idées de l'entendement, y introduit la fausseté et le non-être. Ainsi, on peut lire dans le *Traité de la réforme de l'entendement* :

> "[88] Puis, comme les mots font partie de l'imagination, c'est-à-dire que nous concevons beaucoup de fictions, selon que les mots se composent confusément dans la mémoire en vertu de quelque disposition du corps, il est indubitable que les mots, tout de même que l'imagination, peuvent être cause de multiples et de grandes erreurs, à moins que nous ne fassions un grand effort pour nous garder contre eux. [89]. Ajoutons qu'ils sont formés au gré et selon la compréhension de la foule; aussi ne sont-ils rien que des signes des choses telles qu'elles sont dans l'imagination et non telles qu'elles sont dans l'entendement. [...] Nous affirmons et nous nions beaucoup de choses parce que ces affirmations et ces négations sont conformes à la nature des mots et non pas [parce qu'elles le sont] à la nature des choses; si bien que si nous l'ignorions, nous prendrions facilement pour vrai quelque chose de faux" [3].

En revanche, pour Hobbes, la raison est constitutivement liée à l'appareil matériel du langage. Elle n'a donc ni le caractère d'un langage mental préalable au langage parlé, ni le caractère d'une pensée qui saisit ses propres contenus dans l'évidence et réduit le langage à une fonction instrumentale. Par conséquent, la raison ne peut être le siège d'idées innées susceptibles de nous faire connaître immédiatement l'essence des choses, elle n'est plus cette plénitude de vérité où l'erreur n'a pas de place et où le savoir se déploie en trouvant en lui-même les garanties de sa validité ontologique. Ainsi, sur le plan ontologique, la question se pose de savoir ce que la connaissance rationnelle est susceptible de nous faire connaître de l'être. En particulier, qu'est-ce que la notion de matière est susceptible de déterminer concernant la nature des choses, et celle de causalité, sur les lois qui régissent le monde ? Pourrons-nous jamais atteindre l'essence des choses et surmonter la séparation de la représentation et du monde, si les premiers principes de notre connaissance rationnelle ne consistent qu'en définitions de mots, et si toutes les procédures du savoir reposent sur des fonctions simplement linguistiques ? L'examen de la détermination de la *ratio* comme *oratio* doit donc être poursuivi dans la double direction des opérations internes au langage et du rapport du langage à l'être.

CHAPITRE II

LE MOT ET LA SIGNIFICATION

Le mot *(vox, word)* est d'abord une voix, c'est-à-dire un objet physique perceptible par l'ouïe. Comme objet physique, la voix dépend du mouvement de la langue, de la propagation du son à travers le milieu, et de sa réception par l'ouïe. En ce sens, elle relève donc d'une physique de la parole (cf. *E.L.*, I, chap. V, 14, p. 23; *C.D.M.*, chap. XXX, 14, p. 355; *Lev*, chap. IV, pp. 100-101, trad. pp. 27-28; *D.C.*, *O.L.* I, chap. II, 1, pp. 11-12; *D.H.*, *O.L.* II, chap. X, 1, pp. 88-89).

La première fonction du mot est de servir de marque *(nota, mark)* pour rappeler *(to recall)* la pensée et faciliter le souvenir. Les représentations associées dans le discours mental sont en effet évanouissantes, le souvenir en disparaît à mesure que le temps passe et que d'autres représentations procèdent de la sensation. La marque verbale est ainsi un aide-mémoire, parmi d'autres possibles, semblable aux astérisques et aux caractères que nous insérons dans les marges d'un livre pour indiquer un passage dont nous voulons nous souvenir. Mais à la différence des autres marques sensibles, la voix humaine se distingue en ce qu'elle libère l'homme d'une perception simplement actuelle et immédiate du monde. Par les vocables, l'homme peut se rappeler en toutes circonstances ses pensées lointaines. La fonction des mots est d'abord d'étendre le champ de la mémoire et de permettre à l'individu de maîtriser l'enchaînement de ses représentations. Comme marque, le mot ne relève que d'un usage individuel, chacun peut ainsi, pour soi-même, conserver ses propres inventions et étendre ses connaissances. L'origine du langage ne présuppose donc aucune convention interhumaine, au contraire, c'est à partir du langage que toute convention interindividuelle ou sociale sera possible.

La marque verbale devient signe, quand elle passe d'un usage individuel à une fonction de communication. Le signe verbal est d'abord défini par sa fonction pragmatique dans un espace d'interlocution. L'aspect sonore de la voix trouve ici sa principale application. La communication linguistique implique cette fois une convention, mais qui n'a pas le caractère d'une convention collective ponctuelle. La communication linguistique s'est constituée peu à peu, d'un homme à l'autre "selon ce que la nécessité, mère de toutes les inventions, leur enseigna; le temps s'écoulant ces langues devinrent partout plus riches" (*Lev.*, chap. IV, p.101, trad. p. 28). Comme signes, les mots permettent aux hommes de communiquer leurs pensées et leurs passions, ce qui rend en particulier possibles à la fois l'enseignement et l'accroissement des sciences nécessaires au bien général de l'humanité. Le langage constitue donc l'espace d'intersubjectivité nécessaire à l'élaboration de la science; l'invention ne périt plus avec l'inventeur.

Cependant, les mots ne deviennent pas signes un à un, mais dans l'ordre et la relation du discours. On ne parle pas avec un mot; l'énoncé, l'articulation syntagmatique des mots, permet seul la communication de la pensée (cf. *D.C., O.L.* I, chap. II, 3, pp. 13-14). Cette fois le signe est défini syntaxiquement: un mot n'est signe que comme partie d'un énoncé. Mieux, la définition pragmatique du signe suppose sa définition syntaxique. La communication ne s'établit pas avec des unités sans liaisons.

En outre, si la *ratio* est *oratio*, s'il n'y a pas de pensée rationnelle sans discours verbal, cela n'implique nullement que toute parole véhicule une signification. Le discours une fois constitué peut fonctionner à vide:

> "C'est ce qui arrive avec les mendiants, quand ils récitent leur *notre père*, ils joignent ensemble des mots de la manière qu'ils ont apprise, dans leur éducation, de leurs nourrices, de leurs compagnons ou de leurs professeurs, sans avoir dans l'esprit d'images ou de conceptions qui répondent aux mots qu'ils disent" (*E.L.*, I, chap. V, 14, p. 23).

C'est l'aspect proprement sémantique du signe linguistique qui est ici dégagé par le rapport du mot à la pensée. Le transfert du discours mental en discours verbal réalise ainsi une mutation intellectuelle, à la fois individuelle et collective, qui est la condition nécessaire de la science. L'usage des mots a donc une fonction constituante dans la pensée, dont il faut maintenant étudier les ressorts. Si le langage, d'un côté, rend possible la science, de l'autre, il est un facteur d'incertitude concernant sa signification. La signification des mots ne fait problème que dans la mesure où, avec le langage, nous voyons apparaître un nouveau signe propre à l'homme et fondamentalement différent du signe naturel, le signe arbitraire:

> "Le langage ou discours est l'enchaînement des vocables que les hommes ont établis arbitrairement *(sermo sive oratio est vocabulorum contextus arbitrio hominum constitutorum),* pour signifier l'enchaînement des concepts des choses que nous pensons. Ainsi ce que le vocable est à l'idée, ou au concept d'une chose unique, le langage l'est au discours mental. Et il semble propre à l'homme" *(D.H., O.L.* II, chap. X, 1, p. 88).

Le caractère arbitraire du signe linguistique permet de comprendre que tout usage de la voix ne constitue pas en tant que tel un langage:

> "Mais la signification qui se fait par la voix de l'un à l'autre, à l'intérieur d'une même espèce animale, n'est pas un langage, car ce n'est pas par leur libre arbitre, mais par la nécessité de leur nature, que les voix des animaux signifiant l'espoir, la crainte, la joie, etc. sont exprimées..."*(ibid.).*

Pour que la voix devienne un signe linguistique, et non le signe naturel d'une passion, elle ne doit comporter aucune relation naturelle à son signifié. Ainsi le cri n'est pas un usage linguistique de la voix. L'arbitraire de l'institution de la voix humaine comme signe se traduit par la dissemblance des voix des individus, tandis que la nature impose la ressemblance des voix animales. Le mouvement de la langue est donc une condition physique nécessaire, mais non intellectuellement suffisante, du langage. Car la voix ne devient signe linguistique, qu'en fonction d'une volonté de donner quelque chose à comprendre à quelqu'un. Cependant le caractère arbitraire du signe linguistique semble ne pas aller sans poser d'importants problèmes dans une philosophie où la notion de libre arbitre est totalement rejetée, si l'on pense qu'arbitraire implique l'idée d'une absence de causes réelles. Mais ces problèmes disparaissent dès que l'on distingue, comme l'a montré A. Robinet, la cause réelle de la cause intellectuelle dans l'institution du langage: ainsi "la marque verbale et nominale adopte n'importe laquelle des réactions possibles, *arbitrio nostro,* étant donné que cet arbitraire ne signifie jamais sans cause motrice précise, mais sans cause intellectuellement assignable" *(art. cit.,* p. 482). L'étude de la signification des mots ne se situera donc plus sur le plan de la physique de la parole.

Le caractère arbitraire du signe linguistique chez Hobbes retrouve le statut du symbole parlé ou écrit chez Aristote, qui s'oppose au signe naturel en ce que le rapport du symbole à l'état de l'âme qu'il signifie est conventionnel:

> "Le nom est un son vocal, possédant une signification conventionnelle, sans référence au temps, et dont aucune partie ne présente de signification quand elle est prise séparément [...] *Signification conventionnelle* [disons-nous], en ce que rien n'est par nature un nom, mais seulement quand il devient symbole, car même lorsque des sons inarticulés, comme ceux des bêtes, signifient quelque chose, aucun d'entre eux ne constitue cependant un nom" (*De l'interprétation*, 2, 16 a, 18-30, trad. pp. 79-80).

Le signe linguistique ne se réduit pas plus pour Hobbes à la simple consécution naturelle d'une image sonore et d'une représentation mentale, qu'il n'implique chez Aristote une ressemblance entre le mot et l'état d'âme. Du mot au discours, Hobbes retrouve encore Aristote qui écrit: "Le discours est un son vocal [possédant une signification conventionnelle], et dont chaque partie, prise séparément, présente une signification" (*ibid.* 4, 16 b, 26-27, trad. p. 83). Les mots ne possèdent par leur nature aucune signification, il serait donc totalement vain de chercher dans la langue actuelle les traces d'une langue naturelle oubliée. Mais, tandis que pour Aristote il y a un rapport de ressemblance entre les états d'âme et les choses, de sorte que les états d'âme expriment directement l'être, nous savons que pour Hobbes aucune ressemblance n'est postulée entre la représentation et la chose. Bien plus, la représentation comme *phantasma* s'oppose à la chose.

L'opposition du signe naturel et du signe conventionnel linguistique – parlé ou écrit – existe également chez Ockham. Mais cette opposition se joue chez lui entre le concept *(conceptus)* ou intention de l'âme, qui est un signe naturel signifiant proprement et premièrement la chose, et les mots – parlés ou écrits –, qui ont une signification conventionnelle subordonnée au concept:

> "Je dis que les mots sont des signes subordonnés aux concepts ou intentions de l'âme, non parce qu'en prenant au sens propre le terme 'signes', les mots eux-mêmes signifient toujours les concepts de l'âme premièrement et proprement, mais parce que les mots sont imposés pour signifier ces mêmes choses qui sont signifiées par les concepts de l'esprit, de sorte que le concept signifie quelque chose premièrement et naturellement, et le mot signifie la même chose secondairement" (*Summa logicae*, I, 1, p. 9).

Ainsi, pour Ockham, si la signification conventionnelle des signes linguistiques présuppose le rapport de signification naturelle de l'intention de l'âme à la chose, le signifié reste dans les deux cas le même: "le mot est institué pour signifier quelque chose qui est signifié par un concept de l'esprit, si ce concept changeait son signifié, de ce seul fait, le mot lui-même changerait son signifié, sans nouvelle institution" *(ibid.)*. Le mot ne se distingue pas du concept par son signifié. Autrement dit, le mot n'a pas pour signifié le concept, lequel aurait lui-même pour signifié la chose. Si le mot est cependant subordonné au concept, et si son signifié change parallèlement au signifié du concept, c'est que le mot est l'objet d'une institution conventionnelle, et que le rapport à son signifié passe par le rapport naturel du concept à ce même signifié [4]. Pour Hobbes, en revanche, le rapport de signification ne concerne que le rapport du mot à la pensée et pas du tout le rapport du mot ou de la pensée à la chose. Autrement dit, Hobbes rejette totalement le rapport naturel de signification qu'Ockham établit entre l'intention de l'âme et la chose. Entre le mot et la chose, il y a pour Hobbes un rapport de dénotation et non pas de signification. Quand on s'en tient *strictement* au problème de la signification le rapport à la chose peut être suspendu.

Hobbes met en jeu trois niveaux: le mot, la pensée et la chose. Premièrement, le mot est arbitraire, non seulement par rapport à la chose qu'il désigne, mais également par rapport à la pensée qu'il signifie. Tout d'abord, *inter res et verba*, entre les choses et les mots, il n'y a ni similitude ni comparaison qui puisse nous faire penser que la nature des choses s'offre ou se révèle d'elle-même dans les mots (cf. *D.C., O.L.* I, chap. II, 4, p. 14). Le langage n'est pas l'épiphanie de l'être. Même l'idée d'une langue originelle enseignée par Dieu aux hommes, n'impliquerait pas que cette langue fût naturelle. Bien au contraire, même dans ce cas, force est d'admettre que les mots eussent dû être appliqués arbitrairement par lui aux choses. L'idée d'une origine divine de la langue ne ferait donc que substituer l'arbitraire divin à l'arbitraire humain. En outre, on peut ajouter que, dans cette perspective théologique, depuis la tour de Babel nous en aurions perdu l'usage et que nous l'aurions complètement oubliée. L'arbitraire du mot implique donc une rupture entre le mot et la chose, qu'atteste aussi bien l'histoire de la langue (la disparition de certains mots et l'apparition de nouveaux) que la diversité des langues. Par conséquent le rapport entre le mot et la chose n'est nullement de dévoilement mais de distance; bien plus, c'est cette distance qui permettra d'établir la manière dont nous pouvons, par les mots, parler des choses. D'autre part, les mots sont également arbitraires par rapport à la pensée. Ainsi quel que soit l'usage courant des mots, les philosophes et les mathématiciens peuvent toujours prendre les mots qui leurs conviennent pour signifier leurs pensées ou leurs inventions. Le mot

n'adhère donc pas plus à la signification qu'il n'adhère à la chose.
Deuxièmement, une fois posé le double arbitraire du signe
linguistique, il faut rendre compte de la manière dont les mots
renvoient néanmoins à la pensée et aux choses, puisque nous
comprenons les mots et que nous parlons des choses. Ici Hobbes fait
intervient la distinction fondamentale entre la signification et la
dénotation [5]:

> "Mais vu que les noms [...] ordonnés dans le discours sont les
> signes de nos conceptions, il est manifeste qu'ils ne sont pas des signes
> des choses elles-mêmes; car que le son de ce mot *pierre* soit le signe
> d'une *pierre,* peut-on le comprendre en un autre sens que celui-ci:
> celui qui entend ce mot comprend que celui qui le prononce pense à
> une pierre ?" (*D.C., O.L. I,* chap. II, 5, p. 15).

Le rapport du mot à la pensée et le rapport du mot à la chose ne
sont pas de même nature. Le mot est signe de la pensée, et, signifiant la
pensée, il nomme la chose, c'est-à-dire qu'il la dénote, l'indique ou la
désigne. Ainsi, dans l'exemple pécédent le mot *pierre* dénote une
pierre, parce que celui qui l'entend comprend le sens qu'il a pour celui
qui le prononce. Dans cet exemple, l'aspect sémantique est directement
lié à l'aspect pragmatique de la signification. Cet exemple Hobbes ne
l'invente pas, Ockham déjà y avait été confronté [6]. Mais Hobbes le
réutilise en un sens qui, précisément, va à l'opposé de la théorie
ockhamienne de la signification réelle: le signifié n'est pas la chose
mais la conception. Dès lors, il faut distinguer la conception signifiée
et la chose dénotée par la médiation de la signification. Il en résulte que
la signification n'implique aucun engagement ontologique. La
signification d'un mot ne dépend pas plus de l'existence de la chose
qu'elle ne nous en fait connaître l'essence.

Hobbes développe sa théorie de la signification en reprenant la
distinction entre catégorèmes et syncatégorèmes. Les uns comme les
autres sont des signes, mais alors que les catégorèmes ont par eux-
mêmes une signification déterminée, les syncatégorèmes n'acquièrent
un sens que lorsqu'ils sont joints à des catégorèmes. Ainsi les signes,
comme *tout, n'importe lequel, quelque,* etc., n'ont pas par eux-mêmes
de signification, et par conséquent, ne peuvent rien dénoter. En
revanche, joints à des catégorèmes, ils acquièrent un statut fonctionnel
qui consiste à modifier la dénotation. Ce ne sont donc pas des noms,
mais des parties de noms (cf. *D.C., O.L.* I, chap. II, 11, pp. 19-20).
Les syncatégorèmes peuvent être considérés sous deux rapports: d'une
part, par la fonction qu'ils exercent dans un énoncé, et d'autre part, par
la fonction qu'ils exercent dans l'espace d'interlocution où l'énoncé

s'inscrit. Ces deux fonctions sont liées, car en dénotant l'universalité ou la particularité, ils consistent en une manière pour le locuteur d'indiquer à l'auditeur comment ce dernier doit comprendre les noms qu'il profère. Ce statut des syncatégorèmes explique qu'ils ne peuvent trouver de place qu'au niveau du langage parlé. Là encore, Hobbes s'éloigne d'Ockham pour lequel cette distinction appartient au langage mental aussi bien qu'au langage parlé (cf. *Summa Logicae*, I, 4, p. 15).

Les mots, liés dans le discours, sont donc des signes de nos pensées, et chacune des parties du discours est un nom. Plus exactement, il faut dire, pour tenir compte de la distinction entre catégorèmes et syncatégorèmes, que seules les parties signifiantes du discours sont des noms. C'est donc par la signification que *vox* devient *nomen* (cf. *D.C.*, *O.L.* I, chap. II, 3, p. 13). La fonction spécifique du nom est de nommer, de dénoter ou de désigner *(nominare, denotare, designare)* quelque chose. Ainsi, les noms comme un homme, un arbre, une pierre, sont les noms des choses elles-mêmes, c'est-à-dire qu'ils dénotent des choses qui existent. Mais le problème se complique, car précisément tout nom ne dénote pas nécessairement une chose existante (cf. *ibid.*, 5, pp. 15-16). Pour le montrer, Hobbes prend d'abord comme exemple les images que nous avons d'un homme, d'un arbre ou d'une pierre, lorsque nous rêvons. Ces images ont des noms qui les désignent, quoiqu'il ne s'agisse pas là de choses existantes mais de fictions des choses. Le deuxième exemple concerne le mot *futur,* lequel est un nom, bien que la chose future n'ait pas encore d'être, et que nous ne sachions pas si ce que nous nommons futur sera ou ne sera pas. Bien que Hobbes ne le dise pas explicitement, il doit en aller logiquement de même pour le passé, à ceci près que, d'une chose passée, nous savons qu'elle a été. Si nous en restions là, il faudrait admettre que la dénotation doit s'élargir en une référence qui englobe, non seulement les choses présentes, mais également les choses passées et les choses futures.

Mais Hobbes va plus loin, car ce qui n'est, ni n'a été, ni ne sera, a également un nom: *impossible*. On peut dès lors se demander à quoi peut se référer le nom *impossible*. Y a-t-il des choses impossibles ? De même *rien* est un nom, mais par définition il ne peut désigner aucune chose (Hobbes ne fait pas la distinction entre le sens catégorématique qu'il semble donner ici au mot *nihil*, et la fonction de syncatégorème qu'il lui fait assumer dans les expressions qui suivent). Cependant, lorsque nous soustrayons les nombres deux et trois du nombre cinq, et que nous disons que *rien ne reste,* ou lorsque nous disons qu'il reste *moins que rien,* nous feignons dans notre argumentation un tel reste.

Quoique ces expressions ne se réfèrent ni à une chose réelle, ni à une chose possible, néanmoins elles renvoient à un quelque chose de feint, que nous pouvons ensuite retenir. Dès lors le champ de référence doit s'étendre au-delà du possible à un quelque chose de purement fictif – exigé par les besoins de notre recherche –, à quoi il ne faut conférer aucune espèce de réalité. Cela explique sans doute que Hobbes puisse ajouter que puisque tout nom *(nomen)* a une relation à un quelque chose de nommé *(ad aliquod nominatum)*, même si ce qui est nommé *(nominatum)* n'est pas toujours une chose existant dans la nature, il est néanmoins permis d'appeler *chose* ce qui est nommé, comme s'il était indifférent que cette chose soit vraiment existante, ou qu'elle soit simplement fictive. Tout nom a donc pour corrélat un quelque chose qui n'est pas nécessairement réel ou possible. Certains noms ont donc une référence sans désignation d'objets présents, passés, futurs ou possibles. Sur ce point Hobbes semble s'opposer à Ockham et Buridan, qui admettaient – au sein de la proposition – un élargissement de la référence, au-delà du présent, au passé, au futur et au possible, mais refusaient toute référence propre aux termes impossibles comme "chimère" [7].

Puisque la référence dépend de la signification, la structuration du champ de référence sera fonction des modalités de la signification qui imposent de distinguer quatre types de dénominations: les dénominations de choses, les dénominations d'accidents, les dénominations de représentations ou de phantasmes, et enfin les dénominations métalinguistiques de dénominations (cf. *Lev.*, chap. IV, pp. 107-108, trad. pp. 33-34; *ibid.*, chap. XLVI, p. 690, trad. p. 684; *D.C.*, *O.L.* I, chap. V, 2, pp. 51-52). Premièrement, par certains mots nous dénommons des choses que nous concevons, le mot nomme la chose en signifiant la conception que nous en avons, ainsi *vivant, sensible, raisonnable,* se disent d'un corps: "avec toutes ces dénominations les mots *matière* ou *corps* sont sous-entendus: ce sont des dénominations de la matière" (*Lev.*, chap. IV, p. 107, trad., p. 33). Deuxièmement, quand nous considérons quelque qualité en une chose que nous concevons, le mot, qui signifie cette considération, dénomme non pas la chose elle-même mais l'un de ses accidents ou l'une de ses propriétés: "alors nous faisons de la dénomination de la chose elle-même, par un petit changement, par une petite déformation, la dénomination de l'accident: au lieu de *vivante*, nous introduisons dans notre compte le mot *vie;* au lieu de *mû, mouvement;* au lieu de *chaud, chaleur;* au lieu de *long, longueur,* et ainsi de suite" *(ibid.).* Troisièmement, certains mots ne dénomment ni la chose que nous concevons, ni la qualité que nous considérons en elle, mais la conception même que nous en avons: "par exemple, lorsqu'une chose est *vue* par nous, notre calcul ne porte pas sur la chose elle-même, mais sur la *vision*, la *couleur*, l'*idée* de la chose telle qu'elle est dans l'imagination; et quand une chose est entendue, notre calcul ne porte pas sur elle, mais seulement sur l'*audition*, ou *son*, qui est le phantasme, la conception, que nous en fournit l'oreille. Ce sont là des dénominations de phantasmes" *(ibid.)*. Quatrièmement, enfin, nous formons des dénominations métalinguistiques lorsque nous "considérons et dotons de dénominations les *dénominations* elles-mêmes, ainsi que les *manières de parler:* car *général, universel, spécial, équivoque* sont des dénominations de dénominations. Et *affirmation, interrogation, commandement, narration, syllogisme, sermon, allocution,* et beaucoup de termes de ce genre sont des dénominations qui désignent des manières de parler"*(ibid.)*.

A cette structuration du champ de référence, la fonction linguistique joint des distinctions susceptibles de rendre compte d'opérations qui n'ont pas cours lorsque nous nous en tenons au simple discours mental. Premièrement, la distinction entre les noms positifs, que nous imposons pour signifier la ressemblance, l'égalité ou l'identité des choses que nous concevons, et les noms négatifs, que nous utilisons pour signifier la diversité, la dissemblance ou l'inégalité. Ainsi *Socrate* est un nom positif, parce qu'il désigne toujours un seul et même homme, de même *philosophe* est un nom positif, parce qu'il désigne n'importe lequel des nombreux philosophes. Pour former des noms négatifs, il suffit d'ajouter la particule négative *non* au nom positif, comme dans *non-homme* ou *non-philosophe* (cf. *ibid.*, 7, pp. 16-17). Les noms positifs doivent donc préexister aux noms négatifs, parce que ceux-ci, contrairement à ceux-là, ne sont pas des noms de choses mais des noms privatifs marquant la dissemblance, ou, comme le remarquait Aristote (cf. *De l'interprétation*, 2, 16 a, 30, trad. p. 80), des noms indéfinis. Par ces noms négatifs, nous rappelons en nous-mêmes, et nous signifions aux autres, ce que nous ne pensons pas.

Cette distinction des noms positifs et des noms négatifs est importante, parce qu'elle introduit dans la pensée une nouveauté propre à l'usage des mots, à savoir, la contradiction: "En outre, le nom positif et le nom négatif sont contradictoires entre eux, de sorte qu'ils ne peuvent être l'un et l'autre les noms d'une même chose" *(D.C., O.L.* I, chap. II, 8, p. 17). Ainsi lorsque nous passons des mots à la proposition, nous comprenons que celle-ci puisse être le lieu aussi bien de la vérité que de l'erreur ou de l'absurdité. La proposition consiste en effet à lier par la copule deux dénominations, dont l'une est le sujet, et l'autre le prédicat. Elle n'est vraie que si celui qui l'énonce conçoit que la seconde dénomination désigne la même chose que la première, ou, ce qui revient au même, que la première dénomination est comprise dans la seconde (cf. *ibid.*, chap. III, 2-3, pp. 27-28). Lier des dénominations contradictoires comme dans l'expression "corps incorporel ou, ce qui revient au même, substance incorporelle" (*Lev.*, chap. IV, p. 108, trad. p. 34)[8], c'est produire un énoncé absurde. L'originalité de la position de Hobbes, tient à ce qu'il montre que la contradiction a pour condition la fonction linguistique. La contradiction n'est en effet originairement ni dans les choses ni dans le discours mental. C'est pourquoi Hobbes rejette comme obscure la formulation ontologique du principe de contradiction: *"La même chose ne peut pas être, et n'être pas"* (*D.C., O.L.* I, chap. II, 8, p. 17), pour lui substituer une formulation où intervient explicitement le langage: "de deux noms contradictoires, l'un est le nom de n'importe quelle chose, l'autre ne l'est pas" *(ibid.).* Tel est l'axiome qui est le principe et le fondement de tout raisonnement. On voit donc déjà en quel sens le langage inaugure des opérations qui rendent possible le raisonnement, et en quel sens il faut se garder de réifier une opération linguistique en lui donnant implicitement une signification ontologique.

La mise en évidence de la prépondérance de la fonction linguistique dans la constitution des démarches rationnelles et la critique de la transposition ontologique de ce qui se passe dans les mots trouvent leur pleine signification avec le problème certes classique des universaux, mais où se marque pourtant l'originalité du nominalisme de Hobbes. En effet, la seconde distinction qu'introduit le langage est celle des dénominations propres et des dénominations communes:

> "Parmi les dénominations, certaines sont *propres* et particulières à une seule chose; ainsi *Pierre, Jean, cet homme, cet arbre*. Et certaines sont *communes* à un grand nombre de choses, ainsi celles-ci: *homme, cheval, arbre*, dont chacune, tout en constituant une seule dénomination, n'en est pas moins la dénomination de diverses choses particulières; eu égard à l'ensemble de toutes ces choses on l'appelle un *universel:* il n'y a rien d'universel dans le monde, en dehors des dénominations; car les choses nommées sont toutes individuelles et singulières" (*Lev.*, chap. IV, p.102, trad. p. 29).

Les mots nous permettent de nous élever du particulier à la considération de l'universel. Mais le mot doit être considéré sous deux rapports: comme *vox* ou simple émission de son, il a une réalité physique toujours particulière. Il n'est donc universel que comme *nomen,* c'est-à-dire en vertu de la signification par laquelle il dénote des choses multiples:

> "Le mot *(vox) animal* est certes un mot *(vox)* unique, cependant c'est non seulement le nom *(nomen)* d'un unique animal quelconque, mais celui de chaque animal" *(C.D.M.,* chap. II, 6, p. 112).

Cette distinction valait déjà chez Abélard qui oppose *vox* comme son proféré, relevant d'une institution de la nature, à *nomen* ou *sermo,* nom ou terme, dont le propre est la signification qui relève d'une institution humaine et n'est donc pas une propriété physique de la parole [9]. Dans un sens similaire Ockham pouvait écrire:

> "Ainsi, le mot *(vox)* proféré, qui est vraiment une qualité numériquement unique, est un universel parce que c'est un signe *(signum)* institué volontairement pour signifier plusieurs choses. D'où, de même qu'on dit d'un mot *(vox)* qu'il est commun, de même on peut dire qu'il est universel. Mais cela ne tient pas à la nature, mais seulement à la volonté de ceux qui l'ont institué" *(Summa Logicae,* I, 14, p. 45)

Mais dire que chez Hobbes le mot n'est universel que par sa signification, c'est moins fournir une réponse que soulever une difficulté. Nous savons en effet que les mots ne peuvent dénoter des choses qu'en signifiant la pensée. Pour les dénominations particulières à une seule chose, la signification ne fait pas problème, puisqu'elle réside dans une conception ou une représentation imaginative elle-même particulière. En revanche, les dénominations universelles ne semblent d'emblée douées d'aucune signification. Pour comprendre cette difficulté, il est nécessaire de revenir sur les deux thèses fondamentales du nominalisme de Hobbes. La première est constitutive de toute théorie nominaliste de la connaissance, elle consiste à affirmer que l'universel n'existe pas dans les choses, tout ce qui a le statut de *res* est par essence individuel. Ainsi selon Ockham:

> "Il faut tenir pour certain que n'importe quel existant imaginable est, de soi, sans qu'on ne lui ajoute rien, une chose singulière et numériquement une, de sorte qu'aucune chose imaginable n'est singulière par quelque chose qui lui serait ajouté, au contraire, cette propriété convient immédiatement à toute chose, parce que toute chose, de soi, ou est identique à une autre, ou en diffère" [10].

La seconde est propre à Hobbes et fait la radicalité de son nominalisme, non qu'il ait été le premier à l'avancer, mais parce qu'il l'a maintenue avec rigueur jusqu'au bout de ses implications: elle consiste à affirmer que les idées ou les représentations imaginatives sont également toujours particulières. De ces deux thèses, il résulte que

l'universel n'est ni dans les choses, ni dans les représentations, mais
dans les noms. Examinons successivement ces deux thèses. La thèse de
l'existence des seuls individus est reprise dans tous les textes où Hobbes
examine le statut des universaux:

> "En outre, il est manifeste que chaque chose est une et singulière.
> En effet, de même que Pierre et Jean, chaque homme est singulier, et
> parce qu'il n'existe aucun homme qui ne soit l'un du nombre des
> singuliers, il s'ensuit qu'aucun homme n'est universel. La même
> raison prouve qu'aucune pierre, aucun arbre, et donc aucune chose
> n'est universelle. Par conséquent, qu'est-ce qui est universel si une
> chose n'est pas universelle ?" (*C.D.M.*, chap. II, 6, p. 112).

L'universel n'est donc dans les choses ni sous la forme d'une
essence ou d'une substance générique ou spécifique, en soi une, et
diversifiée par des accidents qui constitueraient l'individu, ni sous la
forme d'un universel collectif (critiqué par Abélard sous l'appellation
d'universel par non-différence) qui ferait par exemple que tous les
hommes conviennent en une nature, l'humanité. Mais le nominalisme
ne se contente pas de rejeter la réification de l'universel sous la forme
d'entités dotées d'une valeur ontologique, il en fait également le
diagnostic. L'illusion réifiante résulte d'un abus de langage qui nous
fait prendre les mots pour des choses. Ainsi Hobbes peut-il écrire:

> "L'universalité d'un nom donné à plusieurs choses est la raison
> pour laquelle les hommes pensent que les choses elles-mêmes sont
> universelles. Et ils soutiennent sérieusement, qu'outre Pierre et Jean
> et tout le reste des hommes qui existent, ont existé ou existeront dans
> le monde, il y a encore quelque autre chose que nous appelons
> l'homme, à savoir l'homme en général; ils se trompent eux-mêmes en
> prenant l'appellation générale ou universelle pour ce qu'elle signifie"
> (*E.L.*, I, Chap. V, 6, p. 20).

Ce transfert de l'universalité des dénominations sur les choses
procède de ce que l'on prend une intellection de mot pour une
intellection de chose: "par conséquent l'intellection *(intellectio)* n'est
pas des choses elles-mêmes, mais du discours et des mots par lesquels
nous signifions notre jugement sur les choses" (*C.D.M.*, chap. IV, 1,
p. 126), ou encore: "un universel n'est rien d'autre qu'un nom, c'est
pourquoi l'intellection n'est pas des choses elles-mêmes mais des noms
et du discours composé de noms" (*ibid.*, chap. XXX, 21, p.358). Le
nominalisme de Hobbes joint à sa fonction critique une fonction
thérapeutique: dénoncer l'illusion réaliste, en montrer l'origine dans
l'abus du langage et l'ignorance de la signification, c'est délivrer
l'entendement des préjugés qui entravent la connaissance, le rendre
conscient de ses propres démarches et de son activité dans l'élaboration

du savoir. Toute la question est désormais de savoir, comment Hobbes rend lui-même compte de la signification des dénominations universelles. Cette question se pose avec d'autant plus d'acuité que Hobbes adjoint à la critique de la réification de l'universel l'affirmation que toutes les idées ou représentations sont elles-mêmes particulières. Ainsi, la formation d'une idée ou d'une représentation générale par l'esprit est aussi impossible que l'est, dans la nature, l'existence d'une chose universelle:

> "Se trompent ceux qui disent que *l'idée d'une chose quelconque est universelle,* comme s'il y avait dans l'esprit une image d'un homme qui ne fût pas celle d'un seul homme, mais d'un homme simplement, ce qui est impossible, car toute idée est une et est l'idée d'une seule chose. Mais ils se méprennent en cela qu'ils mettent le nom d'une chose pour l'idée de celle-ci" (*D.C., O.L.* I, chap. V, 8, pp. 53-54).

Alors que l'illusion de l'existence d'une chose universelle consistait à transférer l'universalité du mot sur la chose, l'illusion de l'existence d'une idée universelle consiste à transférer l'universalité du mot sur la représentation mentale. Certes, pour Hobbes comme pour Ockham, un terme n'est universel que par sa signification:

> "Par conséquent, on doit dire que chaque universel est une chose singulière, et, pour cette raison, n'est un universel que par la signification, parce qu'il est signe de plusieurs choses" (*Summa logicae,* I, 14, p. 44).

> "Une fois constaté que les universaux n'existent pas dans la réalité, ni ne sont de l'essence des choses extérieures, mais sont seulement dans l'âme des sortes de signes qui manifestent les choses extérieures, il faut parler du nombre des universaux et de leur suffisance" (*Expositio in Librum Porphyrii de Praedicabilibus,* Prooemium, §2, p.15, trad. p. 66).

Mais la suppression par Hobbes de l'universalité naturelle du concept entraîne deux conséquences. Premièrement, alors que chez Ockham la formation des concepts universels est moins le produit d'une activité de l'esprit qu'une œuvre cachée de la nature dans l'âme, tout universel devient chez Hobbes un universel de convention, c'est-à-dire le résultat direct d'une activité autonome de l'esprit opérant dans et par le langage. Cette activité de l'esprit ne doit plus rien à la nature, laquelle ne peut donc être tenue pour la cause de ce qu'il y a d'universel dans notre pensée. Deuxièmement, alors que pour Ockham la description du langage parlé ou écrit sert de fil conducteur à l'analyse du langage mental, pour Hobbes, il est impossible de transposer les fonctions du langage parlé ou écrit sur le discours mental qui lui préexiste. Le discours mental n'a pas une structure logico-linguistique, et les opérations impliquées dans la formation des universaux, des propositions et des syllogismes relèvent de la fonction linguistique parlée ou écrite. C'est l'un des points qui font la radicalité du nominalisme de Hobbes:

> "Par conséquent ce nom *universel* n'est ni le nom d'une chose quelconque existant dans la nature, ni le nom d'une idée ou d'un phantasme quelconque formé par l'esprit, mais toujours le nom d'un mot ou d'un nom" (*D.C., O.L.* I, chap. II, 9, pp. 17-18).

Mais cette radicalité même du nominalisme de Hobbes [11] pose de manière tout aussi radicale le problème de la signification: de quelle signification les dénominations universelles peuvent-elles être investies, si on affirme que toutes les idées représentatives sont particulières, et qu'en outre, l'esprit ne dispose d'aucune intellection susceptible de lui permettre de former par abstraction des représentations générales ? Faut-il reprendre le jugement de Descartes qui répond à une objection de Hobbes: "ce philosophe ne se condamne-t-il pas luy-mesme, lorsqu'il parle des conventions que nous avons faites à nostre fantaisie touchant la signification des mots ? Car s'il admet que quelque chose est signifiée par les paroles, pourquoy ne veut-il pas que nos discours & raisonnemens soyent plustost de la chose qui est signifiée, que des paroles seules ?" (*Troisièmes obj., O.L.* V, p. 258, A.T., IX-1, p. 139). Pour répondre à ces questions, il faut reprendre les deux aspects qui caractérisent les dénominations universelles. Tout d'abord au niveau de la dénotation:

> "En outre, un *nom commun* est le nom de plusieurs choses considérées une à une, mais non collectivement toutes ensemble (comme *homme* n'est pas le nom du genre humain, mais de chacun comme de Pierre, de Jean et du reste des hommes séparément)" (*D.C., O.L.* I, chap. II, 9, p. 17).

La dénomination universelle ne dénote pas une collection ou une classe distincte des individus qui la composent, mais distributivement une multiplicité d'individus. D'où Hobbes peut déduire au niveau de la signification que:

> "Les conceptions qui leur [aux mots universels] répondent dans l'esprit sont des images et des phantasmes d'animaux singuliers ou d'autres choses" (*ibid.*, p.18).

On comprend donc que Hobbes en tire la conséquence que, pour comprendre le sens d'une dénomination universelle, nous n'avons pas besoin d'une autre faculté que l'imagination, par laquelle nous nous souvenons que les mots introduisent dans notre esprit tantôt l'image d'une chose, tantôt l'image d'une autre. La signification des universaux n'implique donc ni la nécessité pour l'esprit de former une représentation générale, ni par conséquent l'existence d'une faculté mentale autonome d'abstraction. C'est seulement en raison de leur ressemblance, qu'une dénomination universelle peut être donnée à des choses multiples:

> "On impose une dénomination universelle à des choses multiples parce qu'elles se ressemblent par quelque qualité ou quelque autre accident: et, alors qu'une dénomination propre ne fait venir à l'esprit qu'une seule chose, les universaux rappellent n'importe laquelle de ces choses multiples" (*Lev.*, chap. IV, p. 103, trad. p. 29).

Une dénomination universelle ne signifie donc pas une image particulière mais une relation: la ressemblance. La question est désormais de savoir si la saisie de cette ressemblance n'implique pas implicitement une intellection par laquelle nous pouvons former, à partir de la représentation des objets individuels, une représentation générale, par exemple celle de la nature humaine sans référence aux individus. Autrement dit, la signification des noms universels n'implique-t-elle pas précisément ce que Hobbes refuse en réaffirmant sans cesse que les universaux sont de simples noms, à savoir, une représentation de l'universel ?

C'est cette exigence interne à la signification qui avait amené Abélard, après qu'il eut réduit l'universel à un nom ou un terme, à concevoir une intellection de l'universel qui envisage les choses par abstraction. Bien plus, ces images communes ou idées générales, produites par l'abstraction, ne relèvent chez l'homme que d'une connaissance confuse et imparfaite, tandis que Dieu les conçoit clairement. Ainsi J. Jolivet peut-il écrire:

> "Nous observons ainsi chez Abélard une tension entre, d'une part, un rejet du réalisme qui lui fait replier sur le langage la question des universaux, qui ne peuvent être que des *voces* ou des *sermones*; et d'autre part, une attention à la vérité des énoncés, donc au sens des mots, qui l'amène à poser des structures essentielles et à déboucher sur le platonisme" (*Abélard et Guillaume d'Ockham lecteurs de Porphyre*, art. cit., p. 49).

Sans aller jusqu'au platonisme, l'exigence interne à la signification ne recouvre-t-elle pas chez Hobbes l'exigence de représentations générales indépendantes du langage ? Remarquons d'abord que tel est le cas chez Gassendi:

> "Ainsi donc les universaux paraissent être des représentations et des pensées formées de telle sorte que toute chose particulière une et identique, selon ses divers degrés de ressemblance avec d'autres,

puisse recevoir divers noms sous la désignation desquels elle s'assemble avec les choses qui lui ressemblent, et au moyen desquels elle se distingue de celles qui ne lui ressemblent pas"[12].

Chez Gassendi l'entendement a donc la possiblité de former des représentations générales. C'est ce qui fait dire à O.R. Bloch que le nominalisme de Gassendi:

> "Est un nominalisme du concept et non du langage: contrairement à Hobbes, Gassendi n'attribue pas l'universalité aux seuls noms, ni au langage une place déterminante. Le développement 'nominaliste' des *Exercitationes* précise sans équivoque que l'intellect conçoit les semblables en même manière, et leur attribue *ensuite* un nom identique [...], et dans aucun texte, que ce soit des *Exercitationes* ou des ouvrages ultérieurs, on ne le voit porter au problème du langage un intérêt de premier plan; lorsque dans le *Syntagma* il en vient à l'examen des rapports du langage et de la pensée, c'est pour distinguer aussitôt du 'langage extérieur' le 'langage intérieur', qui n'est autre que la pensée, et sans lequel le premier ne peut être compris: derrière les mots il existe une signification, une pensée qui leur donne sens, ce n'est pas le mot qui est constitutif du concept mais l'inverse" (*La philosophie de Gassendi, op. cit.*, p. 115).

Or, c'est précisément là que se situe la différence du nominalisme de Hobbes: refuser toute représentation universelle, sans pour autant vider les termes universels de toute signification. Cette opération est possible parce que la fonction linguistique, loin de présupposer une fonction mentale d'abstraction et de généralisation, au contraire, en est la condition. Si Hobbes nie toute fonction de généralisation mentale autonome, c'est parce que celle-ci suppose le langage. En effet, supposons un homme dénué de l'usage de la parole, par exemple un sourd et muet de naissance; jamais il ne pourra parvenir à la découverte d'une proposition comme celle-ci: *Tout triangle a ses deux angles égaux à deux droits.* Certes il pourra, en y réfléchissant, parvenir à trouver l'égalité des angles d'un triangle particulier à deux droits, mais cette connaissance ne concernera que la figure particulière qu'il a sous les yeux *hic et nunc;* sa réflexion devra donc être à nouveau sollicitée chaque fois qu'un triangle différent lui sera présenté. En revanche, le langage rend possible l'universalité dans la mesure où celui qui l'utilise peut retenir les relations entre les représentations particulières, par exemple, dans la conception d'un triangle particulier, ce qui intéresse l'égalité affirmée, à savoir: ni la longueur des côtés, ni aucune autre propriété particulière, mais seulement:

> "Que les côtés sont des lignes droites, et les angles au nombre de trois, et que c'est seulement pour cela qu'il a nommé cette figure triangle, [d'où il en] conclura hardiment et de manière universelle

que cette égalité des angles droits est dans tout triangle, quel qu'il soit" (*Lev.,* chap. IV, p. 104, trad. p. 30).

Le langage rend possible des fonctions mentales d'analyse et de synthèse, irréalisables par notre imagination seule. Ce qui dans la représentation demeurait inséparable, le triangle représenté étant toujours tel triangle précis ou tel autre, dont les côtés sont de telles ou de telles longueurs, pourra être discerné par l'usage des mots, dont la signification (la définition) ne concerne que certains aspects de la représentation complexe qui constitue ce triangle particulier et que l'on retrouve dans n'importe quel autre triangle. De sorte que:

"La consécution trouvée dans un seul cas particulier sera enregistrée et gardée en mémoire comme une règle universelle; ce qui dispense notre calcul mental de tenir compte du moment et de l'endroit, nous délivre de tout travail de l'esprit hormis le premier, et fait que ce qui a été trouvé vrai *ici et maintenant* est vrai en *tous temps* et en *tous lieux*" *(ibid.).*

C'est donc bien le langage qui permet au triangle particulier que j'ai sous les yeux, de valoir pour tous les autres triangles. En revanche, lorsque Berkeley reprendra textuellement l'exemple du triangle avec le même type d'arguments, ce sera pour lui donner un sens différent. Car ce n'est pas le langage qui rend possible, pour Berkeley, l'universalisation de la connaissance, mais l'opération mentale par laquelle une idée particulière devient générale en représentant toutes les autres idées de même espèce [13]. On comprend dès lors que le langage ne soit pas pour Hobbes le simple auxiliaire instrumental de la pensée, mais la condition de production d'une connaissance universelle et nécessaire. "En géométrie [...], on commence par établir *(men begin at settling)* la signification des mots employés, opération qu'on appelle *définitions,* et on place ces définitions au début du calcul" (*Lev.*, chap. V, p. 105, trad. p. 31); il faut entendre cet établissement comme la production d'une signification dont nous ne pourrions pas autrement disposer.

Il faut donc distinguer chez Hobbes la signification de la représentation. Si toute représentation est particulière, le langage permet de produire des significations universelles, en nous conférant un pouvoir d'analyse et de synthèse de ce qui dans nos représentations est indissociablement lié, par le moyen des définitions de mots. S'il y a un conceptualisme implicite chez Hobbes, il faut insister sur la dépendance du concept à l'égard du mot et sur l'irréductibilité du concept à la représentation. C'est la fonction linguistique qui rend possible l'opération mentale qui produit un concept général, qui en lui-même n'est pas une représentation et qui disparaît si l'on suspend l'usage des mots. Ainsi, dire que le concept est relationnel, c'est dire qu'il n'est pas représentatif, car toute représentation nous donne l'image d'une chose particulière. Le concept est donc une signification produite par une opération mentale qui a pour condition le langage. Le langage introduit une mutation mentale chez l'homme. Si l'entendement *(intellectus, understanding)* fait défaut aux animaux, c'est en effet parce qu'ils sont incapables de faire usage du langage. S'en tenant au discours mental, ils sont certes aptes à comparer des images, mais ils ne peuvent s'élever aux opérations qui supposent la compréhension de la pensée:

> ˉQuand un homme, en entendant parler, a les pensées que les paroles prononcées et leur mise en relation avaient comme destination, comme tâche assignée, de signifier, on dit alors qu'il comprend ces paroles. La *compréhension (understanding)* n'est en effet rien d'autre que la conception causée par la parole. Par conséquent, si la parole est propre à l'homme (et pour autant que je sache il en est ainsi), la compréhension lui est particulière, elle aussi" (*Lev.*, chap. IV, pp.108-109, trad. p. 35; cf. *E.L.*, I, chap. V, 1, pp. 17-18; *C.D.M.*, chap IV, 1, p. 126; *ibid.*, chap. XXX, 14-15, pp. 355-356).

Le nominalisme de Hobbes est donc loin de se réduire à un verbalisme vide de toute signification, comme Descartes le laissait penser. L'entendement n'est pas la condition du langage, mais son produit. On comprend dès lors pleinement pourquoi Hobbes identifie *ratio* et *oratio*, les opérations mentales que le langage permet étant précisément celles qui sont mises en œuvre dans le syllogisme scientifique. Ainsi le *De Corpore* fait-il suivre point par point tous les moments du raisonnement syllogistique par une démarche de la pensée:

> "La pensée répondant dans l'esprit à un syllogisme direct procède de cette façon: d'abord on conçoit le phantasme de la chose nommée avec l'accident ou l'affection pour lequel elle est nommée du nom qui est *sujet* dans la proposition mineure; ensuite se présente à l'esprit le phantasme de la même chose avec l'accident ou l'affection pour lequel elle est nommée du nom qui est *prédicat* dans la même proposition. En troisième lieu, la pensée revient de nouveau à la chose nommée, avec l'affection pour laquelle elle est appelée du nom qui est prédicat dans la proposition majeure. Enfin, quand elle se souvient que toutes ces affections appartiennent à une seule et même chose, elle conclut que ces trois noms sont les noms de la même chose, c'est-à-dire que la conclusion est vraie" (*D.C.*, *O.L.* I, chap. IV, 8, p. 44).

Les quatre autres distinctions que le langage introduit dans la pensée développent les implications de cette mutation intellectuelle. Elles concernent la distinction des dénominations de première et des dénominations de seconde intention, des dénominations à signification déterminée et des dénominations à signification indéterminée, des dénominations univoques et des dénominations équivoques, enfin celle des noms relatifs et des noms absolus. Au point de vue historique, elles sont directement reprises à Ockham. Mais il faut remarquer qu'il ne s'agit pas d'un emprunt pur et simple, car Hobbes déplace le lieu de ces distinctions. Alors qu'elles se situaient chez Ockham d'abord au niveau des intentions de l'âme, pour Hobbes elles se situent d'emblée au niveau du langage parlé. Ce déplacement du mental au linguistique mis à part, Hobbes comme Ockham insistent sur l'opposition entre les signes et les choses, qui doit prévenir toute projection des distinctions de signes en distinctions de choses. Autrement dit, les distinctions de dénominations ne renvoient à aucun contenu ontologique.

Nous retiendrons ici trois de ces distinctions, sans pour autant négliger la distinction des dénominations de première et de seconde intention que nous retrouverons à propos des implications ontologiques du nominalisme de Hobbes.

Premièrement, la distinction entre dénominations à signification déterminée et dénominations à signification indéterminée. Cette distinction ne revient pas à celle des catégorèmes et des syncatégorèmes, puisque les derniers ne sont pas des noms mais des parties de noms. Si Hobbes en traite dans le même paragraphe (cf. *ibid.*, chap. II, 11, pp. 19-20), c'est que les exemples de syncatégorèmes qu'il prend sont des signes de quantité qui déterminent la référence des catégorèmes. Font partie des dénominations à signification déterminée, les noms individuels, comme *Homère, cet animal,* et les noms universels, comme *tout animal.* Font partie des dénominations à signification indéterminée, les noms communs indéfinis, comme *homme, pierre,* et les noms particuliers comme *quelques hommes.* La distinction entre ces deux sortes de dénominations réactive la fonction pragmatique du langage dans l'espace d'interlocution. Ainsi les dénominations déterminées sont celles par lesquelles l'auditeur conçoit la chose que le locuteur veut qu'il conçoive, et les dénominations indéterminées, celles dont l'auditeur ne sait pas quelle chose le locuteur veut qu'il conçoive.

Deuxièmement, la distinction entre dénominations univoques et dénominations équivoques: l'univocité consiste en ce qu'une dénomination signifie toujours la même chose dans un enchaînement discursif. Toute métaphore est par définition équivoque [14]. L'univocité et l'équivocité touchent à l'unité et à la pluralité des significations d'un nom. Cette distinction concerne donc moins le mot lui-même que l'usage qu'on en fait [15]. On ne peut donc pallier le risque de l'équivocité dans le discours philosophique, que par l'établissement de définitions de mots sans lesquelles l'esprit "se trouvera empêtré dans les mots comme un oiseau dans les gluaux; et plus il se débattra, plus il sera englué" (*Lev.*, chap. IV, p.105, trad. p. 31). C'est précisément faute d'avoir voulu ou d'avoir su faire commencer son discours par des définitions, que la métaphysique, dont la vocation est pourtant la vérité, a produit des expressions absurdes comme celles de "forme substantielle", d'"essence séparée" ou de "substance abstraite", et qu'elle a fait sombrer l'humanité dans l'ignorance alors qu'elle visait le savoir (cf. *ibid.*, chap. XLVI, pp. 689-691, trad. pp. 683-685). Toutes ces expressions reposent, nous le verrons, sur l'équivocité du verbe *être*. Ainsi, en un sens, puisque l'équivocité tient à la pluralité des significations d'un mot, elle est toujours en droit réductible. C'est pourquoi, il faut requérir de tout apprenti philosophe qu'il réduise les propositions obscures de ses maîtres, à la fois pour savoir si elles ont un sens assignable et s'il les a comprises (cf. *D.C., O.L.*, chap. III, 12, p.35). Mais en un autre sens, cette équivocité n'est pas purement accidentelle, puisqu'elle est un risque permanent du langage dont l'usage peut conduire aussi bien à la vérité qu'à l'erreur et à l'absurdité:

> "La lumière de l'esprit humain, ce sont les mots clairs, épurés, en premier lieu, et purgés de toute ambiguïté, par des définitions exactes. La *raison* en est la *marche,* l'accroissement de la *science* en est le *chemin,* et le bien de l'humanité, l'*aboutissement.* Au contraire, les métaphores, les mots ambigus ou qui ne veulent rien dire, sont comme des feux follets; s'en servir pour raisonner, c'est errer parmi d'innombrables absurdités; leur aboutissement, ce sont les conflits, les discordes, le mépris" (*Lev.*, chap. V, pp. 116-117, trad. p.44).

Ce risque permanent d'absurdité que fait courir l'abus du langage trouve son lieu privilégié dans la réification des distinctions discursives en distinctions ontologiques, que l'on retrouve à propos du statut de la relation.

Ainsi, troisièmement, la distinction entre l'absolu et la relation n'est qu'une distinction de dénominations, c'est-à-dire de visées signifiantes. Les dénominations relatives signifient en effet une comparaison comme *Père, fils, cause, effet, semblable, dissemblable, égal, inégal, maître, esclave,* etc., tandis que les dénominations absolues signifient les termes mis en relation (cf. *D.C., O.L.* I, chap.

II, 13, pp. 20-21). L'illusion consisterait ici à transposer cette distinction dans les choses, et à opposer des réalités absolues et des réalités relatives. En fait, l'opposition ne peut avoir de sens ontologique, parce que dans le monde les choses sont toujours posées en soi absolument: la paternité n'est pas une troisième réalité distincte des individus qu'elle met en relation. La relation n'appartient donc pas aux choses mais aux signes, elle signifie selon un mode déterminé les termes mis en relation. Hobbes rejette le réalisme de la relation de la même façon que le réalisme de l'universel.

Comprendre les opérations qui confèrent une signification aux mots, c'est en même temps maintenir la distinction nécessaire entre les mots et les choses, et, par conséquent, éviter de transposer un problème sémantique en problème ontologique. Les mots ont une signification sans pour autant impliquer qu'une chose leur corresponde dans la nature.

Mais si le problème de la signification des mots n'implique aucun engagement ontologique, cela ne signifie en aucune manière que le langage renonce à dire quoi que ce soit des choses. Parler, c'est signifier nos pensées, mais aussi dire les choses. Bien plus, ce n'est que dans et par le langage que le problème ontologique est posé. Seulement, il faut en reconnaître le lieu, et ce lieu n'est pas le mot mais la proposition par laquelle le langage tente de se dépasser lui-même pour énoncer quelque chose de la chose. C'est donc à ce niveau également que se posera le problème de la vérité. Nous avons vu jusqu'à présent le langage structurer la pensée, la question est désormais de savoir ce qu'il peut saisir de la chose.

CHAPITRE III

LA PROPOSITION ET LA VÉRITÉ

L'étude de la signification a montré que le discours *(oratio)* est un complexe verbal constitué d'une liaison ou d'un enchaînement de noms qui signifient la pensée. Par conséquent, le discours verbal est absurde lorsqu'à une suite verbale ne correspond aucune suite de pensées ou de conceptions. Une succession incohérente de mots reste certes un complexe verbal, mais manque la fin du discours, c'est-à-dire la signification. Les discours signifiants sont donc les signes ou les indices des affections *(affectuum indicia)* de l'esprit. Comme ces affections de l'esprit sont multiples, il s'ensuit qu'il existe différentes sortes de discours. Reprenant l'analyse aristotélicienne [16], Hobbes distingue parmi les différentes sortes de discours, les interrogations, qui signifient un désir de connaissance, les prières, qui signifient le désir d'obtenir quelque chose, les promesses, les menaces, les souhaits, les ordres, et enfin les plaintes (cf. *D.C., O.L.* I, chap. III, 1, pp. 26-27). Le trait commun de ces différentes sortes de discours est qu'ils n'affirment ni ne nient rien, ils ne sont donc susceptibles ni de vérité ni de fausseté. La seule forme de discours qui ne se contente pas d'énoncer quelque chose, mais qui affirme ou qui nie, est la proposition. La proposition est donc également la seule forme d'*oratio* susceptible de vérité et de fausseté, la seule proprement philosophique. Ainsi l'étude de la proposition engage, d'une part, à examiner le mode de liaison logique des termes qui la constituent, d'autre part et corrélativement, à examiner le statut de la vérité et de la fausseté. Hobbes commence par donner une définition de la proposition:

> "*La proposition est un discours verbal consistant en deux noms couplés, par lequel le locuteur signifie qu'il conçoit que le second nom est le nom de la même chose que celle que désigne le premier nom;* ou (ce qui revient au même) que le premier nom est contenu dans le second" (*ibid.*, 2, p. 27).

La proposition est donc un énoncé qui comporte une liaison de deux dénominations. Il faut par conséquent y distinguer trois éléments. D'une part, la première dénomination ou sujet *(subjectum)*, d'autre part, la seconde dénomination ou prédicat *(praedicatum)*, et enfin le verbe *est* ou copule qui a pour fonction de lier la seconde dénomination à la première. Ainsi dans la proposition "l'homme est un animal", *homme* et *animal* sont deux dénominations que le verbe *est* sert à lier l'une à l'autre. S'il faut distinguer les différentes parties d'une proposition, c'est parce que les trois éléments qui la composent n'ont pas le même statut. En effet, le verbe *est* se réduit à sa fonction de copule, ce n'est donc qu'un signe de liaison *(signum connexionis)*, et en aucune manière le nom d'une chose distincte de celle que désignent le sujet et le prédicat. Il effectue simplement la connexion du sujet et du prédicat, et en est le signe. La signification du verbe *être* se réduit donc:

> "A montrer la consécution ou l'incompatibilité qui peuvent exister entre deux dénominations. C'est ainsi que lorsqu'on dit qu'*un homme est un corps,* on veut dire que la dénomination de *corps* est nécessairement consécutive à celle d'*homme,* n'y ayant ici que différentes dénominations de la même chose: *l'homme"* (*Lev.*, chap. XLVI, p. 690, trad., p. 684).

Le danger serait ici de tenir le signe de connexion pour une dénomination de chose, donc de nier la différence de statut entre les différentes parties du discours:

> " Par conséquent, ce ne sont pas là des dénominations de choses, mais des signes par lesquels nous faisons connaître que nous connaissons la consécution qui unit quelque dénomination ou quelque attribut à quelque autre: ainsi quand nous disons: *un homme, est, un corps vivant,* nous ne voulons pas dire que l'*homme* est une chose, le *corps vivant* une autre, et le mot *est* ou *étant* une troisième; mais seulement que l'*homme* et le *corps vivant* sont la même chose, parce que la consécution: *si c'est un homme, c'est un corps vivant* est une consécution vraie, exprimée par le mot est" (*ibid.*, p. 691, trad. p. 685).

Avant Hobbes, on trouve chez Aristote cette affirmation que la copule a une fonction de synthèse des pensées par laquelle l'*être* ne désigne pas une chose parmi d'autres, mais une modification ou un état de la pensée:

> "Car *être* ou *ne pas être* ne présentent pas une signification se rapportant à l'objet, et pas davantage le terme *étant,* lorsqu'on se contente de les employer seuls. En elles-mêmes, en effet, ces expressions ne sont rien, mais elles ajoutent à leur propre sens une certaine composition qu'il est impossible de concevoir

indépendamment des choses composées" (*De l'interprétation*, 3, 16 b, 22-25, trad. p. 82).

Par cette synthèse, Aristote montre qu'il n'y a plus simple consécution des pensées, mais liaison et unité: "Quand je dis *unies* et *séparées,* j'entends que je pense les choses de telle sorte qu'il n'y a pas simple consécution de pensées mais que ces pensées deviennent une unité"(*Métaph.,* VI, 1027 b, 23-25, trad. T II, p. 344). Mais cette synthèse des pensées s'ajoute, pour Aristote, au propre sens de l'*être.* Par conséquent, l'*être* comme copule dans la proposition exprime une synthèse, opérée par l'intellect, de ce qui est pensé dans le sujet et de ce qui est pensé dans le prédicat, synthèse qui renvoie aux manières d'être de la chose. Or l'examen par Hobbes de la fonction logique du verbe *être* comme signe de connexion l'amène à poser, face à l'unité des pensées, la seule identité de la chose visée par le sujet et le prédicat. Par là même Hobbes rompt avec l'interprétation aristotélicienne de la proposition, parce qu'il remet en question l'idée qu'il y aurait, outre la fonction logique de l'*être* qui vise la chose singulière, une autre signification propre de l'*être,* une signification ontologique qui dit les genres de l'être.

Qu'est-ce qui est en effet énoncé par la proposition ? Hobbes en donne deux versions qu'il affirme équivalentes. Première version: dans une proposition comme "l'homme est un animal", on conçoit que la seconde dénomination désigne la même chose que ce que désigne la première. Par le signe de connexion nous disons donc que le sujet et le prédicat se réfèrent à une chose identique, le *est* indique cette identité. Ainsi le nom *animal* ne dénomme pas autre chose que ce qui est nommé par le nom *homme.* Seconde version: dans la proposition, nous concevons que le sujet est contenu dans le prédicat. Parmi les dénominations,   certaines sont en effet plus communes et d'autres moins communes, selon qu'elles désignent un plus ou moins grand nombre de choses; ainsi *animal* est une dénomination plus commune qu'*homme, cheval,* ou *lion,* parce qu'elle englobe tout ce que désignent ces dernières dénominations (cf. *D.C., O.L.* I, chap. II, 9, p. 18). Qu'une dénomination soit comprise dans une autre doit par conséquent s'entendre en extension, c'est-à-dire que la seconde désigne tout ce que désigne la première. C'est donc deux fois la même chose, mais sous des rapports différents, qui est désignée par les deux dénominations qui constituent la proposition. Le verbe *être* en liant les dénominations consécutives fixe donc l'identité de la chose à laquelle ces dénominations se rapportent. On peut également reprendre pour le compte de Hobbes, ce que Gassendi dit de la proposition dans les

Exercitationes: "rien ne doit être attribué à une chose qui ne soit cette même chose ou ce qui est dans cette même chose" (*op. cit.*, 160 b, trad. p. 286).

Mais avant de poursuivre l'examen du statut de l'être comme signe de liaison, il importe d'examiner si la théorie hobbesienne de la dénomination *(nominatio)* se réduit à une simple reprise implicite de la théorie de la supposition *(suppositio)* et du privilège accordé à la supposition personnelle par le nominalisme scolastique. Remarquons, tout d'abord, que deux raisons supplémentaires exigent cette comparaison. Premièrement, chez Ockham, une proposition comme *Socrate est un homme*, ou *Socrate est un animal*, n'affirme rien d'autre qu'une identité de supposition du sujet et du prédicat, autrement dit, que les deux termes se réfèrent à la même chose: Socrate (cf. *Summa Logicae*, II, 2, pp. 224-225). Ce n'est donc que l'identité de la chose que vise la proposition. La vérité ou la fausseté revient dès lors à un rapport d'inclusion ou d'exclusion des choses pour lesquelles suppose le sujet et des choses pour lesquelles suppose le prédicat [17]. A première vue, il semble que cette thèse, partagée par Buridan, se retrouve dans le concept hobbesien de dénomination. Deuxièmement, dans certains textes, Hobbes distingue différentes sortes de dénominations qui suggèrent les différentes sortes de suppositions chez Ockham. Ainsi, la *Critique du 'De Mundo'* montre que dans la proposition *Pierre est un animal*, le mot *animal* est une dénomination de chose, à savoir de Pierre lui-même. En revanche, dans la proposition l'*animal est un genre*, le mot *animal* est une dénomination de mot (cf. *C.D.M.*, chap. II, 6, p.112). De plus Hobbes introduit cette distinction pour éviter qu'un usage équivoque des noms n'induise l'illusion d'une réalité universelle.

Quel est le sens de la théorie ockhamienne de la supposition ? La capacité à supposer pour, *supponere pro*, c'est-à-dire à tenir lieu de, ou à se substituer à autre chose, appartient aux termes dans le contexte propositionnel: "*Dicitur (autem) suppositio quasi pro alio positio*" (cf. *Summa logicae*, I, 63, p. 176). Cette fonction de substitution du terme ou signe est au fondement du déploiement de l'espace logico-linguistique. Ockham distingue trois sortes de suppositions. La première, et la plus fondamentale, est la supposition personnelle *(suppositio personalis)*, qui a lieu lorsque le terme est mis pour la chose que la volonté de ceux qui l'ont institué, ou le contexte propositionnel, lui ont assigné de signifier proprement, par exemple l'*homme est un animal*. A partir de cette substitution du terme à la chose, s'ouvre la possibilité d'une auto-réflexion du terme par suspension de sa fonction significative. Ainsi, la seconde sorte est la supposition simple *(suppositio simplex)*, qui a lieu lorsque le terme est, par le contexte propositionnel, mis pour le concept auquel il est subordonné, et non pour la chose qu'il signifie proprement, par exemple: l'*homme est une espèce*, ou l'*animal est un genre*. Enfin, la troisième est la supposition matérielle *(suppositio materialis)*, qui a lieu lorsque le terme est mis pour le signifiant proféré ou écrit, par exemple: *animal est un nom*. La supposition personnelle prévaut sur les deux autres, parce que le terme est d'abord institué pour signifier des choses. Ce n'est que de manière seconde qu'il peut, en vertu du contexte, se substituer réflexivement au concept auquel il est subordonné ou au son qui le constitue. Par rapport à cette logique de la supposition, il faut noter que la théorie hobbesienne de la dénomination supprime ce qui aurait pu être l'équivalent de la supposition simple, puisque dans le texte de la *Critique du 'De Mundo'*, indiqué plus haut, n'étaient envisagés que le cas des dénominations de choses et celui des dénominations de dénominations. Un tel réaménagement de la doctrine de la supposition avait été effectué par Buridan, qui ramenait les deux sortes de suppositions réflexives d'Ockham à la seule *suppositio materialis*. Hobbes semble donc opérer une réduction comparable, qui peut se justifier par le fait que, chez lui, il n'y a pas de concept universel sans usage des mots. On pourrait comprendre ainsi que le texte signalé ne parle pas de dénomination de concepts, mais seulement de dénomination de dénominations.

Une question fondamentale reste cependant en suspens: comment se fait-il que Hobbes parle de dénomination, et non de supposition ? Est-ce que Hobbes ignorerait, non seulement les textes d'Ockham et de Buridan, mais également tout un courant de logique scolastique – dont l'une des figures est nominaliste – qui se perpétue au XVI° et au XVII° siècle, et qui consacre une place importante à la théorie de la supposition ? Une telle hypothèse est fort peu probable, et, en tout état de cause, l'enjeu véritable du problème ne peut se révéler qu'à un examen interne. Or, de ce point de vue, le remplacement de la logique de la supposition par une théorie générale de la dénomination ne se réduit nullement à une modification terminologique. Et cela d'autant moins que chez Ockham la dénomination est pensée en fonction de la supposition. Le problème peut dès lors être précisé: qu'est-ce que devient une théorie de la dénomination lorsqu'elle n'est plus soutenue par une logique de la supposition ? Nous savons que la logique de la supposition soutient une théorie du langage comme substitut des choses. La substitution implique qu'il y ait d'abord un ordre des choses à partir duquel elle peut être pensée. Ainsi, dans la supposition personnelle, le terme est le substitut direct d'une chose donnée antéprédicativement dans une connaissance intuitive tant sensitive qu'intellective. L'ordre du langage présuppose toujours, et se réfère constamment, à l'ordre préalable des choses. Or cette prise directe du langage sur un monde toujours déjà donné avant la prédication est fondamentalement remise en question chez Hobbes. Certes, les noms dénomment des choses, mais la dénomination n'est pas une substitution à un ordre de choses préalablement donné dans une saisie perceptive. C'est même exactement l'inverse: dans la dénomination, c'est avec l'usage des mots et les opérations nouvelles qu'ils permettent, qu'il faut s'efforcer de retrouver le monde des choses, dont ni l'existence, ni l'ordre, n'est immédiatement donné dans une saisie antéprédicative.

C'est pourquoi, si la théorie hobbesienne de la proposition semble reprendre, quelquefois à la lettre, bien des aspects de la théorie ockhamienne, le contexte logique en est profondément différent. Cette différence apparaîtra de manière particulièrement frappante lorsque nous examinerons, en fin de parcours, la notion de vérité. A des formulations pratiquement identiques, répondront des résultats divergents. On peut donc déjà dire que l'ontologie corrélative du nominalisme d'Ockham ne pourra être purement et simplement retrouvée chez Hobbes. Certes, pour l'un comme pour l'autre, il n'existe que des individus, mais l'ontologie ne se réduit pas à une affirmation d'existence. Dès qu'il s'agira de conférer quelque détermination aux choses, nous verrons le nominalisme de Hobbes se heurter à l'impossibilité de retrouver le réel tel qu'il est en lui-même dans son essence effective. Mais pour y parvenir, il importe de poursuivre l'examen des implications de l'être comme signe de liaison.

Soulignons, tout d'abord, que cette fonction de liaison logique n'est pas pour Hobbes une vertu propre au verbe *être:* une flexion ou une terminaison du verbe peut aussi bien faire office de signe de liaison. Ainsi la proposition "l'homme marche" *(homo ambulat)* est équivalente à cette autre "l'homme est marchant" *(homo est ambulans).* Le verbe peut assumer, outre sa signification propre, la fonction d'indiquer la liaison. Hobbes reprend souvent l'idée qu'il est même possible de se dispenser complètement du verbe *être,* parce que le simple ordre des noms peut suffisamment indiquer la connexion (cf. *D.C., O.L.* I, chap. III, 2 pp. 27-28). Au lieu de dire "l'homme est un animal", nous pourrions par exemple dire "l'homme, un animal":

> "Or, cette consécution s'exprime en accouplant les deux dénominations par l'intermédiaire du mot *est.* Et de même que nous employons le verbe *est* [is], de même les latins emploient leur verbe

est [...] dans toutes les formes de sa conjugaison. Tous les peuples ont-ils ou non dans leurs langues respectives, un mot qui corresponde à celui-ci, je ne saurais le dire: mais je suis bien certain qu'ils n'en ont pas besoin, car le fait de ranger deux dénominations à la suite l'une de l'autre pourrait, si c'était l'usage (car c'est l'usage qui donne leur force aux mots), servir à signifier leur consécution, aussi bien que les mots *est, être, sont,* et leurs pareils" (*Lev.*, chap. XLVI, p. 690, trad. p. 684).

La version latine du *Léviathan* donnera comme exemple les Hébreux: "au lieu de copule, ils se servaient de l'*apposition* des deux dénominations; il en est ainsi là où il est dit, en *Genèse* I, 2: *la terre chose informe,* ce que nous sommes obligés de tourner selon la forme suivante: *la terre était informe,* etc." (*ibid., O.L.* III, chap. XLVI, pp. 497-498, trad. p. 698). Quelle que soit la valeur de cet exemple, le sens en est clair: ce que la proposition exige ce n'est pas le verbe *être,* mais un signe de liaison. C'est pourquoi l'absence du verbe *être* ne supprimerait ni la proposition, ni le raisonnement, ni la philosophie. La réduction du verbe *être* à sa fonction logique de signe de connexion équivaut donc ici à lui refuser non seulement la signification propre dont disposent les autres verbes, mais même toute valeur spécifique puisque cette fonction logique peut être aussi bien assumée par la simple apposition de deux dénominations.

De la fonction logique du verbe *être,* Arnauld et Lancelot dans le chapitre XIII de la deuxième partie de la *Grammaire générale et raisonnée,* chapitre transcrit par le même Arnauld, avec Nicole cette fois, dans le chapitre II de la deuxième partie de *La logique ou l'art de penser,* semblent tirer des conséquences exactement inverses de celles de Hobbes. Car faisant du verbe *"un mot dont le principal usage est de signifier l'affirmation"* qui est la principale manière (mais pas la seule) de notre pensée, c'est-à-dire de marquer la liaison des deux termes d'une proposition, alors que les noms désignent les choses et les manières des choses (respectivement, les substantifs et les adjectifs), *La logique,* à la suite de la *Grammaire,* pose qu'"il n'y a que le verbe *être* qu'on appelle substantif, qui soit demeuré dans cette simplicité, & encore n'y est-il proprement demeuré que dans la troisième personne du présent *est,* & en de certaines rencontres. Car comme les hommes se portent naturellement à abréger leurs expressions, ils ont joint presque toûjours à l'affirmation d'autres significations dans un même mot"[18]. Ainsi, *La logique* montre qu'une proposition qui n'est faite que de deux mots, par exemple *Petrus vivit, Pierre vit,* où le verbe *vivit* enferme à la fois l'affirmation et de plus l'attribut d'*être vivant,* est dérivée de la forme plus originelle *Pierre est vivant* où le verbe signifie l'affirmation seule distincte de l'attribut: "Et de là il est clair que la nature de l'affirmation est d'unir & d'identifier, pour le dire ainsi, le sujet avec l'attribut, puisque c'est ce qui est signifié par le mot *est*" (*La logique, op. cit.*, chap. XVII, p. 168). Mais il n'en résulte pas pour autant que la fonction de signe d'affirmation appartienne originellement ou exclusivement au verbe *être* – à l'opposé de Hobbes qui n'y voit qu'un caractère historique et par conséquent contingent de certaines langues –, car ce n'est pas le seul verbe *être* qui, pour Arnauld, Lancelot et Nicole, peut assumer cette manière principale de notre pensée, un autre verbe aurait tout aussi bien pu convenir pourvu qu'il assumât la même fonction:

"Il doit donc demeurer pour constant qu'à ne considerer simplement que ce qui est essenciel au verbe, sa seule vraie définition est: *vox significans affirmationem, un mot qui signifie l'affirmation.* Car on ne sauroit trouver de mot qui marque l'affirmation, qui ne soit verbe; ni de verbe, qui ne serve à la marquer, au moins dans l'indicatif. Et il est indubitable que si l'on en avait inventé un, comme seroit *est,* qui marquât toûjours l'affirmation, sans aucune différence, ni de personne, ni de temps; de sorte que la diversité des personnes se marquât seulement par les noms & les pronoms, & la diversité des temps par les adverbes, il ne laisseroit pas d'être un vrai verbe" (*ibid.*, chap. II, p. 112).

Il faut donc distinguer la logique de la pensée de la contingence de la langue. La différence profonde avec Hobbes étant que pour celui-ci le verbe n'est pas seul à pouvoir signifier l'affirmation, puisque la simple apposition des dénominations peut également assumer cette fonction.

Or cette réduction de l'être à sa fonction logique correspond à un effort permanent de la pensée de Hobbes, visant à nier toute interprétation ontologique des modes de prédication et à éviter cette dérive quasi-irrépressible du langage qu'occasionne l'usage du verbe *être,* que nous avons tendance à prendre moins comme un signe de liaison des termes de l'énoncé que comme objet de l'énoncé. En fait, dans la proposition, nous ne faisons que lier les différentes conceptions que nous avons d'une chose suivant les différents rapports sous lesquels nous la considérons, sans que cette liaison (ou séparation) ne reflète les articulations de l'être. Autrement dit, l'usage du verbe *être* comme copule n'implique aucunement que l'être soit l'objet ou l'horizon du discours. Cette dérive qui nous fait prendre un signe logique pour un objet du discours, c'est-à-dire pour ce qui est visé dans la proposition, est pour Hobbes à l'origine de la constitution des notions vides de signification comme celles d'essence (*essentia*) ou d'entité (*entitas*) :

"Et s'il se trouvait qu'il y eût une langue dépourvue d'un verbe correspondant au latin *est*, à notre *est (is)* ou à notre *être (bee)*, les hommes qui l'emploieraient ne seraient pas d'un iota moins capables d'inférer, de conclure, ou en général de raisonner, que n'étaient les Grecs et les Latins. Or, qu'adviendrait-il alors de ces termes *d'entité*, *d'essence*, *d'essentiel*, *d'essentialité*, qui en dérivent (et de beaucoup d'autres qui en dépendent), considérés dans l'application qu'on en fait le plus communément ?" (*Lev.*, chap. XLVI, pp. 690-691, trad. pp. 684-685).

Dans ce texte, il s'agit moins pour Hobbes de former le projet ou l'utopie d'une langue dont le verbe *être* serait absent, que de souligner le risque permanent que fait courir ce verbe qui de simple signe discursif tend à se poser comme objet du discours. A ce point de la réflexion hobbesienne, on peut donc dire qu'il est possible de biffer l'être sans supprimer la proposition. L'essentiel étant que dans la proposition soit exprimée l'identité de la chose à laquelle se réfèrent le sujet et le prédicat, et non pas son être ou son essence.

Cependant, force est de constater qu'au sein même de la théorie hobbesienne de la proposition, l'être ne se laisse pas si facilement rayer. Si peu du reste, qu'il semble retrouver une valeur propre et même une nécessité à l'instant même où on le croyait exténué. En effet reprenant ce qui est énoncé dans la proposition, à savoir que la liaison du sujet et du prédicat excite dans l'esprit la pensée d'une seule et même chose, Hobbes ajoute:

"Mais le couplage induit la pensée de la cause pour laquelle ces noms [le sujet et le prédicat] sont imposés à cette [seule et unique] chose; comme lorsque nous disons, par exemple, *le corps est mobile*, bien que nous pensions que la chose elle-même est désignée par l'un et l'autre noms, pourtant l'esprit ne se tient pas ici en repos, mais cherche au-delà quel est cet *être corps (esse corpus)* ou cet *être mobile (esse mobile)*, c'est-à-dire quelles sont cette chose les différences d'avec les autres choses, pour lesquelles on l'appelle ainsi, et non les autres. Par conséquent, cherchant ce qu'est *être quelque chose (esse aliquid)*, comme *être mobile (esse mobile)*, *être chaud (esse calidum)*, etc., on cherche dans les choses les causes de leurs noms" (*D.C., O.L.* I, chap. III, 3, p. 28).

On le voit, la copule semble réintroduire ce que nous avons cru un instant exorcisé; par la liaison du sujet et du prédicat nous ne pensons pas simplement deux fois la même chose, mais nous visons également ce qui fait sa différence d'avec les autres choses, c'est-à-dire la cause ou la raison qui justifie cette liaison et fonde l'attribution. Or n'est-ce pas dire par là même que la pensée de l'identité de la chose implique la visée de son être ?, que l'être n'est pas un simple signe logique, mais plus fondamentalement ce qui est visé par l'énoncé ?, ou mieux, l'être comme copule ne fait-il pas lui-même signe du côté de l'être de la chose ?

Ce qui peut apparaître ici comme un véritable renversement des thèses jusqu'à présent soutenues sur le statut de la proposition semble confirmé par la conversion qu'opère Hobbes de l'être comme verbe à l'être comme nom, par le passage de son emploi à l'indicatif à des expressions formulées à l'infinitif. En effet, Hobbes affirme dans la *Critique du 'De Mundo'* que quoique les grammairiens considèrent *esse* comme un verbe et *ens* comme un nom, néanmoins *esse* devient vraiment un nom quand il est joint au prédicat de la proposition. Ainsi, dans une proposition comme *homo est animal*, ceux qui recherchent la vérité de ce qui est dit doivent s'enquérir non seulement de la chose que dénomment les termes *homme* et *animal*, mais également de la chose que dénomme l'expression *esse animal*, afin que l'on sache ce qui est signifié par la conjonction de ces deux dénominations par le verbe *est* (cf. *C.D.M.*, chap. XXVII, 1, pp. 312-313; *ibid.*, chap. XXVIII, 4, p. 334).

Cette conversion explicite de l'être comme verbe à l'être comme nom atteste donc bien, semble-t-il, la réintroduction dans le texte même de Hobbes du déplacement du signe de connexion en objet du discours, critiqué il y a un instant. Ainsi Heidegger, commentant le passage cité du *De Corpore*, peut-il écrire:

"Hobbes réduit la fonction indicative de la copule à l'indication de ce qu'est l'étant visé à travers les *nomina copulata;* il la réduit à la question de ce qui constitue, dans la *res qui est nommée*, les différences en fonction desquelles celle-ci est justement nommée ainsi et pas autrement, par opposition aux autres choses. En nous interrogeant sur l'*esse aliquid*, nous nous interrogeons donc sur la *quidditas*, sur ce qu'est l'étant. Le sens fonctionnel que Hobbes assigne à la copule apparaît alors clairement. La copule, dans la mesure où elle indique l'idée de la raison du couplage des noms, est *l'indice de ce que*, dans la *propositio*, l'énoncé, nous pensons la *quidditas*, la quiddité des choses. La *propositio* répond à la question: *qu'est-ce* qu'est telle chose ? Ce qui signifie dans une perspective nominaliste: quelle est la raison de l'attribution de deux noms différents à une seule et même chose? Formuler le 'est' dans une proposition, penser la copule, c'est donc penser la raison de la commune référence, possible et nécessaire, du sujet et du prédicat à une même chose. Ce qui est pensé dans le 'est', la raison, c'est le ce-que-c'est, la quiddité *(realitas)*. Le 'est' annonce par conséquent l'*essentia* ou la *quidditas* de la *res* dont il est question dans l'énoncé" (*Les problèmes fondamentaux* [...], *op. cit.*, p. 227).

S'il en était bien ainsi, si le statut logique du mot *être,* qui a pour fonction d'indiquer l'identité de la chose visée par le sujet et le prédicat, réintroduisait par cette visée même la visée de l'*essentia* ou de la *quidditas* de la *res,* il va de soi que la critique de la connaissance de l'essence, permanente dans l'œuvre de Hobbes, ne tiendrait plus, mais aussi et surtout, que les principes de son nominalisme seraient remis en question. La conclusion qu'en tire Heidegger serait elle-même indépassable dans sa lucidité et dans sa rigueur:

> "Plusieurs traits caractéristiques de l'énoncé en général ressortent donc, par-delà la pure et simple séquence nominale: le rapport d'identification des noms à une chose *(res),* l'appréhension du *quid est?* de la *res* dans ce rapport d'identification, l'idée de la raison de cette référence identique. Sous la contrainte des phénomènes Hobbes renonce donc, dans son interprétation de l'énoncé comme suite de mots, de plus en plus nettement à sa première approche. C'est là un trait caractéristique de tout nominalisme" *(ibid.,* p. 233).

Le nominalisme de Hobbes renonce-t-il à sa première approche, c'est-à-dire en définitive à lui-même ? L'interprétation de la proposition réintroduit-elle invinciblement la saisie de l'essence ? Mais comment peut-on alors expliquer que la critique de la dérivation, à partir de l'usage logique du *est* comme copule, des notions comme *essentia* et *quidditas* soit reprise dans les passages mêmes du *De Corpore* où Hobbes examine le sens de la proposition, et plus précisément encore, le mode de visée de l'*esse aliquid* qu'elle induit ? Faut-il dire à la lecture du texte qui suit, que Hobbes est demeuré aveugle à l'exigence interne du *dictum propositionis* qu'il énonce pourtant lui-même ? :

> "De la même source naissent ces mots dénués de signification, *substances abstraites (substantiae abstractae), essence séparée (essentia separata)* et d'autres semblables. Et même cette confusion des mots dérivés du verbe *Est,* comme *essence (essentia), essentialité (essentialitas), entité (entitas), entitatif (entitativum),*ainsi que *réalité (realitas), aliquiddité (aliquidditas), quiddité (quidditas),* qui ne peuvent être entendus chez les nations pour lesquelles la liaison ne se fait pas par le verbe *est,* mais par des *verbes adjectivés* comme *currit, legit* etc., ou par la pure disposition des noms; cependant vu que ces nations peuvent philosopher comme les autres, pour elles les mots *essence (essentia), entité (entitas),* tous ces termes barbares, ne sont pas nécessaires à la philosophie" *(D.C., O.L.* I, chap III, 4, pp. 30-31).

Comment Hobbes peut-il maintenir à la fois que dans la proposition est visée la cause ou la raison qui dans la chose fonde la liaison du sujet et du prédicat, tout en refusant de considérer cette cause ou cette raison comme une essence ? Qu'est-ce que cet *esse aliquid* qui n'est pas l'*essentia* ou la *quidditas* de la chose ? Quel est le statut des dénominations formées par la jonction de la copule et du prédicat dans des expressions formulées à l'infinitif comme: *esse corpus, esse mobile* etc. ?

Pour répondre à ces questions, remarquons que ces dénominations ne pourraient avoir un contenu ontologique que sous l'une de ces trois conditions: 1) si elles désignaient la chose elle-même, 2) ou si, à défaut de nommer la chose elle-même, elles en énonçaient l'essence, 3) ou enfin si, à défaut d'en énoncer l'essence, elles renvoyaient à une région du réel distincte de la catégorie des choses.

Examinons la première possibilité: les dénominations comme *esse corpus, esse mobile* désignent-elles la chose elle-même ? A cette question la réponse doit être négative. Hobbes distingue en effet les noms concrets des noms abstraits, en reprenant l'un des sens que cette distinction a chez Ockham. Est concret, le nom d'une chose quelconque qu'on suppose [19] exister, on l'appelle pour cette raison quelquefois suppôt ou substrat (*suppositum*) et quelquefois sujet (*subjectum*). Ainsi les noms comme corps (*corpus*), mobile (*mobile*), mû (*motum*), figuré (*figuratum*) etc., sont des noms concrets (cf. *ibid.*, 3, p. 28). Ces noms désignent une chose, ils peuvent donc être soit sujet soit prédicat, comme dans la proposition: *corpus est mobile* . Les noms concrets se contentent de désigner la chose, mais ne disent pas la cause qui fonde l'attribution des dénominations à la même chose. En revanche, est abstrait, le nom qui désigne, dans la chose sup-posée comme suppôt, la cause de l'attribution: "or les noms abstraits dénotent la cause du nom concret et non la chose elle-même" (*ibid.*, p. 29). C'est à cette deuxième catégorie qu'appartiennent les expressions comme être corps (*esse corpus*), être mobile (*esse mobile*), être mû (*esse motum*), être figuré (*esse figuratum*), ou d'autres équivalentes à celles-ci qu'on appelle plus communément abstraites comme corporéité (*corporeitas*), mobilité (*mobilitas*), mouvement (*motus*), quantité (*quantitas*) etc. Ces expressions ne désignent donc ni la chose elle-même ni une chose distincte, car dans le cas contraire ce serait faire du mot *être* la dénomination d'un étant particulier. Ainsi lorsque Hobbes écrit dans le *Léviathan:* "Par conséquent, *être un corps, marcher, parler, vivre, voir,* et tous les autres infinitifs de ce genre (aussi bien que *corporéité, marche, usage de la parole, vie, vue,* etc., toutes expressions exactement équivalentes aux précédentes) ne sont des dénominations de *rien,* comme je l'ai montré ailleurs plus amplement" (chap. XLVI,

p. 691, trad. p. 685), il veut dire que ces expressions ne sont les dénominations de rien qui aurait le mode d'être d'une chose.

Mais si les noms abstraits ne désignent pas la chose elle-même, en expriment-ils l'essence ? A cette question la réponse doit être également négative. En effet nous venons de voir que, par les noms abstraits, nous passons de la liaison du sujet et du prédicat à la dénotation de la cause qui fonde cette liaison:

> "Par exemple quand nous voyons quelque chose, ou que nous concevons par l'esprit quelque chose de visible, cette chose apparaît ou est conçue, non en un point, mais comme ayant des parties distantes les unes des autres, c'est-à-dire comme étendue dans un espace; puisque nous décidons d'appeler la chose ainsi conçue *corps,* la cause de ce nom est *que cette chose est étendue,* ou *l'étendue,* ou *la corporéité"* (*D.C., O.L.* I, chap. III, 3, p. 29).

Ainsi la cause du nom concret est aussi la cause de la conception en vertu de laquelle nous avons assigné ce nom à la chose. Or cette cause n'est pas pour Hobbes l'essence mais l'accident *(accidens),* c'est-à-dire une affection, un mode ou une propriété de la chose conçue. Cette notion d'accident, Hobbes ne la conçoit pas par opposition à celle de nécessité mais par opposition à celle de suppôt, substrat ou substance (cf. *ibid.; C.D.M.,* chap. XXVII, 1, p. 313). L'accident n'est donc pas le fortuit, mais ce qui, sans être la chose elle-même ou l'une de ses parties, accompagne la chose de telle sorte qu'il peut être détruit (l'étendue exceptée) mais ne peut en être abstrait. Ainsi, si le nom est abstrait, la propriété ou l'accident qu'il dénote ne peut pas être abstrait du substrat. La constitution des noms abstraits relève donc d'une procédure entièrement symbolique. En effet, à la différence des noms concrets, qui sont antérieurs à la proposition dont ils constituent les termes, les noms abstraits en résultent, parce qu'ils procèdent de la copule. Sans l'existence de la proposition, il n'y aurait pas de noms abstraits. Cela vaut aussi bien pour les expressions qui comportent explicitement le verbe *être,* comme *esse corpus* ou *esse mobile,* que pour celles de *corporeitas* ou de *mobilitas* qui leur sont équivalentes parce qu'elles sont formées à partir des premières; ce ne sont là que des dénominations de propriétés.

Que l'accident soit la cause ou la raison qui fonde la liaison du sujet et du prédicat, cela signifie-t-il que la chose n'ait pas d'essence ou qu'elle se réduise à un agrégat d'accidents ou de propriétés ? Notons que s'il en était ainsi, la chose perdrait par-là même sa détermination la plus propre, à savoir son individualité. Détermination qui lui est précisément assignée par le nominalisme. Autrement dit, le nominalisme de Hobbes ne renonce-t-il pas ici à lui-même mais par un autre biais, en renonçant à la thèse de l'existence de choses essentiellement individuelles ? Ce nominalisme n'aurait-il pour toute alternative que le choix entre deux manières de renoncer à ses propres exigences ?

Cette conséquence funeste peut cependant être évitée, si l'on tient compte du fait que les dénominations abstraites d'accidents sont le produit d'une opération discursive. Autrement dit, il semble que loin de déréaliser l'essence pour réaliser l'accident, Hobbes fasse de l'individualité de la chose, dans l'unité indissociable de son essence et de son existence, ce qui précisément ne peut passer dans le concept ou dans le discours. De sorte qu'il ne faut pas entendre la critique hobbesienne de l'essence comme un rejet du fait que la chose ait une essence réelle et individuelle, mais comme une critique de la capacité du discours à saisir et à énoncer cette essence.

Cette hypothèse, qui permet de concilier la critique permanente du discours sur l'essence avec l'individualité précisément essentielle de la chose, semble attestée par le statut des procédures discursives qui vont, pour ainsi dire, à rebours de la chose. Ainsi, d'une part, visant l'identité de la chose dans la liaison du sujet et du prédicat, le discours y introduit la disjonction des différents rapports sous lesquels nous la considérons dans le premier et le second terme de la proposition. Si la copule a pour fonction de lier, elle ne lie que ce qu'elle a d'abord séparé. La visée de l'identité se fait donc, paradoxalement, par l'introduction de la différence. D'autre part, cherchant à désigner ce qui dans la chose est la raison ou la cause qui fonde cette identité des dénominations d'abord disjointes, le discours produit une nouvelle catégorie de dénominations: les dénominations abstraites. De sorte que la cause de l'attribution d'un nom concret ne peut être désignée, encore une fois paradoxalement, que par l'intermédiaire d'un nom abstrait produit par le discours et d'abord par la proposition. Autrement dit, plus on cherche à saisir la chose elle-même dans sa réalité, plus on s'en éloigne, parce que cette visée ne peut s'effectuer que par et dans le discours. On peut donc dire de la fonction du discours chez Hobbes, ce que O. R. Bloch affirmait de la fonction de l'entendement chez Gassendi:

> "L'entendement ne peut, en quelque sorte, porter sur la réalité qu'à condition de s'en écarter, ne peut atteindre l'identité du sujet existant qu'en la scindant et en la brisant. Le propre du concept, de la connaissance, c'est, dirons-nous, la négativité, et seul le mot est absent du texte de Gassendi, pour lui comme pour Averroès, mais en

un sens qui paraît s'éloigner des interprétations d'Ockham, l'entendement a pour fonction de diviser ce que la réalité unit: c'est lui qui remarque, dans l'Essai 4 du livre II des *Exercitationes,* que la copule a pour rôle, dans la proposition, non pas d'unir mais de disjoindre et de distinguer; dans l'affirmation 'A est B', la copule 'est' disjoint conceptuellement ce qui est uni dans l'être" (*La philosophie de Gassendi, op. cit.*, p. 118).

Voici le texte de Gassendi:

"Mais voici maintenant une proposition affirmative comme celle-ci: *l'Homme est un animal;* n'est-il pas évident, d'après la discussion qui a eu lieu sur les Universaux, que l'homme et l'animal appelé homme sont, lorsque l'Intellect n'y pense pas, une seule et même chose, ou qu'il n'y a en fait aucune distinction entre l'un et l'autre ? Par contre, n'est-il pas nécessaire que l'Intellect lorsqu'il a une Proposition à formuler là-dessus, construise sur cette chose deux concepts, l'un en ayant égard à ce qui lui est propre, l'autre en tenant compte de ce qu'elle a de commun ? C'est donc une certaine division ou une séparation qu'il opère sur une chose en elle-même indistincte; et c'est pourquoi le mot *"est"* unit moins qu'il ne divise, et il ne faut pas dire que l'Intellect unit, par ce mot *"est"* deux concepts formés antérieurement;   car il ne fait pas une chose là où il y en avait deux, mais d'une part il laisse distincts [ces concepts] en affirmant que l'un et l'autre convient à une même chose, et d'autre part s'il prenait ces deux degrés de distinction pour un seul, la Proposition serait fausse" (*Exercitationes,* II, IV, 3, 177b, trad. p. 364).

Si, comme nous l'avons vu, Hobbes se sépare de Gassendi sur la question du rapport du concept au langage, en revanche, il transpose sur le plan du discours la fonction de négativité que le nominalisme de Gassendi confère à l'entendement. La conséquence majeure en est, pour Hobbes comme pour Gassendi, la séparation du discours et de l'être ou de l'essence réelle et individuelle de la chose qui lui demeure définitivement inaccessible [20]. La notion d'accident est précisément, chez Hobbes, le produit de cette rupture. De sorte que tout le paradoxe que comporte cette notion d'accident – lequel est défini à la fois comme une conception de la chose et comme un mode ou une affection de la chose elle-même qui produit en nous cette conception, ce qui semble lui conférer un statut ambigu à la fois de l'ordre de la connaissance et de l'ordre de la propriété objective (cf. *D.C., O.L.* I, chap. III, 3, p. 29; *ibid.* chap VIII, 2, p. 91) – ce paradoxe disparaît lorsqu'on a compris que l'accident est précisément tout ce que le discours peut saisir de la chose. L'accident, visé par le nom abstrait comme la cause du nom concret, est posé par la proposition comme une propriété de la chose qui cause en nous la conception en vertu de laquelle nous lui assignons un nom concret.

C'est parce que la détermination de la cause, qui dans la chose fonde la liaison du sujet et du prédicat, résulte d'une visée discursive, que nous ne saisissons pas l'essence de la chose mais ses accidents. Autrement dit, les dénominations abstraites comme *esse corpus, esse mobile, corporeitas,* ou *mobilitas* n'expriment pas l'essence de la chose parce qu'elles ne relèvent que d'une exigence linguistique et d'une visée sémantique. Si dans son effort pour fonder l'attribution d'un nom concret, le langage produit des dénominations abstraites qui dénotent des propriétés particulières de la chose, il serait illusoire de les prendre pour des formes substantielles ou des substances abstraites. A la critique de la réification de l'universel, se joint donc ici la critique de la réification de l'abstraction. Ces deux critiques sont du reste intimement liées, puisque les dénominations abstraites sont également universelles. Le danger inhérent à la pratique du langage serait donc de prendre les noms abstraits pour ce qu'ils désignent, c'est-à-dire de prendre la *corporeitas* ou la *mobilitas* non pas pour des dénominations de propriétés mais pour la forme ou l'essence réelle de la chose. Il ne faut donc pas tenir une exigence linguistique pour un contenu ontologique, c'est-à-dire croire que ce qui se passe dans les mots se passe également dans les choses. Loin que Hobbes soit resté aveugle à la visée de l'essence impliquée dans la visée par la copule de l'identité de la chose désignée par le sujet et le prédicat, le statut même des dénominations abstraites implique la critique de leur réification en essence. Ainsi prendre une dénomination abstraite pour l'essence de la chose est le type même de l'abus de langage produit par une pratique du discours qui ne contrôle pas les procédures symboliques et qui passe ainsi d'une visée sémantique à un contenu ontologique.

Ignorer la fonction du discours, faire "comme si" l'opération linguistique n'existait pas, et, par conséquent, prendre le symbolique ou l'abstrait pour du réel, tel est le piège où s'enferre la métaphysique, lorsqu'elle croit saisir dans les noms abstraits l'essence réelle des choses. C'est à partir de cette grossière erreur qui consiste à réifier l'abstraction, que les métaphysiciens forgent des mots qui ne signifient rien, comme substance abstraite *(substantia abstracta)* ou essence séparée *(essentia separata)* et les autres expressions qui dérivent du verbe *être* comme *essentia, essentialitas, entitas, quidditas,* etc. Le "comme si" réifiant de la métaphysique est donc une annulation inconsciente du travail du discours. L'illusion des métaphysiciens consiste à n'avoir pas vu, ou à n'avoir pas voulu voir, la dissociation inéluctable entre le discours et l'être, en hypostasiant dans les choses une abstraction qui n'a lieu que dans et par le discours. La saisie de l'essence, loin d'être impliquée par la signification de la proposition en est donc un effet illusoire. Tel est le principal reproche que Hobbes fait à Aristote:

> "Aristote, qui n'avait pas tant égard aux *choses* qu'aux *mots,* se rendant compte, par exemple, des choses qui étaient comprises sous les deux dénominations d'*homme* et d'*animal,* ne se contenta pas de cela, et en homme diligent rechercha encore quelle chose il fallait concevoir dans la copule *est,* ou du moins dans l'infinitif *être*; et il ne douta pas que cette dénomination *être* ne fût la dénomination d'une certaine *chose:* comme s'il existait dans la nature quelque chose dont la dénomination fût *être* ou *essence (esse vel essentia)* " (*Lev.,* version latine, *O.L.* III, chap. XLVI, p. 498, trad. p. 698).

Qu'on ne s'y trompe pas, l'essentiel de la critique hobbesienne consiste moins à dénoncer le fait qu'Aristote prendrait l'*être* pour un étant particulier, qu'à dénoncer le déplacement du statut logique du verbe *être* comme copule et de l'exigence linguistique des dénominations abstraites en statut ontologique, déplacement par lequel la notion d'*être* manifesterait quelque nature objective d'être qui rendrait possible une science "de l'Etre lui-même en tant qu'être". Cette critique sera développée dans la critique de la signification ontologique qu'Aristote accorde aux prédicables et aux prédicaments.

La proposition ne dit pas l'essence de la chose. Entre le discours et l'être il n'y a plus l'accord qu'Aristote supposait. Dès lors, ce qui, dans le reproche constant que Hobbes fait à Aristote, peut paraître paradoxal, puisqu'il concerne les essences séparées et que l'on sait qu'Aristote contrairement à Platon les rejette, devient désormais intelligible. Car séparée ou non de la chose, dès que l'on considère l'essence comme la forme, l'acte, ou la quiddité, on substitue à l'essence réelle et individuelle de la chose une abstraction réifiée, à laquelle on accorde un être qu'elle n'a pas, et qu'on distingue et sépare de la matière tout en disant qu'on ne la sépare pas. De sorte qu'on fait passer pour la nature de la chose, ce qui n'est que le produit d'un artifice: "l'essence n'est donc pas une chose *créée* ou *incréée,* mais une dénomination *fabriquée artificiellement*" (*ibid.,* pp. 498-499, trad. p. 698).

On pourra cependant objecter que, dans la *Critique du 'De Mundo',* Hobbes confère lui-même aux dénominations abstraites le statut d'essence:

> "Or *esse* est communément appelé *essentia,* quand le corps par soi est dénommé; comme lorsqu'un corps quelconque est dénommé *homme* parce que c'est *un animal rationnel,* ce *être un animal*

rationnel (esse animal rationale) est appelé *essence de l'homme (essentia hominis)*, ainsi l'*être homme (esse hominem)* ou l'*humanité (humanitas)* est l'*essence de l'homme (essentia hominis)*; l'*être corps (esse corpus)* ou la *corporéité (corporeitas)* est l'*essence du corps (essentia corporis)*, et l'*être blanc (esse album)* ou *la blancheur* est l'essence du blanc. Or la même essence, dans la mesure où elle est produite ou engendrée, est communément appelée *forme (forma)*. De sorte que, le même *esse* considéré simplement est appelé *essence (essentia)*, mais considéré comme engendré ou introduit dans la matière est appelé *forme (forma)*. De même ce qui est appelé simplement corps est appelé *sujet (subjectum)* quand on le considère comme ayant quelque *esse* ou *accident (accidens)"* (*C.D.M.*, chap. XXVII, 1, p. 314, cf. *ibid.*, chap. XXVIII, 4, pp. 333-335).

Il semble y avoir là un retour de l'ontologie essentialiste d'autant plus inquiétant qu'on trouve un texte comparable dans le *De Corpore* (cf. *O.L.* I, chap. VIII, 23, p. 104). En fait, loin de remettre lui-même en question sa critique de la validité ontologique du discours, loin même qu'il y ait deux tendances à l'œuvre dans la philosophie de Hobbes, la notion d'essence, qui est ici utilisée, est vidée de son contenu traditionnel: ce n'est plus d'une essence réelle qu'il s'agit, mais d'une essence nominale, d'une dénomination extrinsèque. L'essence n'est plus que l'accident par lequel nous donnons un nom à un corps. Autrement dit, l'essence, loin de dire l'être de la chose, n'est plus qu'une dénomination artificielle.

La distinction ainsi impliquée entre l'essence réelle de la chose – inconnaissable en elle-même – et son essence nominale, ainsi que la critique de la réification de l'essence nominale, passeront chez Locke à ceci près que les dénominations abstraites deviennent pour ce dernier des idées abstraites: "*entre l'essence nominale et le nom,* il y a une *liaison* si *étroite,* qu'on ne peut attribuer le nom d'aucune sorte de chose à aucun être particulier qu'à celui qui a cette *essence* par laquelle il répond à cette idée abstraite, dont le nom est le signe"[21].

Mais si les dénominations abstraites ne disent pas l'essence réelle et individuelle de la chose, si le langage, procédant à contre-courant des choses, ne vise plus que les accidents de la substance, doit-on considérer ces accidents ou ces propriétés comme une région du réel distincte de la catégorie des choses ? Notons tout d'abord que dans la théorie de la proposition et dans l'examen du statut des noms abstraits qui en résultent, Hobbes semble retrouver les thèses qu'Abélard avait élaborées dans sa théorie du prédicat, d'une part, et dans celle du *dictum propositionis* – qui sera réactivée au XIV° siècle par Grégoire de Rimini dans la théorie du *complexe significabile* [22] – , d'autre part.

Au niveau de la théorie du prédicat, il s'agissait de savoir comment, alors que chaque homme pris à part est une chose distincte des autres, tous les hommes peuvent néanmoins convenir ou se rencontrer en ce qu'ils sont des hommes. Or cette rencontre ne se fait pas pour Abélard dans l'essence de l'homme mais dans l'*être homme:*

> "Les hommes singuliers, distincts les uns des autres, diffèrent par leurs essences propres et par leurs formes propres, comme nous l'avons montré plus haut en étudiant ce qu'est une chose au point de vue de la physique; pourtant ils se rencontrent en ce qu'ils sont des hommes. Je ne dis pas qu'ils se rencontrent *dans l'homme* – car l'homme n'est aucune chose, sinon une chose individuelle – mais *dans l'être-homme* [...]. Nous appelons "état d'homme" l'*être-homme,* qui n'est pas une chose, et nous avons dit que c'est la raison commune pour laquelle un nom est donné à des hommes singuliers, selon qu'ils se rencontrent l'un avec l'autre" [23].

De même, dans la théorie du *dictum propositionis,* Abélard établit que ce que dit la proposition n'est pas une chose mais "la façon dont les choses se comportent", ce que Jean Jolivet commente ainsi:

> "Le *dictum propositionis* est aussi peu une chose que l'est le 'statut' sur lequel on se fonde pour attribuer un prédicat, et qu'Abélard formule, rappelons-le une fois de plus, par une expression à l'infinitif: *esse hominem.* Dans les deux cas il faut concevoir une région du réel qui soit entièrement extérieure à la catégorie de *chose* – mais qui d'autre part soit le fondement ou le lieu de la vérité" (*Abélard* , p. 64).

Quoi qu'il en soit des implications ontologiques du nominalisme d'Abélard, que nous n'avons pas la possibilité de développer ici, il nous suffira de noter que Hobbes refuse de faire de l'accident une catégorie ontologique distincte de la catégorie des choses. Poser l'accident comme une réalité distincte de la chose relève pour le *De Corpore* d'un abus des noms abstraits lié à celui qui consiste à réifier l'essence nominale. Il faut en effet distinguer l'us et l'abus des noms abstraits. L'usage des noms abstraits est légitime, lorsqu'on les emploie pour raisonner ou pour calculer sur les propriétés des choses considérées, au point de vue de l'argumentation et du discours, indépendamment de la substance dont elles sont en fait inséparables. En effet, lorsque nous voulons multiplier, diviser, additionner ou soustraire des propriétés, notre calcul devra porter sur le mouvement, la chaleur ou la lumière (qui sont des dénominations abstraites de propriétés), et non pas sur le mû, le chaud ou le lumineux (qui sont des dénominations concrètes de choses). Le discours fait comme si l'accident pouvait se dissocier de la chose, et de ce fait ne produit qu'une connaissance abstraite et symbolique. En revanche, l'abus des noms abstraits consiste à les considérer comme s'ils désignaient des accidents réellement séparés du corps. Faire de l'accident une entité ontologique séparée de la chose, c'est donc ne pas voir que l'abstraction dépend d'une opération de la pensée. C'est là encore prendre une manière de considérer les propriétés des choses pour une distinction dans le réel lui-même. Cette illusion est du reste à l'origine de la réification de l'essence nominale, qui consiste en définitive à tenir l'un des accidents séparés par le discours pour la "forme substantielle" ou la "substance abstraite" de la chose (cf. *D.C., O.L.* I, chap. III, 4, pp. 29-30). Ainsi pour Hobbes les dénominations abstraites ne désignent pas un quelque chose au sens où ce quelque chose serait une entité ontologique distincte de la chose singulière, car bien que par leur signification elles ne nomment pas la chose elle-même, cette chose reste néanmoins leur seule référence réelle dont elles ne visent que des modalités.

Il faut donc distinguer fondamentalement ce qui relève de la chose et ce qui relève du discours. La chose est toujours individuelle, distincte des autres choses et refermée sur elle-même dans son identité à soi. La chose *(res)* ou l'étant *(ens)* est donc l'unité d'une essence et d'une existence singulière, ainsi Hobbes peut-il écrire:

> "Car l'"étant' *(ens)* posé simplement signifie la même chose qu'"existant' *(existens)*, c'est pourquoi étant et existant ont la même essence; or l'essence de l'existant c'est l'existence, de même que l'essence de l'étant. Donc l'essence de l'étant et l'existence sont identiques, que l'étant soit par soi ou qu'il soit par un autre" *(C.D.M.,* chap. XXIX, 9, p. 346).

L'unité de l'essence et de l'existence est donc affirmée de tout individu, qu'il s'agisse de Dieu ou des choses, et revient en définitive à l'individualité de leur existence. Cependant, de cette chose identique à elle-même, nous avons différentes conceptions et nous énonçons sur elle diverses propositions. Le discours, de par sa nécessité interne, introduit des distinctions qui relèvent des différentes manières dont nous concevons la chose, mais auxquelles elle est indifférente et qui ne l'affectent pas dans son être. D'abord, la distinction du sujet et du prédicat, qui désignent la chose suivant les différents aspects que nous y considérons. La copule disjoint autant qu'elle unit les termes de la proposition, et ne peut donc indiquer son identité qu'en y introduisant la différence. La proposition introduit par là une différenciation qui ne concerne pas l'être même de la chose. Les dénominations concrètes, par lesquelles nous désignons deux fois la même chose sous des rapports différents, la visent en tant que nous pensons qu'elle existe, c'est-à-dire comme suppôt. D'autre part, la liaison du sujet et du prédicat (c'est-à-dire des dénominations concrètes) requiert un fondement. A cette nécessité de fonder le discours, le discours répond lui-même par la production de dénominations abstraites, œuvres de l'activité symbolique. Cette fois la fonction linguistique vise la chose non pas en tant que nous pensons qu'elle existe, mais en tant que nous y considérons des propriétés ou des accidents. D'où il résulte que la distinction, dans la chose, du suppôt et de l'accident est un effet des exigences internes du discours. Enfin, tentant de se saisir lui-même, le discours produit réflexivement des dénominations métalinguistiques de dénominations.

L'illusion serait de réifier ces distinctions discursives, par conséquent, de penser que dans la chose l'accident est réellement séparé du substrat, que les dénominations abstraites sont l'essence de la chose, ou encore de tenir les dénominations universelles pour des choses universelles. Cette réification relèverait en effet de l'ignorance de la fonction discursive, c'est-à-dire de l'activité de l'esprit opérant dans et par le langage. Il ne faut donc pas prendre les catégories de noms pour des catégories de choses, ni penser que les modes de la prédication reflètent les articulations de l'être. Ainsi Hobbes met-il en garde contre l'illusion qui consisterait à prendre la composition des noms, qui doit toujours renvoyer à la composition de nos conceptions, pour une composition réelle dans la chose: par exemple, de penser que, parce que le nom *homme* est équivalent au nom composé *corps animé rationnel*, l'homme est lui-même composé d'un genre et d'une différence spécifique. Car cela nous amènerait inévitablement à croire qu'il y a dans la nature un corps qui n'aurait tout d'abord aucune grandeur, puis qui, par addition de grandeur, aurait de la quantité, par addition de forme, serait informé, par injection de lumière ou de couleur, deviendrait lumineux ou coloré (cf. *D.C., O.L.* I, chap. II, 14, pp. 21-22). La thèse est donc parfaitement claire, il ne faut pas prendre la composition des mots pour une composition de choses, la structure du discours pour la structure de l'être. Et la connaissance n'est possible que si l'on maintient cette distance entre les mots et les choses.

La conséquence capitale qui en résulte est qu'il faut abandonner l'idée que le discours puisse dire l'essence réelle des choses. Le langage est d'emblée et définitivement séparé de l'être, le projet d'une connaissance de l'essence singulière de la chose est voué à l'échec par les exigences mêmes du discours, qui impliquent la différence, l'abstraction et l'universalité.

De cette séparation du discours et de l'être résulte la détermination essentielle de la vérité: "En effet la vérité consiste dans ce qui est dit et non dans la chose *(veritas enim in dicto, non in re consistit)"* (*D.C.*, *O.L.*, chap. III, 7, p. 31). Puisque le travail du discours est de négativité, puisqu'il disjoint les différentes manières de considérer la chose, pour ensuite affirmer leur liaison ou la nier, la vérité trouve son lieu dans la proposition. La chose elle-même est indifférente à ces procédures discursives, elle n'est en soi ni vraie ni fausse. Ici, une fois de plus, Hobbes à la fois rejoint et se sépare d'Aristote. Il le rejoint quand Aristote affirme que le vrai n'est pas dans les choses: "Le faux et le vrai, en effet, ne sont pas dans les choses [...] mais dans la pensée" ; mais il s'en sépare aussi parce que le vrai et le faux ne résident pas dans la simple pensée, mais dans ce qui est dit en tant que tel. D'autre part, que la vérité relève du discours et non de la chose, explique que Hobbes puisse écrire "que les premières de toutes les vérités ont été faites par le libre arbitre de ceux qui les premiers imposèrent des noms aux choses, ou les reçurent tout faits des autres" (*ibid.*, chap. III, 8, p. 32). Il ne faut pas entendre ici que la vérité est arbitraire, ce qui serait absurde, mais que la vérité n'est possible qu'à partir du moment où les mots reçoivent, par leur définition, une signification précise par laquelle ils désignent une chose suivant tel ou tel rapport. Que la vérité appartienne au discours et non au simple enchaînement mental, c'est ce qu'atteste le fait que la vérité et la fausseté n'ont pas de place chez les animaux qui ne disposent pas de la parole.

Il faut maintenant examiner en quoi consiste la vérité de la proposition. Est vraie la proposition dans laquelle le prédicat contient en soi le sujet, ou celle où le prédicat désigne chacune des choses que désigne le sujet. Par exemple, la proposition *l'homme est un animal* est vraie, parce que tout ce qu'on appelle *homme* on l'appelle également *animal*. En revanche, est fausse la proposition dans laquelle le prédicat ne contient pas le sujet comme dans *l'homme est une pierre* (cf. *ibid.*, 7, p. 31; *E.L.*, I, chap. V, 10, pp. 21-22; *C.D.M.*, chap. XXVI, 2, pp. 308-309; *Lev.*, chap. IV, pp. 104-105, trad. p. 31). La proposition est une relation entre noms, et dans la mesure où les noms désignent extérieurement des classes de choses individuelles, l'inclusion doit s'entendre en extension du sujet dans le prédicat.

De l'inclusion nécessaire du sujet dans le prédicat dans une proposition vraie, Gassendi déduisait que toute vérité est identique sans pour autant se réduire à une simple tautologie:

"Je réponds que toute proposition, pour être vraie, doit être identique, puisqu'en effet rien ne doit être attribué à une chose qui ne soit cette même chose ou ce qui est dans cette même chose. Mais la proposition identique que l'on qualifie de vaine tautologie est seulement celle dont le prédicat ne désigne absolument pas autre chose que le sujet, comme si l'on disait que Platon est Platon, ou que la blancheur est blanche; tandis que si le prédicat désigne quelque chose de plus étendu que le sujet, alors la proposition ne doit nullement être considérée comme vaine. Or quand on dit que Platon est un homme, par le premier terme, celui de 'Platon' je n'entends rien d'autre que cette réalité particulière, mais par le second, celui 'd'homme', j'entends cette même chose en tant qu'elle possède une ressemblance avec Socrate et d'autres" (*Exercitationes*, II, II, 5, 160 b, trad. p. 286).

Plus exactement sans doute que Gassendi, Hobbes ne dit pas que les propositions vraies sont toutes identiques mais identifiantes, car la signification du sujet n'est pas la même que celle du prédicat, nous n'y considérons pas la chose d'un même point de vue, mais nous désignons par les deux termes la même chose. Ce n'est donc pas la proposition mais la chose qui est identique. On comprend donc mieux chez Hobbes que chez Gassendi, le fait que la proposition puisse développer notre connaissance suivant les points de vue où nous considérons la même chose. Cependant, pour passer de l'identité gassendiste et de l'identification hobbesienne au caractère analytique de la proposition vraie chez Leibniz, il faut passer du point de vue de l'extension à celui de la compréhension, de l'inclusion du sujet dans le prédicat à l'inclusion du prédicat dans le sujet, c'est-à-dire de la dénomination externe à la notion individuelle de la chose qui comporte toutes les implications de son essence. De ce point de vue, il y a un abîme entre Hobbes et Leibniz, puisque chez Hobbes le discours désigne la chose mais ne nous permet jamais d'en développer l'essence.

Puisqu'il n'y a de vérité que dans la proposition, les notions de vrai (*verum*), de vérité (*veritas*) et de proposition vraie (*vera propositio*) sont équivalentes, de sorte que: "puisque la *vérité* consiste à ordonner correctement les dénominations employées dans nos affirmations, un homme qui cherche l'exacte vérité doit se rappeler ce que représente (*stands for*) chaque dénomination dont il use, et la placer en conséquence" (*Lev.*, chap. IV, p. 105, trad. p. 31).

Pour confirmer que le sens primitif de la notion de vrai tient à la vérité de la proposition, Hobbes avance l'idée que si on oppose quelquefois le vrai à l'apparent ou au fictif, néanmoins ce concept de vrai doit être référé à la vérité de la proposition (cf. *D.C., O.L.* I, chap.

III, 7, pp. 31-32). Le vrai opposé à l'apparent, c'est l'effectif [24]. On opposera en ce sens un homme véritable à l'image spéculaire de cet homme, mais ce second sens du vrai est pour Hobbes simplement dérivé. Ainsi on nie que l'image d'un homme dans un miroir soit un homme véritable, parce que la proposition *l'image spéculaire est un homme* n'est pas vraie. Parler d'une vérité de la chose ou d'une chose véritable résulte donc d'un déplacement linguistique. Notons que Hobbes ne dit pas que l'homme est véritable – au sens d'effectif – parce que la proposition qui le concerne est vraie, ce qui impliquerait un cercle, mais que la notion de vérité, appliquée à la chose, est dérivée de la vérité qui appartient originairement à la proposition: "par conséquent la vérité n'est pas une affection de la chose mais de la proposition" (*ibid.*, 7, p. 32).

Mais, plus profondément, cette réduction de la vérité à la vérité de l'énoncé engage le problème de son rapport à la chose effective ou existante. Car si nous utilisons le verbe *être* dans sa fonction logique comme copule dans la proposition, nous l'utilisons également pour affirmer l'existence d'une chose, par exemple quand nous disons *Socrates est vel existit*, ou dans l'affirmation impliquée par le *cogito* cartésien *Ego sum, ego existo*. Le sens logique et le sens existentiel du verbe *être* relèvent-ils d'une même opération discursive ?

De manière constante, Hobbes nie que l'emploi du verbe *être* comme copule implique nécessairement l'affirmation de l'existence de la chose; par exemple la proposition *l'homme est un animal* ne dit pas que l'homme existe, mais seulement que, s'il existe, l'animal existe aussi. Ainsi, après avoir rappelé que la vérité de la proposition réside dans l'inclusion du sujet dans le prédicat, Hobbes peut-il écrire:

> "C'est pourquoi la vérité démontrable est la vérité des conséquences, et dans toute démonstration le terme qui est sujet de la conclusion démontrée est pris comme la dénomination non d'une chose existante mais supposée. La conclusion a une valeur non pas catégorique mais hypothétique. Par exemple, lorsqu'on démontre une propriété quelconque d'un triangle, il n'est pas nécessaire que le triangle existe, mais seulement que cela [la démonstration] soit vraie hypothétiquement: si le triangle est, alors il a telle propriété" (*C.D.M.*, chap. XXVI, 2, pp. 308-309).

Hobbes ramène donc la vérité des démonstrations à la validité de l'inférence logique. Ainsi s'explique à la fois la conversion constante des propositions catégoriques et nécessaires en propositions hypothétiques, et l'affirmation selon laquelle les propositions hypothétiques sont plus propres à la philosophie (cf. *D.C.*, *O.L.* I, chap. III, 11, p. 35). De plus, Hobbes tient ces propositions hypothétiques pour des vérités éternelles dont la validité n'implique en aucune manière l'éternité de l'existence de la chose: ainsi la proposition *si homme, alors animal* est une vérité éternelle mais n'implique pas que l'homme ou l'animal existent éternellement (cf. *ibid.*, 10, p. 34). Dans le même sens, il déclare dans ses objections à Descartes:

> "De mesme, si nous avons une fois conceu par la pensée que tous les angles d'un triangle pris ensemble sont égaux à deux droits, & que nous ayons donné cet autre nom au triangle: *qu'il est une chose qui a trois angles égaux à deux droits,* quand il n'y auroit au monde aucun triangle, le nom neantmoins ne laisseroit pas de demeurer. Et ainsi la vérité de cette proposition sera éternelle, *que le triangle est une chose qui a ses trois angles égaux à deux droits;* mais la nature du triangle ne sera pas pour cela eternelle, car s'il arrivait par hasard que tout triangle generalement perist, elle cesseroit d'estre. De mesme cette proposition, *l'homme est un animal,* sera vraie eternellement, à cause des noms eternels; mais supposé que le genre humain fut aneanty, il n'y auroit plus de nature humaine" (*Troisièmes obj.*, *O.L.* V, p. 272, A.T. IX-1, p. 150).

Dans sa fonction logique de copule, le verbe *être* n'indique donc pas qu'une chose existe, mais que le sujet et le prédicat conviennent à la même chose, que celle-ci existe ou n'existe pas. La liaison du sujet et du prédicat suppose que nous ayons différentes conceptions d'une même chose, et non pas que la chose conçue existe. Il ne faut donc pas transposer la nécessité des liaisons discursives en nécessité des choses (cf. *C.D.M.*, chap. XXVIII, 7-8, pp. 337-338). La nécessité de la proposition n'implique pas la nécessité de l'existence. La vérité éternelle des propositions nécessaires apporte pour Hobbes une confirmation supplémentaire de ce qu'il "est dès lors manifeste que la vérité n'est pas inhérente aux choses mais aux discours. Il y a des vérités éternelles, car il sera toujours vrai de dire: *si homme, alors animal,* sans qu'il soit nécessaire pour cela que ni l'homme ni l'animal n'existent éternellement" (*D.C., O.L.* I, chap. III, 10, p. 34). Mais si les propositions nécessaires n'impliquent pas l'existence nécessaire de la chose, elles n'impliquent pas non plus l'éternité de l'essence opposée à la contingence de l'existence. Car ce serait là prendre une conséquence de l'essence nominale de la chose pour son essence réelle. Or c'est précisément faute d'avoir fait cette distinction que les métaphysiciens ont séparé l'essence de l'existence. Ce reproche que Hobbes fait à White dans la *Critique du 'De Mundo',* il l'avait fait auparavant à Descartes: supposer que l'essence est éternelle, c'est supposer qu'on peut la séparer de l'existence:

"D'où il est evident que l'essence, en tant qu'elle est distinguée de l'existence, n'est rien autre chose qu'un assemblage de noms par le verbe *est; &* partant, l'essence sans l'existence est une fiction de nostre esprit. Et il semble que, comme l'image de l'homme qui est dans l'esprit est à l'homme, ainsi l'essence est à l'existence; ou bien, comme cette proposition, *Socrate est homme,* est à celle-cy, *Socrate est ou existe (Socrates est vel existit),* ainsi l'essence de Socrate est à l'existence du mesme Socrate. Or cecy, *Socrate est homme,* quand Socrate n'existe point, ne signifie autre chose qu'un assemblage de noms, & ce mot *est* ou *estre (est sive esse)* a sous soy l'image de l'unité d'une chose, qui est designée par deux noms" (*Troisièmes obj., O.L.* V, p. 272, A.T., IX-1, pp. 150-151).

L'essence, distinguée de l'existence, loin de nous livrer la vérité d'une nature, est une expression linguistique sans portée ontologique, ce n'est qu'une essence nominale qui n'implique en aucune façon que l'essence réelle puisse être distinguée de l'existence.

La distinction de l'essence nominale qui relève du discours et de l'essence réelle inséparable de l'existence, toujours présente chez Hobbes, quoique le plus souvent implicitement, sera développée par Locke avec toujours la même transposition du nom abstrait en idée abstraite:

"Que ces idées *abstraites, désignées par des noms,* dont nous avons parlé, *soient des essences,* peut apparaître davantage par ce que nous avons dit concernant les *essences,* à savoir qu'elles sont inengendrables et incorruptibles. Ce qui ne peut être vrai des constitutions réelles des choses qui commencent et périssent avec elles. Toutes les choses qui existent, excepté leur Auteur, sont sujettes au changement, et surtout celles que nous connaissons et que nous avons rangées en classes sous des enseignes ou des noms distincts. Ainsi ce qui était encore aujourd'hui herbe, sera demain la chair d'un mouton, et peu de jours après deviendra partie d'un homme. *Dans tous ces changements et d'autres semblables, il est manifeste que l'essence réelle des choses, c'est-à-dire la constitution d'où dépendent les propriétés de ces différentes choses est détruite et périt avec elles. Mais lorsque les essences sont prises pour des idées établies dans l'esprit avec des noms qui leur ont été joints, elles sont supposées rester constamment les mêmes, quels que soient les changements auxquels les substances particulières sont soumises* [souligné par nous]. Car quoi qu'il arrive d'*Alexandre* et de *Bucéphale,* les *idées* auxquelles on a joint les noms d'*Homme* et de *Cheval* sont pourtant supposées demeurer les mêmes; et par conséquent les *essences* de ces espèces sont conservées entières et intactes, quels que soient les changements qui arrivent à un ou même à tous les individus de ces *espèces.* Par ce moyen l'*essence* d'une *espèce* reste sans dommage et entière, sans l'existence ne fût-ce que d'un seul individu de cette espèce" (*Essay, op. cit.,* III, chap. III, 19, p. 419).

Par conséquent pour Hobbes dire *homo est animal* et dire *homo est,* c'est faire assumer au verbe *être* des fonctions différentes: d'un côté, il assume une fonction logique de liaison de deux dénominations qui n'implique ni l'existence, ni la nécessité de la chose, de l'autre: "on dit qu'il existe, car c'est ce que signifie *homo est,* et cela équivaut à dire: qu'au moins un des corps qui constituent l'univers est un homme" (*C.D.M.,* chap. XXVIII, 5, p. 335).

Cependant, Hobbes présente quelquefois le jugement d'existence comme une proposition où le verbe *être* enveloppe à la fois la signification de copule et celle de prédicat, ainsi quand on dit que "quelque chose est" *(aliquid est)* simplement, le prédicat est compris dans la copule, ce qui revient à dire que "quelque chose est étant" *(aliquid est ens)* ou que "quelque chose est existant" *(aliquid est existens)* (cf. *ibid.,* chap. XXIX, 9, p. 346). Mais c'est précisément là ce qui fait toute l'ambiguïté du verbe *être.* Car l'existence n'est pas pour Hobbes un prédicat comme les autres, elle n'ajoute pas au concept de la chose un nouvel attribut ou une nouvelle détermination, c'est-à-dire un nouveau rapport sous lequel nous la concevons, mais c'est, pour reprendre une expression kantienne, une "position absolue". C'est pourquoi la validité de l'affirmation de l'existence ne dépend pas seulement du discours, mais suppose un élément non discursif: "pour que l'on puisse prouver que quelque chose existe on a besoin de la sensation ou de l'expérience" (*ibid.,* chap. XXVI, 2, p. 309). La sensation n'enveloppe pas à elle seule l'existence de la chose, mais le discours l'infère à partir du donné sensible. Ainsi Hobbes précise dans ses objections à Descartes qu'"il y a une grande difference entre imaginer, c'est à dire avoir quelque idée, & concevoir de l'entendement, c'est à dire conclure, en raisonnant, que quelque chose est ou existe; mais Monsieur Des Cartes ne nous a pas expliqué en quoy ils different. Les anciens Peripateticiens ont aussi enseigné assez clairement que la substance ne s'aperçoit point par les sens, mais se collige par la raison" (*Troisième obj., O.L.* V, p. 257, A.T., IX-1, p. 138). Aussi bien dans le cas du monde que celui du moi et celui de Dieu, l'existence est inférée par le discours. Pour le monde, puisque son existence est inférée à partir de la diversité et du changement de nos sensations. Pour le moi, parce que "nous ne pouvons concevoir aucun acte sans un sujet, comme la pensée sans une chose qui pense" (*ibid., O.L.* V, p. 253, A.T., IX-1, p. 134). Pour Dieu, car "la connaissance des causes, détourne de la considération de l'effet vers la recherche de la cause, puis de la cause de la cause, jusqu'à ce qu'enfin on arrive nécessairement à la pensée qu'il existe quelque cause qui n'a pas de cause antérieure, et qui est éternelle: c'est cette cause qu'on appelle Dieu" (*Lev.*, chap. XI, p. 167, trad. p. 102).

Or cette irréductibilité de l'existence à un simple attribut de la chose est masquée par l'usage du mot *est* en latin, qui, dans le jugement d'existence, inclut copule et prédicat: "quand on dit Dieu est *(Deus est)*, le mot *est* est le verbe substantiel, qui inclut copule et prédicat, aussi bien en grec qu'en latin. Aussi ce *Dieu est* a-t-il le même sens que "Dieu existe", c'est-à-dire (en analysant le verbe substantif) *Dieu est un étant (Deus est ens)"* (*Lev.*, appendice de la version latine, *O.L.* III, chap. I, p. 512, trad. p. 726), ce qui nous incline presque inévitablement à penser que l'existence s'ajoute comme un nouvel attribut de la chose. Mais, en fait, cela ne relève que de la contingence historique des langues, qui n'ont pas été faites en fonction des exigences de la logique. On pourrait en effet parfaitement concevoir une langue dans laquelle le verbe *être* signifierait seulement l'existence, sans jamais assumer la fonction de copule. Or il est intéressant de noter que Hobbes a cherché cette langue et a cru la trouver dans l'hébreu:

"Ce verbe *est,* pris de la première manière, c'est-à-dire quand il unit deux dénominations, est appelé *copule;* pris de la deuxième façon, il est appelé *verbe substantif.* Les Hébreux, eux aussi se servaient en plus d'une occasion du *verbe substantif,* par exemple quand Dieu dit que son nom est simplement *Je suis (Sum).* Mais ils ne s'en servaient jamais comme copule. Car au lieu de copule, ils se servaient de l'*apposition* des deux dénominations; il en est ainsi là où il est dit, en *Genèse* I, 2: *la terre chose informe,* ce que nous sommes obligés de tourner selon la formule suivante: *la terre était informe,* etc." (*ibid.*, version latine, *O.L.* III, chap. XLVI, pp. 497-498, trad. p. 698; cf. *A.B.B.*, *E.W.* IV, p. 304; *D. Ph.*, *E.W.* VII, chap.I, p. 81).

En réalité la valeur exemplaire que Hobbes attribue à la langue hébraïque ne va pas de soi, car l'équivalent hébreu du verbe *être* n'est pas utilisé comme copule uniquement à l'indicatif présent, ce qui amène du reste Hobbes à réinterpréter certaines expressions hébraïques où le verbe être semble avoir une fonction de liaison (cf. *Lev.*, appendice de la version latine, *O.L.* III, chap. I, p. 513, trad. p. 727). Mais ces difficultés tiennent uniquement à ce que la langue hébraïque, qui relève comme les autres de la contingence historique, ne correspond pas parfaitement au modèle hobbesien d'une langue où le verbe *être* signifierait uniquement *exister* sans jamais assumer la fonction de copule. En revanche l'idée est claire, il n'y a aucune implication réciproque de la signification logique et de la signification existentielle du verbe *être*, elles doivent être considérées comme parfaitement indépendantes l'une de l'autre.

Il y a donc une équivocité fondamentale du mot *être*. Or, c'est là une équivocité de fait, puisqu'elle ne relève que de la facture contingente des langues. L'équivocité des significations de l'être peut donc, en droit, toujours être réduite. Par conséquent, la recherche d'un fondement unitaire de la fonction logique et de la fonction existentielle du verbe *être* serait complètement illusoire. Bien plus, c'est parce que la métaphysique, prise au piège de l'équivocité, s'est orientée vers la recherche d'un tel fondement, qu'elle a introduit subrepticement une autre signification du verbe *être* à savoir une signification ontologique, faisant ainsi de l'*être* l'objet de la pensée et du discours. Là encore, en utilisant le verbe *être* en un sens détourné, la métaphysique a cru pouvoir saisir dans le discours l'essence des choses. C'est qu'à l'homme qui recherche la vérité:

> "De même que la gloire de la philosophie, de même aussi la honte des dogmes absurdes lui est réservée. Il en est du discours (ce que l'on a dit autrefois des lois de Solon) comme des toiles d'araignées: les esprits faibles et délicats se laissent prendre et engluer dans les mots; les courageux les déchirent et se font un passage" (*D.C., O.L.*, I, chap. III, 8, p. 32).

Or cette araignée qui tisse sa toile pour y prendre les esprits faibles, c'est le verbe *être*, qui nous porte lorsque nous n'en contrôlons pas l'usage à créer des fictions que nous tenons pour des choses. La métaphore de l'araignée se trouvait déjà dans le *Novum Organum* de Bacon pour caractériser la philosophie dogmatique qui produit les objets de son pseudo-savoir, idoles de l'esprit, à partir de la seule substance de l'entendement et de son langage:

> "Les philosophes qui se sont mêlés de traiter les sciences se partageaient en deux classes, savoir: les empiriques et les dogmatiques. L'empirique, semblable à la fourmi, se contente d'amasser et de consommer ensuite ses provisions. Le dogmatique, tel que l'araignée, ourdit des toiles dont la matière est extraite de sa propre substance. L'abeille garde le milieu; elle tire la matière première des fleurs des champs et des jardins; puis, par un art qui lui est propre, elle la travaille et la digère. La vraie philosophie fait quelque chose de semblable; elle ne se repose pas uniquement ni même principalement sur les forces naturelles de l'esprit humain, et cette matière qu'elle tire de l'histoire naturelle, elle ne la jette pas dans la mémoire telle qu'elle l'a puisée dans ces deux sources, mais après l'avoir aussi travaillée et digérée, elle la met en magasin. Ainsi notre plus grande ressource et celle dont nous devons tout espérer,

c'est l'étroite alliance de ces deux facultés: l'expérimentale et la rationnelle, union qui n'a point encore été formée" [25].

Bien que Hobbes s'oppose radicalement à Bacon aussi bien sur le plan de la théorie de la méthode que sur la place du langage dans la science, ce bestiaire commun a sans doute une signification profonde. En effet, rappelons qu'entre les idoles du commerce, c'est-à-dire les mots, et les idoles du théâtre, c'est-à-dire les systèmes philosophiques, qui se déploient chacun comme une pièce imaginaire, il y a chez Bacon une relation fondamentale, car les dogmes philosophiques assoient leur autorité le plus souvent sur des mots. Or tel est bien le cas de la métaphysique d'Aristote, qui, selon Bacon, s'attache plus aux mots qu'aux choses tout en simulant un unique souci des choses (cf. *Novum Organum*, I, XLIII, trad. pp. 281-282). Ainsi Aristote a-t-il pu bâtir "un monde avec ses catégories", et Bacon rappelle au début du *Novum Organum* que la notion d'*être* fait partie de ces notions reçues qui font le plus obstacle au savoir (cf. *ibid.*, XV, trad. p. 272). Mais bien que la thérapeutique baconienne, qui requiert de délaisser les mots pour revenir aux choses, diffère de la thérapeutique hobbesienne, qui exige, pour sa part, une réduction des équivocités verbales et une maîtrise des significations sans lesquelles il ne peut y avoir de savoir des choses, on peut dire que le diagnostic est le même: le mot *être* enveloppe de par son ambiguïté foncière une métaphysique implicite, qui suscite des discours et des systèmes philosophiques que l'entendement ne contrôle pas et qui font obstacle au savoir. L'instauration par Bacon d'un *novum organum* comme la *mathesis* hobbesienne reposent sur l'effondrement de l'ontologie aristotélicienne.

Mais une fois l'équivocité du mot *être* reconnue et réduite, une fois l'araignée passée au fil du rasoir, qu'est-ce que ce mot peut encore proprement viser de la chose ? En suivant le fil conducteur de la théorie hobbesienne de la proposition, nous avons vu que le verbe *être* comportait une double signification logique et existentielle. Mais dans sa fonction logique le verbe *être* ne dit rien de l'être de la chose, l'attribution n'a plus de signification ontologique, de plus il peut toujours être suppléé dans cette fonction de copule. Il ne reste donc plus que sa signification dans le jugement d'existence. Ainsi le verbe *être* ne vise la chose que comme un étant subsistant hors de l'esprit, sans jamais viser cet étant dans son être.

Nous nous interrogions sur ce que la proposition pouvait dire de la chose, nous savons maintenant qu'elle ne peut en poser, de manière parfaitement répétitive, que l'existence. Mais dès que le discours déploie ses multiples modalités qui impliquent la différence, l'universalité et l'abstraction, il constitue un monde de significations qu'un abîme insurmontable sépare des choses refermées sur elles-mêmes dans une aséité qui les isole les unes des autres et les sépare de la connaissance. Au-dessus du monde des choses indifférentes et anonymes se constitue un monde de la représentation et du discours, monde de la diversité des qualités et des affections, mais également, monde structuré par les significations qui le spécifient comme humain. Cette cassure entre le monde des choses, d'une part, et le monde des représentations et du discours, d'autre part, va impliquer une réélaboration du statut du savoir et du concept de vérité dont la *mathesis* hobbesienne est l'instrument.

On le voit, l'inversion de perspective que Hobbes fait subir au nominalisme d'Ockham, le conduit à des conséquences très différentes de celles du nominaliste scolastique. Sur le plan de la théorie de la signification, nous avons vu que Hobbes se séparait d'Ockham en supprimant le caractère référentiel de la signification, et en conférant au langage une fonction de structuration de la pensée. Désormais, sur le plan de la théorie de la proposition, Hobbes confère à la prédication une fonction de négativité qui n'existe pas chez Ockham. La différence des deux nominalismes rejaillit au niveau de la théorie de la vérité. Certes, Ockham affirmait déjà que la vérité et la fausseté se situent au niveau de la proposition *"Veritas est propositio vera"*, *"falsitas est propositio falsa"* (*Summa Logicae*, I, 43, p. 120). Mais, cette vérité et cette fausseté doivent toujours s'entendre en référence directe au réel, c'est-à-dire par rapport aux choses auxquelles la proposition sert de substitut. Ainsi, vérité et fausseté "sont des termes connotatifs signifiant à la fois la proposition et le réel auquel cette proposition nous invite à nous rapporter" [26]. La proposition est elle-même signe qui renvoie à un ordre de choses préalablement saisi. Mieux, pour Ockham, des propositions identiques, comme *l'homme est homme,* ou *l'ange est ange,* sont contingentes au même titre que *l'homme existe* ou *l'ange existe,* c'est-à-dire qu'elles seraient fausses si aucun homme ou aucun ange n'existait. La référence aux choses elles-mêmes semble donc prévaloir sur le principe d'identité [27]. A l'inverse, pour Hobbes, les propositions identiques n'exigent pas l'existence de la chose pour être vraies. La fonction de la copule n'enveloppe pas une position d'existence. Le principe d'identité prévaut cette fois sur la référence aux choses. Ainsi la validité des hypothèses scientifiques reposera sur leur seule validité logique. L'ordre des choses n'étant pas préalablement donné, ce que nous lions ou séparons dans la proposition ne sont que des conceptions que nous avons des choses. Alors que, chez

Ockham, il n'y a de savoir que des propositions, mais dont les termes supposent pour les choses et en fournissent une connaissance réelle, en revanche, pour Hobbes, le savoir humain n'accède à la certitude que lorsque l'enchaînement des propositions coïncide avec la production de l'objet connu.

La séparation antéprédicative de la représentation et de la chose se transforme donc, au niveau linguistique, en une séparation de la prédication et de l'être. Ce qui, d'un côté, implique une séparation définitive d'avec les choses naturelles dont la connaissance ne pourra être qu'hypothétique, mais d'un autre côté, ménage la possibilité d'un savoir d'autres choses, les choses artificielles produites par la volonté des hommes: la chose politique. Telles sont les conséquences de la réduction chez Hobbes de l'équivocité de l'être en une univocité indigente qui déplace le connaître de l'*esse* au *facere*.

CHAPITRE IV

LA CRITIQUE DU DISCOURS ONTOLOGIQUE

L'attention portée aux distinctions linguistiques et l'examen de la signification de la proposition conduisent donc à une séparation du discours et de l'être. Cette séparation fournit le principe général qui commande la critique de la métaphysique aristotélicienne et celle de la métaphysique cartésienne.

La critique de l'ontologie aristotélicienne porte précisément sur l'accord que celle-ci suppose entre la structure du discours et les articulations de l'être. C'est ici la distinction des dénominations de première et des dénominations de seconde intention qui nous met au cœur du rapport entre nominalisme et ontologie. Par cette distinction Hobbes transpose à nouveau sur le plan linguistique une distinction qu'Ockham situait au niveau des intentions de l'âme [28]. Les dénominations de première intention désignent des choses, c'est le cas des noms comme *homme* ou *pierre;* tandis que les dénominations de seconde intention sont des dénominations de dénominations ou de discours, c'est le cas des termes comme *universel, genre, espèce, syllogisme* (cf. *D.C., O.L.* I, chap. II, 10, pp. 18-19). De cette distinction Hobbes déclare ne pas connaître l'origine, si ce n'est peut-être qu'elle traduit, au niveau de l'analyse du discours et de la théorie de la connaissance, une succession chronologique entre notre première intention, qui fut de donner des noms aux choses qui relèvent de la vie quotidienne, et notre seconde intention, qui fut de donner des noms aux noms, c'est-à-dire à ces choses (il s'agit des énoncés) qui relèvent de la science. Hobbes tire de cette distinction une conséquence capitale:

"Il est manifeste que *le genre, l'espèce* et *la définition* ne sont pas des noms d'autres choses que de mots et de noms, et c'est pourquoi prendre *le genre* et *l'espèce* pour des choses et la définition pour la nature d'une chose, comme les métaphysiciens l'ont fait, n'est pas correct, vu qu'ils ne signifient que ce que nous pensons de la nature des choses" (*ibid.*, p. 19) .

Ainsi, Hobbes comme Gassendi (cf. *Exercitationes*, II, II, 1-9, 157b-164b, trad. pp. 272-305), emboîtant le pas à Ockham, critiquent toute interprétation ontologique des prédicables aristotéliciens, du moins à travers la version remaniée qu'en donne l'*Isagoge* de Porphyre [29]. Le genre et l'espèce n'ont donc aucune portée ontologique, ce ne sont que des dénominations de dénominations ne renvoyant à rien de réel dans les choses [30]. Car s'il n'existe que des individus, les dénominations sont plus ou moins communes (cf. *D.C.*, *O.L.* I, chap. II, 9, p.18). Le genre et l'espèce ne caractérisent donc que des relations entre noms, dont nous nous servons pour désigner les choses à partir des représentations que nous en avons. On ne peut les tenir comme Aristote pour des   substances secondes, ni dire que l'espèce est plus substance que le genre parce que plus proche de la substance première [31]. La hiérarchie des genres et des espèces n'est plus qu'une subordination entre noms communs, des noms génériques aux noms spécifiques. Ainsi, les prédicables ne renvoient qu'à une classification de noms dont nous nous servons selon les besoins de l'argumentation.

La conséquence est immédiate pour le statut de la définition. En effet, la définition se fait certes par genre et différence, mais contrairement à Aristote qui déclare: "la *définition* est un discours qui exprime la quiddité de la chose" (*Topiques*, I, 5, trad. p. 10; cf. *Sec. Analy.*, II, 3, 90 b 30 sq, trad. p. 170), pour Hobbes la définition ne nous révèle rien sur l'essence réelle ou la nature de la chose, elle n'est plus que l'explication d'un nom par le discours, c'est-à-dire sa résolution en ses parties plus universelles. Ainsi quand pour définir *l'homme* on dit que *"l'homme est un corps animé, sentant, rationnel"*, les noms *corps animé, sentant, rationnel* ne sont que des parties du nom *homme* (*ibid.*, chap. VI, 14, p. 73). La définition de la définition sera *"que c'est une proposition, dont le prédicat résout le sujet là où c'est possible, et là où ce n'est pas possible, l'exemplifie"* (*ibid.*, p. 74). La définition est donc nominale, elle a pour fonction de déterminer la signification du nom défini et d'en ôter toutes les autres. La définition explique la pensée dont elle est l'instrument, non les choses. Les modes de la prédication n'ouvrent plus aucun accès à l'être.

La critique de l'ontologie aristotélicienne se développe dans la théorie des prédicaments ou catégories, auxquels Hobbes ôte toute portée ontologique par une double démarche (cf. *ibid.*, chap. II, 15-16, pp. 22-25) [32]. D'une part, il réduit les catégories aristotéliciennes à deux catégories fondamentales: le substrat ou le corps et l'accident; et d'autre part, il déduit du rapport de ces deux premières une série d'autres catégories qui pourrait en droit être infinie, puisque les catégories ne sont que des échelles ou degrés dans lesquels les noms de tous les genres de choses sont subordonnés les uns aux autres, des plus communs aux moins communs, jusqu'aux individus. Ainsi dans le genre des corps, les logiciens posent en premier lieu *le corps* simplement, puis, sous celui-ci, des noms moins communs comme *animé* et *inanimé,* et ainsi de suite, jusqu'à ce qu'on parvienne aux individus. Les catégories sont donc des classes de noms, dont on limite conventionnellement le nombre selon les besoins de l'argumentation. Lorsqu'on considère le corps et l'accident, absolument, on obtient les catégories de quantité et de qualité; et comparativement, on obtient la catégorie de relation. Ces dernières catégories se développent elles-mêmes en de nouvelles échelles de noms. Il est à remarquer pour ajouter au caractère conventionnel des catégories, que Hobbes fait intervenir des catégories négatives comme *non-animé* ou *non-animal,* et qu'il ajoute que, dans les autres échelles de prédicaments que celle du corps, la division et la classification auraient pu se faire de la même manière, par exemple en divisant la quantité continue en *ligne* et en *non-ligne.* Enfin il ne faudrait pas penser que les tables ainsi délivrées par la mise en ordre des noms soient certaines, car l'ordre véritable ne peut être fixé tant que la philosophie n'est pas achevée. A cette systématisation des catégories sous la forme d'une classification de noms, correspond dans la première partie de l'*Institutio Logica* (1658) de Gassendi une classification des idées, de la plus générale – celle d'*ens* ou de *res*– jusqu'à l'idée singulière de l'individu.

On ne peut donc prendre les catégories pour les genres de l'être [33], et Hobbes insiste, dans le *De Corpore* comme dans la *Critique du 'De Mundo',* sur le fait que nous ne devons pas penser que la diversité des choses elles-mêmes puisse être, comme les noms, épuisée par cette distinction en noms contradictoires, ou tirer de là argument pour prouver que les espèces de choses ne sont pas infinies (cf. *D.C., O.L.* I, chap. II, 16, p. 25; *C.D.M.,* chap. VII, 5, pp. 148-149). Bien plus, Hobbes ajoute que lorsque Aristote s'aperçut qu'il ne pouvait achever le recensement des choses, il a recensé les noms au gré de sa propre autorité. Autrement dit, en considérant les catégories comme les genres les plus généraux de l'être, Aristote ne faisait pas ce qu'il disait, car il hypostasiait dans les choses ce qui relève des démarches de la connaissance. L'ontologie comme science de l'être en tant qu'être n'a plus désormais le moindre sens.

Si la critique de la métaphysique aristotélicienne porte sur le projet même d'une science de l'être, celle de la métaphysique cartésienne va porter sur le projet de fonder à nouveaux frais la valeur ontologique de la connaissance humaine. La critique principale que Hobbes fait à Descartes concerne en effet la capacité de l'entendement humain à connaître par les idées claires et distinctes l'essence des choses. Elle concerne donc, d'une part, le statut de l'évidence dont Descartes fait le critère de la vérité, et d'autre part, la liaison que celui-ci établit entre la connaissance de l'existence et la connaissance de l'essence. Or, pour Hobbes, connaître qu'une chose est, n'implique ni ne suppose la connaissance de ce qu'elle est. Un texte rassemble de manière saisissante en une formule cette distinction pour les trois cas du moi, de Dieu et du monde:

> "J'ay desja plusieurs fois remarqué cy-devant que nous n'avons aucune idée de Dieu ny de l'ame; j'adjoute maintenant: ny de la substance; car j'avouë bien que la substance, en tant qu'elle est une matiere capable de recevoir divers accidens, & qui est sujette à leurs changemens, est aperceuë & prouvée par le raisonnement; mais neantmoins elle n'est point coneuë, ou nous n'en avons aucune idée" (*Troisièmes obj.*, O.L. V, p. 264, A.T., IX-1, p. 144).

En ce qui concerne tout d'abord le *cogito*, Hobbes critique la liaison nécessaire que Descartes introduit entre la connaissance de l'existence et la connaissance de l'essence du moi. Car, s'il est vrai que de l'acte de la pensée nous pouvons inférer l'existence d'une chose qui pense, en revanche:

> "Où nostre auteur adjouste: *c'est à dire un esprit, une ame, un entendement, une raison*, de là naist un doute. Car ce raisonnement ne me semble pas bien déduit, de dire: *je suis pensant, donc je suis une pensée*; ou bien *je suis intelligent, donc je suis un entendement*. Car de la mesme façon je pourois dire: *je suis promenant, donc je suis une promenade*. Monsieur des Cartes donc prend la chose intelligente & l'intellection qui en est l'acte, pour une seule et mesme chose; ou du moins il dit que c'est le mesme que la chose qui entend & l'entendement, qui est une puissance ou faculté d'une chose intelligente" (*ibid.*, O.L. V, p. 252, A.T., IX-1, p. 134).

Descartes se trompe lorsqu'il passe de l'existence du moi à la connaissance de son essence, par une réflexion sur les conditions qui ont permis d'affirmer l'existence du *cogito*. On ne peut passer de la première à la seconde vérité métaphysique, parce que nous ne saisissons pas l'existence dans une intuition intellectuelle, mais par une inférence rationnelle: "De ce que je suis pensant, il s'ensuit *que je suis*, parce que ce qui pense n'est pas un rien (*Ex eo quod sum cogitans, sequitur ego sum: quia id quod cogitat, non est nihil)"* (*ibid.*). Il y a là inférence et non évidence immédiate de l'existence, d'une part, parce qu'un acte de pure saisie réflexive de la pensée par elle-même est impossible, d'autre part, et surtout, parce que la première proposition: *ego cogito*, n'implique la seconde: *ego sum*, que sous la condition d'une troisième qui sert de moyen terme: "ce qui pense n'est pas un rien". Autrement dit le *je pense* n'enveloppe pas immédiatement le jugement d'existence: *je suis.*

Mais, dira-t-on, en ramenant l'affirmation de l'existence du moi à une inférence rationnelle, Hobbes ne laisse-t-il pas échapper ce qui fait précisément toute la portée du *cogito* cartésien, à savoir que l'existence ne s'y ajoute pas de l'extérieur, mais est saisie immédiatement en lui ? Il ne nous appartient pas ici de juger si Hobbes a bien lu Descartes, mais plutôt pourquoi il le réfute comme il le fait, pourquoi il refuse d'entrer dans l'ordre métaphysique des raisons. Or la critique de Hobbes porte sur la possibilité de l'intuition intellectuelle et sur le privilège qu'elle confère à la connaissance du moi:

> "Cette façon de parler, *une grande clarté dans l'entendement,* est métaphorique, & partant, n'est pas propre à entrer dans un argument: or celuy qui n'a aucun doute, pretend avoir une semblable clarté, & sa volonté n'a pas une moindre inclination pour affirmer ce dont il n'a aucun doute, que celui qui a une parfaite science. Cette clarté peut donc bien estre la cause pourquoy quelqu'un aura & deffendra avec opiniâtreté quelque opinion, mais elle ne luy peut pas faire connoistre avec certitude qu'elle est vraye" (*ibid., O.L.* V, p. 270, A.T., IX-1, p.149).

Cette critique est forte; l'évidence intellectuelle n'est pas le critère de la vérité, bien plus, quand on l'exprime par la formule: *une grande clarté dans l'entendement,* on utilise les mots métaphoriquement, c'est-à-dire qu'on introduit dans le critère même de la vérité ce que la science doit bannir, à savoir: l'équivocité des mots. L'intuition intellectuelle est donc une métaphore qui a pour fonction de combler, par une expression de signification incertaine, l'absence d'une saisie de l'idée. Au point de vue de la science, l'intuition doit être rejetée, parce qu'elle ne nous permet pas de distinguer la certitude qui procède de la connaissance du vrai, de la fausse certitude qui relève de la croyance. Il faut donc lui substituer un examen de la logique du discours et de ses inférences, parce que la vérité n'a son lieu que dans le discours.

Dès lors, si l'existence du moi n'est pas donnée dans une intuition intellectuelle mais inférée par la raison, il n'y a plus de moyen de passer de la connaissance de son existence à celle de son essence. Car s'il est possible d'inférer l'existence du moi à partir de ses opérations et de ses actes, on ne voit pas au nom de quoi on pourrait prendre une opération ou un acte pour l'essence du sujet, et ainsi dire: *"je suis pensant,* donc *je suis une pensée".* Ne doit-on pas à l'inverse distinguer le sujet de ses actes et de ses opérations ?, car "je suis distingué de ma pensée, moy-mesme qui pense; & quoy qu'elle ne soit pas à la vérité séparée de moy-mesme, elle est neantmoins differente de moy" (*ibid.,* *O.L.* V, p. 257, A.T., IX-1, p. 137). On ne peut passer de l'acte de la pensée à l'essence du moi, parce que ce serait alors prendre pour l'essence de la chose ce qui me permet d'en connaître l'existence. Ainsi J.–M. Beyssade peut-il écrire de manière tout à fait éclairante:

"Hobbes mettait bout à bout deux argumentations qu'il distinguait avec soin: je sais que je suis parce que je sais que je pense ou que je suis pensant, et que *'ce* qui pense n'est pas un rien'; je sais que je pense ou que je suis pensant parce que 'nous ne pouvons concevoir aucun acte sans son sujet, comme la pensée sans une chose qui pense'. Ce second mouvement conduisait à une chose pensante qui pouvait fort bien ne pas être un Moi, mieux vaudrait pour le formuler dire *ça pense* que *Je pense;* le premier argument établissait l'existence de 'cette chose', qui pouvait fort bien être mon corps. Mais Descartes, en confondant en une seule ces deux argumentations, fabriqua une fausse citation, qu'il approuva: 'En après, il dit fort bien que *nous ne pouvons concevoir aucun acte sans son sujet, comme la pensée sans une chose qui pense, parce que la chose qui pense n'est pas un rien.'* L'inexactitude vient manifestement ici de ce que, pour Descartes, c'est le même mouvement qui peut, accentué comme détermination de mon essence, s'exprimer dans un *Je pense,* ou, accentué comme détermination de l'existence, aboutir à un je suis"[34].

Certes, on pourrait objecter ici qu'au niveau de la Seconde Méditation, la connaissance que j'ai de moi-même n'a pas encore le statut d'une vérité essentielle. C'est là précisément ce que Descartes répond à Hobbes, lorsque celui-ci affirme qu'"il se peut donc faire qu'une chose qui pense soit le sujet de l'esprit, de la raison, ou de l'entendement, & partant, que ce soit quelque chose de corporel, dont le contraire est pris, ou avancé, & n'est pas prouvé" (*Troisièmes obj.,* *O.L.* V, p. 253, A.T., IX-1, p. 134). Descartes réplique en effet, premièrement, que Hobbes ne tient pas compte de l'ordre des raisons métaphysiques, car ce ne sera que dans la Sixième Méditation qu'il sera absolument vrai de dire qu'une chose qui pense n'est pas quelque chose de corporel mais de spirituel, et deuxièmement, que Hobbes:

"Dit fort bien *que nous ne pouvons concevoir aucun acte sans son sujet, comme la pensée sans une chose qui pense, parce que la chose qui pense n'est pas un rien;* mais c'est sans aucune raison & contre toute bonne Logique, & mesme contre la façon ordinaire de parler, qu'il adjoute *que de là il semble suivre qu'une chose qui pense est quelque chose de corporel;* car les sujets de tous les actes sont bien à la vérité entendus comme estans des substances (ou, si vous voulez, comme des matieres, à sçavoir des matieres metaphysiques), mais non pas pour cela comme des corps" (*Troisièmes rép., O.L.* V, p. 255, A.T., IX-1, p. 136).

Sur le premier point, notons que si dans la Seconde Méditation en effet la connaissance que j'ai de moi-même n'est pas encore une connaissance d'essence, elle joue implicitement ce rôle, et sera de toute manière purement et simplement investie de ce caractère à partir du moment où, avec la connaissance de l'existence d'un Dieu vérace, les idées claires et distinctes trouveront une valeur objective, c'est-à-dire vaudront comme connaissance de l'essence. Donc, pour Hobbes, nous avons une connaissance de notre existence par inférence rationnelle, mais nous n'avons aucune connaissance essentielle de notre nature. C'est que si nous pouvons poser l'existence de la *res cogitans* à partir de ses opérations, en revanche nous n'avons aucune idée de cette chose ou de cette substance. Ainsi Hobbes, d'une part, affirme de manière générale qu'"il y a grande difference entre imaginer, c'est à dire avoir quelque idée, & concevoir de l'entendement, c'est à dire conclure, en raisonnant, que quelque chose est ou existe" (*Troisièmes obj., O.L.* V, p. 257, A.T., IX-1, p. 138), et d'autre part, il applique cette distinction générale au cas particulier de la *res cogitans:* en effet, de l'âme "nous n'en avons aucune idée; mais la raison nous fait conclure qu'il y a quelque chose de renfermé dans le corps humain, qui luy donne le mouvement animal par lequel il sent & se meut, & cela, quoy que ce soit, sans aucune idée, nous l'apelons *ame*" (*ibid., O.L.* V, p. 263, A.T., IX-1, p.143).

Le prestige illusoire de l'intuition intellectuelle supprimé, il n'y a aucune raison de privilégier la connaissance de l'âme par rapport à la connaissance du corps:

> "Comme il a luy-mesme montré un peu aprés par l'exemple de la cire, laquelle, quoy que sa couleur, sa dureté, sa figure, & tous ses autres actes soient changez, est tousjours conceuë estre la mesme chose, c'est à dire la mesme matiere sujette à tous ces changemens. Or ce n'est pas par une autre pensée qu'on infere que je pense" (*ibid., O.L.* V, p. 253, A.T., IX-1, p. 135).

Or, et c'est là le second point, Hobbes utilise cette identité du mode de connaissance du moi et du mode de connaissance de la cire, pour montrer que "de là il semble suivre, qu'une chose qui pense est quelque chose de corporel; car les sujets de tous les actes semblent estre seulement entendus sous une raison corporelle, ou sous une raison de matière" *(ibid.)*. Qu'est-ce qui justifie cette réduction de la *res cogitans* à une "raison corporelle" ou à une "raison de matière"? Car si nous n'avons aucun moyen de connaître l'essence du moi pensant, s'il n'y a aucune transparence de la pensée à elle-même, n'est-il pas au moins aussi, et peut-être même plus, illégitime de dire que la chose qui pense est une substance corporelle, que de dire qu'elle est une substance spirituelle ? C'est que si nous n'avons aucune connaissance essentielle de notre âme, nous pouvons néanmoins, pour Hobbes, avoir une connaissance de sa nature par inférence rationnelle, c'est-à-dire hypothétiquement, à partir de ses propriétés. Mais précisément qu'est-ce qui justifie la détermination, fût-elle hypothétique, de la chose qui pense comme corporelle à partir des opérations de la pensée ? Car enfin n'est-il pas plus pertinent de distinguer les actes corporels comme la grandeur, la figure et le mouvement qui conviennent entre eux en ce qu'ils présupposent l'étendue, des actes intellectuels comme entendre, vouloir, imaginer et sentir qui conviennent entre eux en ce qu'ils présupposent la pensée, sans qu'il y ait entre les premiers et les seconds la moindre affinité ou raison commune, de sorte qu'il faudrait de toute évidence distinguer la substance corporelle dans laquelle les uns résident, de la substance spirituelle dans laquelle résident les autres ? Pourquoi Hobbes refuse-t-il l'existence d'une substance spirituelle ? De quel droit ramène-t-il les opérations de la pensée et les propriétés du corps à une raison matérielle commune ?

Répondre que, pour Hobbes, la notion même d'une substance spirituelle est contradictoire et absurde, serait commettre une pétition de principe en présupposant ce qui est à établir. Ce qu'il faut expliquer, c'est précisément la raison pour laquelle: "l'opinion selon laquelle de tels esprits étaient incorporels ou immatériels n'a jamais pu entrer naturellement dans l'esprit d'aucun homme; car, encore que les hommes puissent mettre ensemble des mots de signification contradictoire, comme *esprit* et *incorporel*, ils ne peuvent néanmoins concevoir l'image de quoi que ce soit qui y corresponde" (*Lev.*, chap. XII, p. 171, trad. p. 106). La réduction de toute substance au corps ou à la matière relève-t-elle d'un pur et simple postulat ?

En fait, il n'en est rien, car l'existence d'une substance spirituelle est à la fois inutile et illusoire. Inutile, d'abord, parce que nous n'avons pas besoin d'une telle substance pour rendre compte des opérations de la pensée: qu'il s'agisse de la sensation, de l'imagination, des passions ou de la volonté, ce sont toutes des fonctions ou des actes du corps; poser l'existence d'une âme serait donc faire une hypothèse gratuite (cf. *C.D.M.*, chap. XXVII, 19-20, pp. 326-328). Illusoire, ensuite, car s'il est vrai que dans le *cogito* je me pense moi-même comme *res cogitans,* et que je forme l'idée de la matière comme *res extensa,* c'est contre toute raison qu'on en inférerait une distinction parallèle entre deux substances, si ce n'est qu'on présuppose, sans l'avouer pourtant, qu'on détient avec la distinction de deux concepts la distnction de deux essences [35]. Bien plus, l'illusion d'une substance spirituelle ne relève-t-elle pas du trait commun de toute métaphysique qui prétend conférer une valeur ontologique au savoir ? Car n'est-ce pas là réifier un mode ou un accident en une substance à laquelle on donne un être séparé ? En somme, poser l'existence d'une substance spirituelle, n'est-ce pas en définitive donner une nouvelle version des formes substantielles séparées ? Tel semble être en tout cas le sens de la critique hobbesienne du passage de la proposition *"ego sum cogitans"* à cette autre *"ergo sum cogitatio",* ou de la proposition *"ego sum intelligens"* à cette autre *"ergo sum intellectus"* (*Troisièmes obj., O.L.* V, p. 252, A.T., IX-1, p. 134), et de la manière scolastique de parler qu'elle entraîne:

> "Que si Monsieur Des Cartes monstre que celuy qui entend & l'entendement sont une mesme chose, nous tomberons dans cette façon de parler scholastique: l'entendement entend, la veüe void, la volonté veut; & par une juste analogie, la promenade ou du moins la faculté de se promener se promenera" (*ibid., O.L.* V, p.257, A.T., IX-1, pp.137-138).

Manière de parler et non pas manière de penser, car le principe de l'argumentation cartésienne semble bien résider dans un usage fautif du verbe *être* qui lui confère une autre signification que logique ou existentielle, à savoir une signification ontologique. Quand on dit "*je suis une chose qui pense (Sum res cogitans).* C'est fort bien dit; car, de ce que je pense, ou de ce que j'ay une idée, soit en veillant, soit en dormant, l'on infère que je suis pensant: car ces deux choses, *je pense (cogito) & je suis pensant (sum cogitans),* signifient la mesme chose" (*ibid., O.L.* V, p. 252, A.T., IX-1, p. 134). C'est fort bien dit, à condition de remarquer que le verbe *sum* dans la proposition *sum cogitans,* bien qu'enveloppant aussi la signification du sujet *ego,* qui lui est joint, n'a qu'une fonction logique de copule dans la proposition, et signifie que le prédicat est le nom de la même chose que le sujet. Le verbe *être* ramené à sa fonction propre de signe de connexion vise donc l'identité de la chose en liant les termes consécutifs. Il est également fort bien de dire: "De ce que je suis pensant *(sum cogitans),* il s'ensuit *que je suis (ego sum),* parce que ce qui pense n'est pas un rien", à condition de remarquer que le verbe *sum* dans la proposition *ego sum* affirme l'existence cette fois. Si l'on ne maintient pas fermement cette distinction nécessaire des deux significations irréductibles du verbe *être*, on tombe dans l'inconséquence qui consiste à affirmer: *"je suis pensant, donc je suis une pensée (ego sum cogitans, ergo sum cogitatio)"*. Cette inconséquence est le point de départ de la métaphysique cartésienne, qui n'est pas moins prise dans la toile d'araignée du verbe *être* que ne l'était celle d'Aristote. Confondre la fonction logique et la fonction existentielle du verbe *être*, c'est créer la fiction d'un discours sur l'être ou l'illusion d'une connaissance de l'essence. On voit donc comment la critique de la métaphysique aristotélicienne et celle de la métaphysique cartésienne reposent chez Hobbes sur la théorie de la proposition et sur la distinction des significations du verbe *être*.

Reste qu'une difficulté majeure, interne à l'argumentation de Hobbes, réside dans l'affirmation simultanée de l'unité dans la chose de l'essence et de l'existence, et de la distinction de la connaissance de l'une et de la connaissance de l'autre, puisque, si nous pouvons connaître l'existence d'une chose, son essence réelle nous échappe. Mais cette difficulté disparaît dès que l'on remarque que la première affirmation se situe sur le plan ontologique, tandis que la seconde se situe sur le plan gnoséologique. Si la chose existante est indissociable de son essence, il n'en va pas de même pour notre connaissance qui introduit la séparation de la connaissance de l'une et de l'autre, et une nouvelle fois laisse échapper l'unité de son être.

Si l'on passe maintenant du *cogito* à Dieu, la même critique vaudra contre Descartes. Nous pouvons certes inférer l'existence de Dieu, mais nous n'avons aucune connaissance de son essence: "Il en est de mesme du nom venerable de Dieu, de qui nous n'avons aucune image ou idée" (*ibid.*, *O.L.* V, p. 259, A.T., IX-1, p. 140). Nous n'avons d'idée *positive* ni de l'infinité, ni de l'indépendance, ni de la toute-puissance de Dieu, tous ces attributs divins ne sont que des négations de notre propre finitude:

> "Car, par le nom de Dieu, j'entens *une substance,* c'est à dire, j'entens que Dieu existe (non point par aucune idée, mais par le discours); *infinie* (c'est à dire que je ne puis concevoir ny imaginer ses termes, ou de parties si éloignées, que je n'en puisse encore imaginer de plus reculées): d'où il suit que le nom d'*infini* ne nous fournit pas l'idée de l'infinité divine, mais bien celle de mes propres termes & limites; *independante,* c'est à dire, je ne conçoy point de cause de laquelle Dieu puisse venir: d'où il paroist que je n'ay point d'autre idée qui réponde à ce nom d'*independant,* sinon la memoire de mes propres idées, qui ont toutes leur commencement en divers temps, & qui par consequent sont dependantes. C'est pourquoy, dire

que Dieu est *independant,* ce n'est rien dire autre chose, sinon que Dieu est du nombre des choses dont je ne puis imaginer l'origine; tout ainsi que, dire que Dieu est *infini,* c'est de mesme que si nous disions qu'il est du nombre des choses dont nous ne concevons point les limites. Et ainsi toute l'idée de Dieu est refutée; car quelle est cette idée qui est sans fin & sans origine?" (*ibid., O.L.* V, pp. 265-266, A.T., IX-1, p. 145).

La notion négative de Dieu n'implique aucune représentation, elle ne peut donc avoir le statut d'une idée innée ni être saisie dans une intuition intellectuelle. Si la notion de Dieu doit être privilégiée par rapport à nos autres idées, ce n'est pas parce que sa réalité objective infinie, dépassant infiniment la réalité formelle finie de notre moi, impliquerait de manière immanente l'existence d'une cause formelle infinie, et, de plus, dans la mesure où elle est l'idée d'un maximum absolu, impliquerait immédiatement l'adéquation de l'idée à son idéat, mais parce qu'elle est entièrement négative. Dieu transcende absolument la connaissance humaine et cette transcendance absolue est inscrite dans la notion même de toute-puissance. La notion de Dieu n'est donc pas la plus claire et la plus distincte de nos idées, autofondatrice de sa propre valeur objective et en retour de l'ensemble de notre connaissance claire et distincte. Il n'y a plus lieu de distinguer entre son incompréhensibilité, qui tiendrait à ce qu'on ne la comprenne pas totalement et parfaitement, et la clarté et la distinction de la connaissance dans laquelle elle nous est donnée, parce qu'inconcevable et incompréhensible reviennent au même.

Mais si nous n'avons aucune idée positive de Dieu, comment peut-on en connaître l'existence ? Là aussi, l'existence est posée par inférence rationelle:

"Nous n'avons donc point en nous, ce semble, aucune idée de Dieu; mais tout ainsi qu'un aveugle-né, qui s'est plusieurs fois aproché du feu & qui en a senti la chaleur, reconnoist qu'il y a quelque chose par quoy il a esté échaufé, &, entendant dire que cela s'appelle du feu, conclut qu'il y a du feu, & neantmoins n'en connoist pas la figure ny la couleur, & n'a, à vray dire, aucune idée, ou image du feu, qui se presente à son esprit; de mesme l'homme, voyant qu'il doit y avoir quelque cause de ses images ou de ses idées, & de cette cause une autre premiere, & ainsi de suite, est enfin conduit à une fin, ou à une supposition de quelque cause eternelle, qui, pource qu'elle n'a jamais commancé d'estre, ne peut avoir de cause qui la precede, ce qui fait qu'il conclut necessairement qu'il y a un estre eternel qui existe; & neantmoins il n'a point d'idée qu'il puisse dire estre celle de cet estre eternel, mais il nomme ou appelle du nom de Dieu cette chose que la foy ou sa raison luy persuade" (*ibid.*, *O.L.* V, p. 260, A.T., IX-1, p. 140).

L'existence de Dieu est donc posée par inférence rationnelle de la cause prochaine à une cause plus éloignée, pour en venir à une cause première sans cause. Sans cause, et non pas cause de soi, parce que, comme le montre la *Critique du 'De Mundo'*, quand il y a causalité, il y a nécessairement antériorité de la cause sur l'effet. C'est là tout ce que la raison peut affirmer sur Dieu. L'absence d'une idée ou d'une représentation positive de Dieu doit donc nous faire renoncer à toute prétention à la connaissance de l'essence divine.

Or, c'est sur la prétendue évidence intuitive de l'idée de Dieu que Descartes croit pouvoir établir une liaison nécessaire entre la connaissance de l'essence et celle de l'existence divine. Là aussi, il y a négligence du sens des mots et confusion entre la fonction existentielle et la fonction logique du verbe *être*, qui se déploie dans sa dernière extrémité avec la preuve ontologique. L'argument ontologique présuppose en effet que l'existence puisse être tenue pour une perfection, c'est-à-dire pour un attribut nécessairement impliqué par le concept de l'essence de Dieu comme être souverainement parfait, de même qu'on ne peut pas séparer de l'essence du triangle l'égalité de ses trois angles à deux droits. Or c'est là faire de l'existence un prédicat du sujet, alors qu'elle est d'un tout autre ordre. Pour Hobbes, comme pour Gassendi, l'existence n'est pas un simple prédicat du sujet mais ce sans quoi le sujet n'est rien du tout (sinon une fiction de notre esprit), et ne peut donc avoir aucune perfection. En effet, pour Hobbes, dire que Dieu *est* souverainement parfait, c'est employer le verbe *être* dans sa fonction logique, tandis que dire qu'il *est*, c'est l'employer dans sa fonction existentielle. Or ces deux fonctions, loin de s'impliquer, relèvent de deux opérations totalement différentes du discours. Car d'un côté on lie un prédicat à un sujet sans que cela implique d'une manière quelconque l'existence, tandis que de l'autre on pose absolument ce sujet. La preuve ontologique est donc le produit d'une confusion verbale, créée par un discours qui va jusqu'à prétendre soumettre l'être de Dieu à ses exigences fallacieuses:

> "En effet, la nature de Dieu nous est insaisissable, ce qui veut dire que nous ne comprenons rien de *ce qu'il est,* comprenant seulement *qu'il est.* En conséquence, les attributs dont nous le qualifions ne nous servent pas à nous dire les uns aux autres *ce qu'il est,* ni à signifier l'opinion que nous avons de sa nature, mais seulement à exprimer notre désir de l'honorer par les dénominations que parmi nous, nous concevons être les plus honorables" (*Lev.*, chap. XXXIV, p. 430, trad. pp. 420-421).

Lorsqu'elle se risque à spéculer sur l'essence divine, la raison dépasse les limites du connaissable et donne dans le ridicule:

> "Ces incongruités ne constituent qu'une petite part de toutes celles où ils se voient entraînés en discutant philosophiquement au lieu d'admirer et d'adorer la divine et incompréhensible nature, dont les attributs ne peuvent pas exprimer ce qu'elle est, mais doivent exprimer notre désir de l'honorer par les appellations les plus favorables que nous puissions trouver. Mais ceux qui se risquent à raisonner sur cette nature à partir de tels attributs honorifiques y perdent l'entendement dès la première tentative, et tombent d'un inconvénient dans un autre, sans qu'on puisse en voir la fin ou en dire le nombre: comme si un homme ignorant les cérémonies de la cour, arrivant en présence d'un plus grand personnage que ceux auxquels il a l'habitude de parler, et trébuchant à l'entrée, laissait glisser son manteau pour ne pas tomber, et laissait échapper son chapeau pour rattraper son manteau, faisant voir, maladresse après maladresse, l'étendue de son saisissement et de sa rusticité" (*ibid.*, chap. XLVI, p. 694, trad., p. 687).

Mais la raison, spéculant sur l'essence divine, ne produit pas seulement des sophismes, elle sombre nécessairement dans le blasphème: "Quant à ces discussions sur la nature de Dieu, elles sont contraires à l'honneur qu'on lui doit" (*ibid.*, chap. XXXI, p. 404, trad., p. 389). Tout ce que la raison affirme de la nature de Dieu est de l'ordre du blasphème. Dans la *Critique du 'De Mundo'*, Hobbes reprend souvent contre White la thèse selon laquelle les spéculations métaphysiques sur la nature de Dieu relèvent de paralogismes d'une raison qui entre inévitablement en conflit avec la foi (cf. *C.D.M.*, chap. XXVII, 14, p. 323; *ibid.*, chap. XXVIII, 3, p. 333; *ibid.*, chap. XXIX, 2, p. 340).

Pourtant à trois reprises au moins dans son œuvre, Hobbes semble lui-même énoncer quelque chose sur la nature de Dieu en affirmant qu'il est "le plus pur, simple, invisible esprit corporel" (*A.B.B.*, *E.W.* IV, p. 313; cf. *Lev.*, version latine, *O.L.* III, chap. XLVI, p. 449, trad. p. 698; *ibid.*, Ap., chap. III, p. 561, trad. p. 772). Mais nous avons montré ailleurs [36] qu'il ne fallait pas prendre cette affirmation sur la nature corporelle de Dieu à la lettre, parce qu'elle se trouve à chaque fois dans des textes polémiques, et qu'elle n'a de sens que comme instrument de combat contre la thèse communément reçue de la spiritualité de la substance divine. De la nature de Dieu nous ne savons rien, mais si nous voulons absolument affirmer quelque chose sur cette nature, alors il faudrait dire qu'elle est une substance corporelle parce que nous n'avons pas d'autre concept de la substance. Mais en soi cette affirmation n'a aucune validité, parce que notre raison ne peut rien énoncer de vrai sur ce qui dépasse les limites du connaissable. La notion de Dieu n'est pas la seule dans ce cas, tout ce qui comporte la dimension de l'infini dépasse notre raison; par exemple, nous ne pouvons savoir si l'univers est fini ou infini, éternel ou passager (*D.C., O.L.* I, chap. XXVI, 1, pp. 334-337). Ce qui concerne les attributs ou les actions de Dieu relève de la révélation et de la foi, donc de l'autorité et non de la raison. Autant dire que l'Ecriture n'étend en aucune manière notre savoir sur Dieu, puisqu'elle ne modifie pas nos facultés de connaître.

On le voit donc, le nominalisme critique le fondement même du discours ontologique, que celui-ci prenne pour objet l'être en tant qu'être, ou qu'il prétende fonder sur une nouvelle épistémologie une connaissance de l'essence des choses, et cela en exhibant l'abus de langage qui le rend possible. En ce sens Descartes n'innove qu'en apparence par rapport à Aristote, et c'est d'un même mouvement qu'on doit rejeter l'ontologie de l'un et l'ontologie de l'autre. Pour nous mettre sur la voie de la science, il faut revenir sur son instrument essentiel: le discours. Savoir d'abord ce que l'on dit, pour savoir ensuite si ce que l'on dit est vrai. L'essence des choses est inaccessible à notre connaissance; leur existence est inférée par le discours; la connaissance de leur nature ne sera qu'hypothétique, parce que définitivement nominale.

La chose dans l'unité indissociable de son essence et de son existence individuelle ne peut pas plus être énoncée par le discours qu'elle n'était donnée dans la représentation. Cependant, l'usage des mots, dans la mesure où il permet de former des concepts – qui dépassent par le haut la connaissance empirique par représentations et association de représentations, en particulier le concept de matière et celui de causalité –, rend possible une détermination hypothétique de la nature des choses. La recherche de la cause réelle ne s'effectuera qu'à travers un processus d'abstraction opéré dans et par le discours. Ainsi, d'un côté, le nominalisme doit nous faire passer du fait donné dans la représentation au concept de la cause, et nous permettre de déboucher sur une connaissance scientifique par propositions nécessaires et syllogismes démonstratifs, mais d'un autre côté, le nominalime nous sépare définitivement de l'être. Les propositions universelles et nécessaires de la science n'ont donc de valeur que gnoséologique et non ontologique. Le concept de causalité qui caractérise en premier lieu la connaissance philosophique relève de notre exigence de rationalité plus que de l'ordre même des choses. L'apparence sensible n'est que le point de départ d'une connaissance de part en part symbolique, qui, à partir des mots, forge des concepts qui sont des instruments relatifs à notre pensée et à nos besoins, et non à une structure ontologique.

Dès lors, c'est le statut même de la connaissance scientifique qui doit se trouver réélaboré, la science n'ayant plus pour fonction de nous donner une connaissance dont la validité ontologique serait certaine, mais de nous donner un pouvoir sur les choses, qui nous permette selon nos besoins de produire, à partir de la connaissance des causes, les effets souhaités. Cette cassure entre l'être et le connaître, et la redéfinition du statut de la connaissance qu'elle engage déterminent le sens de la *mathesis* hobbesienne. C'est sur la métaphysique de la séparation que se constitue la théorie de la méthode, qui fixe le statut de la connaissance de la nature et rend possible la fondation d'une science politique.

CHAPITRE V

LA MÉTHODE : SCIENCE DE LA NATURE ET SCIENCE POLITIQUE

Avec la définition de la méthode, c'est le statut de la philosophie tout entière qui est engagé. Ainsi, au début du chapitre VI du *De Corpore* intitulé *"De methodo"*, Hobbes fait précéder tout le développement sur la méthode par un rappel de la définition de la philosophie donnée au chapitre premier:

> *"La philosophie est la connaissance, acquise par droite ratiocination, des effets ou des phénomènes à partir de la connaissance de leurs causes ou de leurs générations, et réciproquement, des générations possibles à partir de la connaissance des effets"* (*D.C., O.L.* I, chap. I, 2, p. 2; cf. *ibid.*, chap. VI, 1, p. 58; *ibid.*, chap. XXV, 1, p. 315; *Lev.*, chap. XLVI, p. 682, trad. p. 678; *C.D.M.*, Ap. III, p. 463).

Reprenant cette définition, le chapitre VI du *De Corpore* précise cependant que les effets en question sont des effets apparaissants, et que la *generatio* de ces effets équivaut à leur production. La même définition de la philosophie est de nouveau rappelée au début du chapitre XXV qui concerne la méthode de la *physica*, dont l'objet est l'étude des phénomènes de la nature. Du reste, dès l'ouverture du chapitre premier intitulé *"De philosophia"* – qui reprend un passage du *Léviathan*– Hobbes indiquait déjà qu'il ne peut y avoir de philosophie, si ce n'est sous la forme de spéculations diverses et éparses, sans une *recta methodus*, parce que lorsque les hommes s'engagent dans un long enchaînement de raisons, ils s'égarent et tombent dans l'erreur (cf. *D.C., O.L.* I, chap. I, 1, p. 1; *Lev.*, chap. XLVI, p. 683, trad. p. 679). De la définition de la philosophie, Hobbes déduit en effet les principes constitutifs de la méthode par lesquels le statut du savoir est fixé: 1) exclusion, 2) homogénéité, 3) analyse et synthèse.

1) *Exclusion*. La faculté que la méthode philosophique met en œuvre est la *ratio*. Cette *ratio* est essentiellement, comme nous l'avons vu, une raison calculatrice dont les deux opérations fondamentales sont l'addition et la soustraction. La connaissance qu'elle produit est une connaissance causale qui part des catégories nominales les plus universelles de la pensée. Cette connaissance s'oppose donc à la connaissance du fait, donnée immédiatement dans la sensation et par suite dans la mémoire, parce que ces dernières facultés ne nous fournissent pas la connaissance de la raison ou de la cause du fait. Le principe de rationalité de la méthode est donc aussi un principe d'exclusion, moins des faits eux-mêmes, que d'une méthode qui s'en tiendrait uniquement à eux ou qui prétendrait en dériver la totalité du savoir, en réduisant ainsi la raison à l'histoire. Ainsi Hobbes distingue-t-il la science, qui est une connaissance du pourquoi ou de la cause, de la simple connaissance empirique par sensation, imagination, mémoire et expérience, qui est une connaissance du fait (cf. *D.C.*, *O.L.* I, chap. VI, 1, p. 59). En effet, si la science commence par les données des sens, elle n'en dérive pas, la connaissance de la cause est une œuvre propre de la ratiocination qui opère sur le langage:

> "On voit par là que la raison ne naît pas avec nous comme la sensation et le souvenir, et ne s'acquiert pas non plus par la seule expérience, comme la prudence, mais qu'on l'atteint par l'industrie, d'abord en attribuant correctement les dénominations, et ensuite en procédant, grâce à l'acquisition d'une méthode correcte et ordonnée, à partir des éléments, qui sont les dénominations, jusqu'aux assertions, formées par la mise en relation d'une dénomination avec une autre; et de là aux syllogismes, qui sont la mise en relation d'une assertion avec une autre; pour en arriver à la connaissance de toutes les consécutions de dénominations qui concernent le sujet dont on s'occupe; et c'est là ce que les hommes appellent SCIENCE" (*Lev.*, chap. V, p. 115, trad. p. 42; cf. *E.L.*, I, chap. VI, 1, p. 24).

Les dénominations les plus universelles jouent, dans la constitution de la science chez Hobbes, un rôle comparable aux concepts *a priori* de l'entendement chez Kant. En ce sens très précis que, pour l'un comme pour l'autre, jamais il ne sera possible, en s'en tenant à l'expérience, de parvenir au concept de causalité ou à un principe universel en général. Mais il va sans dire que les dénominations universelles n'ont chez Hobbes aucun caractère transcendantal. Ainsi, d'un côté, il y a la connaissance historique, et de l'autre, la connaissance rationnelle. Ce n'est donc pas par hasard qu'on retouve chez Kant la même distinction:

> "Si je fais abstraction de tout contenu de la connaissance, considérée objectivement, toute connaissance est alors,

subjectivement, ou historique ou rationnelle. La connaissance historique est *cognitio ex datis;* et la connaissance rationnelle, *cognitio ex principiis.* Une connaissance peut bien être donnée originairement, d'où que ce soit, elle est pourtant historique chez celui qui la possède, quand il ne connaît rien que dans la mesure où cela lui est donné d'ailleurs, et rien de plus que ce qui lui a été donné, qu'il l'ait appris par l'expérience immédiate, ou par un récit, ou même par le moyen de l'instruction (des connaissances générales).[...] Or, toute connaissance de la raison est une connaissance par concepts ou par construction des concepts; la première s'appelle philosophique, et la seconde, mathématique" [37].

Un tel texte pourrait figurer comme une paraphrase de Hobbes, non seulement par la distinction de la *cognitio ex datis* et de la *cognitio ex principiis,* mais aussi par la distinction, au sein de la connaissance rationnelle, d'une connaissance philosophique par concepts et d'une connaissance mathématique par construction de concepts dans l'espace et le temps. C'est que l'architectonique kantienne de la raison pure a pour condition l'architectonique hobbesienne de la raison nominale. En particulier, le système des catégories, qui néglige si largement le rôle de la fonction linguistique chez Kant, a paradoxalement pour condition le système des catégories de Hobbes, qui les ramène à une échelle de dénominations. C'est que pour passer des catégories comme genres de l'être aux catégories comme concepts *a priori* de l'entendement, il fallait que leur sens dans l'ontologie aristotélicienne fût aboli. Or c'est précisément ce qu'accomplit le nominalisme d'Ockham, et c'est ce qui aboutit chez Hobbes à leur réduction à une architecture de termes relevant de définitions simplement nominales. Il devient dès lors possible pour les catégories de l'être de se transformer en catégories de la connaissance, et d'ouvrir le champ d'une ontologie de la constitution de l'objet. D'une ontologie à l'autre, on passe par le nominalisme.

Quoi qu'il en soit, la connaissance des faits ne sera retenue par Hobbes que dans les étroites limites de sa validité, elle ne rend possible qu'une histoire, simple collection ou registre des faits:

" Le registre où est consignée la *connaissance du fait* se nomme *histoire.* Il y en a de deux sortes; l'une s'appelle *histoire naturelle,* c'est l'histoire des faits, ou effets, de la nature, indépendants de la *volonté* humaine; telle est l'histoire des *métaux,* des *plantes,* des *animaux,* des *régions* et ainsi de suite. L'autre est l'*histoire civile:* c'est l'histoire des actions volontaires des hommes dans les Républiques" (*Lev.,* chap. IX, p. 148, trad. p. 79).

Mais l'histoire ne pourra jamais valoir comme science, car les faits eux-mêmes ne prouvent rien, et la connaissance historique ne relève en aucune manière d'une déduction rationnelle des effets à partir de leurs causes. L'histoire, quoique utile et même nécessaire à la philosophie, ne lui fournira que des exemples pour appuyer ou pour exercer ses ratiocinations. C'est là tout l'usage que la philosophie politique du *Léviathan* fera de l'histoire ancienne des Grecs ou de l'Ecriture sainte. Dans le *De Homine*, Hobbes ira jusqu'à affirmer que la vérité des faits rapportés n'est pas absolument indispensable à leur usage par la philosophie, pourvu qu'ils n'enferment aucune contradiction ou impossibilité:

> "Les lettres sont aussi un bien [...]. Elles sont aussi utiles, surtout l'histoire, car elles fournissent des expériences, sur lesquelles s'appuient les sciences des causes; l'histoire naturelle, en tout cas, en fournit à la physique, l'histoire politique à la science politique et à la morale; et ceci, qu'elles soient vraies ou fausses, pourvu qu'elles ne soient pas impossibles" (*D.H.*, *O.L.* II, chap. XI, 10, p. 100; cf. *D.C.*, *O.L.* I, chap. I, 8, p. 9).

Au point de vue de la physique des phénomènes de la nature, le statut que Hobbes attribue à l'expérience est comparable à celui que lui assigne Descartes. En effet l'expérience n'a qu'une fonction de discrimination, elle permet seulement le choix entre différentes hypothèses logiquement et mathématiquement possibles. Ainsi l'expérience peut-elle uniquement attester de la valeur explicative d'une loi mathématique dans la physique du monde sensible.

Cette réduction de l'expérience à une fonction simplement discriminatoire permet de comprendre l'opposition de Hobbes à la méthode inductive de Bacon. En effet, l'expérience assume une double fonction dans la méthode baconienne. D'une part, elle doit faire obstacle aux anticipations, produits spontanés d'une raison qui laisse échapper la diversité et la richesse de la nature pour s'arrêter à des principes généraux formels et vides. D'autre part, elle doit fournir le fondement sur lequel la véritable induction se constitue par l'établissement d'inventaires, de tables et de registres de faits, qui ne s'en tiennent pas à une simple énumération, mais s'étendent à des faits nouveaux et emploient l'exclusion des faits non-concluants. La véritable induction consiste ainsi pour l'entendement à construire l'échelle d'un savoir qui s'élève par degrés continus: "des faits particuliers aux axiomes du dernier ordre, de ceux-ci aux axiomes moyens, lesquels s'élèvent peu à peu les uns au-dessus des autres pour arriver enfin aux plus généraux de tous" (*Novum organum*, I, CIV, trad. p. 303). Mais précisément cette méthode présuppose qu'il soit possible de fonder l'universel sur le particulier, et la connaissance de la cause sur la connaissance du fait. Or ces présuppositions sont rejetées par Hobbes, parce qu'on ne peut conférer à un inventaire de cas particuliers, si ample soit-il, une valeur universelle, et que jamais les liaisons empiriques de faits ne peuvent présenter la nécessité qu'implique le concept de causalité.

L'induction ne peut constituer la méthode de la science, parce qu'elle ne nous permettra jamais d'accéder à des principes universels et de déboucher sur une connaissance nécessaire. Par là même la méthode inductive est définitivement rejetée hors du champ de la philosophie au profit de la méthode déductive, dans laquelle l'accent sera porté sur les catégories logiques et l'instrument mathématique. De la cause la plus universelle, à savoir le mouvement, et de la distinction entre substance et accident, les lois du mouvement et de la composition des mouvements seront engendrées par une déduction discursive permettant l'application des mathématiques à la physique, puisque l'expérience opère une discrimination entre les différentes lois du mouvement logiquement et mathématiquement possibles.

Dès lors nous comprenons qu'il faille distinguer deux aspects de la théorie physique: l'un, entièrement *a priori* des causes aux effets, concerne les lois du mouvement déduites des catégories les plus générales de la connaissance humaine établies dans la *philosophia prima;* l'autre, *a posteriori* et hypothétique des effets aux causes possibles, concerne la *physica* proprement dite comme connaissance du monde sensible. Se justifie ainsi la double démarche de la méthode philosophique:

> *"Par conséquent, la méthode pour philosopher est la plus courte investigation des effets par la connaissance des causes, ou des causes par de la connaissance des effets"* (D.C., O.L. I, chap. VI, pp. 58-59).

La déduction *a priori* des causes aux effets concerne la *philosophia prima,* les mathématiques et la physique théorique des lois du mouvement, tandis que l'inférence des causes possibles à partir des effets concerne la physique appliquée à l'explication des phénomènes sensibles. Mais la physique appliquée, étudiée dans la quatrième partie du *De Corpore,* dépendra entièrement de la physique théorique, développée dans la troisième partie de la même œuvre. Ainsi Hobbes peut-il dire, dans l'article premier du chapitre XXV, que la physique du monde sensible ne vise pas à établir des principes universels, qui l'ont déjà été dans la *philosophia prima* et la physique théorique, mais à rechercher ceux qui ont été placés dans les choses elles-mêmes par le fondateur de la nature et que nous observons en elle. Cette physique des phénomènes ne donnera donc pas lieu à de nouveaux théorèmes universels, mais à des propositions singulières qui seront l'application des définitions et des théorèmes universels. On comprend, par là même, que l'expérience ne puisse avoir qu'un statut discriminatoire. Ainsi, dans la troisième partie du *De Corpore* intitulée *"De rationibus motuum et magnitudinum"*, Hobbes donne-t-il des formules du mouvement qui, mises à part celle du mouvement uniforme et celle du mouvement uniformément accéléré, ne peuvent avoir aucune application expérimentale. Le nominalisme est donc lié à un conventionalisme de la connaissance, la théorie retenue pour l'explication de la nature sera l'objet d'un choix déterminé à la fois par son efficacité explicative, sa simplicité et le petit nombre des hypothèses qu'elle requiert. La validité de la théorie physique dépendra donc de sa conformité aux faits.

Il faut donc distinguer la valeur explicative d'une théorie de sa valeur de vérité: la première dépend de la conformité à l'expérience, tandis que la seconde est logico-mathématique, dépendant des définitions nominales posées comme principes du savoir et des définitions génétiques. Cette distinction entre explication et vérité est extrêmement importante, car l'expérience ne peut pas plus nous permettre de produire un théorème général, qu'elle ne peut en garantir la vérité. La thèse selon laquelle la vérité n'est pas vérité de la chose mais vérité de la proposition et de la démonstration, trouve ici son application physique. Il n'y a pas plus de dogmatisme physique, chez Hobbes, qu'il n'y a de dogmatisme métaphysique. La raison produit des instruments de connaissance, et nullement une vérité absolue qui serait la vérité de la chose même. La physique des phénomènes ne parvient ainsi qu'aux causes possibles, et non pas aux causes certaines des effets ou apparences sensibles. La physique ne pourra donc jamais dépasser le seuil d'une certitude morale pour atteindre, comme le voulait Descartes à la fin des *Principes de la philosophie,* une certitude plus que morale, c'est-à-dire une certitude métaphysique, parce que la médiation théologique (la véracité divine) qui fondait chez Descartes le passage de l'une à l'autre a été rejetée:

> "Les principes de la physique ne sont pas très certains comme le sont les définitions et les axiomes en mathématique, mais ils sont seulement supposés. En effet, rien n'interdit que Dieu, fondateur *(conditor)* de la nature, n'ait pu former le même effet naturel de multiples façons" (*P.P., O.L.* IV, p. 299).

Dès lors, ni la valeur de vérité ni la valeur explicative de la connaissance ne peuvent se convertir en valeur ontologique, les choses en elles-mêmes dans leur identité à soi échappent définitivement au savoir. Bien plus, en ce domaine la recherche d'une vérité absolue serait aussi illusoire qu'inutile. Illusoire, parce qu'elle impliquerait un retour au discours ontologique; inutile, parce que l'efficacité explicative des lois du mouvement suffit à assurer notre savoir et à diriger notre action. On comprend donc déjà que le matérialisme de Hobbes sera un matérialisme gnoséologique, c'est-à-dire un système d'explication des phénomènes, et non pas un matérialisme ontologique. La métaphysique de la séparation détermine donc le statut du savoir physique.

2) *Homogénéité.* L'exclusion de la méthode inductive et la réduction de l'expérience à une fonction discriminatoire conduisent à une homogénéisation du savoir dont la méthode géométrique fournit le modèle. En effet, la géométrie procure le modèle d'une connaissance causale ou génétique: par exemple, la définition du cercle, comme une figure engendrée par le mouvement sur un plan d'une ligne droite dont une extrémité reste immobile, est une connaissance par la cause, susceptible de rendre compte de toutes les propriétés du cercle construit dans la structure spatiale de la représentation (cf. *D.C., O.L.* I, chap. I, 5, p. 5; *ibid.*, chap. VI, 13, p. 72; *Ex., O.L.* IV, p. 64). Ainsi Hobbes propose-t-il dans son *Examinatio et Emendatio Mathematicae Hodiernae* (1660), une réforme de la géométrie visant à étendre la méthode génétique à toutes les définitions et à toutes les démonstrations géométriques [38]: "en effet la variété de toutes les figures naît de la variété des mouvements qui les construisent" (*D.C., O.L.* I, chap. VI, 5, p. 62). La ligne est produite par le mouvement d'un point, la surface par le mouvement de la ligne, le solide par le mouvement de la surface (cf. *ibid.*, chap. VIII, 12, p. 99; *ibid.*, chap. VI, 6, p. 63; *Ex, O.L.* IV, p. 31; *S.L., E.W.* VII, p. 214). Si les meilleures définitions "sont celles qui énoncent la cause ou la génération de la chose" (*S.L., E.W. VII*, p.212, cf. *Ex., O.L.* IV, pp. 86-87), c'est, d'une part, parce qu'elles rendent compte de la possibilité de la chose, et d'autre part, parce qu'elles permettent d'en connaître toutes les propriétés. De plus, la fin de la démonstration étant la connaissance de la cause et de la génération de la chose, cette cause doit se trouver dans la définition, sans quoi on ne la retrouverait dans aucune des conclusions successives de la démonstration (cf. *D.C., O.L.* I, chap. VI, 13, pp. 72-73). La géométrie doit donc se réformer elle-même pour produire un savoir pleinement démonstratif, c'est-à-dire intégralement génétique et constructif.

Mais la conséquence principale est ailleurs, elle consiste dans l'universalisation, par extension à l'ensemble de la philosophie, du principe: *"scire est per causam scire"* (*Ex., O.L.* IV, p. 42; cf. *P.P.,*

O.L. V, p. 156); *"science is that knowledge which is derived from the comprehension of the cause"* (*S.L.*, *E.W.* VII, p. 212), un peu plus haut dans ce dernier texte Hobbes précisait: *"...from a precognition of causes"* (*ibid.*, p. 210). C'est ce concept de la science qui explique l'opposition établie par le *De Corpore* entre la connaissance rationnelle de la cause et la connaissance empirique du fait:

> "C'est pourquoi la science est science *du pourquoi (tou dioti)* c'est-à-dire des causes; toute autre connaissance dite *du fait (tou oti)* est sensation, ou persistant à partir de la sensation, imagination ou mémoire" (*D.C.*, *O.L.* I, chap. VI, 1, p. 59) .

Or, cette distinction de la connaissance du pourquoi et de la connaissance du fait, Hobbes la reprend aux *Seconds Analytiques* d'Aristote, mais en lui donnant un sens antiaristotélicien. Car si Aristote affirme bien que: "la connaissance du *fait* diffère de la connaissance du *pourquoi"* (I, 13, 78 a, 22, trad. p. 72), il n'entend pas par là qu'il ne peut y avoir de science du fait, et encore moins qu'on doive exiger de toutes les sciences des démonstrations de type mathématique. Ainsi la connaissance du fait et celle du pourquoi peuvent-elles appartenir à la même science ou à des sciences différentes:

> "Telles sont donc, dans une même science et suivant la position des moyens termes, les différences entre le syllogisme du fait et le syllogisme du pourquoi. Mais il y a encore une autre façon dont le fait et le pourquoi diffèrent, et c'est quand chacun d'eux est considéré par une science différente" (*ibid.*, 78 b, 31-35, trad. p. 77).

Mieux, dans l'*Ethique à Nicomaque,* Aristote précise à propos de la méthode de la science politique:

> "Mais nous devons aussi nous souvenir de ce que nous avons dit précédemment et ne pas chercher une égale précision en toutes choses, mais au contraire, en chaque cas particulier tendre à l'exactitude que comporte la matière traitée, et seulement dans la mesure appropriée à notre investigation. Et, en effet, un charpentier et un géomètre font bien porter leur recherche l'un et l'autre sur l'angle droit, mais c'est d'une façon différente: le premier veut seulement un angle qui lui serve pour son travail, tandis que le second cherche l'essence de l'angle droit ou ses propriétés, car le géomètre est un contemplateur de la vérité. C'est de la même façon dès lors qu'il nous faut procéder pour tout le reste, de manière à éviter que dans nos travaux les à-côtés ne l'emportent sur le principal. On ne doit pas non plus exiger la cause en toutes choses indifféremment: il suffit, dans certains cas que le fait soit clairement dégagé, comme par exemple en ce qui concerne les principes: le fait vient en premier, c'est le point de départ. Et parmi les principes, les uns sont

appréhendés par l'induction, d'autres par la sensation, d'autres enfin par une sorte d'habitude, les différents principes étant ainsi connus de différentes façons; et nous devons essayer d'aller à la recherche de chacun d'eux d'une manière appropriée à sa nature" [39].

Ainsi pour ce qui a trait à la politique: "le point de départ est le fait, et si le *fait* était suffisamment clair, nous serions dispensés de connaître en sus le *pourquoi*" (*Eth. Nic.*, 1095, 5-7, trad. p. 42). Or c'est précisément cette pluralité des méthodes de connaissance, liée à la différence de nature des objets connus, que Hobbes remet fondamentalement en question. Désormais il n'y a plus de science que *du pourquoi* et qu'une seule méthode, celle de la géométrie. La *ratio* ne se conforme plus à la nature de la chose mais la soumet à ses propres nécessités internes en la traitant *more geometrico*.

Cependant le *mos geometricus* n'a pas le même sens chez Hobbes et chez Spinoza. Car, pour Spinoza, le caractère propre de la méthode génétique de la géométrie est de nous faire connaître l'essence des objets, elle fournit donc le modèle d'une connaissance adéquate de l'essence des choses: "La définition, pour être dite parfaite, devra révéler l'essence intime de la chose et nous aurons soin de ne pas mettre des *propria* à la place de cette essence" (*De int. emend.*, trad. p. 78). La géométrie manifeste ainsi la puissance de vérité de l'entendement, non seulement en ce qui concerne les êtres de raison, mais aussi les êtres physiquement réels. Comme l'écrit M. Gueroult: "En conséquence, révélant ce qu'est l'Entendement, et par là même ce que c'est que connaître le vrai, la Géométrie doit être *l'institutrice de toute connaissance vraie*, et imposer sa méthode comme charte universelle du savoir humain" (*Spinoza II*, op. cit., pp. 477-478). Mais du même coup, révélant l'entendement à lui-même, la géométrie devient un exemple particulier de la spontanéité de l'entendement humain à connaître le vrai, spontanéité qui est celle même de Dieu, et par laquelle l'entendement humain produit ses idées comme Dieu les produit. D'où il résulte deux conséquences: d'une part, parce que notre entendement est une partie de l'entendement divin, la connaissance génétique pénètre l'essence intime des choses et se trouve investie d'une pleine et entière valeur ontologique; d'autre part, puisque la géométrie est une manifestation de notre puissance de connaître, la connaissance qu'elle produit se trouve régie de l'intérieur par les lois de la nature de notre entendement qui sont celles de la nature de Dieu. Or, le modèle géométrique joue exactement à l'inverse chez Hobbes, comme on peut le voir dans ce texte du *De Homine*:

"Il y a donc de très nombreux théorèmes démontrables qui concernent la quantité, et leur science s'appelle géométrie. Etant donné, en effet, que les causes des propriétés que possèdent les figures particulières résident dans les lignes que nous traçons nous-mêmes et que les générations des figures dépendent de notre volonté, il n'est requis pour connaître une propriété quelconque d'une figure que de considérer toutes les conséquences de la construction que nous faisons nous-mêmes en traçant les lignes de la figure. C'est donc parce que nous créons nous-mêmes les figures, que la géométrie se trouve considérée comme démontrable, et qu'elle l'est" (*D. H., O.L.*, II, 5, p. 93).

Arrêtons-nous là pour l'instant. La géométrie est un savoir démonstratif par la cause dans la mesure où nous en construisons nous-mêmes les objets. Ce qui implique que la connaissance n'est parfaitement démonstrative, que lorsque l'entendement ne trouve dans l'objet du savoir que ce qu'il y a mis lui-même. Or cela exige que la puissance de connaître de cet entendement soit liée à la volonté, pour devenir une puissance de faire. La géométrie apparaît donc comme le modèle d'un savoir où le développement de la connaissance coïncide avec la production de l'objet connu:

"Donc cette science par laquelle nous savons qu'un théorème est vrai est une connaissance dérivée des causes, ou de la génération du sujet, au moyen d'une ratiocination correcte" (*ibid.*, 4, p. 92).

Or cette génération est une production: *ex nostro arbitrio*. Si nous connaissons les propriétés par leurs causes, c'est que l'entendement, lié à la volonté, crée lui-même ces causes. Ainsi la géométrie est une science *a priori* parce qu'elle trouve une origine absolue dans la puissance de faire de l'homme:

"Ainsi, la science démonstrative qui a été concédée à l'homme *a priori* est celle de ces seules choses dont la génération dépend de la volonté des hommes eux-mêmes" (*ibid.*).

C'est pourquoi la connaissance génétique ne pourra être parfaitement adéquate que pour les objets dont l'existence dépend de la volonté et de l'entendement humains. Ainsi, loin de se présenter comme l'exemple privilégié d'une connaissance régie du dedans par les lois de la nature d'un entendement dont les nécessités internes ne dépendent pas de nous, la géométrie devient l'exemple privilégié de la puissance d'arbitraire du faire humain. Arbitraire, ne veut pas dire ici sans cause ou sans motivation, mais qualifie la puissance de faire de l'entendement lié à la volonté comme puissance de construction d'artifices. Il n'est par conséquent pas question de transposer la connaissance génétique des êtres de raison aux êtres physiquement réels, ou de prétendre à une connaissance de leur essence. C'est exactement ce que dit Hobbes dans la suite de notre texte:

> "Au contraire, étant donné que les causes des choses naturelles ne sont pas en notre pouvoir *(in nostra potestate)* mais dans la volonté divine *(in voluntate divina),* et que la plus grande partie, et assurément l'éther, en est invisible, nous ne pouvons pas déduire leurs propriétés à partir de leurs causes, puisque nous ne les voyons pas" *(ibid.,* 5, p. 93).

Loin de coïncider avec l'entendement divin et de concevoir les choses comme Dieu les conçoit, l'entendement humain lié au vouloir est radicalement séparé du vouloir divin, par conséquent les déductions de la raison ne peuvent en aucune façon exprimer la production des êtres naturels à partir de la substance divine. Cette séparation d'avec Dieu fonde la séparation d'avec la nature et rend raison de l'impossibilité pour le savoir humain de prétendre à une quelconque valeur ontologique. Dans la mesure où nous ne produisons pas les choses naturelles, nous ne pourrons jamais les connaître telles qu'elles ont été en elles-mêmes créées par Dieu, et telles qu'elles sont encore sous sa dépendance.

Ainsi, bien que le modèle géométrique de la connaissance génétique révèle, pour Hobbes, comme pour Spinoza, la puissance de l'entendement à connaître le vrai, ce modèle a chez l'un une signification radicalement différente de celle qu'il aura chez l'autre. Pour Spinoza, la pensée humaine est régie par les lois de la nature de l'entendement qui sont également celles de la pensée divine, et par conséquent la pensée humaine exprime les nécessités déployées dans la production des êtres réels par la substance divine. En revanche, pour Hobbes, l'entendement humain lié à la volonté est une puissance de faire radicalement séparée de Dieu, et par conséquent séparée de la nature des choses créées et dépendantes de la puissance et de la volonté divines. D'un côté, il y a nature et validité ontologique absolue du savoir, de l'autre, il y a artifice et absence totale de validité ontologique de la connaissance. Mais dès lors faut-il en conclure que pour Hobbes nous ne pouvons rien connaître de la nature ? A cette question la réponse doit être négative, comme le montre la suite du texte du *De Homine:*

> "Et cependant, à partir des propriétés que nous voyons, il est permis d'en arriver, en déduisant leurs conséquences, à la démonstration que ces propriétés ont pu avoir telles ou telles causes. Cette démonstration est appelée *a posteriori,* et la science elle-même [est appelée] physique" *(ibid.).*

Une connaissance de la nature nous est possible à partir des propriétés que nous pouvons percevoir, c'est-à-dire des effets apparaissants ou des phénomènes que les choses produisent en nous. La connaissance de la nature part donc de la perception sensible, c'est-à-dire de la représentation. C'est pourquoi la physique appliquée au monde sensible ne pourra être qu'*a posteriori*. La raison, grâce à l'usage des mots, inférera les causes de nos représentations. Mais ces causes ne seront que des causes possibles, et non pas certaines. Rien ne garantit, en effet, que les choses soient telles que nous les concevons. La connaissance sera donc simplement hypothétique, elle aura une valeur explicative, susceptible de rendre compte des faits, mais restera, toujours à distance des choses mêmes, définitivement nominale et conditionnelle.

Cependant, cette distinction d'une connaissance géométrique *a priori* et d'une connaissance physique *a posteriori* n'introduit-elle pas une hétérogénéité des méthodes ? La connaissance génétique peut-elle avoir une place en physique ? Autrement dit, y a-t-il encore place pour une physique mathématique ? La réponse de Hobbes à ces questions est sans équivoque: "Et puisqu'on ne peut pas aller de ce qui est second à ce qui est premier, en raisonnant sur les choses naturelles qui s'accomplissent par le mouvement, sans connaître les conséquences de chaque espèce de mouvement, ni connaître les conséquences des mouvements sans connaître la quantité, c'est-à-dire la géométrie" *(ibid.),* il en résulte que les démonstrations qui relèvent de la physique ont également un caractère *a priori.* En effet, si en un sens la méthode de la physique fait intervenir un élément hétérogène à l'unité du comprendre et du vouloir exigée par la méthode génétique, en un autre sens elle doit valoir comme science, et non comme simple connaissance empirique de fait, c'est-à-dire qu'elle doit mettre en œuvre une connaissance des causes qui exige l'application de la géométrie. Ainsi la démonstration reste-t-elle toujours *a priori* par les causes, même dans le cas des démonstrations physiques; ce n'est que la valeur explicative des différentes démonstrations possibles qui est inférée à partir de l'effet. On comprend donc que les démonstrations mathématiques se transforment, au point de vue de la physique, en autant d'hypothèses que l'expérience permet seulement de sélectionner.

La distinction des deux démarches de la méthode philosophique – des causes aux effets et des effets aux causes possibles – n'est pas la distinction de deux méthodes. La méthode est toujours la même: déductive et génétique; seulement en physique il faut en outre que la démonstration s'applique aux phénomènes. Ce n'est que la valeur explicative d'une démonstration, déjà effectuée des causes aux effets, qui sera déterminée suivant la procédure inverse des effets aux causes. Ainsi Hobbes distingue-t-il les mathématiques pures, qui traitent de la quantité dans l'abstrait sans rapport à l'expérience, des mathématiques mixtes comme l'astronomie et la physique (appliquée), dont les parties se conforment à la variété des régions de l'univers. Cependant, il reste que la connaissance mathématique des causes ne procure à la physique qu'une connaissance des causes possibles des phénomènes naturels. La vérité de la connaissance n'y sera jamais la vérité de la chose. Puisque l'essence des choses nous est inaccessible et que le discours ontologique est illusoire, la connaissance produite par la puissance de faire de l'entendement lié à la volonté quitte la nature pour se déployer dans l'artifice. Le nominalisme impliquait une prise de conscience de l'activité humaine dans l'élaboration du savoir, il nous amène maintenant à en tirer la conséquence ultime: tout savoir est artificiel, parce qu'il est l'œuvre de l'homme et non de la nature. Savoir, c'est d'abord faire et ensuite pouvoir.

Reste que, de manière tout à fait paradoxale en apparence, c'est précisément la même séparation de l'entendement et du vouloir humains, d'une part, et du vouloir divin, d'autre part, qui, d'un côté, ôte toute valeur ontologique à la connaissance, lorsque la production de l'objet ne coïncide pas avec le développement du savoir, et qui, de l'autre, fait de la puissance de faire de l'homme une imitation de la puissance de faire de Dieu. En effet, la puissance de faire de l'entendement humain lié au vouloir, imite les productions de la volonté divine. On pourrait ainsi dire, que la géométrie est un art divin par lequel l'homme, séparé de Dieu, en reste néanmoins l'image. Or ce que nous disons là de la géométrie est exactement ce que dit Hobbes de la politique dans l'introduction du *Léviathan:*

"La nature, cet art par lequel Dieu a produit le monde et le gouverne, est imitée par l'*art* de l'homme en ceci comme en beaucoup d'autres choses, qu'un tel art peut produire un animal artificiel.[...] Mais l'*art* va encore plus loin, en imitant cet ouvrage raisonnable, et le plus excellent, de la nature: l'*homme*. Car c'est l'art qui crée ce grand LEVIATHAN qu'on appelle RÉPUBLIQUE *(COMMON-WEALTH)* ou ETAT *(STATE)* (*CIVITAS* en latin)" (*Lev.*, intro., p.81, trad. p. 5).

La puissance de faire de l'homme imite dans la fondation de l'Etat la puissance de créer de Dieu dans la fondation de la nature. L'artifice imite la nature, c'est pourquoi la comparaison peut être inversée, et la nature peut être considérée comme un art divin. Le *Fiat* humain imite dans l'artifice le *Fiat* divin:

"Enfin les *pactes* et *conventions* par lesquels les parties de ce corps politique ont été à l'origine produites, assemblées et unifiées ressemblent au *Fiat* ou au *Faisons l'homme* que prononça Dieu lors de la création" *(ibid.*, p. 82, trad. p.6).

Ce n'est donc pas uniquement dans le domaine des êtres de raison que la puissance de faire de l'homme imite la puissance de faire du vouloir incompréhensible de Dieu. Ainsi Hobbes se propose d'étendre le modèle géométrique du savoir à la politique, et revendique pour la science politique la possiblité d'être *a priori:*

"En outre, la politique et l'éthique, c'est-à-dire la science *du juste* et de *l'injuste*, de *l'équitable* et de *l'inique*, peut être démontrée *a priori;* parce que les principes d'où découlent *le juste* et *l'équitable*, et à l'inverse *l'injuste* et *l'inique*, nous savons ce qu'ils sont, c'est-à-dire que nous avons fait nous-mêmes les causes de la justice: les lois et les pactes. Car avant la fondation des pactes et des lois *(Nam ante pacta et leges conditas)*, il n'y avait pas plus de justice ou d'injustice, ni de nature du bien et du mal publics, parmi les hommes que parmi les bêtes" *(D.H., O.L.* II, chap. X, p. 94).

La possibilité d'une science politique *a priori* tient à ce que nous faisons nous-mêmes les causes de l'existence de l'Etat, qui sont en même temps les principes de sa rationalité. Autrement dit, pour Hobbes la fondation d'une science politique démonstrative, qui prend pour modèle le savoir génétique de la géométrie, n'est possible que parce qu'il y a fondation du politique, c'est-à-dire de l'Etat. La possibilité de la science est liée à la détermination de l'essence de son objet. L'extension de la méthode géométrique à la politique implique que l'objet de cette dernière puisse être, au moins à certains égards, comparable à l'objet de la première. Car si la géométrie étudie des quantités continues et des figures abstraites alors que la politique a pour objet un être réel, cet être réel n'est pas naturel mais artificiel, c'est-à-dire produit par la volonté des hommes. C'est donc en tant qu'être artificiel que l'Etat est comparable aux êtres abstraits de la géométrie, et c'est à cette seule condition que la méthode génétique, où la génération est une production, peut s'étendre à la politique. L'artificiel comme l'abstrait s'opposent à la chose naturelle dans la mesure où ils relèvent du faire humain, unité du connaître et du vouloir, unité de la raison et de l'objet.

L'unité et l'homogénéité de la méthode ouvrent ainsi la possibilité d'une science politique *a priori*. A priori est à entendre ici par opposition à historique. La politique ne sera donc ni une histoire des Etats, ni une description empirique ou un inventaire des formes de gouvernement, ni une discussion sur le meilleur gouvernement, mais une déduction de la nécessité d'une fondation originaire et anhistorique de l'Etat. Cette science doit permettre de sortir, par la certitude du savoir, du conflit des opinions sur le bien et le mal, le juste et l'injuste, parce que la fondation de l'Etat est en même temps fondation du code juridique qui détermine le règle du juste et de l'injuste, comme la géométrie établit les règles qui assurent la rigueur de la démonstration:

> "L'art *(skill, scientia)* d'établir et de maintenir des Républiques repose, comme l'arithmétique et la géométrie sur des règles déterminées; et non comme le jeu de paume sur la seule pratique" (*Lev.*, chap. XX, p. 261, trad. pp. 219-220).

On voit donc comment l'effondrement de l'ontologie – impliqué par la métaphysique de la séparation et sur lequel repose l'unité de la méthode démonstrative – est la condition de la fondation d'une science politique qui est science de la fondation du politique. L'instauration *a priori* de l'ordre juridique est le corrélat de la perte de l'ordre ontologique.

Reste cependant une question incontournable: le rapport de la connaissance et de l'objet n'est-il pas fondamentalement différent en géométrie et en politique ? Car si, d'un côté, la connaissance coïncide avec l'engendrement de l'objet, de l'autre, il semble que le faire politique reste nécessairement extérieur au savoir politique. Ainsi, tandis qu'en géométrie il n'est possible de raisonner rigoureusement que sur des figures bien construites, et inversement, de bien construire les figures qu'à condition de raisonner rigoureusement, en revanche, en politique, l'Etat a existé avant l'avènement de la science politique, et inversement, l'avènement de la science politique n'empêche pas la perte de l'Etat dans la guerre civile. On pourra certes répondre à cela que les hommes ont su construire empiriquement des figures et en connaître quelques propriétés sans posséder la connaissance de la géométrie génétique, et à rebours, que l'existence de la géométrie n'empêche pas les hommes de tomber dans l'erreur en raisonnant:

> "De même qu'en arithmétique il est inévitable que les hommes inexpérimentés se trompent, à maintes reprises, et parviennent à un résultat faux, et que cela peut arriver à ceux-là mêmes qui font profession de cet art, de même dans toute autre matière à raisonnement les hommes les plus capables, les plus attentifs et les plus expérimentés peuvent s'égarer et inférer de fausses conclusions: non que la raison elle-même ne soit pas toujours la droite raison et que pareillement l'arithmétique ne soit pas un art certain et infaillible; mais la raison d'aucun homme, ni d'ailleurs d'un nombre quelconque d'hommes ne rend les choses plus certaines; pas plus qu'un compte n'est correct dans son résultat pour la seule raison

qu'un grand nombre l'ont unanimement approuvé" (*Lev.*, chap. V, p. 111, trad. p. 38).

Cette réponse permet à Hobbes d'expliquer la plupart des misères et des drames produits par la guerre civile, par l'absence d'une science politique rigoureusement démontrée (cf. *D.C.*, *O.L.* I, chap. I, 7, pp. 6-9) ou par l'ignorance des sujets et "la maladresse des gouvernants, ignorants des vraies règles de la politique" (*Lev.*, chap. XIX, p. 251, trad. p. 205), ainsi que d'espérer une utilité pratique de la politique spéculative :

> "Ni Platon, ni jusqu'ici, aucun autre philosophe, n'ont mis en ordre, et prouvé d'une façon adéquate ou seulement probable tous les théorèmes de la morale propres à apprendre aux hommes à gouverner et à obéir; je me remets à espérer quelque peu qu'à un moment ou à un autre mon présent travail pourrait tomber entre les mains d'un souverain qui en prendra connaissance par lui-même (car il est court, et, me semble-t-il, clair), sans l'aide d'un interprète intéressé ou envieux, et qui par l'exercice de sa pleine souveraineté, en donnant sa protection à l'enseignement officiel de mon ouvrage, convertira cette vérité spéculative en utilité pratique" (*ibid.*, chap. XXXI, pp. 407-408, trad. p. 392).

Mais cette réponse à notre question est insuffisante, pour cette raison essentielle qu'au point de vue politique le procès de connaissance n'est jamais en lui-même un procès de production de la chose. Autrement dit, la fondation de la science politique n'est pas par elle-même fondation de l'Etat, alors que la géométrie produit la figure dans le mouvement même par lequel elle la connaît. Il semble donc que le modèle géométrique excède les possibilités de la science politique, ou encore que l'unité du connaître et du vouloir dans le faire géométrique ne puisse jamais être réalisé en politique, où le vouloir collectif qui fonde l'Etat reste extérieur à la rationalité qui en rend compte. Mais dès lors si le *verum* doit être convertible avec le *factum* [40] pour que la science soit certaine et *a priori,* l'idée même d'une extension de la rationalité géométrique à la politique n'est-elle pas dans son principe vouée à l'échec ? Le modèle géométrique n'est-il pas trop exigeant pour s'appliquer à la réalité politique ? A l'inverse, si l'on maintient les exigences du modèle, celui-ci n'est-il pas condamné à laisser échapper la réalité politique ?

Pour répondre à ces questions notons que Hobbes, loin de nier cette extériorité du connaître et du vouloir en politique, au contraire, la reconnaît et l'affirme. Mais cette extériorité ne tient qu'à ce que le faire humain n'est qu'une imitation du faire divin, et par conséquent, à ce qu'il ne peut prétendre à la parfaite coïncidence du développement de la rationalité et de la construction de l'objet que dans le cas des êtres abstraits de la géométrie. En revanche, l'unité de la volonté et de la raison ne peut se réaliser complètement dans la fondation humaine de cet être réel quoique artificiel qu'est l'Etat, comme elle se réalise (incompréhensiblement) dans la fondation divine de la nature:

> "Encore que rien ne puisse être immortel, de ce que fabriquent les mortels, néanmoins, si les hommes avaient cet usage de la raison auquel ils prétendent, leurs Républiques pourraient au moins être mises à l'abri du danger de périr de maladies internes. En effet, par la nature même de leur institution, elles sont conçues pour vivre aussi longtemps que l'humanité, ou aussi longtemps que les lois de la nature ou que la justice elle-même, de laquelle elles tirent leur vie. Aussi, quand il leur arrive d'être dissoutes, non par une violence externe mais par un désordre intestin, la responsabilité n'en incombe-t-elle pas aux hommes en tant qu'ils sont la *matière* de la République, mais en tant qu'ils sont ses *fabricants* et ses ordonnateurs. En effet, même si les hommes, lassés à la longue de se cogner et de s'écorcher au hasard l'un contre l'autre, désirent de tout leur cœur s'harmoniser les uns aux autres en un édifice solide et durable, il demeure que, faute de l'art de faire des lois propres à ajuster leurs actions, faute aussi de l'humilité et de la patience nécessaires pour accepter l'ablation des grossières et gênantes aspérités que comporte leur grandeur initiale, ils ne peuvent, sans l'aide d'un très habile architecte, être assemblés autrement qu'en un édifice fissuré, à peine capable de durer autant qu'eux, et destiné à coup sûr à s'effondrer sur la tête de leurs descendants" (*ibid.*, chap. XXIX, p. 363 trad. p. 342).

A l'infaillibilité incompréhensible du faire divin, où la raison émane de la volonté, dans la fondation de la nature, s'oppose la faillibilité du faire humain qui est un écart entre raison et volonté, science et existence, par lequel s'immiscent le temps, l'histoire et la mort, qui affectent dans son principe même la fondation de l'Etat:

> "Et encore que la souveraineté, dans l'intention de ceux qui la fondent, soit immortelle, elle n'en est pas moins, non seulement sujette, par sa nature propre, à la mort violente du fait de la guerre étrangère, mais aussi habitée, dès son institution, du fait de l'ignorance et des passions des hommes, par de multiples germes de cette mortalité naturelle qu'apporte la discorde intestine" (*ibid.*, chap. XXI, p. 272, p.234).

Mais ce même écart entre science et existence ouvre aussi la possibilité d'un art politique, d'un art de gouverner, c'est-à-dire d'inscrire les règles démontrées du droit dans la réalité de fait:

> "Et de toute manière, un argument tiré de la pratique d'hommes qui n'ont pas entièrement passé au crible, et pesé selon des procédés rigoureux, les causes et la nature des Républiques, et qui endurent

quotidiennement les misères issues d'une telle ignorance, est sans valeur. En effet, même si en tous les endroits du monde les hommes établissaient sur le sable les fondations de leurs maisons, on ne pourrait pas inférer de là qu'il doit en être ainsi" (*ibid.*, chap. XX, p. 261, trad. p. 219).

3) *Analyse et synthèse.* L'unité de la méthode démonstrative assure donc bien chez Hobbes l'homogénéité de la science, définie à partir des procédures génétiques et déductives du savoir, quelle que soit l'hétérogénéité des objets connus. Cette méthode de démonstration, Hobbes la caractérise également comme compositive *(compositiva)* ou synthétique *(synthetica),* parce qu'elle part des principes et des causes universels de la connaissance humaine, établis dans la *philosophia prima,* pour en déduire la connaissance des causes des choses singulières. Mais cette définition de la démonstration suppose que nous soyons déjà en possession des premières causes et des premiers principes qui ne peuvent être eux-mêmes déduits puisqu'ils président à toute démonstration. Il faut donc supposer une autre méthode qui nous permette d'accéder aux universaux *(universalia)* de la connaissance humaine. Il doit s'agir cette fois d'une méthode d'invention résolutive *(resolutiva)* ou analytique *(analytica):* "nous concluons donc que la méthode de recherche des connaissances universelles des choses est purement analytique" *(D.C., O.L.* I, chap. VI, 4, pp. 61-62). En ce sens, on peut dire que la méthode analytique n'est pas à proprement parler la méthode de la science, laquelle consiste uniquement dans la démonstration, mais elle conditionne la possibilité de la science parce qu'elle permet d'accéder aux principes.

Avant de revenir sur la méthode analytique d'invention et sur le statut des premiers principes et des premières causes qu'elle atteint, notons que c'est autour de ces concepts différentiels d'invention et de démonstration, de recherche et d'exposition, d'analyse et de synthèse, que se sont constituées les différentes théories de la méthode au XVII° siècle, non seulement chez Hobbes, mais aussi chez Descartes, Pascal, Spinoza et Leibniz. Seulement, qu'il s'agisse des démarches discursives, des règles pour la direction de l'esprit, des procédures de l'esprit de géométrie ou de la réflexion sur les nécessités enveloppées dans l'idée vraie donnée, le concept de la méthode repose chaque fois sur une métaphysique qui fonde le privilège accordé à l'analyse ou à la synthèse, et qui détermine la valeur (ou l'absence de valeur) ontologique du déploiement des nécessités cognitives.

En ce sens on peut dire que le XVII° siècle est l'âge des théories de la méthode, par opposition au XVI° siècle qui est celui du problème de la méthode. Problème de la méthode, parce que le concept de méthode – tel qu'il se trouve élaboré chez Agricola, Ramus, Charpentier, Galien, Zabarella et bien d'autres [41], à travers les questions de l'unité ou de la pluralité des méthodes, de l'invention ou de la découverte et de l'exposition ou de la disposition, de la référence ou de l'opposition à Platon ou à Aristote – reposait sur la critique effectuée deux siècles plus tôt par Ockham des concepts aristotéliciens de substance (perte de toute signification ontologique de l'ordre des genres et des espèces), de relation (réduite à un concept formé par l'esprit, et par conséquent opposée à l'idée aristotélicienne d'un cosmos structuré par des directions objectives), et de causalité (les mêmes effets peuvent résulter de causes différentes, ce qui reviendra chez Nicolas d'Autrecourt à concevoir la science comme un système simplement probable d'explication de la nature). Mais sans que pour autant une nouvelle métaphysique ait été fondée par les théoriciens renaissants pour assurer à nouveaux frais le rapport du connaître et de l'être. De sorte qu'à l'identité de la *ratio cognoscendi* et de la *ratio essendi* qu'assurait l'*organon* aristotélicien, se substitue au XVI° siècle le problème d'un ordre du savoir qui n'est déjà plus enraciné dans les catégories de l'être, mais qui n'est pas encore soutenu par une métaphysique de la correspondance de l'ordre de la pensée et de l'ordre des choses. Ainsi, à l'opposé de la théorie de la démonstration des *Seconds Analytiques,* où l'ontologiquement premier est également gnoséologiquement premier parce que l'essence préside au savoir comme à l'être, le XVI° siècle fait, de manière quasi-permanente, de la méthode démonstrative une simple exposition ou disposition de connaissances déjà acquises, des plus générales aux plus particulières, dont la finalité est l'enseignement.

Or Hobbes se situe à la flexion du problème renaissant et des théories modernes de la méthode. Cela ne tient pas seulement à ce qu'il reprend à l'école de Padoue, et en particulier à Zabarella, les concepts et les procédures de résolution et de composition, mais plus essentiellement, à ce qu'il assume complètement les conséquences de la rupture avec l'ontologie aristotélicienne. Ainsi, par l'idée que toute méthode procède des choses connues aux choses inconnues, Hobbes retrouve la distinction des *Seconds Analytiques* entre ce qui est plus connu pour nous et ce qui est plus connu par nature, mais pour lui donner encore une fois un sens antiaristotélicien. En effet, cette distinction concernait dans les *Seconds Analytiques* le mode de connaissance des principes premiers et indémontrables de la démonstration qui, en tant que causes de la conclusion, doivent être antérieurs et plus connus qu'elle:

> "Au surplus, *antérieur* et *plus connu* ont une double signification, car il n'y a pas identité entre ce qui est antérieur par nature et ce qui est antérieur pour nous, ni entre ce qui est plus connu par nature et ce qui est plus connu pour nous. J'appelle *antérieurs* et *plus connus pour nous* les objets les plus rapprochés de la sensation, et *antérieurs* et *plus connus d'une manière absolue,* les objets les plus éloignés des sens. Et les causes les plus universelles sont les plus éloignées des sens, tandis que les causes particulières sont les plus rapprochées, et ces notions sont ainsi opposées les unes aux autres" (*Sec. Analy.,* I, 2, 71 b 34-72 a 5, trad. pp. 9-10).

Comme le fait remarquer Hobbes, il ne faut pas conclure de cette distinction que ce qui est plus connu par nature ne soit pas plus connu pour l'homme (*D.C., O.L.* I, chap. VI, 2, p. 60), puisque l'antériorité des causes universelles est aussi celle des principes dont la préconnaissance est présupposée par toute démonstration. Ainsi Aristote projette dans les choses un ordre d'intelligibilité en soi qui assure l'identité du mode de production des choses et du mode de progression de la connaissance, et confère aux principes qui portent sur la substance formelle ou l'essence une connaissance plus exacte que la science, à savoir, l'intuition:

> "Tandis que les principes sont plus connaissables que les démonstrations, et que toute science s'accompagne de raisonnement: il en résulte que des principes il n'y aura pas science. Et puisque, à l'exception de l'intuition, aucun genre de connaissance ne peut être plus vrai que la science, c'est une intuition qui appréhendera les principes" (*Sec. Analy.,* II, 19, 100 b, 9-12, trad. p. 247).

Or, si pour Hobbes les causes et les principes universels, atteints par une opération discursive de la raison, sont également plus connus par nature par opposition aux objets des sens qui sont plus connus pour nous, l'idée d'une intuition intellectuelle a complètement disparu. Les principes premiers de toute démonstration ont perdu leur teneur ontologique, ils ne portent plus sur l'essence des choses, mais ne consistent qu'en définitions nominales qui expliquent simplement la signification du terme employé. Par conséquent, en affirmant qu'ils sont plus connus par nature, Hobbes, loin de conférer à ces principes une intelligibilité en soi, pose à l'inverse que toute démarche visant à connaître la nature telle qu'elle est en soi s'en sépare inéluctablement parce qu'elle fait nécessairement intervenir les opérations linguistiques d'abstraction et d'universalisation. L'ordre de la démonstration renvoie immédiatement à nos exigences rationnelles et non à l'ordre des choses. Les procédures d'analyse et de synthèse, de découverte et de démonstration, relèvent donc de la mise en oeuvre de la fonction linguistique définitivement à distance de la nature. C'est précisément ce rôle du langage dans l'accession résolutive aux premiers principes, qui permet de rendre compte du statut de ces principes ainsi que de l'ordre des sciences que déploie la méthode compositive. L'analyse doit en effet nous faire passer des représentations particulières de la connaissance sensible et de leur association dans l'imagination aux principes les plus généraux de la connaissance humaine, c'est-à-dire aux universaux *(universalia)* de la *philosophia prima*, et à leurs causes:

> "Mais ceux qui recherchent la science simplement, laquelle consiste dans la connaissance des causes de toutes choses, pour autant qu'elle peut être atteinte (les causes de toutes les choses singulières sont composées des causes des universaux, c'est-à-dire des [connaissances] simples), il est nécessaire qu'ils connaissent les causes des universaux ou des accidents qui sont communs à tous les corps, c'est-à-dire communs à toute matière, avant de connaître les causes des choses singulières, c'est-à-dire des accidents qui distinguent une chose d'une autre. Et derechef, il faut connaître ces universaux eux-mêmes avant de pouvoir connaître leurs causes. En outre, étant donné que les universaux sont contenus dans la nature des choses singulières, il faut les en dégager par la raison, c'est-à-dire par la résolution" *(D.C., O.L. I*, chap. VI, 4, p. 61).

La méthode résolutive reconduit donc aux causes les plus universelles, dont, en retour, la composition déduit la connaissance des causes des choses singulières. Or le point capital est que cette méthode analytique d'investigation et de découverte des causes et des principes universels n'est pas une induction, mais une analyse sémantique des termes ou une résolution des notions complexes en notions plus simples et plus générales, lesquelles constituent les composants de la définition de la notion complexe. Ainsi, par exemple, la conception ou l'idée d'un carré se laisse résoudre dans les notions de ligne, de plan, de limite, d'angle, de droit et d'égalité, qui entrent toutes dans sa définition. L'analyse est donc bien une opération de résolution discursive des termes complexes en termes plus simples et plus universels qui servent à les définir. C'est pourquoi les principes les plus universels sont aussi les termes les plus universels, qu'il n'est plus possible de résoudre. En ce sens, l'analyse a une fonction comparable à celle que Descartes lui accordait sur le plan de la pensée et non du langage.

Ainsi, les principes de la *philosophia prima* sont-ils en eux-mêmes indémontrables, parce qu'ils sont des termes simples et universels.

C'est en vertu de ces trois déterminations de simplicité, d'universalité et de non-démontrabilité, que Hobbes les déclare manifestes et connus par soi ou encore par nature (cf. *ibid.*, chap. VI, 5, p. 62; *ibid.*, 12, p. 71), et non pas en vertu d'un quelconque réalisme qui consisterait à les tenir pour des principes constitutifs de l'essence des choses en soi. En cet autre sens, ce que Hobbes dit des premiers termes ou des premiers principes de la connaissance s'éloigne des thèses cartésiennes pour se rapprocher de celles que Pascal formulera dans l'opuscule *De l'esprit géométrique:*

> "Ainsi, en poussant les recherches de plus en plus, on arrive nécessairement à des mots primitifs qu'on ne peut plus définir, et à des principes si clairs qu'on n'en trouve plus qui le soient davantage pour servir à leur preuve" [42].

Pour Pascal comme pour Hobbes, et par opposition au statut des natures simples chez Descartes, le savoir humain, au niveau le plus fondamental de ses premiers termes et de ses premiers principes, se trouve frappé d'un caractère nominal qui lui interdit de prétendre rejoindre l'essence des choses. Mais alors que Pascal remet en cause, comme le montre P. Magnard, toute entreprise de systématisation exhaustive du savoir:

> "Avec la détermination des principes, c'est l'ordre discursif lui-même qui est mis en cause, aussi bien dans sa rigueur formelle que dans sa valeur objective. Infini en nombre et trop fins pour être maniés, ils rendent impossible toute entreprise de systématisation" [43].

Hobbes propose une systématisation qui assume complètement son statut discursif et par conséquent conventionnel. C'est pourquoi, si l'impossibilité de tout définir et de tout démontrer atteste chez Pascal l'impuissance naturelle des hommes à "traiter quelque science que ce soit, dans un ordre absolument accompli" (*De l'esp. géo.*, p. 350 A), ce qui voue le savoir à un milieu entre l'ordre achevé d'une véritable méthode et l'absence d'ordre:

> "Cet ordre le plus parfait entre les hommes, consiste non pas à tout définir ou à tout démontrer, ni aussi à ne rien définir ou à ne rien démontrer, mais à se tenir dans ce milieu de ne point définir les choses claires et entendues de tous les hommes, et de définir toutes les autres; et de ne point prouver toutes les choses connues des hommes, et de prouver toutes les autres" *(ibid).*

En revanche, pour Hobbes le savoir humain peut s'accomplir en un ordre achevé, mais cet ordre se trouve frappé dans sa totalité d'ineffectivité ontologique. La logique de la raison discursive, qui rend possible une explication du monde, ne peut valoir comme vérité absolue.

Cette tentative de réaliser un ordre complet du savoir humain est attestée par la distinction des définitions nominales et des définitions génétiques. En effet, les premiers principes du savoir ou les termes les plus universels du discours, impliqués dans les définitions génétiques des notions complexes, peuvent néanmoins être eux-mêmes l'objet de définitions nominales identiques qui ont pour fonction de fournir une idée claire de la chose définie. Ainsi la notion élémentaire de lieu peut être définie comme: "un espace adéquatement rempli ou occupé par un corps" (cf. *D.C., O.L.* I, chap. VI, 6, p. 62). Cette définition n'est qu'une circonlocution qui fixe le sens du terme simple, mais n'en délivre en aucune façon la cause. De la même manière, il n'est pas possible de donner de définition causale du mouvement, parce que le concept même de causalité implique celui de mouvement. Irréductible à une cause plus primitive, le concept de mouvement est le seul concept que nous puissions avoir d'une cause; cependant on peut le définir nominalement comme: "l'abandon d'un lieu et l'acquisition continue d'un autre" (cf. *ibid.*, 13, p. 72).

Mais si le mouvement est le seul concept d'une cause universelle que nous puissions concevoir, il ne s'ensuit pas qu'il soit le seul principe de la philosophie ni celui auquel nous accédons en premier lieu. La *philosophia prima* montre en effet que les concepts d'espace et de temps, de corps et d'accident (le mouvement est lui-même un accident), de cause et d'effet, de puissance et d'acte, d'identité et de différence, constituent les catégories premières du savoir. Chacune de ces catégories ou de ces termes universels relève d'une définition nominale qui n'est qu'une explication d'un nom par le discours. Ces définitions de noms mises à part, il n'y a pas d'autres premiers principes. Les axiomes d'Euclide eux-mêmes peuvent en effet être démontrés, bien qu'ils aient acquis par un consentement universel l'autorité de principes. Quant aux postulats, ils ne peuvent être considérés comme des principes, parce qu'ils ne président pas aux démonstrations mais aux constructions. En outre, il va de soi que les opinions reçues comme "la nature abhorre le vide" ou "la nature ne fait rien en vain", qui ne sont ni évidentes par elles-mêmes ni susceptibles d'être démontrées, ne peuvent en aucune manière être tenues pour des principes (cf. *ibid.*).

A partir de ces définitions nominales, il est possible d'en former d'autres, cette fois génétiques, dans lesquelles est exprimée la cause de la chose définie. La démarche du savoir devient alors compositive ou synthétique, elle exprime à chaque étape la génération du concept, comme on l'a vu dans la définition génétique du cercle. Ainsi:

> "Deux définitions quelconques, qu'on peut composer en un syllogisme, produisent une conclusion, laquelle, parce qu'on la dérive des principes, c'est-à-dire des définitions, est dite *démontrée,* et la dérivation ou composition elle-même est appelée *démonstration" (ibid.,* 16, p. 76).

Le déploiement génétique du savoir s'identifie avec la démonstration qui consiste elle-même *"en un syllogisme ou une série de syllogismes dérivés à partir des définitions de noms jusqu'à la dernière conclusion" (ibid.).* La production du savoir à partir des premiers principes indémontrables trace l'ordre encyclopédique des sciences en suivant le degré de complexité des concepts qu'elles mettent en oeuvre. Ainsi on trouve, en premier lieu, la géométrie, science des choses démontrables par le simple mouvement, en second lieu, la physique théorique, où sont démontrées les lois du mouvement et de la composition du mouvement des corps, en troisième lieu, la physique appliquée aux phénomènes de la nature, en quatrième lieu, l'éthique ou théorie des affects humains, et enfin, en cinquième lieu, la politique qui achève le savoir par la théorie des devoirs civils et de l'Etat (cf. *ibid.,* 17, p. 77). Tel est donc l'ordre nouveau du savoir qu'instaure la *mathesis* hobbesienne, laquelle prédétermine métaphysiquement le sort de la science de la nature et de la science politique. Cette prédétermination métaphysique est tout entière engagée dans le statut des deux pôles extrêmes de l'ordre: d'une part, les premiers principes du savoir, et d'autre part, la philosophie politique.

Au niveau des premiers principes, les catégories primitives du savoir – la substance et l'accident, la matière et la forme, la puissance et l'acte, désormais dépourvues de leurs connotations essentialistes – vont devenir les catégories d'un discours physique visant à une explication du monde des choses qui satisfasse aux exigences de la raison, mais qui n'engage pas l'être ou l'essence de ces choses. Cette réinterprétation des catégories aristotéliciennes dans le cadre d'un discours physique, réinterprétation qui fait pendant à la critique nominaliste de leur signification ontologique, engage la science hobbesienne de la nature dans la construction d'un système rationnel d'explication des phénomènes où le principe de raison n'aura qu'une valeur gnoséologique et non ontologique. La séparation antéprédicative de la représentation et de la chose et la construction d'un monde de significations linguistiques sans consistance ontologique abandonnent le monde des choses désormais refermé sur lui-même.

Tout ce que le discours pourra énoncer du monde se réduira à l'homogénéité et à la redondance d'une détermination purement quantitative. De la singularité de choses insaisissables dans leur être, le discours physique ne pourra retenir comme tout principe d'individuation qu'un principe nominal d'identité numérique qui rend les choses parfaitement substituables les unes aux autres et mathématiquement composables.

Dans cette identité numérique, c'est la singularité de l'être en soi de la chose qui est perdue. L'espace réel du monde devient ainsi le lieu d'une pure répétition discursive, répétition dans la détermination de la nature des choses comme *corpus sive materia*, répétition dans le calcul de la force des corps. Cette répétition – qui fonde la théorie de l'homogénéité de l'espace physique du monde – n'est que l'autre face de l'impuissance du discours à dire l'essence réelle et singulière de la chose. Mieux, il n'y a plus de monde organisé et finalisé où l'on pourrait distinguer le naturel de l'accidentel, mais un champ de forces qui s'opposent et se composent, et où tout effet nécessaire est aussi bien accidentel. Déterminant l'efficience des choses en termes d'agrégations d'accidents, le matérialisme physique de Hobbes, dans sa validité simplement gnoséologique, assume jusqu'au bout les conséquences de la métaphysique de la séparation.

Au niveau de la philosophie politique, il va en être tout autrement. Car la perte de consistance ontologique des catégories, leur réduction à des instruments de connaissance, la finalité pragmatique d'un savoir chargé simplement de satisfaire les besoins humains et d'assurer à l'homme un pouvoir sur la nature, opèrent un déplacement du lieu de la philosophie politique dans l'ordre du savoir, déplacement qui lui accorde une prépondérance sur toutes les autres sciences. En effet, séparées de l'être, les catégories discursives ne sont pas enracinées dans un sujet transcendantal, mais dans l'activité de production du *dire* et du *faire* humains qui construit sur l'espace qualitativement différencié de la représentation le monde du sens, du savoir et de l'action. Ce monde tend déjà à être, chez Hobbes, et deviendra après lui, le seul monde, au-delà duquel le monde de l'être, devenu second, puis arrière-monde, se sera effacé.

Ainsi on peut comprendre que si dans l'ordre des *Elementa philosophiae* la politique constitue la dernière étape du savoir (*De Cive*), précédée par l'éthique (*De Homine*) et la physique (*De Corpore*), en revanche, dans le *Léviathan*, la politique promue au rang de science totale de l'homme représentera la totalité du savoir humain (dont les mathématiques, la physique etc. ne seront que des parties), parce que la connaissance est une œuvre humaine et relève par là même de la science humaine. La politique a donc un double statut dans l'ordre hobbesien du savoir qui annonce le double statut de la sociologie chez Auguste Comte, laquelle est à la fois dernière partie du savoir, comme science d'un objet particulier: la société, mais aussi totalité de la science, parce que science de l'Humanité, seule capable de systématiser le savoir.

Telle est la prééminence fondamentale que la *mathesis* hobbesienne confère à la politique: science totale, *a priori* et certaine, comme science de la production par l'homme de son propre monde dont l'acte originaire réside dans la fondation de l'Etat.

NOTES

1. ARISTOTE, *Les premiers analytiques*, II, 27, trad. J. Tricot, Paris, Vrin, 1971, pp. 322-323. On retrouvera le rapport de Hobbes à Aristote à propos de la théorie du signe linguistique conventionnel.

2. Sur la notion de transfert qui caractérise le passage du discours mental au discours verbal, nous ne pouvons mieux faire que de renvoyer à l'étude d'André ROBINET, "Pensée et langage chez Hobbes: physique de la parole et *translatio*", in *Revue Internationale de philosophie*, n° 129, 33° année, Bruxelles, 1979, pp. 452-483.

3. SPINOZA, *Tractatus de intellectus emendatione*, trad. A. Koyré, Paris, Vrin, 1979, p. 74; cf. Martial GUEROULT, *Spinoza, II, l'âme*, Paris, Aubier Montaigne, 1974, p. 373.

4. Sur ces points cf. J. BIARD, *op. cit.*, pp 360-411 et pp. 571-658.

5. Ce point a été bien noté par Michel Malherbe dans son ouvrage *Hobbes, ou l'œuvre de la raison*, Paris, Vrin, 1984, pp. 43-44.

6. Ockham avait répondu à cet exemple que si c'est bien le concept qui vient à l'esprit lors de l'audition d'un mot, en revanche la signification du mot se réfère à la chose.

7. Sur la question de la référence à des objets imaginaires au XIV° siècle, cf. J. BIARD, "La signification d'objets imaginaires dans quelques textes anglais du XIV° siècle", in *The Rise of British Logic*, Toronto, 1985, pp. 265-283.

8. Rappelons que pour Hobbes la copule n'est absolument pas nécessaire à la proposition, par conséquent, l'expression "corps incorporel" est une proposition.

9. Sur le nominalisme d'Abélard, cf. Paul VIGNAUX, "Nominalisme" *art. cit.*, col. 713-733; Jean JOLIVET, *Arts du langage et théologie chez Abélard*, Paris, Vrin, 1982; et du même auteur, *Abélard*, Paris, Seghers, 1969; ainsi que "Abélard et Guillaume d'Ockham, lecteurs de Porphyre", in *Cahiers de la Revue de Théologie et de Philosophie*, n° 6, Genève-Lausanne- Neuchâtel, 1981, pp. 31-57, l'ensemble du cahier est consacré à Abélard; Jean LARGEAULT, *Enquête sur le nominalisme*, Paris-Louvain, Nauwelaerts, 1971.

10. OCKHAM, *Expositio in Librum Porphyrii de Praedicabilibus*, Prooemium, §.2, édité par E.A. Moody, *Opera Philosophica*, Vol. II, p. 11, trad. Roland Galibois, *Commentaire sur le livre des prédicables de Porphyre*, Centre d'Études de la Renaissance de l'Université de Sherbrooke, Quebec, 1978, p. 61.

11. Sur ce point, cf. notre étude "Empirisme, nominalisme et matérialisme chez Hobbes", in *Archives de Philosophie*, T. 48, n° 2, Paris, Beauchesne, 1985, pp. 177-233.

12. GASSENDI, *Exercitationes Paradoxicae Adversus Aristoteleos*, II, II, 4, 160 a, trad. B. Rochot, Paris, Vrin, 1959, p. 284.

13. Cf. BERKELEY, *Principes, op. cit.*, 16, trad., pp. 191-193; on peut également lire dans l'introduction des *Principes*: "Or, si nous voulons attacher un sens aux mots et parler seulement de ce que nous pouvons penser, nous reconnaîtrons, je crois, qu'une idée, qui considérée en elle-même est particulière,

devient générale quand on lui fait représenter ou signifier toutes les autres idées particulières de même espèce" (*ibid.*, 12, trad. p. 185).

14. Hobbes recouvre, sous un même principe, deux formes d'équivocité qu'Ockham distingue: l'équivocité accidentelle ou fortuite, et l'équivocité intentionnelle (cf. *Summa Logicae*, I, 13, pp. 41-42). La première, tient à ce que le mot est subordonné à plusieurs concepts, mais qu'il aurait pu être subordonné à un seul de ces concepts sans être subordonné aux autres. La seconde est l'équivocité métaphorique, elle intervient lorsqu'un mot est d'abord imposé à une ou plusieurs choses, en vertu de sa subordination à un seul concept, et qu'ensuite, il se trouve imposé à d'autres choses, en vertu de la ressemblance que celles-ci comportent avec la (ou les) chose(s) initialement signifiée(s). Par exemple, le mot *homme* signifie d'abord les hommes réels, et ensuite, l'image qui représente un homme. Il faut distinguer de ces deux formes d'équivocité, celle qui résulte d'un usage équivoque des termes, et qui tient donc à la pluralité des suppositions.

15. Ce qui distingue ici Hobbes d'Ockham, c'est que la différence que le premier introduit entre le mot et l'usage du mot, est placée par le second entre le concept et les mots.

16. Cf. ARISTOTE, *De l'interprétation*, 4, 17 a, 1-7, pp. 83-84; ce rapport de Hobbes à Aristote est également remarqué par HEIDEGGER dans *Les problèmes fondamentaux de la phénoménologie*, (traduction Jean-François Courtine, Paris, Gallimard, 1985, pp. 223-233). Heidegger y étudie la théorie hobbesienne de la proposition, nous reviendrons bientôt sur son interprétation de la fonction de la copule chez Hobbes.

17. Cf. Ruprecht PAQUÉ, *op. cit.*, pp. 158-311, et J. BIARD, *op. cit.*, pp. 469-478 et pp. 638-658. L'orientation générale de ces deux interprétations diverge très largement.

18. ARNAULD et NICOLE, *La logique ou l'art de penser*, II, chap. II, édition critique par Pierre Clair et François Girbal, seconde édition revue, Paris, Vrin, 1981, p. 109; cf. ARNAULD et LANCELOT, *Grammaire générale et raisonnée*, II, chap. XIII, Paris, Republications Paulet, 1969, p. 67.

19. La reprise par Hobbes de la distinction ockhamienne entre noms concrets et noms abstraits (cf. *Summa Logicae*, I, 5-9, pp. 17-33) est très significative du déplacement qu'il fait subir au nominalisme. En effet, cette distinction fait intervenir chez Ockham la fonction logique de supposition comme substitution. Or, lorsque Hobbes utilise le verbe *supponere,* pour distinguer les noms concrets (*concretum [...] est quod rei alicujus quae existere supponitur nomen est*) des noms abstraits (*abstractum est, quod in re supposita existentem nominis concreti causam denotat*), dans ces deux cas *supponere* a une signification équivoque, il signifie en effet: 1) ce que l'on pense comme réel, 2) ce qui est supposé (sup-posé ou sub-posé) comme suppôt, *suppositum* (*D.C., O.L.* I, chap. III, 3, p. 28). Mais *supponere* n'est jamais utilisé au sens logique de substitution qu'il a chez Ockham. Il en résulte donc que Hobbes a bien une théorie de la supposition – sur laquelle nous reviendrons dans l'examen du concept substance –, qu'il utilise dans les lieux mêmes où Ockham faisait intervenir la fonction logique de la supposition, mais en ces lieux mêmes, il esquive le sens ockhamien de la supposition. Mieux, cette esquive équivaut en réalité à une inversion, car si la supposition, comme substitution du terme ou signe à la chose, requiert la saisie préalable de la chose, en revanche, chez Hobbes, la substance, le suppôt ou la chose sup-posée, est seulement inférée par le langage. C'est donc cette fois à partir des signes qu'il faut tenter de retrouver le monde.

20. On retrouve un tel schéma de pensée au XVII° siècle chez Arnold Geulincx qui, d'une part, distingue la chose telle qu'elle est en elle-même d'avec la chose telle que nous la concevons et la signifions, et d'autre part, considère la structure substance/accident comme la transposition de la structure linguistique sujet/prédicat.

21. LOCKE, *An Essay concerning Human Understanding*, III, chap. III, 16, ed. Peter H. Nidditch, Oxford, Clarendon Press, 1975, p. 417.

22. Le *complexe significabile*, comme signifié total de la proposition, est considéré par Grégoire de Rimini comme distinct à la fois de la proposition et des choses, c'est un "quelque chose" signifiable par une expression complexe. Cette théorie amène Grégoire de Rimini à distinguer trois sens des mots *aliquid, res* et *ens*. En revanche, Jean Buridan, dans les *Sophismata* (édition critique T. K. Scott, Stuttgart-Bad Cannstatt, 1977, chap. I, pp. 23-24), refuse d'assigner aux propositions un signifié propre, distinct du signifé des termes simples qui la composent. Pour le développement des problèmes liés à la théorie du *complexe significabile* dans la période post-médiévale, cf. E.J. ASHWORTH, *Language and Logic in the Post-Medieval period*, Dordrecht-Boston, 1974, pp. 55-66.

23. ABÉLARD, *Gloses sur Porphyre*, traduction Jean Jolivet dans son ouvrage *Abélard, op. cit.*, pp. 121-122.

24. Heidegger indique ce qui peut apparaître comme un cercle de la théorie hobbesienne de la vérité: "la question se pose immédiatement de savoir pourquoi un énoncé portant sur l'étant est vrai. C'est évidemment parce que ce *au sujet de quoi* nous nous exprimons n'est pas une apparence, mais par exemple un homme effectif, véritable" (*Les problèmes fondamentaux de la phénoménologie, op. cit.*, p. 230).

25. Francis BACON, *Novum Organum*, I, XCV, traduction J. A. C. Buchon, Paris, 1842, p. 301. Rappelons que Hobbes fut le secrétaire de Bacon aux alentours des années 1620-1626.

26. Léon BAUDRY, *Lexique philosophique de Guillaume d'Ockham, op. cit.*, p. 293.

27. J. Biard (*op. cit.*, pp. 699-701) montre qu'il en est également ainsi chez Buridan.

28. Cf. OCKHAM, *Summa logicae*, I, 12, pp. 38-41. Sur les prédicables, cf. *ibid.* I, 18-25, pp. 56-76, et l'*Expositio in Librum Porphyrii de Praedicabilibus*. Dans ce dernier ouvrage Ockham rejette toute interprétation ontologique des prédicables; par exemple en ce qui concerne le genre, Ockham écrit: "il faut noter que ce qui est attribué à des choses multiples et spécifiquement différentes n'est pas une chose qui serait l'essence de celles auxquelles il est attribué, mais c'est une intention dans l'âme qui signifie naturellement toutes les choses auxquelles elle est attribuée, à la façon dont le mot, selon le bon plaisir, signifie les choses dont il est vérifié" (*Expositio*, I, §.5, p. 22, trad. p.74).

29. PORPHYRE dans l'*Isagoge* (traduction Tricot, Paris, Vrin-Reprise, 1981) modifie la théorie des modes de la prédication des *Topiques* d'Aristote (I, 59, traduction Tricot, Paris, Vrin, 1950, pp. 10-22), d'une part, en ajoutant un cinquième prédicable: l'espèce, aux quatre prédicables aristotéliciens: le genre, le propre, la définition et l'accident; et d'autre part, en inversant la relation aristotélicienne des catégories aux prédicables puisqu'il fait de la théorie des prédicables une introduction aux *Catégories*. Sur ces points cf. Jean LARGEAULT, *op. cit.*, pp. 68-78.

30. Cf. également LOCKE, *Essay*, III, chap. III, 9, p. 412: "Pour conclure, tout ce *mystère* des *Genres* et des *Espèces*, dont on fait tant de bruit dans les

Ecoles, mais qui hors d'elles est avec raison si peu considéré, ne consiste en rien d'autre qu'en *Idées* abstraites plus ou moins étendues, auxquelles on joint certains noms". Il y a là encore une transposition sur le plan de l'idée générale de ce qui pour Hobbes se situe sur le plan du langage.

31. Ockham, dans l'examen de la catégorie de substance, remet en question la distinction aristotélicienne des substances premières et des substances secondes: "Et c'est pourquoi, on doit dire que cette division n'est qu'une division d'un nom commun en noms moins communs, de telle sorte qu'elle est équivalente à la division suivante: certains des noms qui désignent ou signifient des substances en dehors de l'âme sont des noms propres à une seule substance, tandis que d'autres noms sont communs à plusieurs substances, et ces noms sont appelés substances secondes. Ces noms sont ensuite divisés, parce que certains sont des genres et les autres des espèces" (*Summa Logicae*, I, 42, p.110).

32. Cf. dans le même sens GASSENDI, *Exercitationes*, II, III, 1-14, 160 a-175 b, trad. pp. 310-356. Cf. également le commentaire de O. R. BLOCH, *La philosophie de Gassendi, op. cit.*, pp. 119-220.

33. Sur la critique des catégories aristotéliciennes, cf. également Arnauld et Nicole: "La première est, qu'on regarde ces Catégories comme une chose établie sur la raison & sur la vérité, au-lieu que c'est une chose toute arbitraire, & qui n'a de fondement que l'imagination d'un homme qui n'a eu aucune autorité de prescrire une loi aux autres, qui ont autant de droit que lui d'arranger d'une autre sorte les objets de leurs pensées, chacun selon sa maniere de philosopher" (*Logique*. I, III, p. 51), et Locke qui tient les catégories aristotéliciennes comme un bon exemple de l'abus de langage qui consiste à prendre les mots pour des choses: "Qui est-ce qui, ayant été élevé dans la philosophie péripatéticienne, ne pense pas que les dix noms sous lesquels sont rangés les dix prédicaments sont exactement conformes à la nature des choses ?" (*Essay*, III, chap. X, 14, p. 497). Locke donne aux catégories le statut d'idées générales abstraites et les intègre dans une théorie de la genèse empirique de la connaissance, en cela il est redevable à la systématisation des catégories réalisée par Gassendi dans l'*Institutio Logica*, (I, Canon VI, édition Howard Jones, Assen, 1981, pp. 7-10).

34. Jean-Marie BEYSSADE, *La philosophie première de Descartes*, Paris, Flammarion, 1979, p. 229.

35. A propos de Gassendi, cf. O. R. BLOCH, *La philosophie de Gassendi, op. cit.*, p. 124.

36. Cf. notre article "Espace...", *art. cit.*, p. 175.

37. KANT, *Critique de la raison pure*, trad. J. Barni, revue, modifiée et corrigée par A.J.L. Delamarre et F. Marty, *Œuvres Philosophiques*, vol. I, Paris, Gallimard, 1980, pp.1387-1388

38. Cf. Martial GUEROULT, *Spinoza II, op. cit.*, pp. 482-487.

39. ARISTOTE, *Ethique à Nicomaque*, I, 7, 1098 a 25-1098 b 5, traduction Tricot, Paris, Vrin, 1967, pp. 60-62.

40. On retrouvera cette convertibilité dans la *Science Nouvelle* de G. Vico, mais cette fois inscrite dans l'histoire.

41. Cf. Nelly BRUYÈRE, *Méthode et dialectique dans l'œuvre de La Ramée*, Paris, Vrin, 1984; Lisa JARDINE, *Francis Bacon, discovery and the art of discourse*, Cambridge University Press, 1974, pp. 1-65; A. C. CROMBIE, *Histoire des sciences de Saint Augustin à Galilée*, traduction J. d'Hermies, Paris, P.U.F, 1959, T. I, pp. 215-244; J. H. RANDALL, *The School of Padua and the emergence of modern Science*, editrice Antenore, Padova, 1961.

42. PASCAL, *De l'esprit géométrique et de l'art de persuader*, *Œuvres complètes*, édition Louis Lafuma, Paris, Seuil, 1963, p. 350 A.

43. Pierre MAGNARD, *Nature et Histoire dans l'Apologétique de Pascal*, Paris, Belles Lettres, 1975, p. 56.

TROISIÈME PARTIE

LA MATIÈRE ET L'ARTIFICE

CHAPITRE PREMIER

DE L'AUTRE CÔTÉ DU MIROIR

L'hypothèse de l'*annihilatio mundi* séparait le monde de la représentation du monde des choses; il s'agit maintenant de savoir ce que la fonction linguistique nous permet de retrouver de ce monde des choses initialement perdu. Qu'y a-t-il de l'autre côté du miroir de la représentation ? D'un miroir qui ne reflète plus immédiatement le monde, comme c'était pourtant le cas chez Bacon et dans les premiers travaux de Hobbes comme le *Short Tract* (1630) où on pouvait lire: "par phantasme nous entendons la *similitude* ou l'image de quelque objet extérieur, qui nous apparaît après que l'objet extérieur s'est éloigné du *Sensorium*" (*S.T., E.L.*, Ap. I, sect. 3, princ. 2, p. 204, souligné par nous), et mieux encore dans les notes prises par Herbert de Cherbury sur une version ancienne (1638-1639) du *De Corpore* (1655), laquelle débute par une comparaison de l'esprit humain avec un miroir qui reflète le monde:

"L'esprit humain est un miroir capable de recevoir la représentation et l'image du monde entier. Les Anciens ne fabulaient pas de manière absurde en faisant de la mémoire la mère des Muses, car *la mémoire est le monde,* non réellement mais comme dans un miroir" (*C.D.M.*, Ap. II, p. 449).

Mais depuis 1640 et l'approfondissement de l'optique [1], le miroir s'est renversé pour ne plus représenter que des contenus de conscience suscités par une chose extérieure avec laquelle ils n'ont aucune ressemblance. Il n'y a plus cette co-appartenance des choses au monde réel et au monde privé de la conscience que permettait la théorie des espèces. Désormais, le voir, forme dominante du représenter, est un phénomène interne dans lequel le cerveau et le cœur déchiffrent les effets produits par les choses extérieures dans l'œil, constituant ainsi l'espace d'apparence de la représentation par la synthèse des points de vision de l'objet, comme le montre la théorie optique du manuscrit inédit *A Minute or first Draught of the Optiques* (1646), repris en partie seulement par le *De Homine* (1658).

Passer de l'autre côté du miroir, c'est donc passer du visible à l'invisible, à ce qui exclut toute possibilité de visualisation ou de perception, c'est-à-dire à la *res extra animum.* De l'accès que la raison discursive pourra avoir à la chose va dépendre une détermination de la chose comme *corpus sive materia* qui se situe à la flexion de la critique du concept aristotélicien de matière première et de la constitution du concept moderne de matière.

Cependant le mode d'accès à la chose sous ou derrière la représentation et, par voie de conséquence, la signification du matérialisme hobbesien [2] sont déjà préfigurés par les deux conséquences fondamentales, et en un sens opposées, de l'hypothèse annihilatoire. En effet, cette hypothèse implique, d'une part, l'absence de tout rapport immédiat à la chose, le champ de la conscience est refermé sur la représentation et séparé du monde, mais aussi, et d'autre part, que l'accès linguistique à la *res extra* parte de la représentation. Par conséquent, le discours sur le monde devra assumer deux exigences contraires: 1) l'hétérogénéité de la représentation et de la chose, 2) l'impossibilité de connaître cette chose autrement qu'en la rapportant aux conditions de la représentation. Rendre visible l'invisible, tel sera le statut paradoxal de la connaissance de la nature. On comprend donc pourquoi l'inférence linguistique sur la nature et l'ordre des choses n'aura pas le caractère d'une détermination essentielle qui dévoilerait l'être de l'étant, mais celui d'une détermination gnoséologique qui satisfait le besoin d'une explication des phénomènes et abandonne définitivement l'être de la chose. La physique, dépendante de la métaphysique de la séparation, ne pourra fournir qu'un système d'explication sans portée ontologique. La *quidditas* de la *res singularis* ne sera jamais retrouvée.

Les deux conséquences opposées, que doit assumer le discours sur le monde, se retrouvent à la fois dans la détermination de l'étant comme subsistant par soi *(subsistens per se)* et dans la distinction de l'étant concevable *(ens conceptibile)* et de l'étant inconcevable *(ens inconceptibile)*.

La notion de substance ou de suppôt revient pour Hobbes purement et simplement à celle d'existence. Comme substance, l'étant existe hors de l'esprit sans que cette existence ne dépende d'autre chose. La substantialité ne vise pas ce que la chose est, mais qu'elle est simplement ou absolument. Ainsi la chose est-elle radicalement autonome par rapport à la représentation, et sans dépendance à l'égard de l'esprit. Telle est la thèse corrélative de celle qui posait la représentation comme indépendante de la chose. La séparation réelle de la représentation et de la chose implique que, de même que l'existence du monde n'est pas nécessaire pour penser la représentation, de même l'existence de la chose derrière la représentation est absolument indépendante des conditions de la représentation. La chose conservera son existence même si elle n'était en aucune manière conçue:

> "En outre, puisque l'imagination naît de l'action d'un agent que nous supposons exister, ou avoir existé, hors de l'esprit de celui qui imagine, et que cet agent supposé par nous, nous l'appelons couramment corps ou matière, il s'ensuit que les corps existeront même s'il n'y avait pas d'imagination du tout" (*C.D.M.*, chap. III, 2, p. 117).

L'existence de la *res extra animum*, sans dépendance à l'égard de la pensée, est donc exigée par la pensée pour rendre compte causalement de la représentation. Arrigo Pacchi [3] a montré que le jeu sur le double sens des termes *suponere* et *suppositum* (qui signifient à la fois penser quelque chose comme réel par la raison sans une constatation directe des sens, et mettre sous, sup-poser ou sub-poser) renversait la conception thomiste de la substance parce que celle-ci est désormais inférée par la raison, et non plus donnée immédiatement dans la perception sensible. Or cet étant supposé, qui est en même temps un étant sup-posé comme suppôt ou substrat *(suppositum)*, n'est concevable que s'il peut être lui-même représenté. Ainsi l'étant ne sera-t-il concevable que dans la mesure où il pourra être rapporté aux conditions formelles de la représentation, à savoir l'espace et le temps imaginaires:

"De sorte que le corps est à l'espace imaginaire comme la chose est à la connaissance de cette chose, en effet toute notre connaissance des choses existantes consiste dans cette image qui est produite par l'action des choses sur nos sens. Pour cette raison l'espace imaginaire, qui est l'image du corps, est la même chose que notre connaissance du corps existant" *(ibid.)*.

On comprend donc que malgré la séparation de la représentation et de la chose, qui pose la chose non seulement comme indépendante de la représentation (comme la représentation l'était de la chose), mais qui de plus la situe en deçà des conditions de la représentation, Hobbes puisse affirmer:

"L'imagination humaine ne peut concevoir la substance *(substantia)* sans dimensions ou extension, c'est-à-dire sans grandeur quelconque [...]. Certaines substances, comme les esprits, sont incompréhensibles, et pour cette raison ne peuvent être conçues par l'imagination, mais sont objet de croyance, d'autres, comme les corps, sont concevables" *(ibid.* chap. VII, 6, p. 149).

La chose n'est donc concevable qu'en tant qu'elle peut être rapportée aux conditions formelles de la représentation, ce qui n'est pas le cas des étants dont nous ne pouvons avoir aucune image, comme dans le cas de Dieu (cf. *ibid*, chap. XXVII, p. 312). L'étant concevable ou représentable sous la condition de l'espace imaginaire, c'est le corps:

"Puisqu'il n'est nullement permis à la philosophie de décider ou de disputer de ces choses qui dépassent les capacités de l'homme, et puisque nous avons renoncé à définir *l'étant* qui n'est pas imaginable, et qui est appelé couramment substance incorporelle, nous définirons seulement *l'étant imaginable*. Par conséquent, en ce sens, l'étant est tout ce qui occupe un espace, ou ce que l'on peut évaluer selon la longueur, la largeur et la profondeur. De cette définition, il apparaît que l'étant *(ens)* et le corps *(corpus)* sont la même chose, car la même définition est admise par tous. Par conséquent *l'étant* dont nous parlons, nous le nommerons toujours corps" *(ibid.,* chap. XXVII, 1, p. 312).

Le discours sur le monde sera donc un discours sur le corps, dans la mesure où le corps est le seul étant concevable. Le monde lui-même est l'agrégat sans dehors de tous les corps. Il n'y a pas d'extérieur au monde, parce que l'extériorité suppose l'espace et est donc toujours intérieure au monde:

"Le mot *corps,* dans son acception la plus générale, désigne ce qui emplit ou occupe un espace (c'est-à-dire un lieu conçu par l'imagination) déterminé; et qui ne dépend pas de l'imagination, mais est une partie réelle de ce que nous appelons l'*univers.* L'*univers,* en effet, étant l'agrégat de tous les corps, il n'est aucune de ses parties réelles qui ne soit aussi un *corps;* et aucune chose n'est proprement un *corps,* qui ne soit aussi une partie de l'*univers,* agrégat de tous les *corps.* Parce que les corps sont sujets à changer, c'est-à-dire à apparaître de façons variées aux sens des créatures vivantes, on les désigne aussi du nom de *substance,* qui signifie *sujet* à des accidents variés: ainsi, être tantôt mû, tantôt immobile; sembler à nos sens tantôt chaud, tantôt froid, tantôt de telle couleur ou odeur, de tel goût ou son, tantôt autrement. Cette diversité de semblance *(seeming),* produite par la diversité des opérations des corps sur nos organes des sens, nous l'attribuons aux altérations des corps qui agissent et nous parlons à son sujet d'accidents de ces corps" (*Lev.,* chap. XXXIV, pp. 428-429, trad. pp. 418-419; cf. *C.D.M.,* chap. XXVII, 6, pp. 317-318).

Derrière le monde de la diversité qualitative de la représentation, le discours ne peut poser qu'un immense agrégat de corps. L'homogénéité de l'univers des corps a pour condition l'idéalité de l'espace imaginaire. De même qu'il y a un étant concevable, il y a également des actes concevables (cf. *C.D.M.,* chap. XXVII, 4, pp. 316-317) qui sont des accidents du corps, et qui existent, non par soi, mais par le corps. Ainsi le mouvement, qui n'est lui-même pensable que sous la condition du temps imaginaire (cf. *D.C., O.L.,* I, chap. VIII, 11, p. 98), a pour fonction d'expliquer causalement le changement des semblances qualitatives de la représentation. On voit donc aussi bien dans le cas de la substance que dans celui de l'accident, qu'on ne peut penser ce qui se passe dans le monde qu'en ramenant celui-ci aux conditions de la représentation (cf. *C.D.M.,* chap. VII, 1, pp. 145-146; *ibid.,* 4, pp. 147-148).

On comprend désormais que les deux exigences opposées que l'hypothèse annihilatoire impose à la détermination de l'étant (à savoir: d'une part, sa transcendance par rapport aux conditions de la représentation, et d'autre part, la nécessité pour concevoir cet étant de le rapporter aux conditions de la représentation), débouchent sur une détermination purement cognitive de l'essence nominale de la corporéité du corps comme espace réel:

> "Par conséquent, je définis l'espace réel *(spatium reale)* comme la corporéité elle-même, ou l'essence du corps en tant que corps simplement" (*ibid.,* chap. III, 2, p. 117).

Cette essence est une essence nominale, et non pas une essence réelle qui constituerait l'être de la chose, c'est la dénomination qui se trouve investie dans le discours de la charge de dénommer le corps:

"Or *esse* est communément appelé *essentia,* quand le corps par soi est dénommé; comme lorsqu'un corps est dénommé *homme,* parce que c'est *un animal rationnel,* ce *être un animal rationnel* est appelé *essence de l'homme* [...] l'*être corps* ou la *corporéité* est l'*essence du corps"* (*ibid.,* chap. XXVII, 1, p. 314).

Ce n'est donc qu'à titre de dénomination extrinsèque que Hobbes déclare que "l'extension est dite *l'essence* du corps", *"extensio, corporis dicitur essentia"* (*D.C., O.L.* I, chap. VIII, 23, p. 104). L'extension est l'accident qui nomme son sujet. La thèse de l'espace réel, ou de la grandeur inhérente au corps et distincte de l'espace imaginaire, relève donc de cette determination gnoséologique de la *res extra animum:*

"L'extension d'un corps est la même chose que sa grandeur, ou ce que certains appellent *espace réel;* mais cette grandeur ne dépend pas de notre pensée, comme l'espace imaginaire, car celui-ci est un effet de notre imagination, dont la grandeur est la cause; celui-ci est un accident de l'esprit, celui-là un accident d'un corps existant hors de l'esprit" (*ibid.,* 4, p. 93).

Défini comme extension réelle existant hors de l'espace imaginaire, le corps lui est pourtant coétendu. Le monde s'étale derrière le miroir inversé de la représentation, comme une étendue homogène dans laquelle le mouvement introduit la différenciation. Ainsi: "le lieu n'est rien hors de l'esprit, la grandeur rien en lui" (*ibid.,* 5, p. 94). Le monde s'est scindé en monde *intra* et en monde *extra.* Mais c'est sous la condition de l'idéalité de l'espace imaginaire que le monde *extra* est conçu et relève d'un traitement mathématique.

La grandeur, comme essence nominale du corps subsistant par soi, n'est pas engendrée ou détruite par les changements qui interviennent dans la nature, parce qu'elle en est le support: "la grandeur en raison de laquelle nous nommons quelque chose corps n'est ni engendrée ni détruite" (*ibid.,* 20, p. 103). Car si nous pouvons feindre, comme dans le cas de l'hypothèse de l'*annihilatio mundi,* le passage d'un quelque chose au rien, et inversement, du rien au quelque chose, cette fiction ne caractérise pas les changements que le mouvement introduit dans la nature, lesquels n'affectent que les accidents. Dès lors le discours sur le monde ne peut retrouver de la singularité de l'essence réelle de la chose qu'une identité quantitative: "Un corps un et le même est toujours d'une seule et même grandeur" (*ibid.,* 14, p. 100). C'est cette identité quantitative qui rend possible sa soumission au calcul. La chose ne peut être pensée et calculée que *sub ratione extensi.*

La détermination gnoséologique de la *res extra animum* comme un corps dont l'essence nominale est l'extension ou la grandeur, et la définition de son identité en termes quantitatifs, se retrouvent dans le texte du *De Corpore*, qui suppose, après que l'hypothèse de l'*annihilatio mundi* a mis en évidence les structures formelles de la représentation, qu'une chose soit recréée dans le monde. Cette supposition, tout comme l'hypothèse annihilatoire dont elle est le corrélat, est soutenue implicitement par l'argument théologique de la toute-puissance divine seule capable de détruire ou de créer absolument une chose:

> "Supposons dès lors qu'une chose soit replacée ou soit créée à nouveau, il est nécessaire que ce quelque chose de créé ou de replacé, non seulement occupe une partie de l'espace précédemment mentionné, ou coïncide et soit coextensif avec elle, mais en outre, que ce quelque chose ne dépende pas de notre imagination. Or c'est cela même qu'on a coutume d'appeler, eu égard à son extension: *corps (corpus);* eu égard à son indépendance de notre pensée: *subsistant par soi (subsistens per se);* parce qu'il subsiste hors de nous: *existant (existens);* enfin parce qu'il semble s'étendre et être sup-posé sous un espace imaginaire, en sorte que ce n'est pas par les sens, mais seulement par la raison, qu'on comprend qu'il y a là quelque chose: *suppôt et sujet (suppositum et subjectum).* Ainsi la définition du corps est: *le corps est tout ce qui, sans dépendre de notre pensée, coïncide ou est coétendu avec quelque partie de l'espace"* (*ibid.*,1, pp. 90-91).

Telles sont donc les déterminations par lesquelles la raison discursive (et non les sens) vise la chose: la chose est ainsi réduite à la nudité d'une existence corporelle hors de la représentation. Le monde des choses n'est plus celui de la qualité, de la relation et du sens, il relève désormais d'une physique de la matière. Cette réduction de la substance au corps place le concept hobbesien de matière à la flexion d'une critique de la notion aristotélicienne de matière première et de la détermination du concept moderne de matière. En effet les concepts de corps et de matière sont parfaitement convertibles, parce qu'ils ne se distinguent que comme deux modes de considération de la *res extra animum.*

> "Or corps *(corpus)* et matière *(materia)* sont les noms de la même chose, en raison toutefois des différentes considérations de la chose; en effet, le même existant considéré simplement est appelé corps, mais considéré comme capable de recevoir une nouvelle forme ou une nouvelle figure, il est appelé *matière"* (*C.D.M.*, chap. XXVII, 1, p. 312).

Or cet usage de la notion de matière dans le couple matière/forme peut paraître d'autant plus paradoxalement aristotélicien, que Hobbes déclare également: "la même essence en tant qu'elle est engendrée est appelée *forme*. Et derechef, le corps eu égard à quelque accident propre est appelé sujet, eu égard à la forme, est appelé matière" (*D.C.*, *O.L.* I, chap. VIII, 23, p. 104). Mais, en fait, le couple matière/forme est entendu en un sens qui précisément repose sur la critique de la notion de matière première. En effet, la matière n'est pas plus déterminée par la forme, que la forme n'est individualisée par la matière. Cette dernière est à elle seule la substance, dont la forme – comme forme du corps, c'est-à-dire comme extension ou grandeur – n'est plus qu'une propriété physique inséparable. Quand Hobbes caractérise la forme comme essence engendrée, il ne considère pas la forme du corps comme tel, mais la forme qui nous permet de distinguer un corps d'un autre, par exemple une pierre d'un animal, et qui nous permet de le nommer. La matière n'est donc pas, sans l'intervention d'une forme déterminée, une pure potentialité en attente de son actualisation dans des formes possibles. La forme n'apporte pas à la matière une perfection dont elle serait dépourvue, et en retour, la matière n'est pas une dégradation de l'être ou un moindre être. La matière est l'existant inengendrable et indestructible (par des voies naturelles), sujet d'une multiplicité d'accidents qui se succèdent, mais dont la forme (extension ou grandeur) est l'accident permanent qui nous permet de la connaître et de la nommer. Le couple matière/forme perd le caractère opératoire qu'il avait dans l'ontologie aristotélicienne, parce que l'extension comme forme du corps est inséparable de notre conception de la matière. En revanche se fait jour un nouveau couple qui oppose la matière non à la forme, mais à l'esprit, du moins lorsqu'il est conçu comme une âme ou une substance purement spirituelle [4].

La conception hobbesienne de la matière est directement liée au nominalisme, comme l'atteste, après la critique de la notion aristotélicienne de matière première, le sens nouveau que le *De Corpore* et la *Critique du 'De Mundo'* attribuent à cette notion. En effet, la *materia prima* commune à toutes les choses n'est ni un corps distinct des autres, ni l'un d'entre eux, mais un pur nom *(merum nomen)* signifiant une conception du corps qui ne comporte que la considération de l'extension ou de la grandeur ainsi que sa capacité à recevoir des accidents. La conception de la chose comme matière suppose donc, outre les conditions formelles de la représentation, l'abstraction discursive qui dissocie dans la *res singularis* la grandeur de tous les autres accidents qui la distinguent des autres choses. La signification du mot universel de matière première revient ainsi à celui

de corps pris d'une manière générale *(corpus generaliter sumptum)*.
La *materia prima* n'est donc pas une *res aliqua*, mais le corps considéré
universellement *(corpus consideratum universaliter)*. Ce n'est donc
pas une chose sans forme ni accident, mais une chose dans laquelle nous
ne *considérons* ni forme ni accident autre que la quantité (cf. *D.C. O.L.*
I, chap. VIII, 24, p. 105; *C.D.M.*, chap. VII, 3, pp.146-147).

Cette quantité (l'extension) inséparable de la matière, même au
point de vue de l'argumentation, est la forme (accident inséparable) par
laquelle le suppôt ou substrat est connu et nommé. On comprend donc
qu'elle soit posée de la même manière que le suppôt comme
inengendrable et indestructible naturellement: "mais la grandeur en
raison de laquelle nous nommons quelque chose corps, n'est ni
engendrée ni détruite" (*D.C., O.L.* I, chap. VIII, 20, p.103). En ce
sens, l'extension se distingue des autres accidents, parce qu'alors que la
chose peut être conçue sans eux, elle ne peut être conçue sans extension.
La notion d'accident que nous avons rencontrée dans l'étude de la
proposition se retrouve, comme il fallait s'y attendre, dans le discours
sur le monde. Or son ambiguïté et sa difficulté, sur ce dernier plan,
confirment le statut que lui conférait la théorie de la proposition. En
effet, la notion d'accident comporte une difficulté fondamentale qui
affecte sa définition même. Ainsi on peut lire dans la même phrase,
d'une part, que l'accident *"est un mode du corps selon lequel il est
conçu"*, et d'autre part, *"que l'accident est la faculté du corps par
laquelle il imprime en nous la conception de lui-même"* (*ibid.*, 2,
p. 91). Or Hobbes ajoute que ces deux définitions reviennent au même.
Mais la difficulté est énorme, car l'accident est-il un mode par lequel
nous concevons le corps ou une propriété du corps lui-même ? Nous
savons déjà que cette difficulté tient au statut même de l'accident, qui
est tout ce que le discours peut saisir de la chose. Le nom abstrait,
produit par un discours qui cherche à se fonder lui-même et qui le pose
comme cause du nom concret, désigne une propriété de la chose qui est
conçue comme causant en nous une conception d'elle-même. La
causalité réelle ne peut être pensée qu'à travers la causalité nominale.

A partir de là les accidents sont soumis à un double principe de
différenciation. 1) Comme modes de notre conception du corps, tous
les accidents sont mis sur le même plan, car bien que l'extension
possède, par rapport aux autres accidents, le privilège d'être impliquée
dans toute conception du corps, elle n'en reste pas moins, comme eux,
une modalité de notre représentation de l'étant, et à ce titre, elle
s'oppose à l'étant lui-même sup-posé comme subsistant par soi hors de
nous. En revanche, comme accident commun à tous les corps, c'est-à-

dire comme accident sans lequel aucun corps ne peut être conçu, l'extension est opposée à tous les autres accidents: le mouvement, le repos, la couleur, la dureté etc. Ainsi Hobbes oppose-t-il à la théorie aristotélicienne de l'accident, que s'il est vrai qu'un accident n'est pas dans un sujet comme une partie de celui-ci, mais de sorte qu'il peut n'y être plus sans que le sujet ne soit détruit, par contre, il y a des accidents qu'on ne peut séparer du corps, car un corps ne peut être conçu sans l'extension. C'est de ce second point de vue que l'extension devient l'essence nominale du corps, c'est-à-dire l'accident qui nomme son sujet. 2) Les accidents sont soumis à un second principe de différenciation, qui distingue cette fois ceux qui peuvent être attribués au corps de ceux qui relèvent simplement de la subjectivité. Cette distinction repose elle-même sur le principe gnoséologique selon lequel les premiers suffisent à expliquer la production des seconds. L'extension, la figure et le mouvement s'opposent alors à la couleur, la chaleur, l'odeur, etc. (cf. *ibid.*, 3, pp. 92-93). Ainsi, la chose ne pouvant être pensée que *sub ratione extensi* est déterminée par le discours comme *corpus sive materia*. Dès lors le discours sur le monde va déployer une conception de la nature qui, rapportée aux conditions de la représentation et aux exigences linguistiques, est tout entière gouvernée par un principe gnoséologique de raison.

CHAPITRE II

LE PRINCIPE DE RAISON

La science de la nature est gouvernée par un principe de raison qui fonde la théorie de la causalité et celle de la possibilité. La première formulation de ce principe de raison se trouve déjà dans le premier manuscrit de philosophie naturelle de Hobbes que nous connaissions, à savoir le *Short Tract* (1630). Il sera repris, étendu et modifié dans sa signification dans la *Critique du De Mundo'* (1643), pour devenir dans le *De Corpore* (1655) le principe suprême de la connaissance. Dans le *Short Tract*, le principe de raison apparaît sous la forme du principe de causalité. Dans la douzième conclusion de la première section, Hobbes affirme en effet:

"Every effect produced hath had a Necessary Cause"

"Tout effet produit a eu une Cause Nécessaire" (*S.T., E.L.*, Ap. I, concl. 12, p. 196).

Hobbes justifie ce principe en montrant d'abord que: "Nothing can move it self", "rien ne peut se mouvoir soi-même", de la manière suivante:

"Supposons (si cela est possible) que A puisse se mouvoir lui-même. Cela doit être par une puissance active en lui-même (autrement il ne se meut pas lui-même, mais il est mû par un autre); et vu qu'il est lui-même toujours appliqué à lui-même, il se mouvra lui-même (par la conclusion B) toujours. Supposons ensuite que A ait la puissance d'être mû vers B $\underline{B\ A\ C}$, alors A se mouvra lui-même toujours vers B. De plus, supposons (comme nous le pouvons) que A ait la puissance d'être mû vers C; alors A se mouvra lui-même toujours vers C; et de cette manière il se mouvra lui-même dans des directions contraires, ce qui est impossible. Ou ceci: Supposons A en repos, je dis que A, de lui-même, ne peut se mouvoir lui-même. Car vu que rien n'est ajouté ou retiré de ce qui est lui-même, il restera (par le principe I) dans le même état qu'il était; et A étant par hypothèse en repos, il le restera toujours, et ne sera jamais mû par lui-même" (*ibid.*, concl. 10, p. 196).

Une raison est donc requise pour rendre compte de la direction du mouvement d'un agent, dont on suppose qu'il possède en soi une puissance active de se mouvoir. Le mouvement est toujours mouvement d'un certain côté, mais un agent qui se donnerait à lui-même son mouvement ne pourrait justifier de la détermination de ce mouvement. De la même façon, si l'on suppose une chose en repos, le passage au mouvement requiert une raison qui n'est nullement enveloppée dans le repos lui-même.

Notons que dans le *Short Tract* Hobbes utilise la notion d'un agent qui aurait une puissance active originellement en lui-même *(active power originally in it self)* de mouvoir toujours un patient, mais non de se mouvoir lui-même – il s'agit d'une puissance active inhérente *(active power inherent)* opposée à la puissance de mouvoir qu'un agent peut recevoir d'un autre par contact, c'est-à-dire par communication mécanique du mouvement –, pour expliquer l'émission de la lumière à partir d'un corps lumineux. Cette notion sera totalement abandonnée à partir du *Tractatus Opticus I* qui date de 1640. C'est donc un des éléments archaïques du *Short Tract* qui précède la conception unifiée de la communication du mouvement par contact, telle qu'on la trouve dans les œuvres postérieures. Reste que l'exigence de la détermination d'une raison à la direction du mouvement, comme au mouvement lui-même, laisse poindre déjà la formulation de la loi d'inertie telle qu'on la trouve dans la *Critique du 'De Mundo'* aussi bien que dans le *De Corpore*. En effet, cette exigence d'une raison à la fois du mouvement et de sa détermination suppose une conception de l'homogénéité de l'espace et de l'indifférence du corps au mouvement comme au repos, lesquels ne sont que des états du corps, et non pas comme chez Aristote des modes d'être en puissance ou en acte. Ces points nécessairement implicites dans le *Short Tract,* en raison même de la conception d'un agent disposant d'une puissance inhérente, deviendront explicites par la suite.

Cependant, dès le *Short Tract,* Hobbes déduit de cette exigence d'une raison les notions de cause suffisante et de cause nécessaire:

> "Une cause suffisante est une cause nécessaire.
>
> Cette cause qui ne peut pas ne pas produire l'effet est une cause nécessaire (par le principe 13), mais une cause suffisante ne peut pas ne pas produire l'effet, parce qu'elle a toutes les choses requises pour le produire (par le principe 14). Car si elle ne le produit pas, quelque chose d'autre fait défaut pour sa production, et ainsi la cause n'est pas une cause suffisante, ce qui est contraire à l'hypothèse" *(ibid.,* concl. 11, p. 196).

Exiger une raison de l'effet, c'est donc exiger une raison suffisante ou une cause suffisante. Or, par définition, une cause suffisante doit comporter tout ce qui est requis pour produire son effet. La cause n'est donc suffisante, que si elle est aussi cause nécessaire de l'effet. Les implications de cette convertibilité de la cause suffisante et de la cause nécessaire engagent la signification du principe de raison chez Hobbes. Nous les analyserons dans l'ordre des deux conséquences que Hobbes indique dans le *Short Tract*, et qu'il développera dans ses œuvres postérieures.

1) Cette convertibilité de la cause suffisante et de la cause nécessaire, appliquée également aux actions humaines, rend la notion de libre arbitre totalement impensable parce qu'elle implique contradiction. Ce serait en effet penser qu'un agent possède tout ce qui est requis pour agir, et en même temps, qu'il puisse agir ou ne pas agir. Ce thème sera repris tout au long de la controverse avec l'évêque Bramhall. Les arguments de Hobbes sont rassemblés dans deux ouvrages: *Of Liberty and Necessity* (texte daté de 1645 et publié à l'insu de Hobbes en 1654), et *The Questions concerning Liberty, Necessity and Chance* (1656):

> "Cette *définition* courante du *libre arbitre*, à savoir, *qu'un* libre arbitre *est celui, qui, quand toutes les choses qui sont nécessaires à produire* l'effet *sont présentes, peut néanmoins ne pas le produire,* implique contradiction et est absurde; cela revenant à dire: la cause peut être *suffisante,* c'est-à-dire *nécessaire,* et néanmoins *l'effet* ne suivra pas" (*L.N., E.W.* IV, p. 275).

Toutes les actions volontaires sont donc des actions nécessaires, car leur raison suffisante est par cela même la raison qui les nécessite. Mais il n'en va pas ainsi de la volonté divine qui échappe à la requête de notre raison:

> "Et si la volonté divine n'imposait pas de nécessité à la volonté de l'homme, [...] la liberté de la volonté humaine supprimerait la toute-puissance, l'omniscience et la liberté de Dieu" (*Lev.,* version latine, *O.L.* III, chap. XXI, pp. 160-161, trad. p. 223).

Autant dire que la toute-puissance divine, qui est ici conçue, en vertu d'une simple exigence de notre raison à ne pas régresser à l'infini dans la série des causes, comme fondant la nécessité des actions humaines, échappe elle-même à cette nécessité: "il n'est rien qui ait jamais pu imposer une nécessité à la volonté divine" (*C.D.M.*, chap. XXXIII, 5, p. 378). La volonté divine transcende donc l'exigence du principe de raison. Il s'ensuit que dans le cas des créatures seulement:

"Les mots de LIBERTY ou de FREEDOM désignent proprement l'absence d'opposition (j'entends par opposition: les obstacles extérieurs au mouvement), et peuvent être appliqués à des créatures sans raison ou inanimées, aussi bien qu'aux créatures raisonnables" (*Lev.*, chap. XXI, p. 261, trad. p. 221; cf. *L.N., E.W.* IV, p. 273).

Leibniz répondra à ces thèses de Hobbes dans les *Reflexions sur l'ouvrage que M. Hobbes a publié en Anglois, de la Liberté, de la Necessité et du Hazard,* qui constituent le second appendice des *Essais de Théodicée.* Tout d'abord Leibniz remarque:

"Il fait fort bien voir qu'il n'y a rien qui se fasse au hazard, ou plustost que le hazard ne signifie que l'ignorance des causes qui produisent l'effect et que pour chaque effect il faut un concours de toutes les conditions suffisantes, anterieures à l'evenement, dont il est visible que pas une ne peut manquer, quand l'evenement doit suivre, parce que ce sont des conditions; et que l'evenement ne manque pas non plus de suivre, quand elles se trouvent toutes ensemble, parce que ce sont des conditions suffisantes. Ce qui revient à ce que j'ay dit tant de fois, que tout arrive par des raisons déterminantes, dont la connaissance, si nous l'avions, feroit connoistre en même temps pourquoy la chose est arrivée, et pourquoy elle n'est pas allée autrement" [5].

Mais si tout arrive en vertu de raisons déterminantes, l'opposition de Leibniz à Hobbes porte sur le statut de la détermination. En ce qui concerne le problème de la liberté, Hobbes, selon Leibniz, n'a pas su distinguer la nécessité morale de la nécessité aveugle, dont Epicure et Spinoza sont également les tenants. L'idée de cette nésessité aveugle, par laquelle tout événement se produit avec une nécessité semblable à celle qui fait que deux et trois font cinq, supprime, selon Leibniz, la nécessité morale qui "porte une obligation de raison qui a tousjours son effect dans le sage" (*Essais de Théodicée, G. P.* VI, p. 390). Car si la nécessité morale implique bien qu'il y ait des raisons certaines et déterminées des actions, il ne s'ensuit pas que ces actions soient accomplies selon une nécessité absolue. D'autre part, pour Leibniz, cette nécessité absolue implique, chez Spinoza comme chez Hobbes – quoiqu'à l'égard de ce dernier la formule soit modulée d'un "peutestre"–, que "Sagesse, Bonté, Justice ne sont que des fictions par rapport à Dieu et à l'Univers, la cause primitive agissant, selon eux, par la nécessité de sa puissance, et non par le choix de sa sagesse" (*ibid.*, p. 394).

Quoique la pleine élucidation de la distinction entre la nécessité morale et la nécessité aveugle exige l'examen préalable de la distinction entre la nécessité hypothétique et la nécessité métaphysique – sur laquelle nous reviendrons –, on peut déjà remarquer que Hobbes ne nie pas qu'il y ait une nécessité morale qui implique une obligation de raison, mais celle-ci ne peut déterminer l'action que dans la mesure où elle intervient à titre de cause efficiente. Tel est le cas de la loi de nature qui oblige *in foro interno,* mais qui ne peut devenir effective *in foro externo* que si des raisons plus fortes ne poussent pas l'individu à agir de manière contraire. Autrement dit, la nécessité morale ne se distingue pas de la nécessité tout court, parce qu'elle n'en constitue qu'un des facteurs. Quel que soit l'effet, qu'il s'agisse d'une action volontaire ou d'un effet physique, il ne peut être produit que par une cause efficiente. Ce qui est encore dire, que la raison suffisante ne se distingue pas de la raison nécessaire. Du reste, Leibniz reconnaît cette thèse mais la conteste:

"Enfin M. Hobbes montre, apres d'autres, que la certitude des evenemens et la necessité même, s'il y en avoit dans la maniere dont nos actions dependent des causes, ne nous empêcheroit point d'employer les deliberations, les exhortations, les blâmes et les louanges, les peines et les récompenses; puisqu'elles servent et portent les hommes à produire les actions, ou à s'en abstenir. Ainsi, si les actions humaines estoient necessaires, elles le seroient par ces moyens. Mais la vérité est, que ces actions n'estant point necessaires absolument, et quoyqu'on fasse, ces moyens contribuent seulement à rendre les actions determinées et certaines, comme elles le sont en effect, leur nature faisant voir qu'elles sont incapables d'une necessité absolue" (*ibid.*, p. 391).

Or cette opposition de Leibniz à Hobbes repose sur une divergence fondamentale concernant le statut accordé par l'un et par l'autre au principe de raison, comme on peut également le voir au point de vue théologique. Car, si pour Hobbes le principe de raison nous fait remonter de causes en causes à une cause première nommée Dieu, il ne permet pas de rendre compte des attributs et des actions de Dieu, et, en retour, il ne se trouve pas lui-même fondé ontologiquement sur le rapport de la sagesse et de la volonté divine; c'est ce qui amène Leibniz à écrire:

"M. Hobbes pretend au même endroit, que la sagesse qu'on attribue à Dieu ne consiste pas dans une discussion logique du rapport des moyens aux fins, mais dans un attribut incomprehensible, attribué à une nature incomprehensible pour l'honnorer" (*ibid.*, p. 399).

Autrement dit la distinction leibnizienne, au sein du principe de raison, entre raison nécessaire et raison suffisante, n'est pas une simple correction de la convertibilité hobbesienne pour rendre compte de la contingence, mais engage la signification même du principe de raison.

Leibniz distingue en effet deux sortes de vérités: les vérités de raisonnement qui sont nécessaires et qui relèvent du principe de contradiction, et les vérités de faits qui sont contingentes et qui relèvent du principe de raison suffisante. Le principe de raison est tenu non seulement comme un principe d'intelligibilité qui règle la connaissance conformément aux exigences de la raison, mais également comme le principe de toute existence. Il fonde à la fois la rationalité de la connaissance et la rationalité du réel, comme l'attestent les formules qui varient sur le thème: *Nihil est sine ratione*. La *Monadologie,* par exemple, définit ainsi le principe de raison:

> "ET CELUI DE LA RAISON SUFFISANTE, en vertu duquel nous considerons qu'aucun fait ne sçauroit se trouver vrai, ou existent, aucune Enonciation veritable, sans qu'il y ait une raison suffisante pour quoi il en soit ainsi et non pas autrement. Quoi que ces raisons le plus souvent ne puissent point nous être connües" [6].

Le principe de raison commande ici la connaissance et l'étant. C'est ce qui fait écrire à Heidegger commentant Leibniz:

> "Rien n'est sans raison. Formule qui veut dire maintenant: Quelque chose n'"est', c'est-à-dire n'est légitimé comme étant, que s'il est énoncé dans une proposition qui satisfasse au principe de raison entendu comme principe de fondation-sur-raison. La puissance du principe de raison se manifeste en ceci que le *principium reddendae rationis* – lequel en apparence n'est qu'un principe du connaître – devient en même temps, et précisément comme principe du connaître, le principe applicable à tout ce qui *est*" [7].

Or toute la question est là: le principe de raison est-il chez Hobbes, dans la mesure même où il est le principe du connaître, le principe suprême de l'étant ? Exige-t-il de tout étant qu'il soit fondé en raison pour trouver sa consistance ? Ce que Heidegger écrit, dans le texte qui suit, à propos de Leibniz, vaut-il pour Hobbes ?

> "La raison qui demande à être fournie exige en même temps qu'elle suffise, c'est-à-dire satisfasse entièrement, comme raison. Qu'elle suffise à quoi ? A assurer la consistance d'un objet. Derrière cette prescription de la suffisance (de la *suffectio*) se découvre une conception essentielle de la pensée leibnizienne, celle de la *perfectio,* c'est-à-dire de la pleine consistance des déterminations grâce auxquelles un objet tient debout. C'est seulement dans l'intégralité des conditions de sa possibilité, c'est seulement dans l'intégralité de ses raisons que la consistance d'un objet est complètement assurée, parfaite" (*Le principe de raison, op. cit.*, pp. 98-99).

2) Pour répondre à ces questions, il faut examiner la seconde conséquence de la convertibilité chez Hobbes de la raison (ou cause) suffisante et de la raison (ou cause) nécessaire. Cette seconde

conséquence est que tout effet passé, présent ou à venir a eu, a ou aura une cause nécessaire:

> "Tout effet produit a eu une Cause Nécessaire. Car vu que tout effet produit a eu une Cause suffisante (autrement il n'eût pas été produit), et que toute cause suffisante (par la conclusion 11) est une cause Nécessaire; il suit que tout effet produit a eu une cause Nécessaire" (*S.T., E.L.*, Ap. I, concl. 12, pp. 196-197).

La suite du *Short Tract* montre que la même chose est valable pour l'effet futur. La raison suffisante de la production de l'effet (*effectus*) exige une cause qui comporte tous les réquisits suffisants à cette production, lesquels seraient insuffisants s'ils ne produisaient pas nécessairement l'effet, ainsi la suffisance de la cause consiste dans sa nécessité. C'est donc le principe de raison qui fonde le principe de causalité. Ainsi on peut lire dans le *De Corpore:*

> "Atque hinc est quod in actione *principium* et *causa* pro eodem habeantur"

> "Et de là il résulte que dans l'action *le principe* et *la cause* sont tenus pour la même chose" (*D.C., O.L.* I, chap. IX, 6, p. 110).

Qu'est-ce qu'une cause ? Une cause se définit par rapport à son effet, puisqu'elle doit comporter les conditions de possibilité de cet effet. Or, un effet est un accident produit par un agent (*agens*) dans un patient (*patiens*). Ainsi un corps est dit agir (*agere*) lorsqu'il engendre ou détruit un accident dans un autre corps. Inversement, le corps dans lequel un accident est engendré ou détruit est dit pâtir. On peut désormais définir ce qu'est une cause. Car on comprend (*intelligitur*) qu'un agent ne produise dans un patient un effet déterminé, qu'eu égard aux modes ou accidents dont l'agent et le patient sont munis, et qui entrent dans la détermination de l'effet. Autrement dit, ne font pas partie de la cause les accidents qui n'interviennent pas dans la détermination de l'effet. Par exemple, ce n'est pas parce que le feu est un corps qu'il chauffe, mais parce qu'il est chaud, de même ce n'est pas parce qu'un corps est un corps qu'il en heurte un autre, mais parce qu'il est en mouvement. La cause consistera donc dans les accidents de l'agent et du patient, qui, lorsqu'ils sont tous présents, produisent l'effet, mais s'il en manque un, ne le produisent pas. Cet accident (qu'il appartienne à l'agent ou au patient) sans lequel l'effet ne peut être produit, on l'appelle cause *sine qua non* et nécessaire par hypothèse, *"causa sine qua non et necessarium per hypothesin"* (*D.C., O.L.* I, chap. IX, 3, p. 107; cf. *C.D.M.*, chap. XXVII, 2, p. 315). C'est une cause requise pour la production de l'effet.

On doit donc définir la cause d'un effet comme: toutes les causes *sine quibus non* prises ensemble, *"omnes causae sine qua non simul sumptae"* (*C.D.M.*, chap. XXVII, 4, p. 316). Or cette cause qui comporte tous les accidents requis à la production de l'effet est par là même cause entière *(causa integra):*

> *" La cause est la somme ou l'agrégat de tous les accidents, tant dans les agents que dans le patient, concourant à l'effet proposé; s'ils existent tous, on ne peut comprendre que l'effet n'existe pas, ou que l'effet puisse exister s'il en manque un"* (*D.C.*, *O.L.* I, chap. VI, 10, p. 68; cf. *ibid.*, chap. IX, 3, pp. 107-108; *C.D.M.*, chap. XXVII, 5, p. 317).

La cause entière rend raison de l'effet produit, c'est-à-dire qu'elle assure son intelligibilité. La cause entière est requise pour comprendre *(intelligere)* l'effet, elle relève donc d'une exigence de rationalité. Mais cette exigence de rationalité fonde-t-elle la rationalité du réel ? Nous reviendrons sur ce problème.

Notons pour l'instant, que la cause entière se dissocie elle-même en cause efficiente *(causa efficiens)* et cause matérielle *(causa materialis)*. La cause efficiente est constituée par la somme ou l'agrégat des accidents requis dans l'agent ou les agents pour la production de l'effet. La cause matérielle est, pour sa part, constituée de l'agrégat des accidents requis dans le patient. Cependant, on ne peut parler de cause efficiente et de cause matérielle que lorsque l'effet est produit. En effet, les termes de cause et d'effet sont relatifs, de sorte que rien ne peut être appelé cause, là où rien ne peut être appelé effet. La cause efficiente et la cause matérielle sont donc des parties de la cause entière. Autrement dit, elles ne sont ni l'une ni l'autre, indépendamment l'une de l'autre, suffisantes pour produire l'effet. Seule la cause entière est cause suffisante.

Mais avant de poursuivre l'examen de la cause entière comme cause, si l'on peut dire, nécessairement suffisante, il convient de noter la similitude frappante de cette théorie de la causalité avec celle que présente Ockham:

> "Bien que je n'aie pas dessein de dire de façon universelle ce qu'est une cause immédiate, néanmoins, je dis qu'il suffit, pour qu'une chose soit cause immédiate, que, lorsqu'elle est présente, l'effet s'ensuive, et que, lorsqu'elle n'est pas présente, toutes les autres conditions et dispositions étant les mêmes, l'effet ne s'ensuive pas. De là, toute chose ayant cette relation avec telle autre chose, en est la cause immédiate, bien que ce ne soit peut-être pas *vice versa*. Le fait que ceci suffise pour qu'une chose soit cause immédiate de quelque autre chose est clair, parce que, dans le cas contraire, il n'est

point d'autre façon de savoir que telle chose est la cause immédiate de telle autre chose. [...] Il s'ensuit que si, en retirant la cause universelle ou la cause particulière, l'effet ne se produit pas, dès lors ni l'une ni l'autre n'est la cause totale, mais chacune est plutôt une cause partielle, parce que ni l'une ni l'autre de ces choses, dont aucune isolément ne peut produire l'effet, n'est la cause efficiente, et, par conséquent, aucune n'est la cause totale. Il s'ensuit aussi que toute cause vraiment digne de ce nom est une cause immédiate, parce qu'une soi-disant cause qui peut être absente ou présente, sans avoir d'influence sur l'effet, et qui, lorsqu'elle est présente dans d'autres conditions, ne produit pas cet effet, ne peut être considérée comme une cause; mais voilà comment les choses se passent pour toute cause autre que la cause immédiate, ainsi que l'induction le fait clairement apparaître" [8].

Les trois déterminations principales de la cause, dans ce texte d'Ockham, se retrouvent chez Hobbes: A) n'est cause proprement dite, que celle qui suffit lorsqu'elle est présente pour que l'effet s'ensuive. Il faut donc distinguer les conditions qui déterminent immédiatement l'effet, de celles qui n'y interviennent pas. Or c'est là le principe qui permet à Hobbes de distinguer les accidents qui constituent la cause entière, de ceux qui n'y interviennent pas. B) La cause est définie par rapport aux exigences de notre rationalité. Et c'est parce que la cause et l'effet sont relatifs, que pour Hobbes on ne peut les concevoir que comme simultanés: "A l'instant où la cause est *entière*, au même instant l'effet est produit" (*D.C., O.L.* I, chap. IX, 5, pp. 108-109). On comprend dès lors pourquoi il n'est pas possible de parler de cause avant que l'effet ne soit produit. C) La distinction – dans la cause totale – de causes partielles insuffisantes pour produire l'effet quand elles sont séparées les unes des autres, est parallèle à la distinction – dans la cause entière – des causes partielles que sont la cause efficiente et la cause matérielle chez Hobbes. Cependant, Hobbes se sépare d'Ockham sur un point fondamental. A savoir que le mouvement est pour Ockham une relation, ou plus exactement, un changement de relation spatiale. En revanche, Hobbes conçoit le mouvement comme un accident réel du corps, comme on le verra dans l'étude de la force (cf. *C.D.M.*, chap. XIV, 4-6, pp. 203-204).

Le rapport de la théorie de la causalité chez Hobbes avec celle que formule Ockham est confirmé par la critique de la causalité finale. En effet, la causalité finale n'est pour Ockham qu'une causalité métaphorique, parce que sa définition même suppose qu'elle peut causer des effets alors qu'elle n'existe pas. Hobbes radicalise cette perspective, puisque selon lui la cause finale se ramène en toute circonstance à la cause efficiente: "dans la mesure où l'homme peut la concevoir, elle est entièrement la même chose que la cause efficiente" (*C.D.M.*, chap. XXVII, 2, p. 315; cf. *D.C., O.L.* I, chap. X, 7, p.117). Tout d'abord, on ne peut parler de cause finale que pour les êtres qui ont sensation et volonté, mais même dans ce cas, elle n'est à proprement parler une cause qu'à titre de composant de la cause efficiente. Ainsi le mode par lequel la représentation d'un objet délectable peut être caractérisée comme cause finale du désir se ramène à l'enchaînement par lequel: de la représentation d'un objet, naît la représentation d'une jouissance, de celle-ci, naît la représentation d'un moyen pour l'obtenir, et enfin, de cette dernière, naît le mouvement vers l'objet désiré. Dans cet enchaînement, la représentation de l'objet – considéré comme fin – est en fait l'une des causes efficientes de notre mouvement vers lui. La causalité finale n'est donc que l'apparence subjective que la causalité efficiente prend dans l'imagination de l'homme. La raison suffisante des actions humaines relève donc bien du même type de causalité que celle des effets des corps. On ne peut donc penser dans ce contexte ni la distinction ni la relation harmonique que Leibniz établira entre la loi de la série des causes finales et la loi de la série des causes efficientes:

> "Les ames agissent selon les loix des causes finales par appetitions, fins et moïens. Les corps agissent selon les loix des causes efficientes ou des mouvemens. Et les deux regnes, celui des causes efficientes et celui des causes finales, son (*sic*) harmoniques entre eux" (*Monadologie,* 79, ed. Robinet, p. 119; *G. P.* VI, p. 620).

Plus généralement, la réduction radicale de la cause finale à la cause efficiente délie le principe de raison de tout rapport à une finalité providentielle. C'est pourquoi Hobbes rejette dans son principe même l'idée d'une théodicée (*C.D.M.*, chap. XXXV, 16, pp. 395-396). La raison suffisante des faits et des événements n'est pas centrée chez Hobbes, comme elle le sera chez Leibniz, sur le concept de *justitia Dei.* Concept que Heidegger ignore complètement dans son interprétation du principe de raison chez Leibniz [9].

Quant à la cause formelle, elle n'est pas non plus pour Hobbes une cause spécifique. En effet, c'est parce qu'*être rationnel* n'est pas plus la cause productrice de l'*être homme,* qu'*être un carré* n'est la cause productrice du fait d'*avoir des angles égaux,* qu'on s'est cru autorisé à parler de causalité formelle. Mais cette pseudo-causalité formelle de l'essence revient simplement à la relation de principe à conséquence qui s'établit entre deux propositions, par exemple entre la proposition *cette figure est un carré* et cette autre *ces angles sont droits* (cf. *C.D.M.*, chap. XXVII, 2, pp. 315-316). La notion de causalité formelle résulte donc d'une illusion par laquelle on prend la relation de raison entre un principe et une conclusion pour un type de causalité spécifiquement différent de la causalité productrice. Mais cette critique de la causalité formelle n'est pas chez Hobbes la critique d'un mauvais usage de la notion de forme, comme c'est le cas chez Leibniz:

> "Je demeure d'accord que la consideration de ces formes ne sert de rien dans le detail de la physique, et ne doit point estre employée à l'explication des phenomenes en particulier. Et c'est en quoy nos scholastiques ont manqué, et les Medecins du temps passé à leur exemple, croyant de rendre raison des proprieté des corps, en faisant mention des formes et des qualités, sans se mettre en peine d'examiner la maniere de l'operation, comme si on se vouloit contenter de dire qu'une horloge a la qualité horodictique prevenante de sa forme, sans considerer en quoy tout cela consiste (*Discours de métaphysique*, 10, *G. P.* IV, p. 434).

C'est pourquoi, alors que la notion de forme substantielle, une fois épurée, se trouvera réhabilitée par Leibniz pour penser l'identité d'une substance ou être complet qui fonde dans la nature des choses la vérité de l'attribution du prédicat au sujet, la forme est réduite chez Hobbes à une dénomination extrinsèque du substrat.

Cependant, la critique de la causalité formelle et sa réduction à une relation de conséquence entre un principe et une conclusion impliquent-elles que Hobbes reconnaisse que le principe de raison n'a pas pour seul contenu le principe de causalité ? A cette question la réponse doit être négative, parce que la relation du principe à la conclusion revient elle-même à une causalité efficiente intracognitive (cf. *D.C., O.L.* I, chap. III, 20, pp. 38-39). Ce point est fondamental, parce qu'il revient à dire que le seul mode par lequel l'esprit puisse rendre raison d'une proposition aussi bien que d'un effet naturel consiste à en exhiber la cause productrice. La cause productrice apparaît donc maintenant comme la forme la plus universelle du principe de raison. Elle s'identifie avec l'exigence de rationalité en général.

Or dans le cas des effets naturels, la cause productrice est la cause entière. Celle-ci en effet dans la mesure où elle comporte tous les accidents requis pour la production de l'effet est par cela même suffisante. La notion de cause suffisante, qui restait encore indéterminée quant à son contenu dans le *Short tract*, trouve, dans la *Critique du 'De Mundo'* et dans le *De Corpore*, ce contenu avec le concept de cause entière. Que la cause entière soit la cause suffisante d'un effet naturel explique qu'aucun "corps ne peut produire en lui-même un acte quelconque" (*C.D.M.*, chap. XXVII, 5, p. 317). La cause du mouvement d'un corps doit donc résider dans un autre corps contigu et mû. A partir de là le principe de raison suffisante (c'est-à-dire la recherche de la cause productrice) va commander toute la théorie physique, aussi bien au point de vue phoronomique et abstrait – où les définitions du mouvement, de la vitesse, du *conatus* et de l'*impetus* apparaissent sous une forme purement géométrique – que du point de vue dynamique et concret de la physique de la force. Le mouvement, au niveau de sa définition phoronomique, est conçu comme la translation d'un corps d'un lieu à un autre:

> "Le mouvement est l'abandon d'un lieu et l'acquisition d'un autre de manière continue" (*D.C., O.L.* I, chap. VIII, 10, p. 97; cf. *C.D.M.*, chap. V, 1, pp. 128-129; *ibid.*, chap. XIV, 2, p. 202; *ibid.*, chap. XXVII, 7, p. 319).

L'idéalité des structures spatiales et temporelles de la représentation permet de penser à la fois la continuité du mouvement – parce qu'elle exclut tout saut d'un lieu à un autre de l'espace ou d'un instant à l'autre du temps – et son homogénéité – parce qu'aucune hiérarchie de lieux n'est concevable dans l'espace. Cette définition du mouvement implique trois choses: A) l'absence de toute différence ontologique entre le mouvement et le repos. Puisque le mouvement n'est qu'un déplacement dans un espace homogène, on dira *"qu'est en repos ce qui pendant un temps quelconque est dans le même lieu"* (*D.C., O.L.* I, chap. VIII, 11, p. 98). L'idée d'une primauté ontologique du repos sur le mouvement, ou d'une tendance naturelle au repos, devient inconcevable. Par là même, la distinction aristotélicienne du mouvement naturel et du mouvement violent perd son fondement: "pour tout corps, tout mouvement possible est naturel" (*C.D.M.*, chap. VI, 6, p. 140; cf. *ibid.*, chap. XXVII, 8, p. 319). B) Il s'ensuit une indifférence de l'essence nominale du corps – qui consiste dans l'occupation d'un espace – au mouvement ou au repos. C) Tout changement se réduit désormais au mouvement local, parce que toute action concevable dans la structure idéelle de l'espace imaginaire est mouvement (cf. *ibid.*, chap. V, 1, pp. 128-129; *ibid.*, chap. XXVII, 10, pp. 320-321; *D.C., O.L.* I, chap. IX, 9, pp. 111-112).

L'application du principe de raison fonde tout d'abord la loi d'inertie. Un corps en repos le restera toujours si rien ne l'empêche, parce qu'il n'y a rien en lui qui puisse rendre raison du mouvement et de sa direction [10]. De même, un corps en mouvement continuera à se mouvoir avec la même vitesse et dans la même direction si rien ne l'empêche, car s'il se mettait de lui-même en repos, il n'y aurait aucune raison *(nulla ratio)* pour qu'il le fasse à tel moment plutôt qu'à tel autre (cf. *D.C.*, *O.L.* I, chap. VIII, 19, pp. 102-103; *ibid.*, chap. IX, 7, pp. 110-111; *ibid.*, chap. XV, 1, p. 177) [11]. Au point de vue phoronomique, le mouvement est donc un état contraire au repos. En revanche, la question de la possibilité ou de l'impossibilité d'un repos réel ou d'une force de repos ne se trouvera posée que sur le plan de la dynamique.

Pour rendre raison du mouvement lui-même, c'est-à-dire pour rendre compte de sa production en le soumettant au calcul, Hobbes, comme Galilée dans la troisième journée des *Discorsi,* est conduit, à partir de la continuité du mouvement, à la formation des concepts de *conatus* et d'*impetus*. Quand un corps passe du repos au mouvement avec une certaine vitesse, il passe par tous les degrés de vitesse intermédiaires. Ces vitesses sont des *impetus,* et les mouvements dans les parties infiniment petites du temps et de l'espace sont des *conatus*. Le *conatus* est donc le mouvement effectué dans un espace et un temps moindre que tout espace et tout temps assignables. C'est un mouvement instantané, effectué dans un point du temps et un point de l'espace. La notion de point n'implique aucunement la réintroduction subreptice d'une conception discontinuiste du temps et de l'espace. En effet, le point n'est pas un indivisible (ou ce qui n'aurait aucune quantité) parce qu'il n'y a pas de tel minimum absolu dans la nature, mais un non-divisé, c'est-à-dire ce dont nous ne tenons pas compte de la quantité (cf. *ibid.*, chap. XV, 2, pp. 177-179) [12]. Cependant, le *conatus* n'a pas pour Hobbes le caractère d'un mouvement virtuel ou évanouissant, l'infiniment petit n'a pas encore le statut différentiel qu'il aura dans la physique achevée de Leibniz. Le *conatus* reste donc chez Hobbes un mouvement actuel quoique inassignable: *"Omnino igitur conatus est motus actualis"* (*C.D.M.*, chap. XIII, 2, p. 195).

Le mouvement comporte donc un infiniment petit qui est un mouvement réel, mais dont nous ne considérons pas la quantité du temps ou celle de la ligne où il s'effectue, de sorte qu'il ne peut être comparé sur le plan de la quantité avec le temps ou la ligne parcourue par le mouvement dont il est une partie. Le *conatus,* incomparable quantitativement à un mouvement fini assignable, lui est néanmoins homogène. Cependant, comme deux mouvements peuvent avoir des vitesses égales ou des vitesses différentes, leurs *conatus* pourront être à ce point de vue, mais à ce point de vue seulement, comparés. Comme un point peut être comparé mathématiquement à un autre point, un *conatus* pourra être comparé à un autre *conatus*. Ainsi, on pourra dire que les *conatus* de deux mouvements sont égaux ou inégaux, selon la proportion des vitesses de ces mouvements. Le *conatus* sera donc plus ou moins grand selon la proportion des vitesses, et l'*impetus* ou vitesse instantanée en sera la quantité. Ces concepts de *conatus* et d'*impetus* permettent de soumettre le mouvement au calcul, et d'en fournir un traitement mathématique. A la définition ontologique du mouvement chez Aristote comme acte d'une chose en puissance en tant qu'elle est en puissance, laquelle rendait impossible toute application du calcul, se substitue désormais un mouvement défini à partir des conditions formelles de la représentation, et dont les signes du langage mathématique permettent de rendre raison.

C'est le calcul de la force d'un corps qui fait passer la physique des principes de la phoronomie à ceux de la dynamique. Le calcul de la force implique en effet, outre la vitesse et la direction du mouvement, la considération de l'extension du corps ou de la matière. Hobbes distingue nettement l'égalité de vitesse de deux corps en mouvement, de l'égalité de leur force. Deux corps de grandeurs différentes pourront avoir la même vitesse, mais ils auront des forces mouvantes différentes (cf. *D.C.*, *O.L.* I, chap. VIII, 17-18, pp. 101-102). Dans le calcul de la force, le corps n'intervient pas simplement dans sa substantialité, c'est-à-dire son existence par soi, mais dans sa capacité à occuper un espace, c'est-à-dire à le remplir en résistant à l'effort contraire d'un autre corps qui est en contact avec lui et qui s'efforce de prendre sa place (cf. *ibid.*, chap. XV, 2, p. 178).

Or cette résistance ne peut être attribuée au corps en repos. Contre Descartes, Hobbes nie la possibilité d'une force de repos, seul un mouvement peut être contraire à un autre mouvement (cf. *ibid.*, chap. IX, 7, p. 111). Le repos apparent n'est lui-même, au point de vue dynamique, qu'un mouvement infiniment lent [13]. Bien mieux, un corps en repos absolu est parfaitement inconcevable, puisque l'impénétrabilité, qui distingue l'espace rempli par un corps d'un espace vide, est due à la résistance de ce corps ou à son effort et réside donc dans le mouvement. Un corps en repos serait indiscernable d'un espace vide. Le repos comme le vide n'offrent aucune résistance au mouvement. Par conséquent, du point de vue dynamique, ce n'est pas le repos qui s'oppose au mouvement, mais un mouvement contraire.

Le mouvement qui était considéré sur le plan phoronomique au même titre que le repos comme un accident du corps qu'on peut étudier abstraitement et auquel la corporéité, c'est-à-dire la grandeur, était indifférente, devient sur le plan dynamique indispensable pour penser la capacité du corps à remplir un espace, lequel est distingué alors d'un espace vide. La résistance, définie en termes de *conatus*, fonde donc l'impénétrabilité de la matière et fournit désormais le concept qui permet de penser sa réalité. Le concept de matière est alors défini non par la simple grandeur géométrique, mais par une force d'extension qui caractérise la capacité d'un corps à remplir un espace. La force d'extension d'un corps s'oppose à celle d'un autre corps et la limite. Ainsi un corps en presse un autre, quand, par son *conatus*, il fait que l'autre corps cède son lieu en totalité ou en partie. Et il y a restitution, lorsque la constitution du corps, qui subit la pression d'un autre corps sans pourtant lui céder en totalité, est telle que, la pression étant supprimée, ses parties reviennent chacune en leur lieu initial.

La matière est donc élastique, c'est une *materia subtilis*, une matière fluide ou subtile constituée de *spiritus* internes, qui sont une sorte de petits corpuscules matériels [14]. Au point spatial et au point temporel, vient donc se joindre ici un point matériel qui n'est pas plus que les deux autres un indivisible. La physique hobbesienne n'est donc pas la reprise de l'atomisme épicurien comme celle de Gassendi. Hobbes échappe ainsi aux difficultés de l'atomisme de Gassendi qui pose à la fois la divisibilité de l'espace à l'infini et l'existence d'atomes indivisibles.

Chacun de ces points matériels étant doué d'un *conatus*, la force d'un corps sera donc le résultat de la sommation des différents *impetus* des corpuscules qui le constituent, et sa direction sera la résultante de toutes leurs directions. Hobbes donne deux formules du calcul de la force, correspondant chacune aux effets que la force est capable de produire. La première formule correspond à celle de la quantité de mouvement chez Descartes, soit: la grandeur multipliée par la vitesse. Elle permet de mesurer l'impulsion qu'un corps est capable de donner à un autre corps. La seconde correspond au carré de la vitesse, sans que la grandeur ne soit cette fois considérée (cf. *D.C., O.L.* I, chap. XV, 2, p. 179). Elle permet de mesurer le travail qu'un corps, tombant d'une certaine hauteur, est capable d'effectuer en rebondissant, grâce à la vitesse acquise au bas de sa chute [15]. Leibniz rectifiera la formule en faisant de la force le résultat de la grandeur multipliée par le carré de la vitesse (cf. *Discours de métaphysique, G. P.* IV, p. 442-444). Mais l'oubli de la grandeur dans la seconde formule de Hobbes est d'autant plus étonnant, qu'il affirme lui-même que la force est le résultat de la sommation des *impetus* des différentes parties qui constituent un corps.

Le principe de raison commande cette dynamique de l'infinitésimal actuel. Ainsi, un point en mouvement, quelque petit que soit son *impetus*, meut un autre point en repos avec lequel il entre en contact. Car si par cet *impetus* il ne le chassait pas de son lieu, il ne le pourrait pas non plus par un *impetus* double, et pas davantage par cet *impetus* multiplié autant de fois qu'on voudra. Un rien, multiplié autant de fois qu'on voudra, reste un rien. Par conséquent, un point en repos qui ne céderait pas à un *impetus,* quelque petit qu'il soit, ne cédera à aucun. Pour la même raison, un point, quelque petit que soit son *impetus,* fera céder un peu un point d'un corps en repos aussi dur qu'on voudra. En effet, s'il ne cédait pas un peu à l'*impetus* de ce point, il ne céderait pas non plus à la sommation ou à l'agrégat d'un aussi grand nombre qu'on voudra de tels points. Ce qui implique qu'il pourrait y avoir des corps qu'il serait impossible de briser. On aboutirait alors à l'absurdité d'une dureté ou d'une force finie qui ne céderait pas à une force infinie. Il en résulte que le repos absolu n'a aucune efficience, parce qu'il n'est la raison suffisante de rien. Ainsi, l'arrêt d'un corps qui en meut un autre ne cause pas l'arrêt de ce dernier. Ainsi également, un corps en mouvement conserve son mouvement avec la même vitesse et dans la même direction, aussi longtemps qu'il n'est pas empêché par un autre corps doué d'un mouvement contraire (cf. *D.C., O.L.* I, chap. XV, 3, pp.179-180).

En outre, le *conatus,* qu'il soit fort ou faible, se propage à l'infini. Car si l'on considère un espace vide, le *conatus* du corps conservera la même vitesse et la même direction conformément à la loi d'inertie; et si l'on considère l'espace plein du monde, le *conatus* se propagera à l'infini par communication du mouvement des corps les plus voisins aux corps les plus lointains (*ibid.,* 7, pp. 182-183). L'ensemble de la dynamique est donc soutenu par un principe de conservation de la même quantité de force motrice dans le monde.

Tels sont les principes de la phoronomie et de la dynamique hobbesiennes exposés en particulier dans le *De Corpore,* œuvre que le jeune Leibniz avait, sinon sous les yeux, du moins en vive mémoire, en écrivant en 1670 la *Theoria motus abstracti* et la *Theoria motus concreti* ou *Hypothesis physica nova* (cf. *G. P.* IV, pp. 177-240). L'idée même de ce double point de vue dans l'étude du mouvement, c'est-à-dire la possibilité de rendre compte des lois du mouvement concret à partir des lois du mouvement abstrait construites *a priori,* se trouve déjà dans le *De Corpore.* Il en va de même pour les définitions de l'espace, du temps et du mouvement, que Leibniz considère comme des continus qui comportent des parties infinies en acte ou points, lesquels ne sont pas pour autant des *minima* [16]; pour la théorie du *conatus* que Leibniz tient encore pour un infinitésimal actuel; pour la possibilité de considérer des *conatus* de grandeurs différentes de la même façon qu'il y a des points plus grands que d'autres; pour les lois de la composition du mouvement; pour l'impossibilité d'un corps en repos absolu de résister à la percussion d'un corps en mouvement si petit qu'il soit; pour l'impénétrabilité d'un corps qui a sa source dans le *conatus*, lequel fonde sa résistance et le distingue d'un espace vide. Cependant il ne s'agit pas là d'une simple reprise, car la lecture leibnizienne est une lecture critique qui reconnaît et tente de surmonter certaines des difficultés les plus importantes du *De Corpore*. C'est le cas pour le point corporel, que Hobbes pose sans en élucider les implications; pour la question de la conservation, au-delà d'un instant, de l'unité d'un corps composé de corpuscules en agitation incessante; pour le problème de la conservation du mouvement, qui semble remise en question par le fait que des *conatus* contraires compensent leurs effets réciproques. Bien que les premières réponses de Leibniz à ces problèmes conduisent elles-mêmes à des impasses, elles s'éloignent définitivement des thèses hobbesiennes par l'introduction d'hypothèses métaphysiques sur l'action immanente d'esprits, l'organisation du monde par la sagesse de Dieu, et l'harmonie universelle (encore externe) qui fonde les lois du mouvement et de la conservation du mouvement.

Reste que, le point important pour nous est que les premières formulations du principe de raison: *Nihil est sine ratione*, sont à l'œuvre dans des textes tant théologiques que physiques comme la *Confessio naturae contra atheistas*, un texte daté de 1668-1669 intitulé *Demonstrationum catholicarum conspectus* [17] et la *Theoria motus abstracti* (G. P. IV, p. 232), c'est-à-dire dans des textes très proches des développements hobbesiens sur le principe de raison, mais qui prennent ce principe en un sens très différent. En effet lorsque l'exigence d'une raison suffisante est directement appliquée aux principes de la physique dans les premiers écrits de Leibniz, c'est pour exhiber la nécessité d'un fondement théologique. Ainsi la *Confessio naturae contra atheistas* (cf. G. P. IV, pp.103-110) montre que les principes de la physique mécaniste ne se suffisent pas à eux-mêmes, parce qu'on ne peut trouver la raison suffisante de la grandeur ou de la figure déterminée d'un corps, pas plus que celle de son mouvement, dans la seule définition du corps, ou en se situant dans la série des causes secondes, lesquelles conduisent de raison en raison sans que jamais une raison complète ne puisse être donnée. La raison suffisante du mouvement d'un corps ne peut donc se trouver, contrairement à ce que pensait Hobbes, dans un autre corps contigu et mû dont il faudrait à nouveau rendre raison du mouvement. Le principe de raison qui gouverne la science de la nature exige pour Leibniz un fondement théologique. Ce fondement, dans la *Confessio*, est un Etre incorporel auquel on doit supposer intelligence, choix et puissance. C'est en ce sens que la nature témoigne contre les athées: l'approfondissement des principes de la physique montre que la nature ne peut se passer de l'aide de Dieu.

Mais le fondement théologique ne fait que pallier, dans la *Confessio* comme dans l'*Hypothesis physica nova,* l'insuffisance des principes de la physique auxquels il reste extérieur. En revanche, il deviendra un fondement métaphysique interne de la dynamique de la force vive, dont il fournira le principe avec la notion de substance, le système de la communication des substances, et enfin le choix divin qui enveloppe la raison suffisante ultime du passage à l'existence de telle série de compossibles plutôt que de telle autre:

> "Or, cette Raison suffisante de l'Existence de l'univers, ne se sauroit trouver dans la suite des choses contingentes; c'est à dire des corps, et de leurs representations dans les Ames: parce que la Matière étant indifférente en elle-même au mouvement et au repos, et à un mouvement tel ou autre; on n'y sauroit trouver la Raison du Mouvement, et encore moins d'un tel mouvement. Et quoique le present mouvement, qui est dans la Matière, vienne du precedent, et celui-ci encore d'un precedent; on n'en est pas plus avancé, quand on iroit aussi loin qu'on voudroit: >car< il reste toûjours la même question. Ainsi, il faut que LA RAISON SUFFISANTE, qui n'ait plus besoin d'une autre Raison, soit hors de cette suite des choses contingentes, et se trouve dans une substance, qui en soit la cause, et qui soit un Etre necessaire, portant la Raison de son existence avec soi. Autrement on n'auroit pas encore une raison suffisante, où l'on puisse finir. Et cette dernière raison des choses est appelée Dieu" (*Principes de la nature et de la grâce,* 8, ed. Robinet, pp.45-47; *G. P.* VI, p. 602).

Le principe de raison suffisante, sans lequel "nous ne pourrions jamais prouver l'existence de Dieu" (*Essais de théodicée, G. P.* VI, 44, p. 127), se voit en retour investi d'une valeur ontologique qui assure non seulement sur le plan physique, mais aussi axiologique et historique, la rationalité des existences, des actes et des événements contingents:

> "Ainsi la nécessité physique dérive de la nécessité métaphysique: car quoique le monde ne soit pas métaphysiquement nécessaire, en ce sens que sa non-existence impliquerait contradiction ou absurdité logique, il est cependant physiquement nécessaire ou déterminé, en ce sens que le contraire impliquerait imperfection ou absurdité morale. Et de même que la possibilité est le principe de l'essence, de même la perfection ou degré de l'essence (défini par le maximum de compossibles) est le principe de l'existence. Par là on voit aussi, en quel sens l'Auteur du monde est libre, quoiqu'il fasse toutes choses

d'une façon déterminée; car il agit selon le principe de sagesse ou de perfection. C'est qu'en effet l'indifférence naît de l'ignorance; et chacun est d'autant plus déterminé à choisir le plus parfait, qu'il est plus sage" [18].

Le principe de raison suffisante qui rend compte des vérités contingentes de fait se distingue ainsi, par la considération de la perfection et par le choix divin, du principe de raison nécessaire ou principe de contradiction qui rend compte des vérités de raisonnement, lesquelles ne dépendent pas de la volonté divine. Ainsi Leibniz se trouve-t-il autorisé à distinguer, contre Hobbes, la nécessité absolue ou métaphysique de la nécessité hypothétique ou physique, cette dernière se distinguant elle-même de la nécessité morale:

"On soutient, 2. Que le *hazard* [chance en Anglois, casus en Latin] *ne produit rien*. C'est à dire, qu'il ne se produit rien sans cause ou raison. Fort BIEN, j'y consens, si l'on entend parler d'un hazard reel. Car la fortune et le hazard ne sont que des apparences, qui viennent de l'ignorance des causes, ou de l'abstraction qu'on en fait. 3. *Que tous les evenements ont leur causes necessaires*. MAL: ils ont leur causes determinantes, par lesquelles on en peut rendre raison; mais ce ne sont point des causes necessaires. Le contraire pouvoit arriver, sans impliquer contradiction" (*Essais de Théodicée,* Ap. II, *G. P.* VI, p. 392).

La critique leibnizienne de la convertibilité de la raison nécessaire et de la raison suffisante permet donc de distinguer la nécessité essentielle d'avec la quantité de réalité ou d'essence, c'est-à-dire d'avec le degré de perfection, qui rend compte de la tendance des essences à l'existence, et qui détermine Dieu à porter tel monde plutôt que tel autre à l'existence. Le principe de raison suffisante, distingué du principe de raison nécessaire, oriente ainsi vers la question de l'origine radicale des choses qui est une "mathématique divine" ou un "mécanisme métaphysique", et qui permet de montrer comment la détermination du maximum intervient dans le choix divin, sans que la liberté de Dieu ne soit pour autant niée.

Or, si la convertibilité hobbesienne n'est pas une simple erreur logique, si cette convertibilité comporte une signification métaphysique, c'est qu'elle permet d'éviter un tel recours à la question de l'origine radicale des choses, c'est-à-dire d'éviter de faire de Dieu la clef du système. Ainsi Hobbes situe la cause suffisante et nécessaire d'un effet dans l'immanence de la série des causes et des effets. Il s'ensuit une conception rigoureusement nécessitariste de la nature qui ne met pas au centre de sa réflexion la question de la fondation théologique d'une telle nécessité. On pourra certes objecter que dans sa controverse avec l'évêque Bramhall, Hobbes affirme que la nécessité est seule compatible avec la prescience divine, ce à quoi Leibniz répondra:

> "4. *Que la volonté de Dieu fait la necessité de toutes choses.* MAL: la volonté de Dieu ne produit que des choses contingentes, qui pouvoient aller autrement, le temps, l'espace et la matiere étant indifferens à toutes sortes de figures et de mouvemens" (*Essais de Théodicée*, Ap. II, *G. P.* VI, p. 392).

Mais ce recours à la théologie n'est en aucune façon chargé, dans le *De Corpore,* de fonder ontologiquement la convertibilité de la raison suffisante et de la raison nécessaire. Bien mieux, dans la *Critique du 'De Mundo',* Hobbes refuse explicitement, contre White, au nom de l'incompréhensibilité de la nature de Dieu, d'inscrire en lui la raison première de la conception nécessitariste de la nature à laquelle les déductions de notre raison conduisent, et par voie de conséquence, d'assumer la théodicée qu'exigerait une telle conception eu égard à l'existence du mal dans le monde (cf. *C.D.M.*, chap. XXXV, 16, pp. 395-396). Il est certes légitime de dire que Dieu existe comme cause première, pour éviter une régression à l'infini dans la série des causes, mais on ne saurait en conclure quoi que ce soit sur sa nature, ni fonder sur lui l'accord des exigences internes de notre raison avec l'ordre qu'il a mis dans le monde. C'est donc la séparation d'avec Dieu qui empêche d'assurer une pleine validité ontologique au principe de raison.

Ainsi, la conception rigoureusement nécessitariste de la nature: "La nécessité n'a pas de degrés *(Necessity hath no degrees)*" (*S.T., E.L.*, Ap. I, sect. I, concl. 14, p. 197), à laquelle le *Short Tract* semble pourtant conférer une valeur ontologique, sans qu'à aucun moment Hobbes ne s'interroge dans ce texte sur le fondement d'une telle valeur, apparaît, dans la *Critique du 'De Mundo'* et le *De Corpore,* plus comme un principe rationnel d'explication des phénomènes que comme un principe gouvernant le monde des choses lui-même. Ce sont les exigences internes que doit assumer le discours sur le monde (c'est-à-dire la séparation de la représentation et de la chose, d'une part, et la théorie de la proposition, d'autre part), qui empêchent le principe de raison, en tant que principe du connaître, de devenir principe de l'être, et en retour de trouver dans un Etre nécessaire son propre fondement dans l'être.

Les notions de puissance et d'acte expriment cette conception nécessitariste de la nature que développe le discours sur le monde. Tout d'abord, les notions de puissance et d'acte sont construites sur le modèle des notions de cause et d'effet. Car, alors qu'on ne peut proprement parler de cause que lorsque l'effet est déjà produit, en revanche, on parle de puissance lorsque l'effet doit être produit dans l'avenir. Par conséquent, la puissance active *(potentia activa)* et la cause efficiente, la puissance passive *(potentia passiva)* et la cause matérielle, la puissance pleine *(potentia plena)* et la cause entière reviennent terme à terme au même, à la différence de considération près. L'acte n'est donc rien d'autre que l'effet futur; et de même que dans le cas de la cause entière: à l'instant où la puissance est pleine l'acte se produit (cf. *C.D.M.*, chap. XXVII, 3, p. 316; *ibid.*, 7, pp. 318-319; *D.C., O.L.* I, chap. X, 1-3, pp. 113-115). Notons que dans ce contexte les notions de puissance et d'acte n'ont pas un sens aristotélicien. En effet, par opposition à Aristote, chez Hobbes la puissance n'a plus rien d'une potentialité métaphysique, et l'acte n'est plus une forme ou une perfection qui tendrait à se réaliser. La puissance n'est plus une virtualité en attente d'actualité, parce qu'elle est déjà tout entière un acte, c'est-à-dire un mouvement effectif considéré par rapport à un autre acte qu'il pourra produire dans l'avenir.

A partir de ces définitions, Hobbes déduit les notions de possibilité et d'impossibilité. Ainsi, est impossible l'acte pour la production duquel il n'y a pas de puissance pleine, c'est-à-dire celui auquel il manquera toujours l'un des réquisits sans lequel il ne peut être produit. A l'inverse, un acte n'est dit possible qu'eu égard à sa production nécessaire future. La théorie de la puissance n'introduit donc pas un monde du possible entre l'impossible et le nécessaire. Mais si cette conception de la nécessité, que développe le discours sur le monde, satisfait les exigences de notre raison dans l'explication de la nature et les besoins de notre action, le fondement théologique immanent, qui pourrait assurer comme chez Spinoza que les nécessités de notre raison expriment les nécessités déployées dans la production des choses et qui assurerait du même coup la conversion de la nécessité rationnelle en nécessité ontologique, n'existe plus. C'est pourquoi la physique appliquée au monde sensible restera simplement conditionnelle et hypothétique. Les procédures discursives de la connaissance de la nature resteront toujours à distance de l'être.

La métaphysique de la séparation traverse donc de part en part le discours sur le monde. Le principe de raison qui commande la science de la nature relève d'une exigence de rationalité qui ne peut, faute d'un fondement théologique, devenir principe de l'être. Si nous pouvons savoir que Dieu existe, nous savons également qu'il échappe aux nécessités de notre raison et qu'il ne peut donc être le fondement de l'accord du connaître et de l'être. La métaphysique de la séparation est donc corrélative de l'absence d'un fondement théologique de la valeur essentielle du savoir. La vérité est vérité du discours, non des choses, la nécessité de nos déductions n'est qu'une nécessité logique, la théorie de la causalité satisfait les exigences de la raison mais nous donne plus un pouvoir sur les choses qu'une connaissance dont la valeur ontologique serait certaine. Dès lors, dans la connaissance de la nature, nos hypothèses demeurent conventionnelles, et ne valent que par leur simplicité et leur efficacité à expliquer le plus grand nombre de phénomènes possibles, mais l'expérience ne pourra jamais vérifier le savoir, pas plus qu'elle n'aurait pu à elle seule le produire. Le savoir s'élabore dans les mots, et les définitions de mots, qui sont les seuls principes de la démonstration, n'ont par leur vertu propre aucune capacité à dire l'essence réelle des choses.

La conception matérialiste de la nature, qui repose sur la critique nominaliste de la signification ontologique des catégories aristotéliciennes et sur leur transformation en catégories physiques, ne relève que de la manière dont nous pouvons connaître rationnellement le réel en le rapportant aux conditions de la représentation et aux exigences discursives. Mais, toujours à distance de l'être, s'ouvre pourtant à la raison l'espace d'une coïncidence avec une autre réalité, la réalité produite par le faire et le dire des hommes: la réalité artificielle. Et c'est précisément le dire et faire des hommes qui devront fonder la norme qu'ils ne trouvent plus dans l'être. Mais le problème est alors déplacé, car si la vérité du discours humain sur la nature demeure vacillante et fragile, si nous ne pouvons attendre aucun secours extérieur pour lui conférer une consistance ontologique, il sera du moins possible d'instaurer une norme du droit pour assurer au monde produit par les hommes une structure juridique originaire. Mais avant d'en venir aux implications de la métaphysique de la séparation dans la problématique éthique et politique, il est nécessaire d'examiner l'extension des concepts qui dominent la connaissance de la chose extérieure à la connaissance de cette chose que nous sommes nous-mêmes.

CHAPITRE III

LA PHYSIO-PSYCHOLOGIE

La critique de la connaissance intuitive de l'essence du moi des *Troisièmes objections* à Descartes a déjà permis à Hobbes d'établir que la connaissance de la chose qui pense ne possède aucun privilège par rapport à la connaissance de la chose extérieure, et par conséquent, que la première ne peut faire appel à d'autres procédures rationnelles que celles qui sont investies dans la seconde. Cette thèse est au fondement de la substitution d'une explication matérialiste à l'explication par une âme immatérielle fantomatique, comme seule hypothèse rationnellement valide pour expliquer la perception, l'affectivité et la pensée. Toute la question sera de savoir si cette hypothèse permet de rendre compte des fonctions traditionnellement assumées par l'âme immatérielle.

Un détour par l'*Essay concerning Human Understanding* nous permettra de situer rétrospectivement le problème. Au troisième chapitre du quatrième livre, Locke présente l'hypothèse d'une explication de l'affectivité et de la pensée par une âme matérielle comme tout aussi plausible, et en tout cas, comme pas plus inconcevable, que celle qui repose sur l'hypothèse d'une âme immatérielle. En effet, quelle certitude pouvons-nous avoir que certaines perceptions comme le plaisir et la douleur ne sauraient exister dans certains corps modifiés et mus d'une certaine manière, aussi bien que dans une substance immatérielle par l'effet du mouvement des parties du corps ? Selon Locke, les limites de notre connaissance nous empêchent définitivement de trancher pour l'une ou l'autre de ces hypothèses:

> "Et par conséquent, la nécessité de se déterminer pour l'une ou l'autre voie n'est pas si grande, que certains trop zélés pour ou contre

l'immatérialité de l'âme s'étaient avancés à le faire croire. Les uns, ayant leurs pensées trop enfoncées dans la matière, ne peuvent accorder aucune existence à ce qui n'est pas matériel; et les autres, ne trouvant pas que la *pensée* soit contenue dans les pouvoirs naturels de la matière, ont l'assurance de conclure, après l'avoir examinée maintes et maintes fois avec toute l'application de l'esprit, que le Tout-puissant lui-même, ne peut donner perception et pensée à une substance qui a la solidité comme mode. Celui qui considérera combien il est difficile d'accorder dans nos pensées la sensation avec la matière étendue, ou l'existence avec une chose qui n'a aucune étendue, confessera qu'il est très éloigné de connaître certainement ce qu'est son âme. C'est là un point qui me semble être hors de la portée de notre connaissance. Et celui qui se donnera la possibilité de considérer librement et d'examiner l'obscurité et la confusion de chacune des deux hypothèses ne pourra guère trouver sa raison apte à le déterminer fermement pour ou contre la matérialité de l'âme. Puisque de quelque manière qu'il regarde l'âme, soit comme une substance non-étendue, soit comme de la matière étendue qui pense, la difficulté de concevoir l'une ou l'autre de ces choses l'entraînera vers le côté opposé, lorsque ses pensées ne seront occupées qu'à l'une des deux" (*Essay.*, IV, chap. III, 6, p. 542).

Que cette intuition d'une dialectique de l'illusion des conceptions sur la nature de l'âme évoque la controverse entre les positions de Hobbes et Gassendi, d'une part, et celles de Descartes, de l'autre, cela n'empêche pas Locke de prendre le parti des deux premiers en ce qui concerne la distinction entre la certitude de la connaissance de l'existence de la pensée et l'impossibilité d'une connaissance de son essence. Car s'il est hors de doute qu'il y a en nous quelque chose qui pense, en revanche, nous devons nous résigner à ignorer de quel genre d'être il s'agit, *of what kind of being it is*. Le point sur lequel Locke se sépare de Hobbes concerne l'affirmation par celui-ci du caractère contradictoire de la notion de substance immatérielle ou incor-porelle [19]. Dès lors la matérialité de l'âme, qui ne vaut pour Locke qu'à titre d'hypothèse possible, devient pour Hobbes la seule hypothèse rationnellement valide. Hypothèse, parce que nous ne produisons pas nous-mêmes nos perceptions et nos affects, et que, comme dans le cas de la physique du monde sensible, nous devons partir de l'expérience immédiate de nos actes pour inférer leurs causes naturelles possibles (cf. *D.C., O.L.* I, chap. XXV, 1, pp. 315-318).

On comprend ainsi le sens de l'extension de la conception matérialiste de la nature à la physio-psychologie. Non seulement la diversité des semblances ou des phénomènes est produite par la diversité des opérations des corps sur nos organes des sens, mais, en outre, le sujet où sont éveillés les représentations et les affects est lui-même un corps (cf. *Lev.*, chap. LXVI, p. 689, trad. pp. 683-684). Il s'agit donc désormais d'élaborer des modèles matérialistes pour expliquer les fonctions perceptives, affectives et motrices [20], de même que l'ensemble des processus mentaux de l'imagination, de l'enchaînement des imaginations, du rêve, du délire etc [21]. A cet égard, le principe général de la physiologie et de la psychologie hobbesiennes consiste à ramener les fonctions affectives et mentales à des mouvements des petites parties internes aux organes du corps appelées esprits vitaux et esprits animaux. Hobbes rejette dans la *Critique du 'De mundo'* la nécessité d'un moteur incorporel pour expliquer la perception et l'affectivité (cf. *C.D.M.*, chap. XXVII, 19-20, pp. 326-329; *ibid.*, chap. XXX, 3-14, pp. 349-355) comme, en un autre sens, il critiquait dans les *Troisièmes objections* à Descartes toute substantialisation de l'âme pour expliquer la pensée [22]. La critique du dualisme cartésien n'implique nullement que Hobbes formule le principe d'une *ontologie* moniste, mais seulement qu'il est possible d'expliquer les phénomènes mentaux par des hypothèses plus économiques et plus efficaces que l'explication qui s'encombre d'une impensable substance spirituelle, laquelle aboutit chez Descartes, d'un côté, à la réduction, contraire à l'expérience, de l'animal à une machine sans sensibilité, et de l'autre, à l'incompréhensibilité de l'union en l'homme de deux substances radicalement distinctes. C'est toujours sur le plan de la pertinence gnoséologique, et non sur le plan de la détermination ontologique, que Hobbes se situe.

Il est dès lors possible de comprendre l'application de la méthode des infinitésimaux à la physio-psychologie, c'est-à-dire aux mouvements spécifiques des petites parties de matière internes aux organes du corps. Hobbes fonde les principes d'une physio-psychologie de l'infinitésimal [23]. D'infinitésimal actuel de mouvement qu'il était au point de vue physique, le *conatus* devient infinitésimal actuel de mouvement animal, c'est-à-dire de comportement. Il ne s'agit en aucune manière d'une importation métaphorique:

> "Car les Ecoles ne trouvent aucune espèce de mouvement actuel dans le simple appétit de marcher ou de se mouvoir. Mais comme elles doivent bien reconnaître l'existence de quelque mouvement, elles l'appellent un mouvement métaphorique; ce qui n'est qu'une façon de parler absurde, car si les mots peuvent être dits métaphoriques, il n'en est pas de même des corps et des mouvements" (*Lev.*, chap. VI, p. 119, trad. p. 47).

C'est donc au sens propre qu'il faut parler de *conatus* de comportement: "Ces petits commencements de mouvement qui sont intérieurs au corps de l'homme reçoivent communément, avant d'apparaître dans le fait de s'avancer, de parler, de frapper et dans d'autres actions visibles, le nom D'EFFORT"*(ibid).* Bien entendu, un comportement, comme la marche par exemple, n'est pas un simple déplacement dans l'espace; il fait intervenir une motricité liée à la sensibilité et aux affects:

> "Toutes les conceptions que nous avons immédiatement par la sensation sont plaisir, ou douleur, ou appetit, ou crainte; il en va de même des imaginations qui suivent la sensation. Mais comme ce sont des imaginations plus faibles, elles procurent un plaisir ou une douleur plus faible" (*E.L.*, I, chap. VII, 4, p. 29).

Or c'est précisément de la liaison constante des trois aspects sensible, affectif et moteur du comportement que le *conatus* de mouvement animal doit rendre compte. Ainsi, à partir de l'hypothèse d'un mouvement vital circulaire – chargé d'expliquer l'individualité de l'être vivant, qu'on ne peut réduire à un simple agrégat accidentel de matière –, et de la constatation d'un mouvement animal – ou comportement – de réaction et d'adaptation de l'individu aux sollicitations du milieu en fonction de sa constitution interne, le *conatus* de comportement doit jouer le même rôle en physio-psychologie, que le *conatus* du mouvement d'un simple agrégat de matière en physique.

De même que le *conatus* était homogène au mouvement physique assignable, de même le *conatus* de comportement est homogène au comportement animal ou humain achevé. Défini comme une réaction du cœur à une sollicitation externe, le *conatus* de comportement enveloppe déjà le principe d'explication de l'extériorité de la représentation sensible (c'est la réaction qui fait apparaître une modification interne comme extérieure à nous), de sa liaison aux affects de plaisir et de douleur (selon que la sollicitation externe favorise ou entrave le cours du mouvement vital) et aux affects de désir et d'aversion (selon qu'elle nous porte à nous rapprocher de l'objet ou à nous en éloigner):

> "Le mouvement, en quoi consiste le plaisir ou la douleur, est également une sollicitation ou provocation soit à se rapprocher de la chose qui plaît, soit à s'éloigner de la chose qui déplaît. Et cette sollicitation est l'effort *(the endeavour)* ou commencement interne de mouvement animal, qui, lorsque l'objet plaît, est appelé APPETIT; lorsqu'il déplaît, est appelé AVERSION, eu égard à un déplaisir présent, mais est appelé CRAINTE, eu égard à un déplaisir attendu. De sorte que plaisir, amour et appétit, qui est également appelé désir, sont des noms différents pour diverses considérations de la même chose"

(*E.L.*, I, chap. VII, 2, pp.28-29; *D.C.*, *O.L.* I, chap. XXV, 12, pp. 331-332; *D.H.*, *O.L.*, chap. XI, 1-5, pp. 94-95).

On imagine aisément l'influence qu'a pu avoir sur Leibniz cette conception d'un *conatus* qui comporte représentation et appétition. Cependant, l'analogie de fonction entre le *conatus* physique et le *conatus* comportemental atteint très vite ses limites chez Hobbes. Tout d'abord, parce que le premier était engagé dans le calcul d'effets quantitatifs exprimables mathématiquement. En revanche, le comportement humain est essentiellement qualitatif. Une mathématique des comportements est ici, sinon impossible en droit, du moins encore impossible en fait. En effet, le *conatus* physique permettait de calculer par sommation des *impetus* la *potentia* d'un corps, c'est-à-dire ses effets futurs, le *conatus* de comportement doit permettre d'évaluer une *potentia* humaine dont les effets futurs sont très différents des effets physiques:

> "J'entends par cette puissance la même chose que les facultés du corps et de l'esprit, mentionnées au chapitre premier, c'est-à-dire, pour ce qui est du corps, la puissance nutritive, générative et motrice; et pour ce qui est de l'esprit, la connaissance" (*E.L.*, I, chap. VIII, 4, p. 34).

Les effets de la puissance naturelle humaine ne consistent pas simplement à produire du mouvement, mais à acquérir des biens nécessaires à la conservation de soi, elle est donc un phénomène essentiellement qualitatif d'appropriation: "la puissance d'un homme (si l'on prend le mot dans son sens universel) consiste dans ses moyens présents d'obtenir quelque bien apparent futur" (*Lev.*, chap. X, p. 150, trad. p. 81).

Mais il y a plus, car il ne semble pas faire de doute pour Hobbes, que l'application de la théorie du *conatus* à la physio-psychologie du comportement doive rendre raison de la *genèse* de la sensibilité, de l'imagination et des affects – et pas seulement de leurs liaisons et de leurs modalités –, par des mouvements spécifiques d'esprits animaux matériels. De ce point de vue, on peut très légitimement douter du succès de l'entreprise. Car, soit on affirme que le *conatus* comme réaction physiologique revient à un simple déplacement infinitésimal de particules de matière, et dans ce cas, on ne voit pas comment un tel déplacement pourrait produire autre chose qu'un effet physique très petit, à savoir: une représentation ou un affect; soit on affirme que le *conatus* est déjà représentatif et affectif, et dans ce cas, il faut avouer que la spécificité du *conatus* de comportement reste non-élucidée. La physio-psychologie de Hobbes ne peut rendre compte du *fait* de la représentation, du *fait* du désir, du *fait* de l'apparition d'un bien, mais seulement de leurs modalités et de leurs liaisons. Du quantitatif (mouvement réactif du cœur) au qualitatif (la représentation sensible et l'affect), il y a un seuil, un écart, qu'il n'est pas possible de réduire. Comme il est impossible de réduire l'écart qui sépare la puissance purement quantitative d'un corps en mouvement, de la puissance naturelle qualitative d'un homme. Autrement dit, si Hobbes peut expliquer pourquoi la représentation sensible apparaît à l'extérieur de nous, pourquoi la douleur et le plaisir sont éprouvés intérieurement [24], ou pourquoi l'homme cherche à acquérir des biens apparents, il n'en va pas de même pour le *fait* qu'il y ait une représentation, un affect, ou une apparition d'un bien.

Mais du même coup, la substitution d'une explication matérialiste des fonctions mentales à l'explication métaphysique par l'existence d'une âme spirituelle n'est-elle pas compromise ? Car, c'est bien l'âme qui, chez Descartes, Spinoza ou Leibniz – et quelles que soient par ailleurs leurs divergences sur le problème de son rapport au corps –, a pour fonction d'expliquer la possibilité de la représentation et des affects. La théorie des degrés du sens, exposée par Descartes dans les *Réponses aux sixièmes objections*, est sur ce point parfaitement éclairante:

> " Pour bien comprendre quelle est la certitude du sens, il faut distinguer en luy trois sortes de degrez. Dans le premier, on ne doit considérer autre chose que ce que les objets extérieurs causent immédiatement dans l'organe corporel; ce qui ne peut estre autre chose que le mouvement des particules de cet organe, & le changement de figure & de situation qui provient de ce mouvement. Le second contient tout ce qui résulte immédiatement en l'esprit, de ce qu'il est uny à l'organe corporel ainsi meu & disposé par les objets; & tels sont les sentiments de la douleur, du chatouillement, de la faim, de la soif, des couleurs, des sons, des saveurs, des odeurs, du chaud, du froid, & autres semblables, que nous avons dit, dans la sixième Méditation, provenir de l'union & pour ainsi dire du mélange de l'esprit avec le corps. Et enfin, le troisième comprend tous les jugemens que nous avons coutume de faire depuis nostre jeunesse, touchant les choses qui sont autour de nous, à l'occasion des impressions, ou mouvemens, qui se font dans les organes de nos sens" (*A.T.* IX-1, p.236).

Entre le premier degré du sens, c'est-à-dire les conditions corporelles de la sensibilité, et le second, c'est-à-dire la sensibilité elle-même, il faut faire intervenir une âme réellement distincte du corps quoique incompréhensiblement unie à lui, pour expliquer la possibilité de la représentation et des affects. Or, c'est précisément l'existence d'une telle âme que nie la théorie hobbesienne. Quant au troisième degré du sens, c'est-à-dire aux jugements que nous portons à l'occasion des impressions sensibles, nous savons que chez Hobbes ces jugements dépendent du langage, lequel ne suppose nullement l'existence de l'âme. Mais, là encore, bien que l'on puisse établir [25] que Hobbes fournit les principes d'une physique de la parole (celle-ci faisant partie des mouvements animaux), nous avons vu que ni la théorie de la signification des mots, ni celle de la vérité et de l'erreur du jugement ne pouvaient s'y réduire.

Cependant, ces difficultés, si considérables qu'elles soient, n'invalident en aucune façon l'ensemble de la théorie, elles confirment seulement qu'il s'agit d'hypothèses dont la portée explicative à l'égard des modalités de la sensibilité, de l'affectivité et de la parole est suffisante. La chose qui perçoit, imagine, désire et parle ne nous est pas plus transparente que la chose extérieure, sa connaissance est donc soumise aux mêmes limites. Mieux, expliquer la représentation par l'âme, c'est réintroduire une notion aussi inconcevable qu'est incompréhensible son union avec le corps. La notion d'une âme immatérielle ne peut pas même constituer une hypothèse rationnellement valide: "l'opinion selon laquelle de tels esprits étaient incorporels ou immatériels n'a jamais pu entrer naturellement dans l'esprit d'aucun homme" (*Lev.*, chap. XII, p. 171, trad. p. 106; cf. *C.D.M.*, chap. VII, 6, p. 149). Il faut donc revenir aux conditions de notre savoir: "concevoir un esprit, c'est concevoir quelque chose qui a des dimensions" (*E.L.*, I, chap. XI, 4, p. 55). Tout ce que notre savoir peut nous permettre d'énoncer légitimement est qu'il "ne s'ensuit pas que les esprits ne soient *rien*, car ils ont des dimensions, et par conséquent sont réellement des *corps*" (*Lev.*, chap. XLVI, p. 689, trad. p.684).

On peut même aller plus loin, et expliquer la formation de la fiction de l'âme immatérielle. Celle-ci ne consiste en effet qu'en une réification de l'image ou de la représentation: "l'âme humaine est faite de la même substance que ce qui apparaît au dormeur dans ses rêves, ou dans un miroir à celui qui est éveillé, apparitions qu'ils prennent, faute de savoir qu'elles ne sont que des créations de l'imagination, pour des substances extérieures réelles" (*ibid.*, chap. XII, p. 170, trad. p. 106). L'âme, loin d'être la condition de la représentation, n'en est qu'une substantialisation imaginaire [26].

La physio-psychologie de Hobbes fait donc de la chose qui perçoit, imagine, désire et parle – comme c'était le cas pour la chose hors de nous –, une chose qui ne peut être rationnellement connue que "sous une raison corporelle, ou sous une raison de matière". Reste que cette théorie n'est pas sans présenter, comme on l'a vu, des difficultés et des limites, sur le point majeur d'une genèse matérialiste de la représentation, de l'affect ou encore de la signification. De ces difficultés et de ces limites, Hobbes est parfaitement conscient, puisque le plus admirable – mais sans doute aussi le plus mystérieux – des phénomènes est, pour lui, l'apparaître lui-même, dont certains corps disposent alors que les autres en sont dépourvus; et que la parole est la plus noble – mais sans doute aussi la moins réductible à une explication causale – des inventions humaines. Or, c'est précisément cet écart jamais complètement réductible du phénomène admirable de la représentation et de la signification des mots, eu égard à une genèse matérialiste, qui se trouve au cœur du problème du rapport entre monde de la réalité naturelle et le monde de l'éthique et de la politique.

CHAPITRE IV

D'UN MONDE À L'AUTRE

La métaphysique de la séparation en ses deux déterminations fondamentales, la théorie de la représentation et la théorie du langage, est au principe du nouveau concept de la chose ou de la réalité naturelle comme corps ou matière. Reste à examiner comment, sur le plan éthique et politique, ces deux déterminations fondamentales se convertissent en une problématique de la fondation du politique.

Le problème du rapport entre philosophie de la nature et philosophie politique constitue l'un des lieux majeurs du conflit des interprétations de l'œuvre de Hobbes. Car, d'une part, la discordance entre l'image d'un monde purement matériel que fournit le *De Corpore* et le monde du désir, du conflit, du droit et de l'instauration contractuelle du politique des *Elements of Law,* du *De Cive* et du *Léviathan* semble plaider en faveur de la thèse d'une simple juxtaposition de deux doctrines, qu'on tenterait vainement de ramener à des principes communs. Tout se passerait ici, comme si Hobbes contribuait à la fois à la formation du nouveau concept de la réalité naturelle et à la formation des thèmes majeurs de l'éthique et de la politique modernes, tout en nous refusant les moyens de penser leur rapport. Mais, d'autre part, et contradictoirement, l'absence de tout dualisme ontologique, qui permettrait de sauver la consistance et l'autonomie du monde des hommes au-delà d'une nature simplement matérielle, semble plaider, cette fois, en faveur de la thèse réductionniste ou analogique d'un matérialisme éthique et politique plus ou moins strict, selon l'efficacité que l'on accorde aux concepts physiques pour rendre compte des comportements des hommes et de la nécessité de fonder un pouvoir politique pour assurer leur coexistence. Peut-on sortir de ce conflit des interprétations ?

Pour répondre à cette question, suivons quelques instants les deux orientations divergentes déjà indiquées. Tout d'abord, la démarche qui tente de sauver la systématicité et la cohérence de l'œuvre, en faisant dépendre l'éthique et la politique du matérialisme physique, s'alimente généralement de certaines déclarations méthodologiques incontestables de Hobbes [27], de la transposition de concepts appartenant à la philosophie naturelle dans la philosophie politique, mais aussi de métaphores dont on ne peut nier l'existence dans l'œuvre [28]; la principale étant bien entendu celle du corps politique. Mais une telle perspective ne peut être poursuivie jusqu'à ses implications ultimes ni sur le plan méthodologique, ni sur le plan du contenu de la science. Comment, en effet, pourrait-on, sur le plan méthodologique, *déduire* une éthique du désir, qui se déploie dans un monde qualitatif et affectif, ou une théorie de la convention sociale, à partir d'une physique et d'une physiologie de la matière en mouvement ? Nous avons, dans le chapitre précédent, localisé exactement le lieu du problème: le caractère *sui generis* du fait de la représentation, du fait du désir, ou encore du langage. Comment, d'autre part, pourrait-on, sur le plan du contenu de la science, soumettre aux mêmes principes le corps naturel – qui est matériel – et le corps politique – qui est artificiel ? L'institution et le fonctionnement juridiques de l'Etat deviennent proprement inconcevables, lorsqu'on s'efforce de les penser en termes physiques autrement que par métaphore.

Du reste, les commentateurs ont reconnu pour la plupart la difficulté, et n'ont pas prétendu aller jusqu'à *déduire* la politique de la physique. Que ce soit pour J.W.N. Watkins [29], pour T. A. Spragens [30], et à certains égards pour C.B. Macpherson [31] – et quelles que soient les divergences de leurs interprétations –, il ne s'agit dans chaque cas que d'attester la cohérence du système. Et cela, soit par la corrélation des idées qu'il met en œuvre, soit par l'importation des nouveaux paradigmes physiques dans l'éthique et la politique, soit encore en considérant le matérialisme physique comme la condition nécessaire mais non suffisante – sans la présupposition de postulats sociaux implicites – de l'obligation politique. La fondation du politique est une fondation juridique, elle ne peut se déduire d'une physique des lois de la communication du mouvement.

L'impossibilité de pousser cette première démarche interprétative jusqu'à ses implications ultimes explique la possibilité de la seconde démarche. On insiste, cette fois, sur l'hétérogénéité des deux versants de l'œuvre. Ce point de vue s'alimente également de déclarations méthodologiques de Hobbes – tout aussi incontestables que les précédentes [32] –, qui font reposer la science politique sur des principes tirés immédiatement de l'expérience et de la raison. Ainsi l'épître dédicatoire du *De Cive* (*O.L.* II, p. 139) pose deux postulats de la nature humaine au principe de la doctrine politique: 1) la cupidité naturelle, par laquelle chacun s'efforce de s'approprier les choses communes; 2) la raison naturelle, par laquelle chacun désire éviter la mort violente comme le plus grand des maux. Bien mieux, selon Leo Strauss, ces postulats mêmes ne suffisent pas à eux seuls pour rendre compte de la doctrine politique de Hobbes:

> "Ce n'est pas l'antithèse naturaliste d'un appétit animal moralement indifférent (ou d'une recherche humaine de puissance moralement indifférente), d'une part, et d'une recherche de conservation de soi moralement indifférente, d'autre part, mais l'antithèse morale et humaniste d'une vanité fondamentalement injuste, et d'une crainte de la mort fondamentalement juste, qui est à la base de la philosophie politique de Hobbes" [33].

Pour L. Strauss, il est en effet impossible de fonder une philosophie des choses humaines sur une conception de la nature où toutes les causes se réduisent à la seule cause efficiente. L'homme devient essentiellement étranger à une nature dont les processus excluent la réalisation d'une essence, d'une norme ou d'un devoir être. Quoique développant des interprétations très différentes, H. Warrender et D.P. Gauthier [34] soutiennent dans le même sens que le fondement de l'obligation morale et politique ne peut être trouvé dans la philosophie naturelle ou dans la physiologie de Hobbes.

Qu'il y ait bien discontinuité entre le concept de la réalité naturelle et celui d'une réalité politique produite par le faire et le dire des hommes, c'est ce que Hobbes affirme lui-même de façon parfaitement claire:

> "Il y a deux parties principales de la philosophie; car à ceux qui recherchent les générations et les propriétés des corps s'offrent, pour ainsi dire, deux genres suprêmes de corps, et très différents l'un de l'autre: l'un, assemblé par la nature, est appelé *naturel;* l'autre, constitué par la volonté humaine, les conventions et les pactes des hommes, est nommé *civitas*. C'est pourquoi en résultent, d'abord, deux parties de la philosophie: *naturelle* et *civile* (*D.C., O.L.* I, chap. I, 9, p. 10).

Il n'y a donc pas une seule catégorie ou un seul genre de corps, qui embrasserait le corps naturel et le corps politique comme des espèces, mais deux. Autrement dit, alors que le genre des corps naturels fait jouer la convertibilité de *corpus* et de *materia*, il n'en va pas de même pour le corps politique qui est artificiellement institué. Ce corps artificiel, Hobbes le caractérise également comme un corps fictif, *corpus fictitium, fictitious body,* dont les facultés et la volonté sont également *fictitious* (cf. *E.L.,* II, chap. II, 4, p. 120; *D.H., O.L.* II, chap. XV, 1, p. 130). Mais il ne faut pas se méprendre, car la notion de fiction, pas plus que celle d'artifice, ne s'oppose dans ce contexte à celle de réalité. L'une et l'autre signifient seulement que le corps politique relève d'un autre genre de réalité que le corps naturel, et se trouve régi par d'autres principes que ceux de la physique. A cet égard, il ne faut pas non plus se méprendre sur le sens de l'introduction du *Léviathan:*

> "La nature, cet art par lequel Dieu a produit le monde et le gouverne, est imitée par l'*art* de l'homme en ceci comme en beaucoup d'autres choses, qu'un tel art peut produire un animal artificiel. En effet, étant donné que la vie n'est qu'un mouvement des membres, dont le commencement se trouve en quelque partie principale située au dedans, pourquoi ne dirait-on pas que tous les *automates* (c'est-à-dire les engins qui se meuvent eux-mêmes, comme le fait une montre, par des ressorts et des roues), possèdent une vie artificielle ? Car qu'est-ce que le *cœur,* sinon un *ressort,* les *nerfs,* sinon autant de *cordons,* les *articulations,* sinon autant de *roues,* le tout donnant le mouvement à l'ensemble du corps conformément à l'intention de l'artisan ? Mais l'*art* va encore plus loin, en imitant cet ouvrage raisonnable, et le plus excellent, de la nature: l'*homme.* Car c'est l'art qui crée ce grand LEVIATHAN qu'on appelle REPUBLIQUE ou ETAT (*CIVITAS* en latin)" (p. 81, trad. p.5).

Car, premièrement, cette analogie de la nature et de l'art repose sur le rapport du faire divin et du faire humain. L'imitation affirmée de la nature par l'art humain présuppose, comme on l'a vu [35], la séparation du faire divin insondable et du faire humain, dont, au contraire, les productions sont l'objet d'une connaissance certaine. Deuxièmement, il y a en outre une différence fondamentale entre la nature – comme œuvre du faire divin – et l'Etat – comme œuvre du faire humain: Dieu n'a pas produit la nature par une convention juridique. La même différence se retrouve, au sein des œuvres humaines, entre l'automate et l'Etat: la production de l'automate n'a rien de juridique. Troisièmement, il faut rappeler que la dénomination de corps artificiel ou fictif donnée à l'Etat est un lieu commun depuis la scolastique [36]: on la retrouve, quoique avec un sens différent, dans la philosophie juridique et politique moderne aussi bien chez Grotius [37], Pufendorf, Rousseau [38] et bien d'autres. En conclure, selon les cas, que ces auteurs fournissent une conception mécaniste ou organiciste de l'Etat, c'est faire un contresens considérable. On peut, sur ce point, reprendre un jugement auquel Robert Derathé donne une portée générale: "la vérité est que ni l'analogie tirée de l'organisme vivant, ni aucune analogie d'ordre physique, n'est capable de personnifier quelque chose d'aussi subtil que la relation essentiellement spirituelle, qui existe entre l'individu et l'Etat" (*op. cit.*, p. 411). Plutôt que "relation spirituelle", on pourrait dire plus précisément – et dans l'esprit de ce même commentateur – relation juridique. La notion de corps politique renvoie chez Hobbes à une théorie de la personne artificielle *(artificial person)* [39], que Pufendorf et Rousseau nomment personne morale [40]. L'Etat comme personne civile est un cas particulier de la personne artificielle; il doit son être à un acte juridique, et n'a donc d'existence que juridique. Ces remarques devraient suffire à éviter l'impasse qui consisterait à réduire la politique de Hobbes à une physique de l'Etat.

On comprend donc que L. Strauss puisse affirmer l'existence d'une discontinuité entre science de la nature et science politique. Mais on ne peut se contenter de la simple juxtaposition de ces deux sciences, à laquelle ce commentateur semble aboutir:

> "Comme la philosophie morale et politique traditionnelle était, dans une certaine mesure, fondée sur la métaphysique traditionnelle, il semblait nécessaire, lorsque la métaphysique traditionnelle fut remplacée par la science naturelle moderne, de fonder la nouvelle philosophie morale et politique sur la nouvelle science. Des tentatives de ce genre ne pouvaient réussir: la métaphysique traditionnelle était, pour employer le langage des successeurs de Hobbes, "anthropomorphique", et par conséquent, fournissait une base propre à la philosophie des choses humaines. D'autre part, la science moderne, qui s'efforce d'interpréter la nature en renonçant à tout anthropomorphisme et à toute considération de dessein ou de perfection, ne pouvait, pour ne pas dire plus, contribuer en rien à la compréhension des choses humaines, à la fondation de la morale et de la politique. Dans le cas de Hobbes, la tentative de fonder la philosophie politique sur la science moderne, conduisit à la conséquence que la différence fondamentale entre le droit naturel et l'appétit naturel ne pouvait être maintenue de manière conséquente. Si la signification du principe du droit de Hobbes devait être dûment reconnue, il aurait fallu d'abord montrer que la base réelle de sa philosophie politique n'est pas la science moderne. Montrer cela, est l'objet particulier de la présente étude" (*The Political..*, *op. cit.*, p. IX) [41].

Deux remarques sur ce texte: d'une part, la science de la nature chez Hobbes repose, comme nous avons tenté de le montrer, sur une métaphysique, et c'est à ce niveau qu'il est possible d'en évaluer exactement l'opposition par rapport à la métaphysique traditionnelle, et plus précisément, par rapport à l'ontologie d'Aristote. D'autre part, et corrélativement, il semble bien que ce soit l'absence d'une élucidation de cette métaphysique qui masque à L. Strauss la conversion des principes métaphysiques, sur lesquels repose la science de la nature, en principes d'une philosophie politique de la fondation juridique de l'Etat.

Ce n'est donc que par le retour sur les deux déterminations fondamentales de la métaphysique de la séparation – la théorie de la représentation et la théorie du langage –, et l'examen de leur conversion dans le champ de l'éthique et de la politique, qu'un dépassement du conflit des interprétations sera possible. Ce qui est fondamentalement en jeu, c'est la manière dont la critique de l'ontologie aristotélicienne libère chez Hobbes une pensée du politique qui inaugure l'horizon de la politique moderne.

En ce qui concerne la théorie de la représentation, nous avons vu la métaphysique hobbesienne séparer la représentation de la chose, creusant ainsi une béance entre l'espace phénoménal subjectif et l'espace réel des choses. La sphère mentale de la représentation, désormais repliée sur elle-même, est déracinée d'un monde de la nature définitivement en retrait. Or l'arrachement de la sphère mentale de la représentation à cette adhérence immédiate aux choses, qui l'ouvrait chez Aristote à l'épaisseur d'un ordre physique et cosmique toujours déjà chargé de sens, libère la possibilité de sa reprise au seuil de la problématique éthique et politique. Que l'on songe, à cet égard, à ce que non seulement Hobbes reprend, dès le premier chapitre des *Elements of law*, l'hypothèse métaphysique fondamentale de l'*annihilatio mundi*, mais également, à ce qu'aussi bien les *Elements of law* que le *Léviathan*[42] s'ouvrent par une théorie de la sensation, de l'imagination et des affects, qui présente une véritable genèse de l'espace représentatif et affectif de la sphère mentale individuelle. Genèse, dont la physio-psychologie matérialiste peut rendre compte des modalités, mais non de l'existence.

Or cette conversion des enjeux métaphysiques de la notion de représentation en enjeux éthiques et politiques peut éclairer d'un jour nouveau la dynamique générale de la philosophie politique. Car, premièrement, l'individualisme éthique, qui s'exprime par le recentrage sur soi du désir, n'est-il pas chez Hobbes le produit de cette clôture sur soi de la sphère mentale individuelle ? Deuxièmement, la théorie de l'état de nature, qui dérive en état de guerre, n'a-t-elle pas pour enjeu essentiel de montrer comment le conflit des désirs constitue la médiation nécessaire pour penser le passage de l'espace représentatif et affectif individuel à l'espace d'une communauté civile ? Troisièmement, la condition de l'effectivité de l'espace d'une communauté se trouve-t-elle ailleurs que dans la fondation juridique de l'Etat, c'est-à-dire dans un espace public où les hommes se reconnaissent mutuellement comme personnes juridiques, sous l'égide de la personne civile ? Il ne s'agit encore que de questions; seul l'examen de ces différents moments de la dynamique éthique et politique pourra nous permettre de passer à l'affirmation. Reste qu'on soupçonne déjà que le bouleversement introduit par Hobbes dans la pensée politique – qu'aucun penseur notable ne pourra ignorer, quelle que soit d'ailleurs l'hostilité qu'il affiche –, repose, non pas sur la réforme de tel ou tel point de détail, mais sur la mutation qu'il fait subir aux conditions métaphysiques de la pensée du politique.

Mais la théorie de la représentation ne constitue que l'une de ces conditions métaphysiques, elle demeurerait insuffisante si on ne rendait compte de la conversion de la fonction du langage dans le champ de l'éthique et de la politique. Sur ce point, nous ne reviendrons pas sur les fines analyses par lesquelles Michel Villey [43] a montré les implications juridiques du nominalisme, à la fois sur la théorie du droit subjectif et sur la théorie politique, de Ockham à Hobbes. C'est là, nous semble-t-il, un acquis définitif. En revanche, ce qu'il s'agit de repérer, c'est comment la perte de consistance ontologique du langage, impliquée par le nominalisme propre de Hobbes, libère la possibilité de sa reprise sur le plan éthique et politique. Nous savons déjà, au point de vue métaphysique, que la vérité n'est plus vérité de la chose, mais vérité du discours. L'énoncé vrai ne consiste ni dans la simple constatation d'un fait, ni dans la correspondance des structures discursives aux articulations de l'être, mais résulte des exigences internes de la fonction linguistique. Il s'ensuivait, on s'en souvient, un déplacement de la notion de vérité, de l'être au faire: nous connaissons d'autant mieux une chose que nous la faisons nous-mêmes. Le paradigme de la connaissance *a priori* était alors offert par la géométrie, où la définition génétique coïncide avec la production de l'objet. Autrement dit, le statut métaphysique de la vérité révélait déjà la capacité du langage à construire quelque chose, au niveau même de la production des propositions et des théories scientifiques. Mais cette capacité demeurait fragile dans la science de la nature, où l'objet n'était lui-même produit ni par le vouloir, ni par le discours humain.

En revanche, cette capacité du langage, et plus particulièrement de la parole, va déployer toutes ses possibilités dans l'éthique et la politique, puisque le langage y sera envisagé dans sa fonction performative. Ainsi, le développement spécifique des passions humaines, et en général toutes les relations interhumaines conflictuelles ou pacifiques se constituent à travers des actes de parole, qui expriment (ou masquent) le désir, l'intention ou la volonté, comme la prière, la demande, la menace, la promesse, l'ordre etc... C'est par des actes de parole que se modifie le contexte relationnel (cf. *E.L.*, I, chap. XIII, 1-11, pp. 64-68; *Lev*, chap. IV, p.102, trad, p. 29; *ibid.*, chap. VI, pp. 128-129, trad. pp. 56-57). De même, le droit naturel et la loi naturelle ont pour condition des actes de parole, puisqu'ils sont l'expression rationnelle, c'est-à-dire linguistique, du désir de persévérer dans l'être:

> "D'abord, il est manifeste, que toutes les lois sont des déclarations de l'esprit concernant quelque action future à faire ou à omettre. Et toutes les déclarations et expressions de l'esprit, concernant les actions et les omissions futures, sont ou de promesse, comme: Je ferai, ou ne ferai pas; ou de prévision, comme par exemple: Si ceci se fait ou ne se fait pas, ceci suivra; ou d'impératif, comme: Fais ceci, ou ne le fais pas" (*E.L.*, II, chap. X, 1, pp.184-185).

Enfin, et surtout, la fondation de l'Etat est elle-même le produit d'une performance verbale: le pacte social. Ici le dire et le faire coïncident dans la production de l'artifice politique. Le langage, au principe de l'acte d'institution de l'Etat, en gouverne également le fonctionnement juridique: "l'invention la plus noble et la plus profitable de toutes, ce fut celle de la PAROLE, [...] sans laquelle il n'y aurait pas eu parmi les hommes plus de République, de société, de contrat et de paix que parmi les lions, les ours et les loups" (*Lev.*, chap. IV, p. 100, trad. p. 27; cf. *D.H., O.L.*II, chap. X, 3, p. 91).

La métaphysique de la séparation ne permet plus à la nature de présenter une structure ontologique toujours déjà prédonnée, assignant par avance le statut et le lieu de l'homme, et à partir de laquelle seraient définis les moyens pragmatiques de sa vie, la finalité éthique de ses actes, le juste et l'injuste par nature et l'ordre politique où une existence proprement humaine doit s'inscrire pour se réaliser. C'est pourquoi le politique ne peut plus être conçu en continuité avec un ordre naturel de choses, tel qu'il existerait en soi dans l'espace géographique du monde et le temps de l'histoire. Le faire et le dire des hommes devront donc fonder artificiellement dans l'espace et le temps de la représentation, où se déploient désormais le désir et le conflit des désirs, l'instance juridique qui doit donner la norme que la nature ne fournit plus, et qui instaure un espace civil dans lequel il sera possible de trancher sur le mien et le tien, le juste et l'injuste, le bien et le mal. La fondation originaire et anhistorique du politique est l'autre versant de l'ordre ontologique perdu.

La mutation que réalise dans la pensée du politique la conversion des deux déterminations fondamentales de la métaphysique de la séparation, se traduit par un déplacement du lieu de la problématique politique, qu'il importe désormais d'examiner.

NOTES

1. Cf. la note 9 de la Première Partie du présent ouvrage.

2. Notons qu'on ne trouve pas chez Hobbes la notion de matérialisme.

3. Cf. Arrigo PACCHI, *Convenzione e ipotesi nella formazione della filosofia naturale di Thomas Hobbes*, Florence, 1965, pp.70-100. La notion de substance comme suppôt ou substrat capable d'exciter en nous des sensations se retrouve textuellement chez Locke: la substance est le support d'accidents, que nous ne pouvons concevoir subsister sans quelque chose qui les soutienne, *sine re substante*. La substance est un *standing under* ou un *upholding* (cf. *Essay*, II, chap. XXIII, 2, p. 296). La détermination de la substance, à partir de la genèse de la sphère mentale, comme substrat dont l'essence réelle nous est inconnue, amène Locke à exprimer de manière particulièrement claire la séparation de la sphère mentale et du monde des choses: "Et nous pouvons être convaincus que les *Idées* que nous pouvons atteindre par nos facultés sont très disproportionnées par rapport aux choses elles-mêmes, lorsqu'une idée positive, claire et distincte de la substance elle-même, qui est le fondement de tout le reste, nous est cachée" (*ibid.*, IV, chap. III, 23, p. 554). Certes Locke est plus proche de Gassendi et de Boyle que de Hobbes, par le statut qu'il accorde à l'observation et à l'expérience dans le progrès de la connaissance des substances particulières, mais c'est sur le même terrain métaphysique que ces divergences peuvent être localisées.

4. Cf. O. R. BLOCH "Sur les premières apparitions du mot *matérialiste*", in *Raison présente*, n° 47, Juillet-Août 1978, pp. 3-16. Sur les polémiques suscitées par le matérialisme de Hobbes, cf. Samuel I. MINTZ, *The Hunting of Leviathan*, Cambridge University Press, 1970.

5. LEIBNIZ, *Essais de théodicée*, Ap. II, "Reflexions sur l'ouvrage que M. Hobbes a écrit en Anglois, de la Liberté, de la Necessité et du hazard", *G. P.* VI, p. 389.

6. LEIBNIZ, *Monadologie*, 32, édition critique (comportant également les *Principes de la nature et de la grâce fondés en raison*) d'après les manuscrits d'Hanovre, Vienne et Paris, et présentée d'après des Lettres inédites par André Robinet, troisième édition revue, Paris, PUF, 1986, p. 89; *G. P.* VI, p. 612.

7. HEIDEGGER, *Le principe de raison*, traduction André Préau, Paris, Gallimard, 1962, p.82.

8. OCKHAM, *Scriptum in Librum Primum Sententiarum (Ordinatio), Opera Theologica*, vol. IV, édité par G. J. Etzkorn et F. E. Kelley, The Franciscan Institute, St. Bonaventure, 1979, Dist. 45, qu. unica, pp. 664-666, cité par A. C. Crombie, *op. cit.*, T. I, p. 240.

9. Cf. André ROBINET, "Les fondements métaphysiques des travaux historiques de Leibniz", *Studia Leibnitiana, Zeitschrift für Geschichte der Philosophie und der Wissenschaften,* Franz Steiner Verlag, Wiesbaden.

10. Sur la question du mouvement et de sa détermination, Hobbes, dans sa controverse (1640-1641) avec Descartes au sujet de *La Dioptrique,* affirmait contre ce dernier qu'on ne peut séparer la cause du mouvement de la cause de la détermination du mouvement (cf. *O.L.* V, pp. 277-307).

11. Cependant, pour Hobbes la loi d'inertie ne s'applique pas uniquement au mouvement rectiligne mais également au mouvement circulaire. En cela son principe d'inertie est plus proche de celui de Galilée que de celui de Descartes (cf. *D.C., O.L.* I, chap. XV, 5-6, p. 182; *ibid.,* chap. XXI, pp. 258-271).

12. Le concept de *conatus* permet de considérer la statique comme un cas particulier de la dynamique; ainsi le poids et l'équilibre sont définis en termes de *conatus.* Le poids est l'agrégat de tous les *conatus* du corps pesant, et l'équilibre est l'effort par lequel un corps résiste à l'effort d'un autre corps. A partir de là, on comprend que Hobbes s'achemine vers une physique qui refuse le repos absolu, le repos n'est plus que l'équilibre d'efforts antagonistes (cf. *D.C., O.L.,* chap. XXIII, 1, pp. 286-287).

13. Martial Gueroult a montré que Descartes a "entre-aperçu ce point, lorsqu'il écrit que toute la distinction que Dieu met dans les parties 'consiste dans la diversité qu'il leur donne, faisant que, dès le premier instant qu'elles sont créées, les unes commencent à se mouvoir d'un côté, les autres d'un autre; les unes plus vite, *les autres plus lentement (ou même si vous voulez pas du tout)'.* Pour aller jusqu'au bout dans cette voie, qui est celle de l'unité par la dynamique, il fallait faire des lois de l'équilibre un cas particulier des lois des corps en mouvement. Mais précisément, Descartes prend la voie contraire – celle de l'unité par la statique – et il extrapole, comme le lui reprochera Leibniz, les lois de la dynamique à partir des lois de la statique" ("Métaphysique et physique de la force chez Descartes et Malebranche", in *Revue de métaphysique et de morale,* n° 1, Janvier-Mars 1954, Paris, A. Colin, p. 34).

14. Cette hypothèse sur la structure de la matière se trouvait déjà au centre de la controverse avec Descartes sur *La Dioptrique.* Alors que Descartes attribue la dureté à un contact étroit de particules en repos, Hobbes l'explique au contraire par l'agitation très rapide des particules de la matière subtile (cf. Lettre de Hobbes à Mersenne du 7 février 1641, *O.L.* V, pp. 283-284; *D.C., O.L.* I, chap. XV, 4, pp. 180-181).

15. Hobbes s'inspire de Galilée (cf. *Discours concernant deux sciences nouvelles,* trad. Maurice Clavelin, Paris, A. Colin, 1970, pp. 132 et sq).

16. Cf. Martial GUEROULT, *Leibniz, dynamique et métaphysique,* Aubier Montaigne, Paris, 1967, pp. 8-20.

17. Dans l'édition de l'Akademie der Wissenschaften, A, VI, I, pp. 494-500; nous remercions Monsieur A. Robinet de nous avoir signalé ce texte qui montre à quel point la critique de Hobbes joue un rôle important dans les premières conceptions de Leibniz.

18. LEIBNIZ, *De rerum originatione radicali,* G. P. VII, p. 304, trad. P. Schrecker, in *Opuscules philosophiques choisis,* Paris, Vrin, 1969, pp. 86-87.

19. "Selon cette acception du mot, *substance* et *corps* signifient la même chose: en conséquence, l'expression *substance incorporelle* est faite de mots qui, réunis, se détruisent l'un l'autre, comme si l'on disait *corps incorporel*" (*Lev.*, chap. XXXIV, p. 429, trad. p. 419).

20. La distinction de deux types de mouvements se retrouve de manière à peu près constante dans l'œuvre de Hobbes pour expliquer l'individualité du vivant, d'une part, la sensibilité, l'affectivité et la motricité, de l'autre: "Il y a chez les animaux deux sortes de *mouvement* qui leur sont propres: l'un, appelé *mouvement vital*, commence à la génération et se poursuit sans interruption pendant la vie entière: à cette espèce appartiennent *le cours du sang, le pouls, la respiration, la concoction, la nutrition, l'excrétion*, etc.: ces mouvements ne requièrent pas l'aide de l'imagination. L'autre est le *mouvement animal*, appelé aussi *mouvement volontaire:* par exemple, *marcher, parler, mouvoir* quelqu'un de nos membres de la façon qui a d'abord été imaginée dans notre esprit" (*Lev.*, chap. VI, p. 118, trad. p. 46). Le mouvement vital est essentiellement le mouvement circulaire d'esprits animaux, qui doit rendre compte de la circulation du sang découverte par Harvey (cf. *La circulation du sang*, trad. Charles Richet, Paris, G. Masson, 1879). Hobbes considère cette circulation comme le phénomène fondamental de la vie. La circulation du sang dépend elle-même du mouvement de systole et de diastole du cœur, lié à la respiration. D'autres hypothèses sont introduites dans le *De Homine* pour expliquer aussi bien la maladie et la mort que la reproduction (cf. *D.H.*, *O.L.* II, chap. I, 1-4, pp. 1-6). Ces hypothèses attestent déjà l'autonomie relative des lois d'une physiologie, qui reste matérialiste, par rapport à la physique. Le mouvement animal généralise à l'ensemble de la physiologie une explication d'abord adoptée pour la vision.

La sensation et les affects sont expliqués par le circuit nerveux emprunté par les esprits animaux à l'occasion d'une excitation externe. Cette excitation n'est pas provoquée par toute pression physique d'un objet extérieur sur les organes des sens, mais uniquement lorsque le *conatus* de pression d'un objet extérieur sur un organe des sens dépasse un certain seuil, au-delà duquel il suscite un *conatus* de contre-pression ou de réaction physiologique. L'infinitésimal est ici appliqué à la physiologie. Tout objet, si petit qu'il soit, exerce une pression, si petite qu'elle soit, sur nos sens. Mais tout objet n'est pas pour autant sensible. Il est donc nécessaire qu'il y ait une sommation des *conatus* de pression, pour que le mouvement provoqué dans les sens se transmette aux nerfs. Lorsque le *conatus* de pression physique sur les terminaisons nerveuses visuelles, auditives, olfactives etc. dépasse ce seuil, le mouvement transmis aux parties internes des nerfs (les esprits animaux), emprunte d'abord une direction centripète. La pression se propage, par contact, des nerfs vers l'intérieur jusqu'aux centres nerveux que sont le cœur et le cerveau. Les centres nerveux répondent au *conatus* de pression par un *conatus* de contre-pression ou de réaction qui modifie la direction des esprits animaux en provoquant un mouvement centrifuge. Le caractère physiologique, et non seulement physique, de la sensibilité tient essentiellement à ce qu'elle est liée aux mouvements réactifs vers l'extérieur.

Sensations et passions sont donc des réactions du cœur spécifiquement différentes, selon que l'excitation externe renforce ou affaiblit le mouvement vital circulaire. Lorsqu'elle le renforce, il y a désir et plaisir, lorsqu'elle l'affaiblit, il y a aversion et douleur. Ces affects eux-mêmes sont les premiers commencements du comportement moteur. On retrouve ces hypothèses dans les *Elements of law* (I, chap. II, 6-10, pp. 3-7), *la Critique du 'De Mundo'* (en particulier: chap. XXVII,

18-20, pp. 326-328; chap. XXX, 3-14, pp. 349-355), la préface aux *Phaenomena ballistica* de Mersenne (dans cette préface Mersenne expose la physiologie de Hobbes, ce texte est repris sous le titre de *Praefatio in Mersenni ballisticam* in *O.L.* V, pp. 309-318), le *Léviathan* (chap. I, pp. 85-87) et le *De Corpore* (*O.L.* I, chap. XXV, 1-4, pp. 315-320). Cependant, il y a une tendance à l'unification de l'explication physiologique. Car, alors que dans les *Elements of law* il y a une nette distinction entre deux centres nerveux, d'une part, le cerveau, centre de la sensation, et d'autre part, le cœur, centre de la passion (le circuit de la réaction commence dans le cerveau pour se poursuivre dans le cœur), le *Léviathan* ne fait plus référence qu'une seule fois au cerveau, de sorte qu'il ne semble plus y avoir qu'un seul centre nerveux fondamental, source à la fois de la sensibilité, de l'affectivité et de la motricité. La *Critique du 'De mundo'* et le *De Corpore* fournissent les exemples les plus précis de la transposition des concepts de *conatus*, de résistance et de réaction à la physiologie. L'unification de l'explication physiologique s'atteste dans le *De Corpore* par l'attribution de la cause de la passion au *conatus* centripète de pression, et de la cause de la sensation au *conatus* centrifuge. Bien que le cerveau et le cœur soient mentionnés, c'est ce dernier qui joue le rôle essentiel de "source de toutes les sensations".

21. Ainsi Hobbes tente d'expliquer l'imagination, qui est une sensation en voie de dégradation, en termes de mouvements infinitésimaux: "Une fois qu'un corps est en mouvement, il se meut éternellement, à moins que quelque autre chose ne s'y oppose; et ce qui s'oppose à ce mouvement ne peut pas y mettre entièrement fin en un instant, mais seulement en quelque temps et par degrés. De même que dans l'eau nous voyons les vagues, même si le vent s'arrête, pendant longtemps encore ne pas cesser d'ondoyer, de même en va-t-il pour ce mouvement qui se produit dans les parties intérieures de l'homme lorsqu'il voit, qu'il rêve, etc., car après que l'objet a été ôté, ou l'œil fermé, nous gardons encore une image de la chose vue, moins distincte cependant que lorsque nous la voyons. [...] L'IMAGINATION n'est donc rien d'autre qu'une *sensation en voie de dégradation;* on la trouve chez les hommes et chez beaucoup d'autres créatures vivantes, dans le sommeil comme dans la veille. [...] De là vient que l'imagination est d'autant plus faible que le temps est plus long, qui s'est écoulé après la vision ou la sensation de quelque objet. Car le changement continuel du corps humain finit par détruire les parties qui avaient été mues dans la sensation: ainsi la distance dans le temps et la distance dans l'espace ont-elles sur nous un seul et même effet" (*Lev*, chap II, pp. 88-89, trad. pp. 14-15). L'imagination ne résulte donc pas de l'affaiblissement du mouvement interne causé par l'objet extérieur. Ce mouvement interne, comme tout mouvement est soumis à la loi d'inertie. La dégradation en quoi consiste l'imagination est suscitée par les nouveaux mouvements actuels infinitésimaux provoqués par l'afflux de sensations nouvelles. Ainsi lorsque les sens sont engourdis par le sommeil, l'agitation des esprits animaux provoque les rêves: "en somme, nos rêves sont l'inverse de nos imaginations du temps de veille: le mouvement commence à une extrémité quand nous veillons et à l'autre quand nous rêvons" (*ibid.*, p. 91, trad. p. 17). La difficulté que nous pouvons avoir à distinguer le rêve de la perception tient à ce que dans le rêve les affections sensibles extérieures cessent ou s'affaiblissent au point de ne pouvoir rendre indistincts les mouvements internes au corps. La plupart des délires humains naissent de cette facilité à confondre perception et rêve.

La cohérence de l'enchaînement des pensées est également expliquée en termes de composition de mouvements infinitésimaux: "En voici la raison: tous les phantasmes sont des mouvements intérieurs à l'homme, reliquats des mouvements imprimés lors de la sensation; et ces mouvements qui se sont immédiatement succédés l'un à l'autre lors de la sensation restent associés après la sensation: en sorte que si de nouveau le premier d'entre eux a lieu et prédomine, le second le suit à cause de la cohésion de la matière mue, de même que sur une table unie l'eau est attirée du côté où le doigt guide quelqu'une de ses parties. Mais parce que dans la sensation c'est tantôt une chose tantôt une autre qui succède à la même chose perçue, il arrive, avec le temps, que lorsqu'on imagine une chose il n'y a pas de certitude quant à ce qu'on va imaginer tout de suite après. Tout ce qui est certain, c'est qu'il s'agira d'une chose qui a précédemment succédé à cette chose-là une fois ou l'autre" (*ibid.*, chap III, p. 94, trad. pp. 21-22). Cette explication permet, comme on le voit, de rendre compte à la fois de la cohérence des pensées et de l'incertitude touchant à leur succession. Ainsi Hobbes fonde, après une physiologie de l'infinitésimal, une psychologie de l'infinitésimal.

22. Le chapitre XXX de la *Critique du 'De Mundo'*, qui a pour objet initial l'éclaircissement de l'entendement et de la volonté divines, commence par un examen de l'entendement et de la volonté humaines, il comporte une structure à trois temps: 1) examen des facultés communes à l'homme et à l'animal (3-14, pp. 349-355); 2) examen des facultés spécifiques à l'homme (15-31, pp. 355-362); 3) établissement de la différence radicale entre l'entendement et la volonté humaines, d'une part, et l'entendement et la volonté divines, de l'autre (32-36, pp. 362-366). Pour ce qui concerne notre sujet actuel, on peut noter que Hobbes fournit une théorie physio-psychologique qui implique le rejet de la théorie aristotélicienne de l'âme comme forme d'un corps qui a la vie en puissance, d'une part, et de la théorie cartésienne de la distinction réelle de l'âme (purement spirituelle) et du corps (matériel), d'autre part. Cette dualité aboutit chez Descartes, on le sait, à la théorie des animaux machines, qui n'attribue à l'animal que les conditions physiques de la sensibilité, mais non la sensibilité elle-même (cf. *Réponses aux sixièmes objections* A.T., IX-1, pp.236-238). Or, loin de réduire l'animal à une machine sans sensibilité, Hobbes à l'inverse lui fait partager avec l'homme à la fois la sensibilité, l'affectivité, l'imagination, l'expérience, la prudence etc. La différence entre l'homme et l'animal naît avec la passion de curiosité (désir de connaissance des causes) qui est à l'origine du langage. C'est le langage qui donne sa spécificité à l'entendement humain et ses modalités propres à l'existence de l'homme, parce qu'il rend possible la genèse d'une intersubjectivité qui réagit sur la vie passionnelle.

23. Cf. les notes 20 et 21 de la présente partie.

24. On se rapportera à l'hypothèse du *De Corpore* selon laquelle le plaisir et la douleur sont liés à la partie centripète du circuit de l'excitation, alors que la représentation est liée à sa partie centrifuge (cf. note 20 de la présente partie).

25. Cf. A. ROBINET, "Pensée et langage chez Hobbes..", *art. cit.*

26. A partir de cette cause anthropologique générale de la croyance en l'existence d'une âme ou d'une substance spirituelle, le langage ordinaire permet d'en expliquer la propagation, et le langage philosophique, sa transformation en pseudo-savoir. Le langage ordinaire est la cause directe de la communication de l'illusion: "le vulgaire n'appelle pas corps tout l'univers, mais seulement les parties de l'univers qu'il peut apercevoir, par le sens du toucher, comme résistant à sa force, ou, par le sens qui a les yeux pour organes, comme empêchant ces derniers de voir plus loin. C'est pourquoi, dans la langue vulgaire, l'*air* et les *substances aériennes* ne sont pas, d'ordinaire, tenus pour des *corps:* on les appelle, chaque

fois qu'on ressent leurs effets, *vent, souffle,* ou (à cause du latin *spiritus,* qui a le même sens) *esprits;* c'est ainsi qu'on appelle cette substance aérienne, qui, se trouvant dans le corps d'une créature vivante quelconque, lui donne vie et mouvement, *esprits vitaux* et *esprits animaux" (Lev.,* chap. XXXIV, p. 429, trad. p. 419). Comme l'usage du langage ordinaire ne repose pas sur des définitions nominales univoques, la différence des deux mots "corps" et "esprit" finit par se donner, soit inconsciemment, soit à l'initiative de ceux qui y trouvent un intérêt (en particulier politique), pour la différence de deux régions du réel, l'une matérielle, l'autre immatérielle. Il y a donc un inconscient historique des langues, qui, par l'habitude que nous avons d'employer les mots, ne nous apparaît pas. Ainsi l'usage quotidien des mots, nous fait dire des choses que nous ne pouvons concevoir, mais que nous croyons douées de signification. Le principe d'une critique historique de l'usage des mots est posé par Hobbes: par exemple, pour connaître la raison du passage des mots "vent" et "souffle" à celui d'"esprit", il faut déconstruire le mot latin *spiritus.* Seule cette critique du langage courant pourra rendre possible une thérapeutique de la pensée, qui la libérera des fictions du cerveau hypostasiées en idoles dans l'imaginaire des ignorants.

Mais la transformation de cette illusion en pseudo-savoir philosophique incombe à l'usage apparemment scientifique du langage philosophique. Aristote, la philosophie scolastique et Descartes constituent, selon Hobbes, les différentes versions philosophiques de la fiction d'une âme spirituelle. Cependant, c'est à la philosophie scolastique qu'incombe la responsabilité principale d'avoir canonisé au point de vue théologico-métaphysique la fabuleuse croyance en l'existence de substances spirituelles, par une lecture erronée de l'Ecriture sainte liée à un usage fautif du verbe "être" (cf. *Lev.,* chap. XXXIV, pp. 428-430, trad. pp. 418-420; *ibid.,* chap. XLVI, version latine, *O.L.* III, p. 498, trad. p. 698). En outre, la croyance en l'existence d'esprits incorporels a des implications politiques, parce qu'elle est l'un des germes de la superstition, dont les fondateurs de républiques ont su faire usage pour sacraliser les lois civiles, mais également tous les faux prophètes dans le but inverse de ruiner la république (cf. *Lev.,* chap. XII, p. 177, trad. p. 114). Enfin, la doctrine, ruineuse pour la souveraineté politique, de l'existence d'un pouvoir spirituel distinct et hégémonique par rapport au pouvoir politique temporel, est directement liée à la fiction d'une supériorité de l'âme spirituelle sur le corps matériel (cf. *ibid.,* pp. 600-602, trad. pp.596-598).

27. Dans le chapitre méthodologique du *De corpore* (cf. *O.L.* I, chap. VI, 6-7, pp. 62-66) Hobbes donne une version déductive de son système philosophique, où les principes de l'éthique et de la politique dérivent de ceux de la physique et de la physiologie.

28. Par exemple le *Léviathan* exprime le désir d'accumulation indéfini de puissance, qui est le caractère spécifiquement humain du désir, en termes de mouvement uniformément accéléré: "Car de sa nature, la puissance est semblable à la renommée: elle s'accroît à mesure qu'elle avance; ou encore, au mouvement des corps pesants, qui montrent de plus en plus d'impétuosité à mesure qu'ils font plus de chemin" (chap. X, p. 150, trad. p. 81).

29. J.W.N. WATKINS, *Hobbes's System of Ideas: a Study in the Political Signifiance of Philosophical Theories,* Londres, Hutchinson University Library, 1965.

30. Thomas SPRAGENS, *The Politics of Motion, The World of Thomas Hobbes,* Londres, Croom Helm, 1973, p. 175: "Même une philosophie naturelle non-

anthropomorphique peut opérer par analogie pour former, pour suggérer, pour limiter, pour consolider, pour développer, pour établir, pour stabiliser et pour renforcer formellement des modèles parallèles de la vie politique".

31. C.B. MACPHERSON, *La théorie politique de l'individualisme possessif de Hobbes à Locke*, trad. M. Fuchs, Paris, Gallimard, 1971, p. 90: "On le voit: c'est le matérialisme de Hobbes, inspiré des découvertes de la science au XVII° siècle, qui lui permet de fonder le droit et l'obligation sur le fait. Ce matérialisme n'est ni simple façade, ni enjolivement dont il aurait paré sa théorie politique après coup: il en est un aspect essentiel. Il constitue la condition nécessaire de sa théorie de l'obligation politique, mais nullement sa condition suffisante. Car, outre son postulat matérialiste qui lui fait concevoir l'homme comme un système de matière en mouvement, Hobbes doit postuler que le mouvement de chacun s'oppose nécessairement au mouvement de tous les autres. Ce second postulat n'est pas contenu dans le matérialisme mécaniste, mais, nous l'avons vu, provient des hypothèses qu'il formule sur la société de marché de son temps. Or, c'est ce postulat qui lui permet de considérer que les individus sont soumis à une insécurité égale et qu'ils ont donc tous également besoin d'un système d'obligation politique".

32. Dans le même passage méthodologique du *De Corpore,* que celui que nous citions il y a un instant (*O.L.* I, chap. VI, 7, pp. 65-66), Hobbes pose qu'il est possible de découvrir analytiquement les principes de l'éthique et de la politique sans déduction à partir des principes de la physique; cf. également: *E.L.*, épître dédicatoire, pp. XV-XVI; *D.C., O.L.* II, épître dédicatoire, p. 139.

33. Leo STRAUSS, *The Political Philosophy of Hobbes, Its Basis and its Genesis,* Chicago et Londres, U.C.P, 1963, pp. 27-28.

34. David P. GAUTHIER, *The logic of Leviathan, The Moral and Political Theory of Thomas Hobbes,* Oxford, Clarendon Press, 1969, p. 27: "Hobbes écrit sur la morale en moraliste. Son premier dessein est de démontrer ce que les hommes doivent et ne doivent pas faire. En poursuivant son dessein, il introduit et explique certains concepts moraux, dont les plus importants sont *le droit de nature, la loi de nature, l'obligation* et *la justice.* Mais son intérêt consiste à utiliser ces concepts dans des conclusions morales, et non à les expliquer".

35. Cf. Deuxième Partie, chapitre V du présent ouvrage.

36. Cf., Ernst H. KANTOROWICZ, *The King's Two Bodies, A Study in Mediaeval Political Theology,* Princeton, Princeton University Press, 1957; et Pierre MICHAUD-QUANTIN, *Universitas, Expressions du mouvement communautaire dans le moyen-âge latin,* Paris, Vrin, 1970.

37. GROTIUS, *Le Droit de la Guerre et de la Paix,* Livre II, chap. IX, § III, 3, trad. J. Barbeyrac, 1724, p. 376: "Les corps artificiels, comme celui dont il s'agit, ressemblent parfaitement au corps naturel".

38. Robert DERATHÉ, dans son ouvrage *Jean-Jacques Rousseau et la science politique de son temps* (Paris, Vrin, 1970, pp. 410-413), fait un rapprochement éclairant entre deux textes de Rousseau dont l'un exploite l'analogie, et l'autre montre qu'il ne s'agit là que d'une métaphore qu'il ne faut pas prendre à la lettre. Or ces deux points de vue s'inspirent de Hobbes. 1) "Le corps politique, pris individuellement, peut être considéré comme un corps organisé, vivant, et semblable à celui de l'homme. Le pouvoir souverain représente la tête; les lois et les coutumes sont le cerveau, principes des nerfs et siège de l'entendement, de la volonté, et des sens, dont les juges et les magistrats sont les organes; le commerce,

l'industrie, et l'agriculture, sont la bouche et l'estomac qui préparent la substance commune; les finances publiques sont le sang qu'une sage *économie,* en faisant les fonctions du cœur, renvoye distribuer par tout le corps la nourriture et la vie; les citoyens sont le corps et les membres qui font mouvoir, vivre, et travailler la machine, et qu'on ne sauroit blesser en aucune partie, qu'aussitôt l'impression douloureuse ne s'en porte au cerveau, si l'animal est dans un état de santé" (*Discours sur l'économie politique, Œuvres complètes,* Paris, Gallimard, coll. Pléiade, 1964, T.III, p. 244). 2) "La différence de l'art humain à l'ouvrage de la nature se fait sentir dans ses effets, les citoyens ont beau s'appeler membres de l'état, ils ne sauroient s'unir à lui comme de vrais membres le sont au corps; il est impossible de faire que chacun d'eux n'ait pas une existence individuelle et séparée, par laquelle il peut seul suffire à sa propre conservation; les nerfs sont moins sensibles, les muscles ont moins de vigueur, tous les liens sont plus lâches, le moindre accident peut tout désunir" (*Que l'etat de guerre naît de l'état social, op. cit.,* p. 606).

39. Le chapitre XVI du *Léviathan* et le chapitre XV du *De Homine* sont consacrés à une théorie de la personne artificielle.

40. La théorie complète de la personne morale du *Droit de la Nature et des Gens* de Pufendorf est intégralement construite à partir d'une lecture de Hobbes (cf. DERATHÉ, *op. cit,* pp. 397-410). "Pour donner donc une définition exacte de l'ETAT, il faut dire, que c'est *une Personne Morale composée, dont la volonté formée par l'assemblage des Volontez de plusieurs réunies en vertu de leurs conventions, est réputée la volonté de tous généralement, & autorisée par cette raison à se servir des forces & des facultés de chaque Particulier, pour procurer la paix & la sécurité commune"* (*Les Devoirs de l'Homme et du Citoyen,* Livre II, chap. VI, 10, trad. J. Barbeyrac, 1741, pp. 66-67). Rousseau reprend la notion de personne morale en la transformant. Seule pour lui une collectivité peut être une personne morale et jamais un individu, comme c'était le cas chez Hobbes lorsque la personne civile artificielle n'est pas un conseil mais un monarque, ou chez Pufendorf dans le cas de la personne morale simple. Ainsi Rousseau peut écrire: "Et qu'est-ce qu'une personne publique ? Je réponds que c'est cet être moral qu'on appelle souverain, à qui le pacte social a donné l'existence, et dont toutes les volontés portent le nom de loix" (*Que l'état de guerre naît de l'état social, op. cit.,* p. 608).

41. Quelques pages plus bas L. Strauss écrit: "La philosophie politique est indépendante de la science naturelle, parce que ses principes ne sont pas empruntés à la science de la nature, ils ne sont, en vérité, empruntés à aucune science, mais sont fournis par l'expérience, par l'expérience que chacun a de lui-même, ou pour le dire plus précisément, sont découverts par les efforts de connaissance de soi et l'examen de soi de chacun" (*ibid.*, p.7).

42. Rappelons que le *De Cive* commence d'emblée par la théorie de l'état de nature, c'est-à-dire que Hobbes y présuppose sans la reprendre la théorie de la genèse du champ mental et affectif des *Elements of Law.* Quant au *De Homine,* nous avons tenté d'en dégager le sens éthique et politique, en montrant que la première partie optique que cette œuvre comporte développait une théorie visuelle de la représentation, cf. notre article "Vision et désir chez Hobbes", *art. cit,* pp. 125-140.

43. Cf. Michel VILLEY, *La formation de la pensée juridique moderne,* Paris, Montchrétien, quatrième édition, 1975; *Leçons d'histoire de la philosophie du droit,* Paris, Dalloz, 1962; *Seize essais de philosophie du droit,* Paris, Dalloz, 1969.

QUATRIÈME PARTIE

LA FONDATION ET L'ÉTAT

CHAPITRE PREMIER

LE PROBLÈME DE LA FONDATION

On s'est souvent interrogé sur l'unicité de la théorie politique de Hobbes. Unicité du problème d'abord: le conflit des désirs dans l'état de nature; unicité de la solution ensuite: le pacte fondateur de l'Etat, qui a lieu (quoique avec une différence de modalité) aussi bien dans les républiques d'institution que dans les républiques d'acquisition, et dont dérivent des droits identiques du souverain. Cette double unicité tranche radicalement avec le souci de tenir compte de la différence des lieux et des temps, des circonstances naturelles, humaines et institutionnelles, qui animait aussi bien les conceptions politiques d'Aristote et de la scolastique aristotélicienne que celles de la Renaissance, par-delà des divergences souvent considérables.

En effet, pour Aristote la *polis* est tendue entre nature et éthique. La cité s'enracine dans la nature: "la cité est au nombre des réalités qui existent naturellement"[1]. Fin de toutes les autres communautés, et donc par nature antérieure à elles, la cité peut seule réaliser la vie heureuse et vertueuse où s'accomplit la nature de l'homme. Vivre hors de la cité n'est pas le fait d'un homme mais d'une bête ou d'un dieu. Aristote assigne ainsi à un Etat digne de ce nom, c'est-à-dire à un Etat qui ne se réduit pas à une simple alliance en vue de l'intérêt et de la sécurité, la tâche de réaliser le bien commun et la vertu: "sans quoi la communauté devient une simple alliance, qui ne diffère des autres alliances conclues entre Etats vivant à part les uns des autres que par la position géographique" (*La Politique*, III, 9, 1280 b, 7-8, trad. p. 207). Si la cité se développe naturellement à partir de la famille et du village comme une totalité autosuffisante, elle fait également intervenir la décision, c'est-à-dire la raison et la volonté humaines. C'est en cela qu'elle n'est pas simplement une communauté pour la survie, mais une communauté pour la vie bonne. La philosophie politique aura donc deux aspects: d'un côté, elle observe et décrit empiriquement les différentes formes de cité qui existent en fait, de l'autre, elle fournit la norme éthique qui prescrit ce qu'une cité doit être. S'il y a distance entre ce qui est et ce qui doit être, c'est que la cité fait partie du domaine des choses passibles de changement, ce qui implique la diversité et la possibilité d'être autre.

La chose publique n'est pas une entité abstraite, mais une réalité concrète, individualisée, qui est l'objet d'un savoir de fait. L'examen de la structure et de l'évolution des différentes formes de cité aboutit à une classification des différentes formes de régime ou de constitution qui épouse la diversité et la mouvance de la réalité, ainsi qu'à une étude des causes de leur décadence et des moyens d'y remédier. Si toute cité est un fait de nature, toute cité subit des changements, c'est-à-dire qu'elle a une histoire.

Mais la politique ne peut se ramener à une enquête empirique. Il n'y a en effet pas lieu de dissocier la constitution consignée dans les lois et l'éthique régissant la vie dans la cité. Le bien commun ne peut être séparé de la justice et de la vertu. Dans l'Etat, l'éthique se développe en une théorie du droit: "la justice politique elle-même est de deux espèces, l'une naturelle et l'autre légale. Est naturelle celle qui a partout la même force et ne dépend pas de telle ou telle opinion; légale, celle qui à l'origine peut être indifféremment ceci ou cela, mais une fois établie s'impose" (*Eth. Nic.*, V, 10, 1134 b, 18-21, trad. p. 250). La cité implique donc l'existence d'un droit naturel et d'un droit positif. Le premier découle de la finalité de la chose publique. La réalisation du bien commun et de la vie suffisante implique nécessairement un système de rapport entre les hommes, et la justice naturelle consiste dans l'égalité de proportion qui détermine la part juste de chacun dans la distribution et dans l'échange des biens. Les lois naturelles découlent de la nature de la cité et lui permettent de reproduire sa structure. En revanche, le droit positif dépend de la volonté et de la coutume. Les lois conventionnelles consistent en une particularisation des lois naturelles, ou en une détermination de ce qui est juste dans le domaine des choses en elles-mêmes indifférentes. Le droit positif exprime et réalise le droit naturel de manière contingente : "les règles de droit qui ne sont pas fondées sur la nature, mais sur la volonté de l'homme, ne sont pas partout les mêmes, puisque la forme de gouvernement elle-même ne l'est pas, alors que cependant il n'y a qu'une seule forme de gouvernement qui soit partout naturellement la meilleure" (*ibid.*, 1135 a, 2-5, trad. p. 252).

Mais loin que la perspective éthique et juridique contredise la diversité empirique des formes de cité établie par l'observation, elle se fonde sur elle. Le droit naturel permet certes de définir une constitution idéale, conforme à nos vœux, mais cette "constitution idéale ne peut se réaliser sans tout un cortège de moyens appropriés" (*La Politique*, VII, 1025 b, 36-37, trad. p. 483). Elle impose en effet de tenir compte des conditions naturelles, historiques et éthiques concrètes, comme le chiffre de la population, le territoire, l'accès à la mer, le naturel des citoyens, les différents services nécessaires à la subsistance de l'Etat, la division des classes etc. L'Etat idéal ne vaut donc pas comme une réponse politique unique et définitive, à appliquer en tout lieu et en tout temps, mais comme une norme éthique naturelle à partir de laquelle il est possible de juger de la réalité politique de fait. Cette nécessité de tenir compte de la contingence de la cité qui est liée à son enracinement dans l'espace du monde et le temps de l'histoire, se retrouvera dans la scolastique aristotélicienne.

Machiavel rompt avec cet héritage aristotélicien. L'Etat n'a plus de vocation éthique, le droit et la justice sont réduits à la simple apparence d'une stratégie réelle de prise et de conservation du pouvoir. Il n'y a plus de norme naturelle éthique de la cité, le problème de l'Etat est désormais de contrarier par la domination politique les désirs insatiables et l'insatisfaction permanente qui habitent le cœur humain. Ce qu'on appelle le réalisme politique de Machiavel repose, certes, sur un pessimisme radical concernant la nature humaine, mais aussi, et plus fondamentalement, sur l'observation de l'instabilité politique qui se manifeste dans l'espace du monde et que l'histoire confirme. Nature et histoire fournissent désormais les clefs de la théorie politique. Pierre Mesnard a dégagé ces deux pôles métaphysiques du politique:

"Le *Cosmos* invariable et éternel embrasse de toutes parts notre pauvre humanité; là-haut tout a été réglé dans le détail et à jamais, les astres ont leur cours régulier, leur marche fixe et leurs révolutions certaines. Entre ce monde et le nôtre il n'y a d'influence que dans un sens: notre univers est suspendu à l'autre et participe en quelque mesure à son harmonie inflexible. En effet, notre globe terraqué n'est déterminé qu'en gros; son énergie totale, physique et morale, donnée une fois pour toutes, reste constante, mais ses aspects varient incessamment. L'histoire n'est autre chose que la suite des transformations de détail qui informent différemment cette matière malléable, l'homme, l'agglomérant, l'organisant autour de tel foyer privilégié, ou au contraire l'éparpillant en tourbillons épars et désunis" [2].

D'un côté, la fortune semble régir les choses et les hommes, de l'autre, la vertu du prince, héros politique, sait en capter le cours et le tourner en sa faveur. D'où la nécessité d'une histoire, conçue comme "étude expérimentale du gouvernement de la fortune", pour fonder un art de gouverner. Pris entre nature et histoire, l'art politique doit tenir compte de la contingence des situations, il n'y a ni une seule manière de prendre le pouvoir, ni une seule manière de le conserver. Face à ce réalisme politique, l'alternative sera l'utopie, en rupture avec l'ordre politique de fait tel qu'il est inscrit dans l'espace du monde et le temps de l'histoire. Ce n'est pas un simple hasard si la Renaissance présente les deux figures, en apparence antinomiques, mais en vérité complémentaires, de Machiavel et de Thomas More.

Dans cette alternative du réalisme et de l'utopie, on considère communément que Hobbes se situe sur le terrain ouvert par Machiavel, où il transpose la problématique du droit naturel. Ce qui est en un sens exact, puisque bien des points de l'anthropologie de Hobbes rejoignent celle de Machiavel, et qu'il dénonce explicitement la vacuité et l'inutilité pratiques des utopies présentées par *La République* de Platon, *L'Utopie* de Thomas More, ou encore *La Nouvelle Atlantide* de Francis Bacon (cf. *Lev.*, chap. XXXI, pp. 407-408, trad. p. 392) [3]. Mais plus profondément, Hobbes sort de l'alternative renaissante du réalisme [4] et de l'utopie. Avec l'unicité du problème de la fondation, il arrache le politique à la fois à la nature et à l'histoire sans pour autant en faire une théorie sans lieu: c'est le lieu même du politique qui se trouve déplacé.

Ce déplacement peut être repéré avec le plus de précision par rapport à la politique de Jean Bodin, auquel Hobbes rend un hommage – suffisamment rare chez lui pour être remarqué – pour sa conception de la non-divisibilité des droits de la souveraineté (cf. *E.L.*, II, chap. VII, pp. 172-173). En effet, Bodin intègre au réalisme politique qui enracine le politique dans l'espace du monde et le temps de l'histoire, un souci authentique du droit et de la justice qui n'a pas d'équivalent chez Machiavel. Notons tout d'abord ce que la politique de Hobbes doit à la théorie de la souveraineté développée dans *Les six Livres de la République*. La notion de souveraineté – qui réactive la notion d'*imperium* du droit romain [5] – implique, chez Bodin comme chez Hobbes, un pouvoir absolu et perpétuel qui s'exprime par le pouvoir "de donner & casser la loy" [6]:

> "Et par ainsi nous conclurons que la premiere marque du Prince souverain, c'est la puissance de donner loy à tous en general, & à chacun en particulier: mais ce n'est pas assez, car il faut adjouster, sans le consentement de plus grand, ni de pareil, ni de moindre que soy: car si le Prince est obligé de ne faire loy sans le consentement d'un plus grand que soy, il est vray subject; si d'un pareil, il aura compagnon; si des subjects, soit du Senat, ou du peuple, il n'est pas souverain" (*La République*, I, chap. X, p. 221).

On peut comparer ce texte avec celui de Hobbes:

> "Le législateur, dans toutes les Républiques, est le souverain, et lui seul, qu'il s'agisse d'un individu, comme dans une monarchie, ou d'une assemblée, comme dans une démocratie ou une aristocratie. Le législateur est en effet celui qui fait la loi; or la République seule prescrit et ordonne l'observation de ces règles que nous appelons lois: la République est donc le législateur. Mais ce n'est que par son représentant, c'est-à-dire par le souverain, que la République est une personne et a la capacité de faire quoi que ce soit: le souverain est donc le seul législateur. Pour la même raison, nul ne peut abroger une loi faite, si ce n'est le souverain: en effet, une loi n'est abrogée que par une deuxième loi qui interdit de mettre la première à exécution" (*Lev.*, chap. XXVI, pp. 312-313, trad. p. 283).

Pour Bodin comme pour Hobbes, il n'y a de république que lorsqu'il y a souveraineté. Cette souveraineté est conçue de la même manière et avec les mêmes attributs. Elle est pouvoir absolu, parce que la volonté du souverain n'est limitée ni par les sujets, ni par la coutume, ni par la volonté des prédécesseurs. Sa seule limite réside dans les lois naturelles de Dieu, dont le souverain est à la fois l'image et le lieutenant. Elle est perpétuelle, parce que les souverains l'exercent à vie, c'est-à-dire ne tiennent pas leur pouvoir d'une élection pour un temps déterminé. La volonté souveraine, seule source de la loi civile, n'est pas assujettie à elle. Le pouvoir de commander est également pouvoir de casser, il ne peut s'obliger lui-même. Si la justice est l'essence de la loi, elle relève de la seule compétence du souverain qui en est seul interprète légitime. A ce pouvoir de casser la loi sont liés les autres droits fondamentaux de la souveraineté, comme ceux de déclarer la guerre ou de faire la paix, d'instituer ou de destituer les magistrats, de rendre justice, de récompenser ou de châtier, d'attribuer des titres d'honneur, de déterminer le rang et la dignité, etc. Ces droits de la souveraineté sont inaliénables et inséparables.

A ces convergences essentielles sur la théorie de la souveraineté, s'ajoute également le fait que, pour Bodin comme pour Hobbes, la constitution de la république résulte de conflits et de guerres:

> "L'issue des guerres & des combats, donnant la victoire aux uns rendoit les autres esclaves: & entre les vainqueurs, celuy qui estoit esleu chef & capitaine, & sous la conduite duquel les autres avoyent eu la victoire, continuoit en la puissance de commander aux uns comme aux fideles & loyaux subjects, aux autres comme aux esclaves. Alors la pleine liberté, que chacun avoit de vivre à son plaisir, sans estre commandé de personne, fut tournee en pure servitude, & du tout ostee aux vaincus: & diminuee pour le regard des vaiqueurs, en ce qu'ils prestoyent obeissance à leur chef souverain: & celui qui ne vouloit quitter quelque chose de sa liberté, pour vivre sous les loix, & le commandement d'autruy, la perdoit du tout. Ainsi le mot de seigneur, & de serviteur, de Prince, de subject auparavant incongnus, furent mis en usage. La raison & la lumiere naturelle nous conduit à cela, de croire que la force & la violence a donné source & origine aux Republiques" (*La République*, I, chap.VI, pp. 68-69).

Pour Bodin, les rapports juridiques établis au sein des républiques sont issus d'un équilibre de forces. Mais les guerres prépolitiques sont conçues comme des luttes concrètes de familles, et aucunement à travers le modèle abstrait de l'état de guerre interindividuel et universel que l'on trouve chez Hobbes. Pour Bodin, c'est la famille, et non l'individu, qui constitue à la fois l'origine et le fondement de la république. D'autre part, l'origine de l'édifice politique n'est pas pour lui le produit d'un acte juridique, toujours identique à soi – quoique variable dans ses modalités –, de fondation. On ne trouve chez Bodin ni l'unicité du problème, ni l'unicité de solution, auxquelles Hobbes ramène la politique.

C'est pourquoi, et nonobstant l'influence certaine de Bodin sur Hobbes, la comparaison des deux œuvres ne laisse pas de donner le sentiment d'une discontinuité. Au point que la politique de Hobbes ne semble plus appartenir au même monde que celle de Bodin. Si l'un et l'autre s'opposent à Machiavel en conférant à la politique le statut de science rationnelle (et non plus celui de simple art empirique) et en réhabilitant la valeur normative du droit politique, il n'en reste pas moins que la république de Bodin appartient au même monde que la principauté de Machiavel, et non au monde où s'établit l'Etat hobbesien. Comme l'a montré P. Mesnard, la science politique chez Bodin n'est ni une déduction *a priori*, ni une simple collection de détails factuels, elle se situe entre le fait et la loi, entre l'histoire et le système. La théorie politique dégage ses principes universels de la contingence des faits, tels qu'ils sont révélés par l'histoire des peuples, des institutions et des gouvernements, mais aussi par une géographie naturelle et humaine susceptible de fournir des informations indispensables pour comprendre le naturel et les mœurs des peuples:

> "Il faut donc que le sage gouverneur d'un peuple sçache bien l'humeur d'iceluy, & son naturel, au paravant que d'attenter chose quelconque au changement de l'estat ou des loix: car l'un des plus grands, & peut estre le principal fondement des Republiques, est d'accommoder l'estat au naturel des citoyens, & les edicts & ordonnances à la nature des lieux, des personnes, & du temps. [...] Qui fait aussi qu'on doit diversifier l'estat de la Republique a la diversité des lieux: à l'exemple du bon architecte, qui accommode son bastiment à la matiere qu'il trouve sur les lieux. [...] Disons donc premierement du naturel des peuples de Septentrion, & de Midy; puis des peuples d'Orient, & d'Occident: & la difference des hommes montaignars à ceux qui demeurent en la plaine, ou és lieux marescageux, ou battus des vents impetueux; apres nous dirons aussi combien la discipline peut changer le droit naturel des hommes" (*ibid.*, V, chap. I, p. 666).

On comprend que cette diversité des lieux conjuguée à la diversité des temps interdise de ramener la théorie politique à l'unicité. La monarchie est certes le meilleur des régimes, mais il s'en faut de beaucoup qu'elle puisse être propre à tout lieu et à tout temps (cf. *ibid.*, pp. 694-695). La science politique s'élabore ainsi entre le déterminisme naturel et le développement historique, comme une politique expérimentale: "nous arrivons donc à cette conclusion que *chez Bodin l'expérience reconnaît l'existence et la validité du droit.* Ainsi serions-nous tenté de donner à cette doctrine, pour la différencier du réalisme empirique de Machiavel, le nom de REALISME INTEGRAL, marquant par là l'apparition et l'intégration des forces morales, avec leurs caractères spécifiques dans le champ de la politique" (P. Mesnard, *op. cit.*, p. 543).

Or, de ce réalisme intégral de Bodin, nous ne trouvons aucune trace chez Hobbes. Tout d'abord, l'histoire – à laquelle Bodin assignait dans la *Methodus ad facilem historiarum cognitionem,* la fonction "de nous révéler entièrement non seulement les techniques nécessaires à notre existence, mais les préceptes positifs ou négatifs de la vie morale, ce qui est honorable ou honteux, l'assiette qui convient aux lois, la meilleure forme de république et le moyen de parvenir à la béatitude" [7] – se trouve réduite chez Hobbes à une source d'exemples susceptibles simplement d'illustrer les déductions de la science politique (cf. *D.H., O.L.* II., chap. XI, 10, p. 100). Le *De Cive* nie que l'histoire ou la religion puisse nous permettre d'établir que la monarchie est la meilleure forme de gouvernement. Car bien que des arguments de cet ordre puissent nous amener à la tenir pour telle, néanmoins on ne doit pas les retenir "parce qu'ils procèdent par des exemples et des témoignages et non par des raisons" (*D.Ci., O.L.* II, chap. X, 3, p. 267). Un sort plus radical encore est réservé à la géographie, puisque Hobbes ne lui fait aucune place dans sa déduction des mœurs. Les passions et les comportements des hommes sont toujours et partout identiques, et il suffit de lire en soi pour savoir ce qui se passe partout ailleurs:

> "A cause de la similitude qui existe entre les pensées et les passions d'un homme et les pensées et les passions d'un autre homme, quiconque regardant en soi-même observe ce qu'il fait et pour quels motifs, lorsqu'il *pense, opine, raisonne, espère, craint,* etc, lira et connaîtra par là même les pensées et les passions de tous les autres hommes en des occasions semblables" (*Lev*, intro. p. 82, trad. p. 6).

Il n'est plus nécessaire de relire l'histoire ou de parcourir le monde, il suffit de lire en soi-même pour savoir ce qui se passe partout ailleurs. Dans l'espace et le temps, on rencontre partout et toujours la même chose. Il ne s'agit donc plus de l'espace physico-cosmique naturel, ni du temps où s'inscrit l'histoire des hommes. Nous voyons donc en quel sens le monde où s'enracine la politique de Hobbes n'est plus celui de Bodin [8].

En présentant la notion d'état de nature comme un néologisme (cf. *D.Ci., O.L.* II, préface, p. 148), Hobbes est conscient du paradoxe qu'elle comporte. Ce paradoxe tient à ce que si cet état n'appartient ni à un lieu géographiquement désignable, ni à un moment historiquement assignable, il est néanmoins partout et toujours présupposé pour rendre compte de la fondation de l'Etat. Ceci explique que tout exemple particulier, utilisé pour l'illustrer, qu'il s'agisse des sauvages d'Amérique, d'un passé reculé de l'humanité, ou d'événements qui se déroulent *hic et nunc,* n'ait qu'une valeur d'illustration approximative qui ne peut rendre compte ni de la formation du concept, ni de sa validité (cf. *Lev.,* chap. XIII, p.187, trad. pp. 125-126).

Mais il ne s'ensuit pas que l'état de nature soit utopique: il est présupposé comme toujours déjà dépassé par la fondation de l'Etat, mais également comme toujours imminent, toujours de nouveau possible. Il faut donc dégager l'enjeu du problème permanent de l'état de nature dont la fondation du politique constitue la solution tout aussi permanente. Notons tout d'abord que dans la notion d'état de nature, le concept de *nature* ne désigne pas l'ordre naturel des choses telles qu'elles existent en soi indépendamment de l'homme, mais qualifie un *état*, c'est-à-dire une condition où les hommes exercent un certain genre d'actions qui établissent un type spécifique de relations entre eux. De même l'état civil définit une condition où les hommes exercent un certain genre d'actions et établissent un type de relations déterminées. Pufendorf l'a bien compris: ces états sont selon lui des états moraux. En outre, Pufendorf apporte une précision très éclairante en comparant ces états à l'espace physique des choses:

> "Comme les *Substances Corporelles* supposent nécessairement un *Espace,* où elles puissent placer, pour ainsi dire, leur existence naturelle, & exercer leurs mouvements physiques: on dit aussi que les *Personnes Morales* sont dans un certain *Etat,* où l'on les conçoit comme renfermées, pour y déployer leurs actions & y produire leurs effets. On peut donc définir l'Etat, *un Etre Moral qui est le soutien (suppositivum) des autres:* définition qui exprime assez bien la conformité de l'*Etat* avec l'*espace*" [9].

Parmi les divers états moraux, Pufendorf distingue l'état de nature et les états accessoires, l'état civil étant le plus considérable des états accessoires. Or, cette analogie des états moraux avec l'espace physique suppose leur distinction. Les relations interhumaines définissent à chaque fois un espace relationnel spécifique, irréductible à l'espace des relations physiques entre les choses naturelles. C'est à partir d'un espace relationnel appelé état de nature que sont établies les conditions d'instauration de cet autre espace relationnel qu'est l'état civil.

Certes, Hobbes ne parle jamais d'état moral, précisément parce que sa conception de l'état de nature n'implique pas la corrélation du droit et de l'obligation (ou du moins cette corrélation ne peut y avoir d'effectivité), mais il n'en reste pas moins que pour lui également les rapports interhumains définissent à chaque fois un espace relationnel irréductible à l'espace des effets physiques des choses. Bien mieux, Hobbes nous donne les moyens de comprendre comment l'espace de l'état de nature se distingue de l'espace de la nature, par la séparation entre l'espace de la représentation et l'espace des choses. De sorte que, désormais, les relations interhumaines s'établissent dans l'espace de la représentation. A cet égard l'une des principales différences entre

Pufendorf et Locke, d'une part, et Hobbes, de l'autre, est que, pour les premiers, l'état de nature a d'emblée le caractère d'un espace communautaire [10], celui d'une communauté précivile de tout le genre humain que des facteurs – au moins pour une part – accidentels font dériver vers l'instabilité et la guerre. En revanche, pour Hobbes, le conflit est constitutif de l'état de nature, précisément parce qu'il est un moment nécessaire de la constitution d'un espace de communauté de reconnaissance réciproque qui n'aura d'existence effective que comme espace civil, c'est-à-dire sous la condition de la fondation de l'Etat. Pensé à partir de l'espace de la représentation, le problème politique change de nature, il ne s'agit plus de savoir comment "accommoder l'estat au naturel des citoyens, & les edicts & ordonnances à la nature des lieux, des personnes, & du temps", mais comment passer d'un espace subjectif individuel à celui d'une communauté de reconnaissance et de réciprocité. L'unicité du problème politique s'explique par ce changement de lieu.

Le monde où le désir humain se projette (cette projection n'implique aucune liberté du sujet du désir) en investissant les objets de valeurs est le monde phénoménal de la représentation. La théorie des passions simples et complexes constitue la théorie de la nature humaine, identique à elle-même partout et toujours. C'est dans cet espace de la représentation que le moi s'affirme, et que le rapport à autrui engage une dynamique des passions qui constitue l'état de nature. Cet état de nature est celui du différend, de la controverse et du conflit des désirs, c'est-à-dire de la communication tronquée et de la violence. L'injonction de sortir de l'état de nature ne signifie pas que les hommes auraient à sortir du monde de la nature, mais qu'ils ont à sortir d'un "état" dans lequel il n'existe aucune norme naturelle permettant de distinguer le mien du tien, le juste de l'injuste, pour fonder l'instance juridique qui doit fournir la norme que ni la nature, ni l'histoire, ne peuvent donner. La fondation du politique doit assurer sous l'égide du souverain l'instauration d'un espace de reconnaissance et de récipro-cité, c'est-à-dire l'effectivité de l'espace d'une communauté comme espace civil.

C'est au niveau du devenir collectif – et pourquoi pas, intersub-jectif – de l'espace de la représentation déserté par l'ordre ontologique, que le problème politique devient celui de la fondation originaire et anhistorique de l'Etat:

> "Dans l'état de nature, où chacun est son propre juge, et diffère des autres au sujet des noms et appellations des choses, différences d'où naissent des querelles et la violation de la paix, il était nécessaire

qu'il y eût une mesure commune (*common measure*) de toutes les choses sujettes à la controverse; comme par exemple de ce qu'on doit appeler *droit, bien, vertu, beaucoup, peu, meum et tuum, une livre* etc. Car en ces choses les jugements privés peuvent différer, et la controverse naître. Cette mesure commune, certains disent que c'est la droite raison: je serais d'accord avec eux si l'on pouvait trouver ou connaître une telle chose dans la nature, *in rerum natura*. Mais ce qu'ils appellent communément droite raison pour trancher une controverse, signifie leur raison. Mais ceci est certain: vu que la droite raison n'existe pas, la raison d'un seul homme ou de plusieurs hommes doit en tenir lieu. Et cet homme ou ces hommes sont celui ou ceux qui ont le pouvoir souverain, comme on l'a déjà prouvé. Par conséquent, les lois civiles sont pour tous les sujets les mesures de leurs actes qui permettent de déterminer s'ils sont bons ou mauvais, utiles ou nuisibles, vertueux ou vicieux, et par ces lois seront établis l'usage et la définition de tous les noms sur lesquels on ne s'accorde pas et qui portent à la controverse" (*E.L.*, II, chap. X, 8, pp. 188-189).

Avec ce déplacement du lieu du problème politique, on comprend que les notions de droit naturel et de loi naturelle ne trouvent plus leur fondement dans un ordre naturel de choses, qu'il s'agisse comme chez Aristote d'un ordre inscrit dans l'être de la cité, ou à la façon stoïcienne, dans le Cosmos. La théorie du droit est désormais définie dans le contexte d'un espace précivil:

"C'est pourquoi, lorsque j'appliquais mes pensées à l'étude de la justice naturelle, je me suis avisé que, dans cette appellation de *justice,* qui signifie la volonté constante d'attribuer à chacun le droit qui est sien, *jus suum*, il fallait d'abord chercher pourquoi quelqu'un disait qu'une chose était la sienne, *suam*, plutôt que celle d'un autre, *alienam*. Il est assurément établi que cela ne résulte pas de la nature, mais du consentement des hommes, car ce sont les hommes qui distribuèrent ce que la nature avait offert en présent à tous" [11].

Il ne faut pas se méprendre sur la dernière phrase de ce texte, car lorsque Hobbes parle de "ce que la nature avait offert en présent à tous", ce *tous* n'est nullement pris au sens d'une communauté originaire, mais au sens distributif d'une multitude (cf. *E.L.*, II, chap. II, 12, p.125; *D.Ci.*, *O.L.*II, chap. VI, 1, pp. 216-218). La disparition de tout fondement objectif du droit exige, en effet, que la différenciation du mien et du tien soit instaurée à partir d'un espace où cette distinction n'a pas encore de sens. Cependant, l'espace d'indifférenciation n'est pas celui d'une communauté originaire, mais celui où chacun, n'ayant d'égard que pour soi, se donne un droit illimité sur tout, y compris sur les autres: telle sera précisément la définition du droit naturel sous la forme élargie qu'il prend dans le contexte de l'état de guerre. La phrase suivant le texte que nous venons de citer le dit clairement:

> "A partir de là, j'étais conduit à une autre question, à savoir, pour quel bien et par quelle nécessité les hommes étaient-ils poussés, lorsque toutes les choses appartenaient à tous, à vouloir plutôt que chacun possédât en propre des choses qui fussent siennes".

Pensé désormais comme droit illimité d'un individu dans son affirmation de soi contradictoire, parce qu'exclusive du droit illimité de l'autre, le droit naturel sous sa forme élargie trouve dans la loi naturelle un principe de limitation, c'est-à-dire un principe de réciprocité nécessaire à l'émergence d'une communauté civile. La réciprocité est le contenu essentiel de toutes les lois de nature, comme l'atteste le précepte qui les résume:

> "*Ne fais pas à autrui ce que tu ne voudrais pas qu'on te fît à toi-même;* cette formule lui montre que toute l'étude des lois de nature qui lui incombe consiste seulement, quand il pèse les actions des autres en comparaison des siennes, et qu'elles lui semblent trop pesantes, à les mettre dans l'autre plateau de la balance, et les siennes à leur place, afin que ses passions et son amour de soi ne puissent rien ajouter au poids" (*Lev.*, chap. XV, pp. 214-215, trad. pp. 157-158).

Mais la réciprocité prescrite par la loi naturelle ne peut devenir effective que par la loi civile, c'est-à-dire sous la condition de la fondation d'un Etat qui possède le droit de légiférer et la puissance de contrainte nécessaire pour assurer l'application des lois: "C'est pourquoi, avant que les appellations de juste et d'injuste puissent trouver place, il faut qu'il existe quelque puissance coercitive pour contraindre également tous les hommes à l'exécution de leurs conventions" (*ibid.*, p. 202, trad. pp. 143-144). Si la loi de nature est la source et l'origine de la justice, celle-ci ne peut trouver de réalité que dans l'espace civil, c'est-à-dire comme loi civile. La loi civile inscrit la norme de différenciation qui dissocie le mien du tien, le juste de l'injuste, parce que la puissance coercitive de l'Etat assure la réalisation du passage de l'obligation *in foro interno* à l'obligation *in foro externo*: "La LOI CIVILE *est, pour chaque sujet, l'ensemble des règles dont la République, par oral, par écrit, ou par quelque autre signe adéquat de sa volonté, lui a commandé d'user pour distinguer le droit et le tort, c'est-à-dire ce qui est contraire à la règle et ce qui ne lui est pas contraire*" (*ibid.*, chap. XXVI, p. 312, trad. p. 282). Que l'effectivité de la réciprocité ait pour condition l'effectivité de la limitation du droit sur toute chose, cela laisse déjà présager que l'existence de l'Etat, loin de supprimer tout droit à l'individu, au contraire, lui donne un contenu réel et reconnu: "car la loi civile ne peut faire que soit fait de droit, ce qui est contre la loi divine ou de nature" (*E.L.*, II, chap. X, 5, p. 186). La communauté civile ne se réduit ni à la recherche du simple profit, ni à l'exigence d'une défense contre l'ennemi extérieur, mais les enveloppe l'une et l'autre dans une unité juridique qui les dépasse. Certes, cette unité juridique pourra toujours être remise en cause par la résurgence du conflit des intérêts, ou par la guerre extérieure, mais la politique de Hobbes devient totalement inintelligible si on tente de réduire sa dimension juridique aux exigences de la survie.

On comprend donc que la fondation de l'Etat puisse être conçue à la fois comme originaire et anhistorique. Originaire, parce qu'elle instaure le principe de la différenciation. Anhistorique, parce qu'elle n'apporte pas une solution à un problème que l'on pourrait dater dans l'histoire humaine. La fondation du politique est une protofondation en deux sens: d'une part, comme condition originaire d'une communauté civile où les comportements juridiques et moraux des hommes trouvent une effectivité, et d'autre part, comme œuvre première produite par l'homme, condition de toutes les autres œuvres humaines. En ce qui concerne le second sens, Hobbes reprend en effet constamment l'idée que sans l'Etat:

> "Il n'y a pas de place pour une activité industrieuse, parce que le fruit n'en n'est pas assuré: et conséquemment il ne s'y trouve ni agriculture, ni navigation, ni usage des richesses qui peuvent être importées par la mer; pas de constructions commodes; pas d'appareils capables de mouvoir et d'enlever les choses qui pour ce faire exigent beaucoup de force; pas de connaissance de la face de la terre; pas de computation du temps; pas d'arts, pas de lettres; pas de société; et ce qui est le pire de tout, la crainte et le risque continuels d'une mort violente; la vie de l'homme est alors solitaire, besogneuse, pénible, quasi-animale et brève" (*Lev.*, chap. XIII, p.186, trad. pp. 124-125; cf. *D.Ci.*, *O.L.* II, chap. I, 13, p. 166; *D.C.*,*O.L.* I, chap. I, 7, pp. 6-7).

En revanche, le premier sens ne va pas de soi: car comment peut-on considérer l'Etat comme la condition originaire d'une communauté civile, alors qu'il est lui-même le produit d'un acte collectif ? La réponse à cette question sera fournie par les modalités d'effectuation du pacte social, qui, on le verra, en font non un acte collectif mais un acte distributif, lequel précisément ne présuppose pas l'existence de la communauté qui doit en être issue. Mais ce n'est pas tout, car le problème n'est alors que déplacé: comment en effet peut-on considérer l'Etat comme condition originaire des relations juridiques, alors que le pacte social est lui-même un acte juridique ? Tel est donc le problème:

concevoir un acte juridique fondateur de l'Etat, alors que l'effectivité des rapports de droit dépend de l'existence de l'Etat. C'est à ce problème que Hobbes sera confronté dans ses trois œuvres politiques majeures: les *Elements of Law*, le *De Cive* et le *Léviathan;* et c'est précisément l'exigence d'une réponse à ce problème qui explique le réaménagement de la théorie du pacte social de l'une à l'autre.

Disons simplement pour l'instant que la solution de ce problème tiendra à ce que l'acte juridique de fondation sera un acte tout à fait particulier, dans la mesure où il devra fonder lui-même sa propre validité: la protofondation du politique ne sera donc possible que comme une autofondation de l'acte fondateur. Et c'est cette spécificité de l'acte fondateur qui déterminera le statut des droits et de la puissance attachés à la souveraineté. Par la protofondation du politique l'espace représentatif et affectif, qui se déploie en l'espace d'une multitude en conflit, deviendra l'espace civil d'une communauté réglée par des normes juridico-politiques. C'est donc le passage d'un espace à l'autre qu'il nous faut maintenant examiner, c'est-à-dire le passage de l'individu à la multiplicité, et de celle-ci à la communauté civile.

CHAPITRE II

REPRÉSENTATION ET AFFECTS : L'INDIVIDU

L'éthique de Hobbes est d'abord une théorie des affects ou passions. Il n'y a en effet pas lieu de distinguer le sentiment et la passion, parce que sa doctrine éthique n'enveloppe pas de théorie de l'aliénation. En revanche, l'essentiel réside en ce que le développement des formes de la vie affective est directement lié aux modalités du déploiement de l'espace de la représentation.

La présentation de la théorie des affects est sensiblement différente dans chacune des trois œuvres où cette théorie se trouve exposée, à savoir, les *Elements of Law* (chap. VII à IX), le *Léviathan* (chap. VI), et le *De Homine* (chap. XI et XII). Les différences touchent aussi bien la présentation générale [12] que la définition de certains affects particuliers [13]. Néanmoins une structure permanente s'impose, quelle que soit l'importance des réaménagements. Cette structure impose, premièrement, de distinguer deux classes de passions: la classe (A) des passions simples et la classe (B) des passions complexes; et deuxièmement, de distinguer dans la classe (A) trois couples de passions simples et dans la classe (B) trois groupes de passions complexes qui sont respectivement des spécifications des trois couples de la classe (A). Pour ce qui regarde le contenu de cette structure nous suivrons la présentation du *Léviathan*.

Classe (A) des passions simples, on y distingue trois couples de passions:

— (C1) désir/aversion; (C2) amour/haine; (C3) plaisir/douleur. Le couple (C3) se dédouble pour donner lieu à un couple (C'3) joie/chagrin.

Classe (B) des passions complexes, on y distingue trois groupes de passions:

— (G1) spécification de (C1), espoir, désespoir, crainte, courage, colère, confiance en soi, défiance de soi, indignation, bienveillance, convoitise, ambition, pusillanimité, magnanimité, force d'âme, libéralité, avarice, rancune, curiosité, superstition, terreur panique;

– (G2) spécification de (C2): affection, concupiscence naturelle, luxure, passion amoureuse, jalousie;

– (G3) spécification de (C3): admiration, gloire, confiance en soi [magnanimité], vaine gloire [pusillanimité], abattement de l'esprit, honte, impudence, pitié, cruauté, émulation, envie.

Ce qui distingue fondamentalement la classe (A) de la classe (B), c'est que la première ne concerne que la vie passionnelle individuelle, tandis que la seconde fait intervenir les relations interhumaines. Le passage de l'une à l'autre coïncide avec la transformation de l'espace individuel de représentation, qui constitue proprement le champ d'expérience de l'individu, en un espace relationnel qui intègre la présence d'autrui au champ d'expérience. A son tour, la dynamique des passions transforme le champ d'expérience relationnel en cet espace du conflit qu'est l'état de nature. Nous commencerons donc par étudier la vie affective individuelle, pour passer ensuite à la vie passionnelle dans les relations interhumaines, laquelle nous permettra d'en venir au déploiement du conflit.

Comme l'a montré Alexandre Matheron, la liste des passions simples est pratiquement la même chez la plupart des auteurs du XVII° siècle, ce qui importe concerne donc le rapport qu'ils établissent entre elles:

> "Chez tous, à quelques variantes près, la liste des passions est la même, et l'originalité ne peut consister pour eux que dans la façon dont ils en combinent les éléments. Mais cette combinaison elle-même a des règles; la plupart des auteurs, en particulier, s'accordent pour considérer comme primitifs trois couples de sentiments fondamentaux: amour et haine, désir et aversion, joie et tristesse (ou plaisir et douleur), dont tous les autres seraient plus ou moins dérivés. La question qui se pose, dès lors, et qui détermine les grands clivages, est de savoir auquel de ces trois couples revient la priorité. D'où trois types logiquement possibles, et effectivement réalisés, de théories des passions. Un tel débat n'est nullement gratuit. Ce qui est en jeu, derrière cette querelle de préséance, c'est toute une conception de l'homme et, en un sens, toute une conception du monde. On pourrait même se demander si le conflit théorique, ici, n'exprime pas à sa manière une réalité très intensément vécue au XVII° siècle: le passage lent et difficile de l'homme médiéval à l'homme moderne" [14].

On ne saurait mieux exprimer que le fait ce passage du fulgurant ouvrage d'Alexandre Matheron, la portée de la réélaboration de la théorie des passions que Hobbes réalise avant Spinoza (et dont ce dernier à la fois s'inspire et se sépare): il ne s'agit rien de moins que de constituer une nouvelle conception de l'homme et de son monde, rien de moins que de faire émerger l'homme moderne.

Dans les trois couples de passions simples, c'est le couple désir/aversion qui est fondamental, les deux autres n'en sont que des modalités. En effet le *conatus* est d'abord désir ou aversion, c'est-à-dire effort pour se rapprocher de l'objet qui plaît ou pour s'éloigner de l'objet qui déplaît (cf. *E.L.*, I, chap.VII, 2, pp. 28-29). Notons tout d'abord que Hobbes fait quelquefois de l'appétit *(appetite, appetitus)* un cas particulier du désir *(desire, cupido):* l'appétit est "le désir de nourriture, autrement dit la *faim* et la *soif"* (*Lev.*, chap. VI, p. 119, trad. p. 47). Mais cette distinction est purement nominale, le plus souvent Hobbes utilisera l'un ou l'autre terme indifféremment pour désigner l'effort pour se rapprocher d'un objet quelconque. Trois questions se posent au sujet de la définition du désir et de l'aversion: 1) quel rapport y a-t-il entre le désir et son objet ?, 2) quel rapport y a-t-il entre le désir et sa satisfaction, 3) quel est le statut de la disjonction qui dissocie le *conatus* en désir et aversion ?

Commençons par le rapport du désir à son objet: le "mot désir signifie toujours que l'objet est absent" *(ibid.).* Cela implique deux choses: d'une part, il n'y a désir que pour un être qui possède une capacité, si rudimentaire soit-elle, de retenir les images ou les représentations passées. Il n'y a donc désir que s'il y a mémoire et projection des représentations du passé (même immédiat) sur le futur (même immédiat), c'est-à-dire ouverture du champ d'expérience. Le désir n'est pas propre à l'homme, les animaux sont également des êtres désirants, parce que leur champ d'expérience, quoique rudimentaire, s'étend au-delà de l'instant présent. En revanche, les simples agrégats de matière sans individualité interne en sont dépourvus [15]. Le désir suppose toujours une "pensée antécédente du *vers où*, du *par où*, et du *quoi"* (*ibid.*, p. 18, trad. p. 46). Que le désir soit lié à la faculté d'avoir, de retenir et de projeter sur l'avenir des représentations explique que la vie mentale et le champ d'expérience qui lui est corrélatif ne soient jamais affectivement neutres (cf. *E.L.*, I, chap. VII, 4, p. 29) [16]. Certes, certaines représentations d'objets nous laissent indifférents, mais cette indifférence est elle-même un affect: le dédain. Le dédain tient à ce que notre désir ou notre aversion est plus vivement attaché à la représentation d'autres objets.

D'autre part, seuls certains de nos désirs et de nos aversions sont innés (appétit de nourriture et d'excrétion), tous les autres dépendent de notre expérience passée du rapport à certains objets, ainsi que du rapport à autrui. Plus exactement, le désir a d'abord une forme élémentaire, qui est diversifiée par la complexification et l'extension du champ d'expérience. Ainsi, les enfants ont peu de désirs, parce que beaucoup de choses leur restent inconnues, et certaines des choses qui leur paraissent désagréables la première fois, leur deviennent agréables par la répétition et l'habitude (*D.H.*, *O.L.* II, chap. XI, 3, p. 96). En outre, la référence à autrui (cf. *Lev.*, chap. VI, p. 120, trad. p. 47) indique déjà que la relation aux autres hommes suscite dans l'individu une dynamique qui spécifie le désir humain. Ce serait donc faire un contresens considérable que de prendre le désir indéfini de puissance pour un désir spontané, inhérent à la constitution interne de l'individu: le désir indéfini d'accumulation de puissance résulte uniquement de l'extension du champ d'expérience aux relations interhumaines, c'est-à-dire de la dynamique relationnelle des désirs. Ce n'est qu'en ce sens qu'il est une tendance générale de toute l'humanité – nous y reviendrons. Retenons simplement ici que le désir d'un individu varie en fonction exacte de l'extension de son champ d'expérience. Quoique l'animal et l'homme aient des désirs, le désir humain pourra se porter sur des objets qui n'entrent en aucune façon dans le champ d'expérience d'un animal. C'est parce que sa capacité de représentation déborde considérablement celle de l'animal, que l'homme pourra investir presque exclusivement son désir sur un objet proprement inconcevable à l'animal, à savoir: la puissance. Toute la différence entre la compatibilité naturelle des désirs des animaux d'une même espèce et l'incompatibilité des désirs des hommes, qui explique que ces derniers aient besoin de fonder une instance politique pour assurer leur coexistence, repose sur la différence du déploiement du champ d'expérience des uns et des autres.

Le désir est le *conatus* lorsque l'objet est absent, le *conatus* devient amour lorsque l'objet du désir est présent (cf. *ibid.*, p. 119, trad. p. 47). De même l'aversion devient haine lorsque son objet est présent. Entre le désir et l'amour, il n'y a donc qu'une différence modale qui touche au rapport à l'objet. Ce n'est donc pas l'amour d'un bien mondain ou transcendant qui suscite un mouvement du désir, mais à l'inverse, le mouvement du désir qui devient amour lorsqu'il entre en possession de l'objet. Il en va de même pour le rapport de l'aversion à la haine. Le second couple de passions simples amour/haine, reproduit le premier couple désir/aversion, avec une simple différence de modalité.

Nous pouvons donc passer à la seconde question: quel rapport y a-t-il entre le désir et sa satisfaction ? Ce qui est ici en jeu, c'est bien entendu le rapport du désir au plaisir, et corrélativement, de l'aversion à la douleur. Si le désir trouve sa satisfaction dans le plaisir, ce n'est jamais au sens où le plaisir en serait la fin − au double sens de but et de suppression. La réalisation du désir conçue comme une suppression du désir, loin d'en être l'accomplissement, en serait plutôt la négation absolue: la mort de l'être désirant. En fait, la satisfaction que procure le plaisir n'est pas un repos opposé au mouvement du désir, mais à l'inverse, l'apparition du mouvement du désir. Semblablement, la douleur n'est que l'apparition de l'aversion. Hobbes compare le plaisir et la douleur aux qualités sensibles qui apparaissent dans la sensation. De même que ces dernières n'étaient que l'apparition du mouvement physiologique de réaction, de même le plaisir et la douleur sont l'apparition du mouvement du désir selon qu'il est favorisé ou contrarié. Mieux, il ne s'agit pas seulement d'une analogie, parce que c'est le même mouvement qui s'objective extérieurement en représentation sensible, et qui est vécu intérieurement comme un affect de plaisir ou de douleur. Contrairement au *conatus* d'un agrégat de matière qui s'épuise en se transmettant dans le choc, et qui, par conséquent, n'est pas désir, le *conatus* des êtres qui possèdent une individualité interne se déploie en représentations et se réfléchit en affects.

Ainsi le plaisir et la douleur sont des apparitions du désir et de l'aversion, au sens où ils en sont la réflexion. Le plaisir et la douleur n'ont donc pas le caractère de représentations: ils sont vécus comme des états du moi. La conscience de soi est réflexion du désir. On comprend, dès lors, que l'homme ne soit pas le seul être à disposer d'une conscience de soi, les animaux en disposent également, mais sous une forme beaucoup plus rudimentaire. S'atteste ici, au point de vue éthique, la corrélation entre l'extension du champ d'expérience et le degré de conscience de soi. En effet, les animaux n'éprouvent leur état que dans des affections *actuelles* de plaisir et de douleur (avec une petite frange de passé et une petite frange d'avenir), qui supposent la sensation de l'objet. Il s'agit là d'affects sensibles, liés à l'état présent du corps, comme les plaisirs sensibles que procure l'acte de se nourrir, et plus généralement tout acte qui contribue *hic et nunc* à la préservation de notre être, ou qui porte à la perpétuation de l'espèce; ou encore de douleurs sensibles, comme celles qu'on éprouve dans la faim ou la maladie. La conscience de soi de l'animal est donc, sinon rivée au présent, du moins dominée par lui, parce que son désir n'a pour souci que la préservation de l'état actuel de son être. De même qu'il y a reproduction du désir, il y a répétition du plaisir. Dans le champ d'expérience étroit de l'animal, les objets du désir sont peu divers et peu nombreux, corrélativement, le plaisir et la douleur sensibles varient dans des limites étroites, et atteignent rapidement un maximum. Certes, le renouvellement du désir, lié au mouvement même de la vie, est indéfini, mais il s'agit d'une répétition indéfinie et non d'un accroissement indéfini. L'animal ne peut connaître ni le vertige d'un plaisir extrême, ni l'abattement d'une douleur démesurée.

Bien entendu, l'homme connaît comme l'animal des plaisirs et des douleurs sensibles. Mais son champ d'expérience, qui s'étend à un passé plus reculé et ouvre l'horizon d'un avenir plus lointain, lui permet d'abord d'éprouver des plaisirs et des douleurs sensibles plus divers et plus nombreux, et ensuite, des plaisirs et des douleurs indépendants de l'état actuel de son être. Ainsi le plaisir esthétique suppose certes une affection actuelle des organes des sens, mais il exige en outre une liaison et une comparaison des sensations présentes avec les sensations passées et à venir, c'est-à-dire un certain retrait par rapport aux nécessités vitales immédiates sans lequel la contemplation n'est pas possible. Le plaisir de l'ouïe réside dans la succession et l'accord des sons qui font la mélodie et l'harmonie, et le plaisir de la vue dans un certain rapport des couleurs (cf. *E.L.*, I, chap. VIII, 2, pp. 31-33). Les plaisirs esthétiques (et les douleurs corrélatives) sont en un sens des plaisirs sensibles puisqu'ils sont relatifs à tel ou tel organe des sens, mais dans la mesure où ils ne sont éprouvés dans aucune partie spéciale du corps, ils ont également un caractère indéniablement mental. L'absence d'une localisation corporelle de ces affects esthétiques, conjuguée avec la localisation perceptive, indique que ces affects participent à la fois du plaisir sensible et du plaisir mental.

C'est précisément le développement de la forme mentale du plaisir et de la douleur qui distingue fondamentalement l'homme de l'animal. Comme affects uniquement mentaux, le plaisir et la douleur deviennent joie et chagrin. Ouvert à un champ d'expérience plus large, l'homme s'éprouve dans la joie et le chagrin. Or, la joie et le chagrin déterminent la spécificité de la conscience de soi de l'homme, parce qu'éprouvés indépendamment de toute affection actuelle de la sensibilité, ces affects ébranlent de l'intérieur la totalité de l'être. Certes, il s'agit toujours de réflexions sur soi du désir et de l'aversion, mais ce qui caractérise la joie et le chagrin, c'est qu'ils ne sont pas tant des réflexions de l'état actuel du désir que des réflexions de son état futur. En effet le désir de l'homme est moins souci du présent, qu'inquiétude de l'avenir. L'homme pourra donc éprouver un chagrin profond alors même que la préservation actuelle de son être est assurée, inversement il pourra éprouver de la joie sans que l'état de son être ne subisse d'amélioration actuelle. Certes, Hobbes ne dit pas que l'animal ne connaît pas la joie et le chagrin; mais dans la mesure où la présence de ces affects suppose un déploiement du champ d'expérience très au-delà d'un passé proche et d'un avenir immédiat, cela implique qu'ils ne pourraient exister que d'une manière très embryonnaire chez l'animal. Bien mieux, ils existent également sous cette forme embryonnaire lorsqu'on considère la vie passionnelle de l'homme sans tenir compte des relations interhumaines. Cela essentiellement parce que le champ d'expérience de l'homme n'est pas une donnée originaire et immuable, mais est susceptible de modification et d'extension. Or, le déploiement du champ d'expérience où la joie et le chagrin deviennent des affects réflexifs, par lesquels l'homme atteint la forme spécifique de sa conscience de soi, suppose l'intervention du rapport à autrui. Ce point est extrêmement important, il signifie en effet que la position et l'expansion du moi humain ne s'effectueront que sous certaines conditions relationnelles. Au niveau de la vie passionnelle de l'individu, on peut donc tout juste parler d'une esquisse de joie et d'une esquisse de chagrin. Reste qu'on voit déjà que la joie et le chagrin ouvriront la possibilité d'un plaisir et d'une douleur imaginaires. S'il est vrai que la conscience de soi de l'homme est très supérieure au sentiment de soi de l'animal, elle pourra être aussi une conscience illusoire.

Le couple de passions réflexives plaisir/douleur se dédouble donc dans le couple joie/chagrin, lorsque le désir s'éprouve par rapport à son état futur. Plaisir et douleur suivent ainsi le mouvement du désir et de l'aversion dont ils sont les modalités réflexives, et nullement la fin: "vu que tout plaisir est appétit, et que tout appétit présuppose une fin plus éloignée, il ne peut y avoir de contentement qu'en continuant d'appéter" (*ibid.*, I, chap. VII, 7, p. 30). La dynamique du désir humain par et dans la relation à autrui sera différente de celle du désir animal: non plus simplement répétitive mais accumulative. Corrélativement, la même chose sera valable pour la joie et le chagrin.

Nous pouvons maintenant passer à la troisième question: quel est le statut de la disjonction qui dissocie le *conatus* en désir et aversion ? Si les couples de passions simples amour/haine et plaisir/douleur sont des modalités différentes du couple désir/aversion, est-ce que cela implique qu'il y ait une dualité de tendance, inscrite originairement dans le *conatus* ? La réponse à cette question doit être négative, puisque au niveau même des formes les plus élémentaires du désir, Hobbes ramène les aversions aux appétits. Ainsi les "aversions concernant quelque chose dont on sent la présence dans son corps" sont aussi bien des "appétits qui tendent à une excrétion ou à décharger le corps" (*Lev.*, chap. VI, p. 120, trad. p. 47). Il n'y a donc pas deux tendances en l'homme, mais une seule qui, suivant notre expérience passée, nous pousse à rechercher certains objets et à en repousser d'autres. Cela interdit d'emblée toute démarche qui viserait à déduire d'une dualité fondamentale de tendances ou, si l'on veut, d'une dualité de pulsions inscrite dans l'individu, l'ambivalence de la vie passionnelle interhumaine qui pousse, par les passions complexes de bienveillance et de crainte, les hommes à la fois à se rapprocher et à s'éloigner. En effet, bienveillance et crainte, loin d'être les expressions d'une dualité plus originaire de pulsions – surtout si on entend par là une pulsion de vie et une pulsion de mort –, sont la spécification relationnelle d'un seul et même désir: le désir de persévérer dans l'être. L'idée d'une pulsion de mort est proprement inconcevable. Ce qui existe originairement, c'est le désir de soi, qui se dédouble en désir de ceci et en aversion de cela dans son rapport aux objets. En deçà de la différence du désir et de l'aversion, il y a donc un rapport à soi du désir.

La théorie des passions simples nous fait donc assister à un recentrage sur soi du désir, le désir n'est originairement subordonné ni à l'objet d'amour, ni à la recherche d'une tranquillité du corps ou de l'esprit dans le plaisir. En outre, puisque la conscience de soi est corrélative des modulations du désir, il en résulte qu'elle ne pourra être conçue comme la saisie d'une identité personnelle permanente à travers la diversité de ses états: *"the same man, in divers times, differs from himselfe"* (*Lev.*, chap. XV, p. 216, trad. p. 159). La conscience de soi n'est rien d'autre que la saisie intérieure des états du désir, elle variera donc comme le désir varie en fonction des dispositions du corps et des affections qu'il subit dans sa relation aux objets. Il serait donc illusoire de tenter de soumettre le désir à la conscience, parce que la conscience est l'opinion du désir. Il serait tout aussi illusoire de croire que la volonté peut résister ou maîtriser le désir. Car pour que cela fût possible, il faudrait d'abord que le désir dépendît en quelque manière de la volonté. Or, est-ce que la faim, la soif et les autres désirs sont volontaires ? Eprouvons-nous des passions parce que nous le voulons ? En vérité ce qui est volontaire c'est l'acte de celui qui désire, mais en aucune façon le fait même de désirer:

"L'appétit, la crainte, l'espoir et nos autres passions ne sont pas dites volontaires, car elles ne procèdent pas de la volonté, mais sont la volonté; et la volonté n'est pas volontaire. Car un homme ne peut pas plus dire qu'il veut vouloir, qu'il veut vouloir vouloir, et ainsi répéter à l'infini le mot vouloir; ce qui est absurde et dépourvu de signification" (*E.L.*, I, chap. XII, 5, pp. 62-63; cf. *D.H., O.L.* II, chap. XI, 2, pp. 95-96; *Lev.*, chap. VI, pp. 127-128, trad. pp. 55-56).

Pour comprendre en quel sens le désir et ses modes sont la volonté, il faut remarquer que nos actes résultent d'une délibération, car même lorsqu'un acte est accompli en vertu d'un désir ou d'une aversion soudaine, cet acte soudain suppose une délibération passée. Or la délibération consiste en une succession de désirs et d'aversions, qui intervient lorsque l'accomplissement ou l'omission d'un acte nous paraît alternativement avoir de bonnes ou de mauvaises conséquences. La délibération suppose donc, d'une part, que l'acte dont on délibère soit futur (on ne délibère pas sur un acte passé), et d'autre part, qu'il soit possible, c'est-à-dire qu'il soit en notre pouvoir de l'accomplir ou de ne pas l'accomplir (on ne délibère pas sur un acte impossible). En ce sens, l'action ou l'omission issue de la délibération met fin à notre pouvoir de faire ou de ne pas faire. La volonté n'est donc que le dernier désir ou la dernière aversion, c'est-à-dire que la volonté est l'affect qui détermine immédiatement l'action ou l'omission. On conçoit donc que la volonté ne soit pas une faculté différente du désir, mais le désir même passant à l'acte. D'où il suit qu'il est faux de définir la volonté comme un appétit rationnel, et qu'il est complètement illusoire de penser comme Descartes que la raison et la volonté puissent maîtriser les passions. Tout d'abord, il y a des actes volontaires qui sont contraires à la raison, ensuite, on ne peut faire de la volonté une entité autonome par rapport au désir qu'au prix de la fiction d'un vouloir vouloir.

Par là même, la notion de libre arbitre perd toute signification. On ne peut donc opposer la liberté qu'à un obstacle extérieur qui empêche le déroulement de notre action ou l'accomplissement de notre désir, et non à la nécessité:

"La *liberté* et la *nécessité* sont compatibles. Elles le sont dans le cas de l'eau, qui n'éprouve pas seulement la *liberté,* mais aussi la *nécessité,* de couler avec la pente le long du lit du fleuve; elles le sont de même dans le cas des actions que les hommes accomplissent volontairement: celles-ci, procédant de leur volonté, procèdent de la liberté; et néanmoins, étant donné que tout acte d'une volonté humaine, tout désir et toute inclination procèdent de quelque cause, et celle-ci d'une autre, selon une chaîne continue [...], ces actions procèdent aussi de la nécessité. C'est pourquoi, à celui qui pourrait voir la connexion de ces causes, la *nécessité* de toutes les actions volontaires des hommes apparaîtrait clairement" (*Lev.*, chap. XXI, p. 263, trad. p. 223).

Cette liberté valable aussi bien dans le cas de l'eau qui coule le long du lit d'un fleuve que dans celui de l'action humaine, Hobbes la nomme liberté corporelle. La volonté ne peut donc posséder aucune hégémonie sur le désir, elle n'en est, elle aussi, qu'une simple modalité. Le recentrage sur soi du désir permet désormais de rendre compte de la refonte de la théorie des valeurs et de la critique de la finalité.

La refonte de la théorie des valeurs est opérée par une déduction des valeurs à partir du désir. Ce qui signifie d'abord que la dualité du bien et du mal n'a plus aucun fondement objectif, il ne s'agit plus d'une distinction ontologique qui affecterait les choses telles qu'elles sont en elles-mêmes disposées dans le monde: "car il n'existe rien qui soit tel, simplement et absolument" (*ibid.*, chap. VI, p. 120, trad. p. 48). Si une chose n'est pas dans sa nature même bonne ou mauvaise, c'est parce que loin d'être la cause du désir ou de l'aversion, c'est à l'inverse le désir ou l'aversion qui sont les causes pour lesquelles nous trouvons les choses bonnes ou mauvaises. Une chose est bonne parce que nous la désirons, mauvaise parce que nous en avons l'aversion. Autrement dit, ce que nous considérons comme bon ou mauvais est susceptible de varier en fonction de la disposition de notre être et du champ d'expérience où il se déploie. Déduire les valeurs du désir, c'est ainsi les déraciner du monde des choses pour les projeter dans le monde de la représentation.

S'il était encore besoin de confirmer ce point, il suffirait de rappeler que telle ne fut pas toujours la position de Hobbes. En effet dans le *Short tract* on trouve les définitions suivantes du bien et du mal:

> "Le bien est pour chaque chose ce qui a la puissance active de l'attirer localement" (*S.T., É.L.*, Ap. I, sect. 3, concl. 7, p. 208).

> "Le mal est, par conséquent, pour chaque chose ce qui a la puissance active de la repousser" (*ibid.*, coroll. p. 209).

Hobbes en déduisait alors que: "l'objet est la cause efficiente, ou l'agent, du désir [...], et les esprits animaux, le patient [...]. Par conséquent, l'appétit est l'effet de l'agent, et parce que l'agent est désiré comme bien, le désir sera l'effet du bien" (*ibid.*, concl. 8, p. 209). Nous avons montré ailleurs [17] que cette conception de la valeur comme cause objective du désir – c'est-à-dire de l'objet comme puissance active suscitant le désir conçu comme puissance passive –, était liée à une conception du monde qui supposait un ordre ontologique auquel nos repésentations étaient similaires. Or le changement du statut du désir est directement lié au changement du statut de la représentation. Lorsque celle-ci n'est plus conçue comme une ressemblance mais seulement comme une semblance [18], constituant ainsi un espace représentatif distinct de l'espace des choses, corrélativement le désir devient cause efficiente des valeurs. Celles-ci deviennent des projections de notre désir dans l'espace de la représentation.

Le monde des valeurs morales, techniques et esthétiques peut désormais être déduit du désir et de ses modalités. Ainsi il y a trois espèces du bien et du mal. Tout d'abord, le bon effectif et le mauvais effectif désignent respectivement ce qui est désiré et ce dont nous avons l'aversion. Puisque nos désirs et nos aversions varient, il n'existe pas dans la nature des choses de bien commun qui constituerait le fondement d'un concours ou d'une harmonie des désirs des hommes. Si un bien pourra être conçu comme commun, ce n'est qu'en vertu d'un concours ou d'une rencontre des désirs. D'autre part, la considération de ce qui n'est bon ou mauvais qu'à titre de moyen pour parvenir à l'objet du désir, permet de rendre compte de la genèse des valeurs techniques: l'utile et le nuisible. L'utile n'est recherché qu'en tant qu'instrument ou cause d'un bien et le nuisible repoussé comme cause d'un mal. Enfin les valeurs esthétiques du beau et du laid caractérisent le bien et le mal au stade de la promesse. Le beau est promesse d'un bien, le laid promesse d'un mal. Le beau est donc un objet du désir considéré, non comme objet de possession, mais comme objet de contemplation. La beauté est ainsi le signe naturel d'un plaisir à venir que l'on reconnaît à partir de notre expérience passée. Inversement, le laid est signe d'un déplaisir à venir.

Cette déréalisation des valeurs – qui s'étend également aux valeurs religieuses, rien n'est en soi sacré ou profane – est encore confirmée par la réinterprétation de la distinction entre le bien véritable et le bien apparent. Cette distinction n'est en effet aucunement superposable à celle d'un bien réel et d'un bien illusoire. Le bien véritable n'est ainsi que le bon effectif, c'est-à-dire présent. En revanche, lorsque nous délibérons sur les conséquences bonnes ou mauvaises d'une chose et que dans la série les conséquences bonnes nous paraissent l'emporter, il s'agit d'un bien apparent, c'est-à-dire d'un bien possible qui pourra s'avérer être un bien réel, mais sans que nous en ayons la certitude. Le bien véritable et le bien apparent ne se distinguent donc que comme un bien présent d'un bien conjectural.

A la déréalisation des valeurs se joint la critique de la finalité. Certes, le désir est intentionnel: "l'obtention de la chose est la fin de ce mouvement que nous appelons également dessein, but et cause finale de ce mouvement" (*E.L.*, I, chap. VII, 5, p. 29), mais cette intentionalité tient à ce que le désir est d'abord lié à la représentation d'un objet souhaité. Or, la représentation de l'objet que nous tenons pour cause finale du désir n'est rien d'autre que l'une des causes efficientes de notre mouvement vers lui. La causalité finale revient donc à la causalité efficiente (cf. *D.C.*, *O.L.* I, chap. X, 7, p. 117; *C.D.M.*, chap. XXVII, 2, p. 315).

A partir de là, il est possible de reconstruire la genèse anthropologique de la conception finaliste du monde. Le processus en est le suivant: notre imagination nous représente un objet dont nous avons éprouvé, dans une expérience antérieure, qu'il était susceptible de satisfaire notre désir. Notre imagination nous représente cet objet remémoré comme une fin future souhaitée. Ensuite, l'imagination associe à cet objet la représentation des actes qui avaient antérieurement permis de le produire ou de l'obtenir. Mais comme l'objet est désormais tenu pour une fin souhaitée, l'imagination tient ces actes pour des moyens en vue de cette fin. L'imagination, guidée par le désir, transforme donc la liaison des représentations remémorées, en une relation entre un moyen présent et une fin prochaine. Le transfert de l'expérience passée en prévision du futur introduit dans l'association des représentations une finalité que l'imagination objective en considérant que certains objets n'existent qu'en vue d'autres objets. Or, comme certaines fins nous paraissent plus proches et d'autres plus lointaines, l'imagination est portée naturellement, d'une part, à considérer qu'il y a une fin dernière *(finis ultimus)* du désir, ou un bien suprême *(summum bonum),* et d'autre part, à faire d'un être suprême la clef de voûte de cette organisation finale du monde.

Sur le premier point, l'imagination conçoit une fin de toutes les fins susceptible de satisfaire définitivement le désir: telle est l'origine de la fabuleuse croyance en une félicité comme tranquillité perpétuelle de l'esprit. Mais comme l'homme a l'expérience qu'aucun objet du monde n'est susceptible de lui procurer un tel repos du désir ou une vie entièrement satisfaite, il est amené à projeter cette image dans un autre monde et à concevoir qu'elle ne peut être procurée que par Dieu sous la forme d'une vision béatifique. En vérité cette:

> "Fin dernière, en laquelle les anciens philosophes ont placé la félicité, et ont beaucoup disputé sur le moyen d'y parvenir, il n'y a pas de telle chose dans le monde, et il n'y a pas plus de moyen d'y parvenir que de parvenir en Utopie" (*E.L.*, I, chap. VII, 6, p. 30).

Quant à l'idée d'une vision béatifique, elle ne renvoie à aucune expérience, c'est-à-dire à aucun affect de joie connu, il s'agit donc d'une expression vide de signification. La conception de la félicité comme possession d'un bien suprême tient à une notion fausse du désir. Car si la fin est véritablement dernière, alors on doit dire que rien n'est désiré, parce que le désir n'a pas d'objet. Poser un objet ultime du désir, ce n'est pas le réaliser, mais le supprimer. C'est pourquoi il s'ensuit non seulement qu'il n'y a rien en ce monde qui soit bon en soi, mais en outre que même si une telle chose existait, nous ne pourrions en avoir le sentiment. L'imagination transforme inconsciemment la mort en bonheur:

> "Celui dont les désirs ont atteint leur terme ne peut pas davantage vivre que celui chez qui les sensations et les imaginations sont arrêtées" (*Lev.*, chap. XI, p. 160, trad. p. 95; cf. *D.H.*, *O.L.* I, chap. XI, 15, p. 103).

Mais ce n'est pas tout, car l'imagination, en cherchant un fondement à l'organisation finale du monde, est amenée à poser qu'il y a un Dieu qui est bon en soi et qui a créé le monde en vertu de sa bonté. L'imagination transforme donc cette cause première sans cause qu'est Dieu, en cause finale première. Elle nous amène à croire que Dieu a créé le monde parce qu'il l'avait d'abord conçu comme bon. Pour Hobbes, contrairement à Spinoza, l'idée d'un Dieu créateur n'est pas en elle-même une fiction de l'imagination mais une exigence de la raison; en revanche, l'illusion consiste à faire du bien la cause finale de son vouloir. Enfin l'imagination clôt l'organisation finale du monde en liant le souverain bien au Dieu créateur capable de nous procurer ce bien sous la forme d'une vision béatifique.

Revenir à la vérité du désir, c'est donc le définaliser, et corrélativement, définaliser le monde. La vie est d'abord mouvement sans fin d'un désir recentré sur soi. On comprend donc que le premier des biens soit la conservation de soi, et le premier des maux, la mort. Toute la question est désormais de savoir si le désir, définalisé par rapport au monde, n'est pas refinalisé par rapport à la conservation de la simple vie biologique: le désir comme mouvement animal est-il le simple instrument du mouvement vital ? Désirer, est-ce simplement chercher à survivre en surmontant les obstacles d'abord naturels et ensuite interhumains ? Une finalité interne à l'individu se substitue-t-elle à la finalité externe ? La puissante interprétation d'Alexandre Matheron fait précisément de la présence d'une telle finalité dans la conception hobbesienne du désir, l'un des éléments fondamentaux qui la distingue de la conception spinoziste:

"L'instauration d'un rapport de type encore finaliste (car c'est bien de cela qu'il s'agit) entre désir et mouvement vital rend le stade du pur égoïsme biologique définitivement indépassable. Notre tendance à persévérer dans l'être, en effet, ne s'identifie pas à l'être dans lequel nous tendons à persévérer; elle n'est que moyen à son service, mouvement destiné à sauvegarder un autre mouvement. Et cet être à sauvegarder, c'est tout simplement *l'existence biologique brute,* sans autre spécification. Tout comportement humain, dès lors, quelle que soit la complexité des médiations qu'il fait intervenir, se ramène, en définitive, à une simple dérivation de l'instinct de conservation; jusque dans les nuances les plus subtiles du sentiment de l'honneur, jusque dans les aspects les plus abstraits de la spéculation intellectuelle, l'homme ne cherche jamais qu'une chose: vivre le plus longtemps possible. Et la crainte de la mort violente, grâce à laquelle nous nous constituons en société civile n'est, au fond, que la prise de conscience de ce projet fondamental. Aussi l'existence politique dans un Etat absolutiste, qui seule peut satisfaire cet immense besoin de sécurité, constitue-t-elle l'ultime salut" (*op. cit.,* p. 88).

A l'opposé de Hobbes, Spinoza refuserait ce dualisme et abolirait le principe de finalité interne. Il est certes indéniable que Hobbes distingue dans l'analyse physiologique le mouvement animal du mouvement vital, et que l'idée d'une subordination de l'un à l'autre se trouve confirmée par un certain nombre de textes. Cependant, il s'en faut de beaucoup que cette subordination fournisse la vérité de la théorie du désir. En effet, lorsque Hobbes écrit que "tout homme, non seulement par droit de nature, mais aussi *par nécessité de nature,* est réputé s'efforcer autant qu'il le peut d'obtenir ce qui est nécessaire à sa conservation" (*Lev.,* chap. XV, p. 210, trad. p. 152, souligné par nous), et lorsqu'il affirme que cette nécessité n'est pas moins naturelle que celle qui détermine une pierre à tomber, il n'entend pas limiter cette conservation à la seule circulation du sang. D'abord, si la vie biologique est la condition *sine qua non* de la vie proprement humaine, elle n'en constitue pas pour autant la définition. Pour l'individu, la conservation de sa vie biologique est enveloppée dans la reproduction du désir, plutôt que celle-ci n'est subordonnée à celle-là. Le projet fondamental de l'homme n'est pas simplement de survivre, mais de bien vivre, c'est-à-dire d'exercer sans entraves, autant que faire se peut, ses facultés naturelles. L'être dans lequel nous persévérons trouve dans la conservation biologique un seuil minimum, en deçà duquel il n'y aurait ni désir, ni être, mais ne s'identifie pas avec elle. L'être dans lequel nous tendons à persévérer ne s'identifie pas avec l'existence biologique brute, mais l'enveloppe, il consiste dans cette reproduction indéfinie du désir qui définit la félicité; au point qu'il arrive à Hobbes d'admettre que la simple conservation de la vie biologique est insuffisante pour maintenir notre désir de persévérer dans l'être, par exemple lorsque la vie humaine est accompagnée de maladies, de peines ou de chagrins dont on ne prévoit pas la fin. Ces maladies, ces peines ou ces chagrins peuvent en effet nous conduire à compter imaginairement la mort parmi les biens (cf. *D.H., O.L.* II, chap. XI, 6, p. 98). N'est-ce pas dire par là que le maintien de notre vie biologique n'est pas notre seul souci. Chaque être désire non seulement la vie, mais également la santé, le plaisir, la joie, et repousse la douleur et le chagrin. L'être dans lequel nous tendons à persévérer est ainsi *"le succès continuel* dans l'obtention de ces choses dont le désir reparaît sans cesse, autrement dit le fait de prospérer continuellement" (*Lev.*, chap. VI, p. 129, trad. p. 58). Telle est la définition de la félicité qui n'est autre chose que la réflexion de la reproduction du désir, lorsque celui-ci réussit dans ses entreprises.

De plus, l'impossibilité de réduire unilatéralement l'être dans lequel nous persévérons à l'existence biologique a des conséquences importantes sur la théorie politique. En effet, si les hommes constituent une société civile, ce n'est pas *seulement* pour assurer la perpétuation de la circulation de leur sang, ce n'est pas *seulement* pour survivre. Car s'il en était ainsi, toute la sphère du droit naturel d'un individu serait aliénable, excepté, bien entendu, le droit d'être blessé physiquement ou d'être mis à mort, puisque l'aliénation ou le transfert du droit naturel aurait pour unique fonction de conserver l'existence biologique. Or, il est clair que dans la détermination des droits inaliénables de l'individu, Hobbes va bien au-delà du caractère inaliénable du droit à l'intégrité physique personnelle. Il y a, en effet, des droits qui n'affectent pas notre existence biologique et qui sont pourtant inaliénables:

> "Il est nécessaire à la vie humaine de retenir certains droits, tels que celui de gouverner son corps, de jouir de l'air, de l'eau, du mouvement, du libre passage d'un endroit à un autre, et de toutes les autres choses sans lesquelles un homme ne peut pas vivre, ou *ne peut pas vivre commodément"* (*ibid.*, chap. XV, p. 212, trad. p.154, souligné par nous).

Certes, gouverner notre corps, jouir de l'air, de l'eau, du mouvement, sont des droits directement liés à notre intégrité physique, mais qu'en est-il du libre passage d'un endroit à un autre ? Le souci de notre conservation biologique ne va pas jusqu'à nous faire désirer vivre dans un Etat-prison qui assurerait nos besoins vitaux. De *"without which a man cannot live"* à *"without which a man cannot live well"*, il y a plus qu'une nuance, il y a une différence considérable qui atteste que le projet fondamental qui soutient la fondation de l'État n'est pas *seulement* la conservation de la vie biologique. La fonction de l'instance politique dans sa structure essentiellement juridique dépendra de cette distinction. Ceci est encore confirmé par l'existence d'autres droits inaliénables qui ne touchent ni directement ni indirectement à notre existence biologique. En effet, si le caractère inaliénable du droit de ne pas s'accuser soi-même s'explique encore fort bien par le souci de conservation biologique, il n'en est pas de même pour le caractère inaliénable du droit de ne pas accuser les personnes "dont la condamnation vous plongerait dans la détresse: un père, une épouse, un bienfaiteur" (*ibid.*, chap. XIV, p. 199, trad. p. 140). Pourquoi ne pas accuser son père serait-il un droit subjectif inaliénable, si vraiment nous n'avions pour seul but que de préserver la circulation de notre sang ? La conservation de la vie biologique ne constitue *à elle seule* ni l'être dans lequel nous tendons à persévérer, ni le projet fondamental qui préside à la fondation du politique.

Le désir, définalisé par rapport au monde, n'est pas refinalisé par rapport à la simple vie biologique. Le désir de persévérer dans l'être est désir de perpétuer l'être du désir. Mais il ne s'ensuit nullement que la conception hobbesienne du désir revienne à celle de Pascal. Si, pour Pascal, le désir se manifeste comme une recherche indéfinie d'un objet introuvable, c'est qu'il est la trace ambivalente de la misère présente et de la grandeur passée de l'homme, ambivalence qui fait tout le tragique de la condition humaine. La reproduction continuelle du désir est à la fois signe de l'errance de l'homme déchu, tombé de son vrai lieu sans le pouvoir retrouver, et signe de l'existence de son objet adéquat: le vrai bien caché en Dieu. A l'inverse, pour Hobbes, le désir n'est pas marqué par le poids ontologique du péché, le désir est innocent. Cette innocence tient à ce qu'il n'y a pas, hors du monde, un objet transcendant qui pourrait lui assurer le repos dans la possession de l'absolu. Loin de se réfléchir dans une insatisfaction continuelle, c'est au contraire un plaisir continuel qui accompagne la reproduction du désir. D'où cette différence considérable qui fait que pour Pascal le désir se perd dans le mouvement même par lequel il se cherche dans la poursuite indéfinie d'objets finis: sa réflexion est misère de l'homme; tandis que pour Hobbes le désir se retrouve dans l'obtention d'objets sensibles qui lui sont provisoirement adéquats: sa réflexion est félicité.

Le désir recentré sur soi se projette dans l'espace de la représentation pour en faire un espace affectif structuré par des valeurs: espace qui constitue le champ d'expérience de l'individu. Reste désormais à savoir par l'examen du fondement et du déploiement de la vie passionnelle interhumaine, comment ce champ d'expérience peut devenir relationnel.

CHAPITRE III

L'ÊTRE DE PAROLE ET SON AUTRE : LA RELATION

Mais avant d'examiner le déploiement de la vie passionnelle interhumaine, il faut revenir sur le fait que la présentation générale des passions complexes de même que la définition et la place occupée par certaines d'entre elles dans la classification d'ensemble subissent des modifications d'une œuvre à l'autre. Premièrement, au niveau de la présentation générale, l'essentiel tient moins à ce que les *Elements of law* commencent par le groupe (G3), tandis que le *Léviathan* commence par le groupe (G1), qu'au fait que la première œuvre intercale la déduction du désir de puissance (chap. VIII) entre la théorie des passions simples (chap. VII) et la théorie des passions complexes (chap. IX), alors que dans la seconde œuvre la théorie des passions est constituée d'un seul tenant (chap. VI) et se trouve séparée de la déduction du désir de puissance (chap. X). Le problème posé par ce réaménagement devra tenir compte de ce que le *De Homine* retrouve, sur ce point, l'ordre d'exposition des *Elements of Law*. Deuxièmement, certaines passions complexes réflexives semblent appartenir à des groupes différents, c'est le cas de la magnanimité et de la pusillanimité, que les *Elements of law* classent logiquement dans le groupe (G3), tandis que le *Léviathan* les définit et les classe dans le groupe (G1), sans pour autant négliger de les reprendre dans le groupe (G3), il en va de même pour la confiance en soi *(fiducia, confidence of our selves)*. Troisièmement, le repentir *(repentance)* semble disparaître du *Léviathan,* le rôle de la crainte s'y trouve modifié, et la définition du courage inversée par rapport aux *Elements of Law*. Il serait possible de repérer nombre d'autres modifications. L'essentiel est cependant de tenter de déceler les facteurs susceptibles d'en rendre compte. Nous partirons des problèmes particuliers pour en venir à la présentation générale.

On peut noter une évolution de la pensée de Hobbes concernant le statut et le rôle de certaines passions dans l'économie générale de la doctrine. Ainsi, la crainte, qui était définie dans les *Elements of Law* dès la théorie des passions simples, avant d'être opposée à l'espoir dans la théorie des passions complexes, ne figure dans le *Léviathan* que parmi les passions complexes. Cette modification pourrait paraître négligeable dans la mesure où elle ne se traduit pas par un changement fondamental de définition. En fait, ce point est important car, d'une part, sur le plan éthique, la crainte ne peut plus être posée comme un trait constitutif de la vie passionnelle individuelle, elle devra être déduite des relations interhumaines, et d'autre part, sur le plan politique, le privilège de passion politique par excellence dont elle bénéficiait se trouve déplacé sur le couple crainte/espoir: "les passions qui inclinent les hommes à la paix sont la crainte de la mort, le désir des choses nécessaires à une vie agréable, l'espoir de les obtenir par leur industrie" (*Lev.*, chap. XIII, p.188, trad. p. 127). Faire du couple crainte/espoir le fondement passionnel de la société politique est déjà l'indice que la crainte de l'Etat comme puissance coercitive devra être pensée en relation avec l'espoir que suscite l'Etat comme ordre juridique. Cette évolution de la fonction politique de la crainte est liée au réaménagement fondamental de la théorie du pacte social dans le *Léviathan*.

Un autre indice d'évolution est fourni par l'inversion de la définition du courage. On passe en effet d'une définition qui fait du courage le dédain des blessures et de la mort (cf. *E.L.*, I, chap. XI, 4, p. 38), à une définition qui en fait la complexification de l'aversion d'un mal par l'espoir de surmonter le dommage en résistant (*Lev.*, chap. VI, p. 123, trad. p.51), c'est-à-dire l'effort complexe pour éviter la mort. Au point de vue éthique, cette inversion homogénéise l'économie du système des affects complexes, en éliminant ce qui pouvait encore apparaître comme une trace du privilège qu'une longue tradition – réactivée par la Renaissance – a accordé au courage en le considérant comme une vertu aristocratique [19]. Devenant dans le *Léviathan* une passion directement déduite du couple désir/aversion, le courage ne peut plus être utilisé pour distinguer le type de l'aristocrate ou du héros, type qu'on retrouve encore au XVII° siècle chez Baltasar Gracián et bien d'autres. Bien que La Rochefoucauld n'aille pas jusqu'à supprimer toute hiérarchie naturelle entre les hommes, il tire néanmoins les leçons de la subordination hobbesienne du courage au rapport à soi du désir:

> "L'inégalité que l'on remarque dans le courage d'un nombre infini de vaillants hommes vient de ce que la mort se découvre différemment à leur imagination, et y paraît plus présente en un temps qu'en un autre. Ainsi il arrive qu'après avoir méprisé ce qu'ils ne connaissent pas, ils craignent enfin ce qu'ils connaissent. Il faut

éviter de l'envisager avec toutes ses circonstances, si on ne veut pas croire qu'elle soit le plus grand de tous les maux. Les plus habiles et les plus braves sont ceux qui prennent de plus honnêtes prétextes pour s'empêcher de la considérer. Mais tout homme qui la sait voir telle qu'elle est, trouve que c'est une chose épouvantable.[...] C'est ainsi mal connaître les effets de l'amour-propre, que de penser qu'il puisse nous aider à compter pour rien ce qui doit nécessairement le détruire, et la raison, dans laquelle on croit trouver tant de ressources, est trop faible en cette rencontre pour nous persuader ce que nous voulons" [20].

Ce passage de la maxime 504 ainsi que nombre d'autres jugements peuvent apparaître comme de quasi-paraphrases ou commentaires de Hobbes [21]. Il ne s'agit sans doute pas de rencontres accidentelles, car l'amour-propre chez La Rochefoucauld est par bien des points identique au rapport à soi du désir chez Hobbes:

"L'AMOUR-PROPRE, est l'amour de soi-même, et de toutes choses pour soi; il rend les hommes idolâtres d'eux-mêmes, et les rendrait les tyrans des autres, si la fortune leur en donnait les moyens; il ne se repose jamais hors de soi et ne s'arrête dans les sujets étrangers que comme l'abeille sur les fleurs, pour y tirer ce qui lui est propre" [22]

Cependant, les différences sont considérables: d'une part, les *Maximes* sont des réflexions morales, elles visent, en traçant "un portrait du cœur de l'homme", à démystifier le prestige illusoire des fausses vertus qui appartiennent aux terres connues et inconnues de l'amour-propre et de l'orgueil du cœur humain corrompu [23], d'autre part, elles considèrent d'emblée l'homme en société. A l'inverse, toute la force de la théorie hobbesiennne des passions tient, d'un côté, à ce qu'elle se situe en deçà de la distinction du vice et de la vertu, et de l'autre, à ce que son déploiement doit rendre compte de la genèse du champ relationnel à partir du recentrage sur soi du désir.

Plus généralement, on comprend que cette théorie des affects implique aussi bien la disparition de la distinction traditionnelle, systématisée par Saint Thomas [24], des passions du concupiscible et des passions de l'irascible, que le rejet de la présupposition d'une distinction entre le vice et la vertu. Mais si la première distinction n'a plus de sens chez Hobbes, la seconde sera fondée à nouveaux frais: elle achèvera la doctrine éthique. La réduction de la magnanimité et de la pusillanimité à des passions réflexives relève de la même tendance. Quant au fait que ces passions complexes se trouvent classées par le *Léviathan* dans des groupes différents, cela tient à ce qu'elles peuvent être considérées de deux points de vue: d'une part, comme conscience de l'état du moi, elles appartiennent au groupe (G3), d'autre part,

comme suscitant un rapport au monde, elles appartiennent au groupe
(G1). Ainsi, la magnanimité et la pusillanimité, qui sont d'abord des
modalités de l'évaluation de soi, peuvent être également définies dans le
rapport qu'elles induisent au monde, la première, comme dédain des
petits obstacles et des petits secours, et la seconde, comme désir des
petites choses et crainte des petits obstacles.

Cette homogénéisation du système des affects déplace désormais le
problème sur le rapport entre théorie des passions et déduction du désir
de puissance, dont les *Elements of Law,* le *Léviathan* et le *De Homine*
donnent des présentations différentes. L'enjeu tient à ce qu'il s'agit de
rendre compte d'une double transformation: d'une part, la
transformation (T1) du champ d'expérience (ou espace) individuel en
champ d'expérience (ou espace) relationnel, et d'autre part, la
transformation (T2) du champ d'expérience relationnel en un espace
du conflit qui est – sans jeu de mot – un champ de bataille. La
transformation (T1) concerne la question essentielle du fondement de
la vie passionnelle interhumaine, c'est-à-dire de l'ouverture du moi à
la relation ou à l'épreuve de l'autre. Tandis que la transformation (T2)
concerne le changement de l'objet du désir, lequel, devenant désir de
puissance, engage les relations interhumaines dans un état de guerre
perpétuel et universel. Eu égard à cette double transformation, la classe
(A) des passions simples est, de manière constante dans les œuvres de
Hobbes, située avant (T1). Ce qui est parfaitement logique, puisqu'elle
concerne la vie passionnelle prérelationnelle de l'individu. En
revanche, la classe (B) des passions complexes est en porte-à-faux: elle
relève en partie de (T1) et en partie de (T2). En effet, d'un côté, il est
nécessaire de concevoir en (T1) le déploiement d'une dynamique
primaire de complexification affective, produite par l'établissement de
relations interhumaines, sans lequel la genèse de désir de puissance en
(T2) serait inintelligible, mais, d'un autre côté, le désir de puissance
engage à son tour les relations interhumaines dans une rivalité qui
suscite le déploiement d'une dynamique secondaire de complexification
de la vie affective relationnelle.

Or, en intercalant la déduction du désir de puissance entre la
théorie des passions simples et la théorie des passions complexes, Les
Elements of Law font l'économie de la transformation (T1) pour
passer directement à la transformation (T2). Le texte de 1640 se donne
en effet les moyens de penser un déploiement de la vie passionnelle
interhumaine, qui suppose, sans pourtant l'élucider, l'existence de la
relation. Cependant la nécessité d'une relation à autrui est loin d'aller
de soi dans un système qui part du recentrage sur soi du désir, lequel

semblerait plutôt devoir replier l'individu sur lui-même, comme une monade sans monadologie. Si les hommes rivalisent dans leur désir de puissance, c'est parce qu'ils se rassemblent, mais précisément on ne nous dit pas pourquoi ils se rassemblent. Le problème du fondement de la relation n'est en effet thématisé – nous y reviendrons – que dans une des notes ajoutées en 1647 à la seconde édition du *De Cive*, en réponse aux objections que la première édition avait suscitées. Par conséquent, si Hobbes modifie en 1651, dans le *Léviathan*, l'ordre suivi dans les *Elements of Law*, en faisant suivre immédiatement la théorie des passions simples par la théorie des passions complexes, c'est pour rendre opératoire la transformation (T1) qui constitue l'assiette de la transformation (T2). Le déploiement de la vie affective relationnelle rend pensable la genèse du désir de puissance, et par voie de conséquence, la rivalité. Reste que l'ordre ainsi établi ne résout pas tous les problèmes, car en situant cette fois la totalité de la classe (B) des passions complexes avant la déduction du désir de puissance, Hobbes présuppose des passions qui ne seront produites que par la rivalité sur la puissance. Le réaménagement entrepris en 1658 dans le *De Homine* apporte à cet égard peu d'éléments de réponse, puisque ce texte reprend – tout au moins dans l'ensemble – l'ordre des *Elements of law*. On peut donc dire que les réaménagements successifs apportés à la présentation du rapport entre la théorie des passions et déduction du désir de puissance relèvent à la fois d'une évolution de la pensée de Hobbes, suscitée en particulier par la question du fondement de la relation, et d'une difficulté interne au système éthique constamment tendu entre les exigences d'un ordre des définitions nominales et d'un ordre génétique.

S'agissant de suivre l'établissement et la complexification progressive de la vie passionnelle interhumaine, on comprendra que nous tentions de reconstruire l'ordre génétique, ce qui exige d'examiner: tout d'abord la transformation (T1), c'est-à-dire le fondement de la relation et le déploiement d'une dynamique primaire de complexification de la vie affective; ensuite la transformation (T2), c'est-à-dire la genèse du désir de puissance et le déploiement d'une dynamique secondaire de complexification; pour déboucher enfin sur une transformation (T3) de l'espace du conflit en l'espace d'une communauté civile, opérée par la fondation du politique.

Quel est le fondement de la relation ? Traditionnellement, ce fondement est placé dans une inclination du semblable pour le semblable, considérée comme corrélative de la ressemblance de nature des hommes. On retrouve cette thèse, ainsi que l'indication de son origine stoïcienne, chez Grotius:

"Or une de ces choses propres à l'Homme, est le désir de la Société, c'est-à-dire, une certaine inclination à vivre avec ses semblables, non pas de quelque manière que ce soit, mais paisiblement, & dans une communauté de vie aussi bien réglée que ses lumières lui suggèrent: disposition que les *Stoïciens* expriment par un mot tiré des sentimens que les personnes d'une même Famille ont les unes pour les autres. Il n'est donc pas vrai, de dire sans restriction que naturellement tout Animal cherche uniquement son utilité particulière" (*Le Droit de la guerre et de la paix,* Discours préliminaire, *op. cit.*, 6, pp. 4-5).

Or cet axiome, qui consiste à fonder la relation sur un attrait mutuel par lequel le semblable aime le semblable et prend plaisir à sa compagnie sans souci utilitaire, résulte pour Hobbes d'une trop légère contemplation de la nature humaine (cf. *D.Ci., O.L.* II, chap. I, 2, pp. 158-159). Car, s'il en était ainsi, on devrait voir chaque homme aimer universellement n'importe quel autre, pour cette seule raison qu'il est un homme. En outre, fonder la relation à autrui sur une tendance altruiste, c'est supposer ce qui est à établir, ou encore établir la relation sur un sentiment qui la présuppose.

Hobbes et Spinoza tentent de surmonter cette difficulté, en fondant le rapport à autrui dans l'immanence du rapport à soi du désir. L'un et l'autre retiennent en effet le principe de la ressemblance de nature, dont ils font la source, non d'une inclination désintéressée, mais d'une imitation des sentiments d'autrui. Cependant, tandis que pour Hobbes cette imitation consiste en une analogie des sentiments, pour Spinoza elle implique une identité des sentiments: "il serait même inexact de prétendre que l'imagination des sentiments d'autrui *produit* en nous des sentiments analogues; les deux termes, en réalité, s'identifient: imaginer les sentiments d'un être semblable à nous, *c'est, ipso facto,* les éprouver" (A. Matheron, *op. cit.*, p. 154). Or, la différence entre principe d'imitation par analogie et principe d'imitation par identité a une conséquence considérable. En effet, chez Spinoza, l'imitation par identité explique que le désir de l'individu soit également "désir d'universalité", *conatus* interhumain, par lequel s'établit la complexité et l'ambivalence de la vie passionnelle de relation:

"De même que nous tendons à persévérer dans notre être, c'est-à-dire à nous accorder avec nous-mêmes, de même nous tendons à nous accorder à nos semblables; et ceci découle de cela: c'est parce que les essences singulières des autres hommes ressemblent à la nôtre que l'affirmation de nous-mêmes passe par l'affirmation d'autrui. Cela dit, il n'en reste pas moins que ce *conatus* interhumain est rendu méconnaissable par l'interférence incessante des causes externes: sous leur influence, il se contredit lui-même et devient étranger à lui-même, exactement comme le *conatus* individuel, et pour les même raisons" (A. Matheron, *op. cit.*, pp. 155-156).

En revanche, chez Hobbes, l'imitation par analogie ne fonde qu'une similitude des sentiments, qui, loin d'envelopper par principe l'accord ou du moins la relation à autrui, la présuppose:

> "A cause de la similitude qui existe entre les pensées et les passions d'un homme et les pensées et les passions d'un autre homme, quiconque regardant en soi-même observe ce qu'il fait et pour quels motifs, lorsqu'il *pense, opine, raisonne, espère, craint,* etc., lira et connaîtra par là même les pensées et les passions de tous les autres hommes en des occasions semblables" (*Lev.,* intro. p. 82, trad. p. 6).

L'imitation par analogie signifie en effet que nos sentiments à l'égard d'autrui sont déterminés en fonction de l'état actuel de notre moi: l'image du malheur de l'autre pourra susciter aussi bien de la pitié qu'un dédain ou une dureté du cœur *(hardness of heart)* qui confine à la cruauté, selon que nous pensons qu'un malheur semblable peut nous arriver ou non, et selon que nous considérons que le malheur de l'autre est mérité ou non (cf. *E.L.,* I, chap. IX, 10, p.40; *Lev.,* chap. VI, p. 136, trad. pp. 54-55). Mais si cette imitation analogique des affects peut expliquer les modalités du déploiement de la vie passionnelle interhumaine, en revanche, elle est insuffisante pour rendre compte du fondement de la relation, parce qu'elle la suppose.

Cependant, loin d'être en retrait sur Spinoza, Hobbes au contraire assume jusqu'au bout le problème du fondement de la relation en radicalisant les implications du recentrage sur soi du désir. La ressemblance objective de nature ne peut rendre compte de la raison pour laquelle le semblable se rapproche du semblable. Que les hommes se ressemblent n'explique pas, à soi seul, qu'ils se rassemblent, et sans rassemblement, l'imitation des sentiments ne peut intervenir. Bien mieux, leur ressemblance devrait les amener à se séparer plutôt qu'à se réunir, puisqu'elle s'enracine dans ce fait fondamental que le désir de chacun est orienté vers soi. Faut-il dès lors supposer, comme Rousseau plus tard, l'homme seul, oisif, n'ayant d'autre souci que sa propre conservation ? C'est impossible, car nous ne disposons pas des moyens que Rousseau se donnera pour passer de la solitude de l'homme sauvage – solitude relative puisque, outre l'amour de soi, l'homme sauvage connaît également la pitié –, au déploiement progressif de la vie passionnelle interhumaine. En effet, l'ouverture du champ d'expérience relationnel ne s'opère pas chez Hobbes dans la dimension temporelle d'une histoire, qui permettra au *Discours sur l'origine et les fondements de l'inégalité* de faire intervenir "ces concours singuliers et fortuits de circonstances [...] qui pouvoient fort bien ne jamais arriver". L'absence d'une dimension historique, fût-elle conjecturale, écarte d'emblée la possibilité d'une intervention de l'accident dans la genèse des relations interhumaines.

On le voit, Hobbes ne se facilite pas la tâche. Pourtant, s'il doit y avoir une issue, si le champ d'expérience de l'individu doit s'ouvrir à autrui, le principe susceptible d'en rendre compte doit être immédiatement inscrit dans le désir de persévérer dans l'être. Or cette question, Hobbes l'a explicitement abordée dans une note de la seconde édition du *De Cive* (chap. I, 2, p. 158), où il s'efforce de répondre aux objections suscitées par sa thèse: *hominem ad societatem aptum natum non esse*. Nier qu'il y ait une disposition native de l'homme à la société, n'est-ce pas poser une pierre d'achoppement à l'entrée de la doctrine civile ? Car enfin, s'il n'existe pas de tendance naturelle à la société, n'est-ce pas dire que la solitude convient à l'homme par nature, ou en tant qu'homme ? Mais dans ce cas n'annule-t-on pas dans son principe même le projet d'une philosophie civile ? Pour que l'idée d'une politique ait un sens, il faut donc surmonter l'objection de la solitude à laquelle achoppe inévitablement la nouvelle théorie du désir. Mais il faut surmonter cette objection sans pour autant réintroduire subrepticement une disposition naturelle à la société. C'est pour résoudre cette difficulté que Hobbes opère une distinction capitale entre le désir de société, au sens très large d'un désir de compagnie, c'est-à-dire d'une réunion ou d'une rencontre *(congressus)*, et la capacité à constituer et à vivre en société, au sens strict de société politique. Il s'agit donc de distinguer la disposition à la relation à autrui, de la relation constitutive de la société politique. Le fondement de la première doit rendre compte de la rencontre et du rassemblement des êtres qui se ressemblent par nature, et le fondement de la seconde, de l'union civile.

Or, nous savons que la cohérence interne du système éthique exige que le désir d'une relation à l'autre soit fondé sur le rapport à soi du désir. Il faut donc que ce soit par amour de soi plutôt que par amour de nos semblables que nous nous rapprochions d'eux. Le fondement de la relation doit donc être naturel et reposer sur un intérêt du moi. En quoi consiste cet intérêt du moi ? Il tient à ce que la solitude perpétuelle est pénible *(molestus)* pour l'homme, la version anglaise du *De Cive* va plus loin, en affirmant *"that to man by nature [...], solitude in an enemy"*. Que la solitude soit l'ennemie de l'homme, cela se vérifie aussi bien pour les enfants qui ont besoin des autres pour les aider à vivre *(ad vivendum)*, que pour les adultes qui en ont besoin pour les aider à bien vivre *(ad bene vivendum)*. Le rapport à l'autre repose d'abord sur la nécessité vitale, et se prolonge en une relation d'intérêt et de concupiscence. La nature contraint ainsi les hommes à se rassembler pour se maintenir dans l'être ou dans le bien-être: le rapport à soi du désir exige un rapport à l'autre.

Mais n'est-ce pas simplement reprendre l'explication que Grotius écartait d'emblée en rejetant le souci utilitaire ? Pas du tout, car Hobbes n'a nullement en vue de rendre compte du fondement de la société politique. En effet, loin que la disposition naturelle à la relation puisse constituer le support d'une aptitude naturelle à la société, elle en est au contraire entièrement distincte. Puisque nous naissons enfant avant d'être homme, il est manifeste que nous ne disposons pas d'une aptitude native à la société: il y a loin du simple besoin de relation, que l'enfant éprouve nécessairement comme une nécessité vitale, à la capacité de constituer une société civile qui suppose un tout autre fondement: la capacité de promettre et de contracter, dont précisément l'enfant ne dispose pas sous une forme actuelle [25]. Les enfants ne sont pas seuls dans ce cas, car il en va de même pour les ignorants (les fous) qui sont inaptes à appréhender la force des pactes, et même pour l'ensemble des adultes lorsqu'ils n'ont pas encore éprouvé les misères que l'absence de société civile entraîne. Les uns ne peuvent contracter de société, parce qu'ils ne savent pas ce que c'est, et les autres ne s'en soucient pas, parce qu'ils en ignorent les avantages. Ainsi beaucoup d'hommes, et peut-être la plupart, par maladie d'esprit ou défaut d'éducation en demeurent incapables toute leur vie. Cette incapacité à accomplir et à comprendre le sens et la nécessité de la relation civile n'empêche pourtant ni les uns ni les autres d'appartenir au genre humain. On comprend donc la conclusion: *"Ad societatem ergo homo aptus, non natura, sed disciplina factus est"* (*D.Ci., O.L.* II, chap. I, 2, note, p. 158). Que ce ne soit pas la nature, mais l'éducation, qui rende l'homme propre à la société civile impose de comprendre la nécessité de celle-ci à partir d'un espace relationnel précivil. Toute la question concerne donc maintenant les modalités du déploiement de la vie passionnelle interhumaine, telle qu'elle s'établit sur la nécessité désormais démontrée d'une ouverture du moi à l'épreuve de l'autre. Seul le premier moment de la transformation (T1) a été jusqu'ici examiné, reste à envisager le second moment, c'est-à-dire le déploiement primaire de la vie passionnelle interhumaine.

Avant d'entreprendre cette démarche, il faut répondre à une objection possible: parler d'espace relationnel n'est-ce pas supposer déjà l'existence d'une communauté humaine ? En fait, l'espace relationnel n'est pas d'emblée communautaire, au sens où l'on peut parler d'une communauté précivile du genre humain régie par des droits et des obligations chez Locke et Pufendorf. Cette communauté suppose en effet, non seulement un intérêt commun, mais aussi, et surtout, une relation juridique stable, fondée sur la reconnaissance réciproque d'une égalité de droit. Or, non seulement il n'est pas encore question d'une reconnaissance du droit, mais même lorsque chaque individu affirmera son droit, ce ne sera que par opposition au droit de l'autre. Ce qui veut dire que le concept de droit naturel n'enveloppera chez Hobbes aucune reconnaissance juridique réciproque, aucune corrélation du droit et de l'obligation, et par conséquent, qu'il ne pourra à lui seul, le moment venu, rendre compte de l'existence d'une communauté. Celle-ci n'existera qu'avec l'unité de la personne civile, c'est-à-dire à l'issue de l'acte de fondation. Nous sommes donc encore très en deçà de la communauté, simplement au niveau du déploiement préconflictuel de la vie relationnelle, dont il s'agit d'abord de rendre compte de la nécessité.

Puisque la transformation (T3), c'est-à-dire l'institution juridico-politique de la communauté civile, n'est pas le simple prolongement naturel de la transformation (T1), c'est-à-dire de la disposition primitive à la relation, il va de soi que sa nécessité ne pourra être pensée comme un accroissement du degré d'organisation de la vie relationnelle, qui passerait, comme chez Aristote, de la famille à la cité, par l'intermédiaire du village et du regroupement des villages. Au contraire, c'est plutôt la transformation (T2) de l'espace relationnel en un espace du conflit, où le désir de relation se transforme en une volonté mutuelle de se nuire, qui rend compte de la nécessité d'une fondation du politique. A la théorie traditionnelle d'un accroissement objectif du degré d'organisation, se substitue une théorie de la complexification dynamique de la vie passionnelle interhumaine. Mais la seconde ne s'oppose pas à la première comme le désordre à l'ordre: la complexification des relations interhumaines comporte en effet une logique, mais une logique qui conduit à l'opposition des désirs, c'est-à-dire à l'affrontement, à la misère et à la mort. Or la plupart des successeurs de Hobbes tentent d'expliquer le passage de la transformation (T1) à la transformation (T2), par l'intervention d'une cause externe. Qu'il s'agisse, chez Locke, de la découverte par l'homme de ce petit morceau de métal précieux, qui métamorphose à la fois la valeur des choses et les désirs des hommes, ou qu'il s'agisse, chez Rousseau, d'accidents successifs dans l'histoire naturelle et humaine, qui donnent chaque fois une nouvelle impulsion au développement de la perfectibilité, c'est une cause au moins partiellement extérieure aux relations interhumaines qui est l'opérateur du passage de (T1) à (T2). En revanche, Hobbes tente d'en rendre compte en se situant dans l'immanence de la vie relationnelle. On comprend donc que le succès de cette démarche exige de concevoir en (T1) une dynamique primaire de complexification de la vie passionnelle, susceptible de dégager la spécificité du déploiement des relations entre hommes comparativement à celles qui prévalent entre animaux d'une même espèce:

> "Mais en opposition à ceci on peut objecter l'expérience que nous avons de certaines créatures irrationnelles, qui, néanmoins, vivent continuellement en si bon ordre et gouvernement pour leur avantage commun, et sont si exemptes de séditions et de guerre entre elles, qu'on ne peut rien imaginer de mieux pour la paix, le profit et la défense. Et l'expérience que nous en avons est fournie par cette petite créature qu'est l'abeille, qui est de ce fait comptée parmi les *animalia politica*. Pourquoi donc les hommes, qui prévoient les avantages de la concorde, ne peuvent-ils pas la maintenir continuellement sans contrainte, comme les abeilles ? (*E.L.*, I, chap. XIX, 5, p. 102; cf. *D.Ci, O.L.* II, chap. V, 5, pp. 211-213; *Lev.* chap. XVII, pp. 225-227, trad. pp. 175-176).

Pour répondre à cette question, il faut d'abord éviter le contresens commis par Rousseau et élevé par certains commentateurs au rang de postulat de l'éthique de Hobbes. En effet, si Rousseau fait de l'homme hobbesien un "étrange animal [...] qui croiroit son bien attaché à la destruction de toute son espèce", et dont le cœur serait rongé par une "affreuse haine de l'humanité" [26], c'est qu'il fait du "désir effréné de s'approprier toutes choses", un trait originairement constitutif du désir de l'homme. L'homme serait ainsi un être naturellement agressif, haineux et cruel. Le contresens est tel que Rousseau ne se rend même pas compte que les arguments qu'il objecte à Hobbes sont ceux-là mêmes que celui-ci utilisait pour rendre compte des premières modalités des relations interhumaines.

Certes, Hobbes fait bien du "désir perpétuel et sans trêve d'acquérir puissance après puissance, désir qui ne cesse qu'à la mort" (*Lev.*, chap. XI, p. 161, trad. p. 96), une inclination générale de toute l'humanité, *a generall inclination of all mankind*, mais ce désir ne relève ni d'une tendance innée à accumuler de la puissance, ni d'une agressivité naturelle qui opposerait d'emblée notre désir au désir d'autrui. La suite immédiate du texte le dit en effet du désir indéfini de puissance:

"La cause n'en est pas toujours qu'on espère un plaisir plus intense que celui qu'on a déjà réussi à atteindre, ou qu'on ne peut pas se contenter d'une puissance modérée: mais plutôt qu'on ne peut pas rendre sûrs, sinon en en acquérant davantage, la puissance et les moyens dont dépend le bien-être qu'on possède présentement" *(ibid.).*

Il n'y a en l'homme ni haine de l'humanité, ni goût spontané pour la puissance, parce que le désir de puissance n'appartient pas à la constitution interne de l'individu, mais résulte du déploiement de la dynamique de la vie passionnelle interhumaine. Ce n'est donc pas une propriété inhérente au désir de persévérer dans l'être, mais la transformation de celui-ci en fonction du contexte relationnel. Or, le facteur qui, dans la vie relationnelle, explique cette transformation est clairement indiqué: c'est la considération du futur, et corrélativement, la nécessité de rendre sûr dans l'avenir notre bien-être présent. Mais, par là même, il semble que nous sortions d'une difficulté pour sombrer dans une autre plus grave encore. Nous avons vu précédemment que c'était *ad vivendum* et *ad bene vivendum,* que le désir de persévérer dans l'être se transformait en désir de relation; comment dès lors le souci de garantir dans l'avenir notre être et notre bien-être présents pourrait-il maintenant transformer le couple désir de soi/désir de relation, en un désir indéfini de puissance qui est à l'origine du conflit ? Comment l'homme, qui tient la solitude pour une ennemie, peut-il en venir à considérer autrui comme un ennemi potentiel ? Comment passer du désir de rencontre à un état de la vie relationnelle qui fait que "les hommes ne retirent pas d'agrément (mais au contraire un grand déplaisir) de la vie en compagnie" ? *(ibid.,* chap. XIII, p. 185, trad. p. 123). Pour répondre à ces questions, il faut montrer en quoi la condition humaine et les relations interhumaines se distinguent de la simple vie animale et des relations entre animaux d'une même espèce. Pourquoi l'homme est-il travaillé par une inquiétude de l'avenir inconnue de l'animal ? En quoi cette inquiétude peut-elle expliquer la spécificité de la vie passionnelle des hommes ?

Hobbes pose, sans le démontrer, l'existence en l'homme d'une passion qui le distingue par nature de l'animal: "le *désir* de connaître le pourquoi et le comment est appelé CURIOSITÉ. Son pareil n'existe chez aucune créature vivante autre que l'*homme"* (*ibid.,* chap. VI, p. 124, trad. p. 52). L'homme est donc par nature un animal curieux. Cette curiosité explique que son champ d'expérience soit plus étendu que celui de l'animal: tandis que pour les autres animaux "l'appétit de la nourriture et des autres plaisirs sensibles enlève, par sa prédominance, le désir de connaître les causes", l'homme possède cette "concupiscence de l'esprit qui, du fait de la volupté correspondante se maintient sans trêve ni lassitude dans la génération du savoir, l'emporte sur la brève véhémence de tout plaisir charnel" *(ibid).* Le désir de connaissance et sa réflexion en joie de l'esprit expliquent que l'homme ne soit pas exclusivement dominé par les affections présentes de soif et de faim, mais s'éveille à la considération des causes de leur satisfaction passée, et se ménage la possibilité de prévoir les causes du renouvellement futur de cette satisfaction. A certains égards, la curiosité joue chez Hobbes un rôle comparable à la perfectibilité, dont Rousseau fait, avec la liberté, la détermination qui distingue constitutivement l'homme de l'animal. Cependant, tandis que la perfectibilité est par définition virtuelle, et son développement, temporel, la curiosité est un désir toujours déjà actuel, c'est un *conatus,* une sollicitation ou une tendance qui donnera lieu, sous l'influence du rapport à autrui déjà établi, à un déploiement (et non à un développement historique) spécifique des facultés mentales et des passions humaines. Il faut donc, en toute rigueur, que les facteurs qui spécifient la condition humaine résultent, directement ou indirectement, de la curiosité.

Tout d'abord, la curiosité, lorsqu'elle est liée à la crainte, fournit la condition anthropologique de la religion, disons plutôt de la religion naturelle ou superstition (si l'on prend ce deuxième terme au sens courant, et non au sens spécifiquement hobbesien), pour la distinguer à la fois de la religion rationnelle, de la religion civile, et de la religion révélée qui ne nous concernent pas ici [27]. La religion naturelle est en effet "la *crainte* d'une puissance invisible feinte par l'esprit" *(ibid., p. 124, trad. p. 53).* Or cette crainte est propre à l'homme:

> "Attendu que les signes et les fruits de la *religion* ne se font voir que chez l'homme, il n'y a pas de raison de douter que le germe de la *religion* ne se trouve aussi que dans l'homme, et consiste en quelque caractère qui lui soit propre, ou qui du moins soit porté chez lui à un degré remarquable, et qu'on chercherait en vain chez les autres créatures vivantes" *(ibid., chap. XII, p. 168, trad. p. 104).*

Ce germe spécifiquement humain est précisément le désir "de s'enquérir des causes des événements qu'ils voient, les uns plus et les autres moins, mais tous assez pour se montrer curieux de la recherche des causes de leur bonne et de leur mauvaise fortune" *(ibid.).* Or, ce désir de connaître les causes de ce qui nous arrive n'aboutit pas d'emblée aux causes véritables, qui sont complexes et "invisibles pour la plus grande part". Malgré cela, le désir de connaître, ainsi suractivé, exige sa satisfaction, c'est pourquoi l'homme est amené à supposer des causes "soit telles que son imagination les lui suggère, soit en se fiant à l'autorité d'autres hommes qu'il juge bien disposés à son égard, et plus sages que lui-même" *(ibid.)*. Ces causes, qu'il suppose intervenir dans son destin, l'homme les imagine naturellement d'une espèce semblable à celle dont il croit que l'âme humaine est faite. Ainsi, il imagine qu'il existe des spectres ou des agents invisibles qui ont la puissance d'intervenir sur le cours de sa vie, et en conséquence, il les respecte et les craint. Son comportement à l'égard des puissances invisibles fictives sera donc semblable à celui qu'il a à l'égard des autres hommes, c'est-à-dire qu'il tentera de susciter leur faveur ou d'apaiser leur colère. Tout d'abord, se fondant sur son expérience passée, il attend que des choses semblables se produisent dans l'avenir: tout événement, lié accidentellement à une situation de bonne ou de mauvaise fortune, devient pour lui le signe d'un sort favorable ou défavorable. Il attribue ainsi une valeur de porte-bonheur ou de porte-malheur à des personnes ou à des mots prononcés accidentellement. Ensuite, cherchant à obtenir les faveurs des puissances invisibles, il leur voue un culte naturel qui consiste en rites, incantations, expressions de révérence, c'est-à-dire en "dons, demandes, remerciements, attitude soumise, manière respectueuse de s'adresser à eux, tenue modeste, paroles bien pesées, invocation de leur nom pour prêter serment" *(ibid.*, p. 172, trad. p. 108). Enfin, soucieux des choses qui lui adviendront, il est enclin à accorder une valeur de pronostic à d'autres choses accidentelles, qu'il tient pour des signes de réponse. D'animal curieux, l'homme devient animal religieux.

Mais la curiosité a également un autre effet, c'est qu'à l'opposé des bêtes qui "ont la prévoyance de cacher les restes et l'excédent de leur viande, mais ne se souviennent pas du lieu où elles les ont cachés, et par là n'en font aucun profit lorsqu'elles ont faim", l'homme, "qui à ce point commence à s'élever au-dessus de la nature des bêtes, a remarqué et s'est souvenu de la cause de ce défaut; et pour y remédier, a imaginé et s'est avisé d'établir une marque visible ou perceptible par un autre sens, qui puisse rappeler à son esprit, lorsqu'il la voit à nouveau, la pensée qu'il avait en l'établissant" *(E.L.*, I, chap. V, 1, p. 18). La curiosité, qui lui fait remarquer la faiblesse de sa mémoire lorsqu'il s'agit de retrouver des objets nécessaires à sa vie, introduit donc dans la condition humaine un autre facteur de spécificité: l'établissement de marques. Ces marques sont d'abord des objets sensibles quelconques, qu'un individu solitaire peut parfaitement utiliser pour son usage personnel: cela peut être par exemple une indication laissée sur un rocher en mer, qui rappelle le souvenir d'un danger. Les marques n'ont alors de valeur indicative que pour l'individu qui les a établies.

Leur usage ne suppose donc ni une relation stable aux autres hommes, ni une convention collective préalable. Les marques ne sont conventionnelles qu'au sens où elles sont instituées volontairement, ce qui ne veut pas dire sans causes.

Or, cette capacité à instituer des marques arbitrairement, c'est-à-dire sans rapport naturel à ce qu'elles indiquent, produit dans la condition humaine deux effets considérables. C'est que ces marques, facilitant le souvenir, vont étendre encore la mémoire humaine. L'homme observe alors que certaines d'entre elles sont plus efficaces que les autres, et substitue aux marques visibles, des marques qui lui permettent de rappeler ses pensées dès qu'il le souhaite, parce qu'il peut en disposer à tout instant: par exemple des sons. Ceci est d'autant plus facilement imaginable que l'homme, comme les bêtes, utilise d'abord naturellement sa voix pour exprimer ses passions. Il peut donc, maintenant qu'il a observé le nouvel usage qu'il pouvait en faire, utiliser sa voix comme marque arbitraire de sa pensée. Telle est l'origine du langage. On comprend que le champ d'expérience de l'individu s'en trouve considérablement étendu. Mais ce n'est pas tout, car l'homme peut également utiliser ces marques sonores pour communiquer à l'autre, non seulement sa joie ou son chagrin, mais également sa volonté ou ses intentions. En effet, l'autre usage des mots consiste:

> "Quand beaucoup se servent des mêmes mots, en ce que ces hommes se signifient l'un à l'autre, par la mise en relation et l'ordre des mots, ce qu'ils conçoivent ou pensent de chaque question, et aussi ce qu'ils désirent, ou qu'ils craignent, ou qui éveille en eux quelque autre passion. Dans cet usage, les mots sont appelés des *signes*" (*Lev.*, chap. IV, p. 101, trad. p. 28).

L'usage des mots comme signes pour la communication implique bien entendu que plusieurs émettent et reçoivent réciproquement les mêmes signes, ce n'est qu'à ce niveau qu'une convention interhumaine est nécessaire. Mais il n'est aucunement besoin de concevoir cette convention comme un acte collectif ponctuel. L'usage des mêmes signes se répand d'un homme à l'autre peu à peu, suivant les exigences du moment. Ce qui est parfaitement concevable puisque la relation, présupposée par la communication, est déjà établie. Seulement, à peine constituée, la parole change l'espace relationnel en un espace d'interlocution. Nous ne reviendrons pas sur la fonction d'un tel espace dans la constitution intellectuelle de l'homme [28], car ce qu'il faut maintenant envisager, c'est la dimension éthique de la pragmatique linguistique qui fait de l'homme un être de parole.

Il faut prendre cette dernière expression au sens fort: l'homme n'est pas simplement un être qui parle, mais aussi, et surtout, un être qui devient ce qu'il est par la parole. En effet la parole confère à l'homme les dimensions les plus propres de son existence, à la fois comme individu et dans son rapport aux autres. Tout d'abord, comme individu, nous avons vu la parole étendre son univers mental et son champ d'expérience. Par là même, il acquiert la spécificité de sa condition en se découvrant temporel, c'est-à-dire mortel. Libéré de l'emprise du présent, il découvre l'inquiétude de l'avenir. Cette inquiétude prend deux formes: le rapport entre une expérience extérieure présente et la prévision d'une expérience propre future lui apprend, à travers la mort d'autrui, la nécessité inévitable de sa mort propre. Une immense crainte ébranle son existence tout entière et la modifie de fond en comble:

> "Il est impossible à un homme qui s'efforce continuellement de s'abriter des maux qu'il redoute et de se procurer le bien qu'il désire, de ne pas être dans un souci perpétuel de l'avenir. Aussi tous les hommes, et spécialement ceux qui voient le plus loin, sont-ils dans un état semblable à celui de *Prométhée*: car de même que *Prométhée* (dont le nom, une fois traduit, donne: *l'homme prudent*) était attaché sur le mont *Caucase,* endroit d'où la vue s'étend fort loin, et où un aigle qui se nourrissait de son foie dévorait le jour ce qui en renaissait dans la nuit, ainsi l'homme qui regarde trop loin devant lui par souci de l'avenir, a le cœur rongé le jour par crainte de la mort, de la pauvreté ou de quelque autre malheur: et son anxiété ne connaît ni apaisement ni trêve, si ce n'est dans le sommeil" (*Lev.*, chap. XII, p. 169, trad. p. 105).

D'animal borné à des consécutions mentales qui ne dépassent pas une frange limitée du passé et de l'avenir, la parole transmute l'homme en Prométhée enchaîné, dévoré par l'angoisse de la mort et le souci de l'avenir. La seconde forme de l'inquiétude tient à la découverte de la précarité essentielle de sa vie à chaque moment du temps qui le sépare de la mort. Mais la crainte de la mort, de la pauvreté ou de quelque autre malheur, loin de paralyser son activité, l'amène à en déborder, à accumuler sans cesse ce qu'il considère comme nécessaire à sa préservation future. L'homme prométhéen n'est pas atteint de mélancolie, cette folie par défaut de l'individu reclus dans la solitude, mais d'un courage d'anti-héros que suscitent l'aversion du plus grand des maux et l'espoir d'en surmonter l'imminence. On comprend donc que le désir puisse changer d'objet: "l'objet du désir de l'homme n'est pas de jouir une seule fois et pendant un seul instant, mais de rendre à jamais sûre la route de son désir futur" (*ibid.*, chap. XI, pp. 160-161, trad. p. 95). Or c'est le souci de l'avenir qui, on le verra, éveille en l'homme l'idée de la puissance, et le changement d'objet du désir qui transforme le désir de persévérer dans l'être en désir de puissance:

> "Aussi les actions volontaires et les inclinations de tous les hommes ne tendent-elles pas seulement à leur procurer, mais aussi à leur assurer une vie satisfaite. Elles diffèrent seulement dans la route qu'elles prennent: ce qui vient, pour une part, de la diversité des passions chez les divers individus, et, pour une part, de la différence touchant la connaissance ou l'opinion qu'a chacun des causes qui produisent l'effet désiré" (*ibid.*, p. 161, trad. pp. 95-96).

On le voit donc, l'homme comme être de parole fait ce qu'il y a de spécifique dans l'homme comme être de désir. Tous les hommes recherchent la même chose, à savoir surmonter à chaque instant la crainte constante de la mort en s'assurant les moyens présents de la préservation future de leur être et de leur bien-être. Ils ne diffèrent que par la diversité de leurs passions et l'opinion touchant les moyens d'atteindre ce but. Mais rien ne dit encore que la dynamique relationnelle doive sombrer dans le conflit. C'est plutôt une ambivalence fondamentale qui affecte la vie passionnelle interhumaine: certaines passions, comme l'espoir ("appétit joint à l'opinion qu'on atteindra son objet"), la convoitise ("le désir des richesses est appelé convoitise"), la rancune ("désir, en causant du dommage à autrui, de lui faire regretter quelqu'une de ses actions"), incitent les hommes à la rivalité; mais d'autres passions, comme le désir des commodités, la crainte de la mort, le désir de savoir, les inclinent plutôt à la bienveillance et à la paix (*Lev.* chap. VI, p. 123, trad. p. 51, cf. chap. XI, pp. 161-164, trad. pp. 96-100).

Affectant de fond en comble l'existence de l'individu, la parole affecte donc également sa relation aux autres. C'est que, par la découverte de sa mortalité, c'est-à-dire de son être pour soi, l'homme ne peut plus en rester au stade de la relation primitive d'intérêt et de concupiscence. De sorte que, si pour les bêtes "le bien commun ne diffère pas du bien privé, portées par leur nature vers leur bien privé, elles servent du même coup l'intérêt commun; (mais) l'homme, dont la joie consiste à se comparer aux autres, ne peut vraiment savourer que ce qui est au-dessus du sort commun" (*ibid.*, chap. XVII, p. 226, trad. p. 176). C'est parce que l'animal en reste au stade du besoin présent et de l'intérêt immédiat, que son bien privé s'accorde ou s'harmonise spontanément au bien commun. En revanche, l'homme n'en reste pas à la simple relation vitale, il se compare à l'autre. Or la comparaison implique la reconnaissance de l'autre comme *alter ego*. Autrement dit, la comparaison n'est pas une simple relation objective tenant à la ressemblance de nature et à l'intérêt commun, mais une relation pour soi qui instaure un face à face entre le moi et l'autre. Le principe de l'imitation des pensées et des passions va jouer à plein dans ce face à face en créant une *mimesis* des comportements humains. Par la comparaison, la conscience de soi de l'homme parvient à son entier déploiement. Cette conscience de soi, l'homme l'éprouve dans la joie ou le chagrin, et dans leurs spécifications que sont la gloire et l'abattement *(dejection)*. Certes, l'un peut éprouver de la joie à la joie de l'autre, et du chagrin à son chagrin. Mais il n'est pas possible d'en rester là, car la joie et le chagrin de l'un diffèrent de la joie et du chagrin de l'autre. Mieux, parce que la joie et, davantage encore, la gloire requièrent la comparaison du moi à l'autre, elles ne sont pas universellement partageables. Le *De Cive* a montré amplement que si la gloire se communique à tous, elle ne se communique à personne (cf. *O.L.* II, chap. I, 2, pp. 58-61). Ainsi les hommes reconnaissent et se complaisent à leurs propres qualités, en se comparant aux défauts et aux infirmités des autres. Rire, mépris, persiflage, raillerie des absents, désir de se faire admirer et de s'imposer aux autres par l'éloquence ou le savoir, telles sont les passions qui affectent le plus souvent nos relations. Pascal s'en souviendra:

> "En un mot le moi a deux qualités. Il est injuste en soi en ce qu'il se fait centre de tout. Il est incommode aux autres en ce qu'il les veut asservir, car chaque moi est l'ennemi et voudrait être le tyran de tous les autres" *(Pensées*, fr. 597, p. 584 A).

La version hobbesienne du rire, propre de l'homme, est significative: le rire est une grimace, signe de la joie qu'on éprouve à quelque chose de neuf ou d'inattendu, plus particulièrement lorsqu'on découvre soudainement quelque infirmité chez l'autre qui fasse ressortir, par comparaison, nos belles qualités:

> "Je peux donc conclure, que la passion du rire n'est rien d'autre qu'une gloire soudaine qui naît d'une conception soudaine de quelque prééminence en nous, par comparaison avec les infirmités des autres ou avec les nôtres auparavant [...]. Par conséquent, il ne faut pas s'étonner que les hommes tiennent pour odieux qu'on se rie ou qu'on se moque d'eux, c'est-à-dire qu'on triomphe d'eux" *(E.L.*, I, chap. IX, 13, p. 42; cf. *Lev.*, chap. VI, p. 125, trad. pp. 53-54).

Quand l'un rit, l'autre pleure: les pleurs sont signes d'un abattement soudain qui résulte de ce qu'on remarque soudainement en nous un défaut par rapport aux autres. La gloire de l'un a pour contrepartie l'abattement de l'autre. Ce qui veut dire que la comparaison n'est pas d'emblée réconciliation, elle introduit plutôt une contradiction qui fait que le moi à la fois recherche l'autre et s'en méfie. Or, cette contradiction de la vie passionnelle interhumaine est redoublée par le langage. La parole est en effet essentiellement ambivalente: "à mesure que les hommes disposent d'un langage plus riche, ils deviennent plus sages ou plus fous qu'on n'est ordinairement" (*Lev.*, chap. IV, p. 106, trad. p. 32). La parole est une arme à double tranchant. Ainsi à ses quatre usages: l'acquisition des arts, l'enseignement, l'entraide, et la séduction qui consiste à "charmer soit autrui soit nous-mêmes en jouant innocemment avec nos mots, pour le plaisir ou l'agrément" (*ibid.*, p. 102, trad. p. 29), correspondent terme à terme quatre abus: l'erreur, le mensonge, la dissimulation, et l'offense qui intervient lorsque:

> "Les hommes se servent des mots pour se blesser les uns les autres: étant donné en effet que la nature a armé les créatures vivantes les unes de dents, les autres de cornes, d'autres enfin de mains, pour leur permettre de blesser leur ennemi, ce n'est rien d'autre qu'un abus de la parole que de blesser avec la langue" (*ibid.*).

La parole peut être une "trompette de guerre". Seulement, l'abus de parole, loin d'être accidentel, est l'autre face de l'usage. Le chapitre XIII des *Elements of Law* décrit avec précision les articulations de l'espace relationnel d'interlocution, où l'enseignement s'oppose à la controverse, la promesse, à la menace, l'apaisement des passions, à leur excitation:

> "Un autre usage de la parole consiste à susciter ou à apaiser, c'est-à-dire à accroître ou à diminuer mutuellement nos passions [...]. Car ce n'est pas la vérité, mais l'image, qui fait la passion; et une tragédie bien jouée ne touche pas moins qu'un meurtre" (*E.L.*, I, chap. XIII, 7, p. 68).

Rousseau en retiendra la leçon dans l'*Essai sur l'origine des langues*. L'espace d'interlocution peut donc devenir à tout moment l'espace du malentendu:

> "Attendu que celui qui parle à un autre a l'intention de lui faire comprendre ce qu'il dit, s'il lui parle, soit dans un langage que celui qui écoute ne comprend pas, soit en utilisant un mot dans un autre sens que celui qu'il croit que ce mot a pour celui qui écoute, il a également l'intention de faire que l'autre ne comprenne pas ce qu'il dit, en quoi il se contredit lui-même. Par conséquent, il faut toujours supposer que celui qui n'a pas l'intention de tromper accorde à celui à qui il s'adresse l'interprétation personnelle de son discours" (*ibid.*, 10, p. 69).

L'espace d'interlocution ajoute la possibilité d'une nouvelle contradiction, non seulement lorsque la volonté de communiquer est habitée par la volonté de tromper, mais également, et surtout, parce que les mots sont des signes arbitraires "qui peuvent être contrefaits" plus aisément que les gestes ou les actes qui expriment nos passions. En outre, leur équivocité est liée au contexte: certes, la présence de celui qui parle, le fait de voir ses gestes et de conjecturer ses intentions peuvent nous aider à réduire ou à démasquer l'équivoque. Mais cela n'est pas toujours possible. Qu'est-ce qui me garantit absolument que l'autre est véridique, que je dois ajouter foi à ce qu'il dit ? Qu'il le paraisse ?, mais peut-être est-ce là l'effet d'une suprême comédie ? Lieu des contraires: de la vérité et de l'erreur, du sens et du non-sens, de l'aveu et du travestissement, du jeu et de l'offense, la parole met chacun dans une incertitude inquiète des desseins de l'autre, qui n'existerait pas si manquait:

> "Cet art des mots par lequel certains savent présenter aux autres ce qui est bon sous les apparences du mal et ce qui est mauvais sous les apparences du bien, et augmenter ou diminuer la grandeur apparente du bien ou du mal, rendant les hommes insatisfaits, et troublant leur paix à leur gré" (*Lev.*, chap. XVII, p. 226, trad. p. 176).

Parce que son rapport à la pensée est arbitraire, parce qu'il est toujours possible de dire autre chose que ce qu'on pense, et de donner à un mal l'apparence d'un bien, la parole inaugure dans les relations interhumaines la dimension du semblant. Le désir de persévérer dans l'être est pris au jeu du paraître: chaque homme n'ayant de souci que la préservation de son existence devra déchiffrer les intentions de l'autre à travers ses dissimulations et ses feintes. La parole est ainsi la meilleure et la pire des choses. La pire, parce que, lieu du malentendu et de la communication tronquée, dans un espace où chaque individu est habité par la crainte de la mort, elle conduit paradoxalement à un isolement des subjectivités: chacun croyant communiquer avec l'autre ne fait que calculer pour soi. Or, cette incertitude des desseins de l'autre transfère le vacillement de l'être que provoque la crainte de la mort en crainte d'autrui. Ce qui veut dire que la comparaison, loin de surmonter l'altérité, la radicalise. Cette radicalisation de l'altérité, par laquelle l'autre devient l'ennemi potentiel, sera pleinement opératoire dans l'espace du conflit. Mais la parole est aussi la meilleure des choses:

> "L'invention la plus noble et la plus profitable de toutes, ce fut celle de la PAROLE, consistant en des *dénominations* ou *appellations* et dans leur mise en relation, invention grâce à laquelle les hommes enregistrent leurs pensées, les rappellent quand elles sont passées et ainsi se les déclarent l'un à l'autre, pour leur utilité naturelle et pour communiquer entre eux, et sans laquelle il n'y aurait pas eu parmi les hommes plus de République, de société, de contrat et de paix que

parmi les lions, les ours et les loups" (*ibid.*, chap. IV, p. 100, trad. p. 27; cf. *E.L.*, I, chap. V, 1, pp. 17-18; *D.H.*, *O.L.* II, chap. X, 3, pp. 90-91).

Malheureusement, les mots sont "la monnaie des sots", mais, heureusement, ils sont "les jetons des sages". Le langage a un autre effet qui compense les risques de la radicalisation de l'altérité. C'est que la parole fait de l'homme un être juridique, c'est-à-dire un être qui affirme son droit et qui est capable de distinguer une injustice d'un dommage. La compétence linguistique est présupposée aussi bien par la théorie du droit naturel que par celle de la loi naturelle. La promesse et le contrat supposent une capacité de parler et de comprendre la parole de l'autre. Bien mieux, la convention sociale sera tout entière soutenue par une énonciation performative. La parole sera donc la condition anthropologique fondamentale de l'acte fondateur, par lequel l'espace du conflit se transforme en l'espace d'une communauté de reconnaissance juridique réciproque, faisant passer de l'autre comme ennemi à l'autre comme être de droit. Nous sommes donc à la croisée des chemins: l'homme comme être de parole est, d'un côté, un être de puissance: "le langage ne fait pas l'homme meilleur mais plus puissant" (*D.H.*, *O.L.* II, chap. X, 3, p. 92), et de l'autre, être de droit. Il s'agit désormais d'examiner comment se fait le passage de l'un à l'autre: de la radicalisation de l'altérité à la reconnaissance juridique.

CHAPITRE IV

L'ÊTRE DE PAROLE ET LE DÉSIR DE PUISSANCE :
LE CONFLIT

Avec le concept d'état de guerre, Hobbes inaugure une tradition qui se distingue à la fois de la tradition théologico-morale des discours contre la guerre, de la tradition théologico-juridique de la guerre juste et de la tradition stratégique et tactique de l'art de la guerre. Cette tradition persistera après lui pendant près de deux siècles de pensée politique. Cependant, le retentissement historique d'un concept ne peut, à lui seul, en garantir la valeur sémantique. Bien mieux, on peut légitimement se demander si le concept hobbesien d'état de guerre n'enveloppe pas un contresens, dont Rousseau dénonce à la fois le caractère spécieux: "il n'y a point de guerre entre les hommes: il n'y en a qu'entre les Etats", et la fonction de justification: "voilà pourtant jusqu'où le désir ou plustôt la fureur d'établir le despotisme et l'obéissance passive ont conduit un des plus beaux génies qui aient existé" (*Que l'état de guerre naît de l'état social, op. cit.*, p. 604, et p. 611). Certes, Rousseau ne rejette pas le concept d'état de guerre comme tel, mais la forme d'une guerre de chacun contre chacun que lui donne Hobbes. Nous avons montré ailleurs [29] que, si le concept d'état de guerre définit d'abord les rapports conflictuels entre hommes, il constitue également un modèle, dont les propriétés générales et les propriétés spécifiques permettent de rendre compte des différentes sortes de guerre: la guerre interindividuelle, la guerre internationale et la guerre subversive. Nous ne retiendrons ici que la genèse et le déploiement de l'état de guerre interindividuel, pour montrer comment l'espace du conflit s'instaure dans l'immanence du développement des relations. Or, cet état de guerre, contrairement à ce que prétend Rousseau, est loin de se réduire à un état de pure violence et de pur désordre: l'état de guerre définit au contraire un système relationnel dominé par la rivalité, et dans lequel l'acte de violence: *"tuer son homme"*, ne constitue qu'un aspect. Ainsi conçu, le concept hobbesien d'état de guerre, loin d'apparaître comme une tentative insidieuse de fonder anthropologiquement le despotisme, révèle à l'inverse la nécessité de passer par la radicalisation contradictoire de l'altérité, qui est à la fois reconnaissance et refus de reconnaissance, pour penser en termes juridiques une communauté de reconnaissance et de réciprocité qui ne peut avoir lieu que dans l'Etat.

La transformation (T2) de l'espace relationnel en espace du conflit comporte deux moments: le premier concerne la transformation (T2^A) du désir de persévérer dans l'être en désir de puissance; le second, la transformation (T2^B) de l'inclination générale de l'humanité à accumuler de la puissance en un état de guerre universel et perpétuel. La transformation (T2^A) comporte elle-même deux phases: la première (T2^{A1}) a pour objet la genèse de la représentation et du désir de l'homme pour cet étrange objet, inconnu de l'animal, qu'est la puissance; la seconde (T2^{A2}) a pour objet l'orientation du désir de puissance vers la domination d'autrui. Un dédoublement semblable en deux phases intervient dans le transformation (T2^B), la première (T2^{B1}) établit la signification de l'égalité de puissance des hommes; la seconde (T2^{B2}) met en œuvre les causes de guerre.

Commençons par la phase (T2^{A1}) de la transformation (T2^A). La genèse de la représentation de la puissance est directement liée à l'un des aspects de l'extension du champ d'expérience de l'homme comme être de parole, à savoir la représentation du futur:

> "La conception du futur n'en est qu'une supposition qui procède du souvenir de ce qui est passé; et nous concevons qu'une chose existera dans l'avenir, dans la mesure où nous savons qu'il y a quelque chose dans le présent qui a la puissance de la produire. Qu'une chose ait maintenant la puissance d'en produire une autre dans l'avenir, nous ne pouvons le concevoir que par le souvenir qu'elle l'a déjà produite auparavant. Ainsi toute conception du futur est la conception d'une puissance capable de produire quelque chose; par conséquent quiconque attend un plaisir à venir doit concevoir aussi qu'il détient en lui-même quelque puissance par laquelle il pourra l'obtenir. Et puisque je vais parler par la suite des passions qui consistent en une conception du futur, c'est-à-dire en une conception d'une puissance passée et d'un acte à venir, il faut, avant d'aller plus loin, que je dise quelque chose de cette puissance" (*E.L.*, I, chap. VIII, 3, pp. 33-34).

La représentation du futur et la représentation de la puissance s'impliquent mutuellement. La conception de la puissance implique la conception du futur parce qu'elle est une cause dont l'acte est à venir, et la prévision d'un contenu du futur implique la conception d'un objet présent qui a la puissance de le produire. Remarquons ici, qu'au même mot anglais *power* les versions latines des œuvres (ce qui n'est pas le cas des *Elements of Law* dont Hobbes n'a donné qu'une version anglaise) font correspondre deux termes: *potentia* et *potestas*. Or, la distinction latine est loin d'être simplement nominale: Hobbes n'emploie pas indifféremment un mot pour l'autre. *Potentia* est en effet la puissance entendue au sens que nous venons d'envisager, c'est-à-dire comme capacité présente de produire un acte futur. En revanche, *potestas* signifie le pouvoir, entendu comme puissance investie du droit. *Potestas* comporte à la fois *potentia* et *jus*, et qualifie plus spécialement (mais pas uniquement) le pouvoir politique [30]. Chez Hobbes, le champ sémantique de *potestas* est comparable à celui de *dominium* et à celui d'*imperium* [31]. On pourrait cependant légitimement demander pourquoi Hobbes n'introduit pas une distinction similaire dans les textes anglais, par exemple la distinction entre *strength* et *power*. La réponse à cette question est à la fois simple et fondamentale. Simple, parce que si l'identification de la puissance à la force est possible dans la physique, c'est-à-dire dans le cas où la puissance et l'acte produit consistent tous deux en mouvements, elle devient impossible dans l'éthique. Dans l'éthique, la force physique du corps, *strength of body*, ne peut en aucune façon désigner l'ensemble de la puissance d'un homme (cf. *Lev.*, chap. X, p. 150, trad. p. 81; *E.L.*, I, chap. VIII, 5, p. 35). Fondamentale, parce que le passage du concept physique au concept éthique de puissance exige le franchissement d'un seuil: la différence de ces concepts est considérable tant au niveau de l'effet, qu'à celui de son mode de production. La physique de la puissance implique une relation matérielle quantifiable entre le mouvement d'un corps et la pression qu'il exerce sur un autre, tandis que l'éthique de la puissance implique une relation sémiologique entre un signifié et un signifiant [32]. L'approfondissement de cette distinction est la clef du système éthique et politique de Hobbes [33].

Qu'est-ce que Hobbes entend par la puissance d'un homme ?:

> "La puissance *(power, potentia)* d'*un homme* (si l'on prend le mot dans son sens universel) consiste dans ses moyens présents d'obtenir quelque bien apparent futur. Elle est soit *originelle*, soit *instrumentale*" (*Lev.*, chap. X, p. 150, trad. p.81).

Puisque le bien apparent est la représentation d'un bien conjectural, issue d'une délibération sur l'avenir et le possible, la puissance actuelle d'un homme consiste dans ce qu'il lui est possible de réaliser ou de produire en vue de la conservation prochaine de son être. La puissance apparaît subjectivement à l'homme comme un moyen de son désir de persévérer dans l'être. La puissance comme moyen est la puissance pour soi, c'est-à-dire telle que l'être désirant se la représente. Hobbes distingue deux puissances d'agir: la puissance originelle et la puissance instrumentale. La première est constituée par l'ensemble des facultés du corps, comme la force *(strength)*, la beauté, etc., et des facultés de l'esprit, comme la prudence, l'éloquence, la science, la libéralité etc. On voit donc qu'il n'est même pas possible d'identifier la puissance naturelle à la force physique: les effets de la beauté ou de l'éloquence ne peuvent se déterminer en termes de mouvement. A défaut de cette distinction initiale, on se mettrait d'emblée dans l'impossibilité de comprendre la différence que Hobbes établit entre, d'une part, l'état de guerre perpétuel et universel, et d'autre part, la lutte ou la bataille qui est toujours ponctuelle et particulière. En outre, que la puissance originelle soit également appelée naturelle n'implique en aucune manière qu'elle soit tout entière innée: la puissance naturelle d'agir enveloppe en effet des facultés acquises aussi bien par l'expérience, c'est le cas de la prudence, que par l'artifice du langage, c'est le cas de l'éloquence et de la science. La puissance naturelle et la puissance instrumentale de l'homme ne se distinguent donc ni comme le naturel constitutif de l'artificiel, ni comme l'inné de l'acquis:

> " Les puissances instrumentales sont celles qui, acquises grâce aux premières [les puissances naturelles] ou grâce à la fortune, sont les moyens ou les instruments qui permettent d'en acquérir encore davantage: ainsi la richesse, la réputation, les amis, et cette action secrète de Dieu que les hommes appellent chance" (*Lev.*, chap. X, p. 150, trad. p. 81).

Trois facteurs caractérisent les puissances instrumentales d'agir: 1) elles ne consistent pas en facultés du corps ou de l'esprit, 2) mais sont acquises grâce à ces dernières, 3) leur effet est spécifiquement distinct de l'effet des puissances naturelles: alors que celles-ci sont conçues comme des moyens d'obtenir un bien, les puissances instrumentales sont des moyens d'obtenir davantage de puissance, ce qui est certes un bien, mais en un autre sens. En effet, si les puissances naturelles d'un homme sont orientées vers la production ou l'obtention d'un bien nécessaire ou utile à la conservation de son être, elles peuvent également être utilisées pour acquérir des puissances instrumentales. Comment expliquer ce changement d'effet de la puissance ? On ne peut le comprendre que par le changement d'objet du désir: c'est parce que "les actions volontaires et les inclinations de tous les hommes ne tendent [...] pas seulement à leur procurer, mais aussi à leur assurer une vie satisfaite" (*ibid.*, chap. XI, p. 161, trad., pp. 95-96), qu'ils sont amenés à modifier l'effet de leur puissance. Le changement d'effet de la puissance s'enracine donc dans le désir de persévérer dans l'être, mais étendu au champ d'expérience plus large de l'homme. En son origine, le désir de puissance n'est rien d'autre que le désir de persévérer dans l'être travaillé par l'inquiétude de l'avenir. Cependant une contradiction interne au désir humain peut déjà être envisagée, et aura effectivement lieu, s'il arrive, à un moment ou à un autre, que le désir de puissance s'arrache au désir de persévérer dans l'être et le mette en péril. La transformation de celui-ci en celui-là mettrait alors le moi en contradiction avec lui-même.

Nous pouvons donc passer à la seconde phase (T2A^2) de la transformation (T2^A). Cette seconde phase tient au second trait constitutif du champ d'expérience de l'homme comme être de parole: la comparaison à autrui. En effet, la puissance sur autrui constitue, non seulement l'une des puissances instrumentales, mais également l'objet vers lequel sont mobilisées toutes les autres puissances à la fois instrumentales et naturelles. Ainsi nous recherchons moins la richesse pour elle-même que parce que "jointe à la libéralité [...] elle procure des amis et des serviteurs"; de même, nous aspirons à la renommée, parce que "la réputation de posséder une puissance est une puissance: car on s'attache grâce à elle ceux qui ont besoin de protection"; de même encore, nous souhaitons avoir de la chance, parce qu'elle nous assure "la crainte ou la confiance d'autrui" (*ibid.*, chap. X, pp. 150-151, trad. p. 82). L'acquisition de la puissance sur autrui mobilise désormais toutes les sortes de puissance. La puissance de l'autre travaille donc de l'intérieur le désir de chaque homme, puisque c'est sur lui que son désir de puissance cherche à s'exercer, par la confiance ou par la crainte, c'est-à-dire en en faisant un ami ou un serviteur. Le désir de puissance se révèle donc comme *libido dominandi*.

A cela il y a une cause et un effet: la cause en est que la puissance sur l'autre, qu'elle soit obtenue pacifiquement ou par contrainte, est la plus grande des puissances: "la plus grande des puissances humaines est celle qui est composée des puissances du plus grand nombre possible d'hommes" (*ibid.*, p. 150, trad. p. 81). L'effet qui en résulte est une modification de l'évaluation de la puissance: dans la mesure même où chaque homme tente d'exercer ou d'étendre sa puissance sur l'autre, sa puissance doit être mesurée par comparaison à la puissance de l'autre. Ce désir mutuel de puissance sur autrui implique, d'une part, l'ouverture d'un espace où la comparaison devient rivalité, et d'autre part, que la puissance réside désormais uniquement dans l'excès:

"Et parce que la puissance d'un homme résiste et entrave les effets de la puissance d'un autre: la puissance simplement n'est rien de plus que l'excès de puissance de l'un sur celle de l'autre. Car des puissances égales, qui s'opposent, se détruisent réciproquement; et une telle opposition est appelée conflit" (*E.L.*,I, chap. VIII, 4, p. 34; cf *D.H., O.L.* II, chap. XI, 6, p. 98).

On comprend la raison pour laquelle Hobbes insiste, dans sa définition de la puissance (tant naturelle qu'instrumentale), sur la nécessité qu'elle soit éminente ou prééminente. Il ne suffit pas pour que l'un soit puissant, qu'il soit fort, beau, éloquent ou savant, et qu'il acquiert par ces facultés, ou par la chance, de la réputation, de la richesse et des amis, encore faut-il qu'il en ait davantage que celui sur lequel il veut étendre sa puissance. Si la puissance de l'un était égale à celle de l'autre, ni l'une ni l'autre ne produirait d'effet. La stratégie du désir de puissance va donc consister à faire étalage aux yeux ébahis de l'autre d'un excès de puissance, ou à défaut, à en donner l'illusion. La stratégie de la *libido dominandi* est une stratégie du leurre. Elle exige pour produire son effet une mobilisation de tous les ressorts de l'imaginaire. Or qu'est-ce que leurrer, sinon donner le paraître pour l'être, l'habit pour la personne, le signifiant pour le signifié ?:

"Les signes par lesquels nous connaissons notre propre puissance sont les actions qui en procèdent; et les signes par lesquels les autres hommes la connaissent sont les actions, les gestes, les attitudes et les paroles que ces puissances produisent communément" (*E.L.*, chap. VIII, 5, p. 34).

Nous disions, il y a un instant, que la puissance réside dans l'excès, mais comme cet excès doit se manifester par des signes, la puissance réside dans l'excès signifiant. Précisons: il s'agit moins de l'excès du signifié (la puissance) que de l'excès du signifiant (geste, action, attitude, parole). Si le signifiant expose le signifié, inversement le signifié dépend à tel point du signifiant qu'il finit par lui devoir sa réalité. Exemple: il ne suffit pas de posséder une richesse considérable, il faut en outre que cette richesse soit jointe à la libéralité qui la manifeste par des signes extérieurs comme "des dons, des dépenses, la magnificence des résidences, l'habit, et choses semblables" (*ibid.*, p. 35). Il en va tout autrement "quand la libéralité fait défaut, car en ce cas loin de vous protéger, elle [la richesse] vous expose à l'envie, comme une proie" (*Lev*, chap. X, p. 150, trad. p. 82; cf. *D.H., O.L.* II, chap. XI, 7, pp. 98-99). Le signifié n'opère que par le signifiant, qui lui permet de se reproduire et de s'accroître. Le signe, loin d'être toujours adéquat à ce qu'il signifie, cache et montre, et cache autre chose que ce qu'il montre: il cache l'anxiété de la mort et montre l'excès imaginaire de la puissance. Mais l'excès ne peut être universel: la prééminence de l'un a pour contrepartie le défaut de l'autre. Le second, dupe de l'apparence, cherchera-t-il protection auprès du premier ?, le tour est joué, voilà la prééminence accrue. Le maniement des signes est cependant délicat: il faut savoir jusqu'où aller trop loin dans l'excès. Le signe peut trahir, comme l'ostentation trahit la vaine gloire. La délicatesse du signe tient à ce qu'il produit parfois un effet différent de celui qu'on attendait: c'est ainsi que les trop grands bienfaits suscitent la haine plutôt que l'amour, chez un débiteur insolvable. La vie relationnelle est un théâtre où se développe la tragi-comédie humaine.

Le désir de puissance se donne en spectacle pour masquer qu'il s'enracine dans le désir de persévérer dans l'être. Chaque homme se dédouble: comédien déchiré entre le souci de soi et la nécessité de paraître. Mais ce comédien ne peut abandonner son masque, ne fût-ce qu'un instant, sans se trahir et se mettre en péril. Pour être, il faut donc paraître, non une fois ou un moment, mais perpétuellement. Rien n'est donc jamais définitivement acquis, quand l'être repose sur le paraître. Le désir, originairement recentré sur soi, est maintenant excentré par le regard de l'autre. Ce qui veut dire que le désir de l'un d'étendre sa puissance sur l'autre donne à cet autre un privilège exorbitant, c'est toujours l'autre qui évalue:

> "La *valeur* ou l'IMPORTANCE d'un homme, c'est comme pour tout autre objet, son prix, c'est-à-dire ce qu'on donnerait pour disposer de sa puissance: aussi n'est-ce pas une grandeur absolue, mais quelque chose qui dépend du besoin et du jugement d'autrui" (*Lev.*, chap. X, p. 151-152, trad. p. 83).

La valeur d'un homme n'a donc rien d'un absolu moral intangible, elle est déterminée par les lois de l'échange, c'est-à-dire de l'offre et de la demande: c'est un prix. Or, le prix varie, d'une part, en fonction du besoin: "un habile général est d'un grand prix quand la guerre est là, ou qu'elle menace; mais il n'en va pas de même en temps de paix. Un juge érudit et incorruptible est chose très importante en temps de paix, mais pas autant en guerre" (*ibid.*). D'autre part, et surtout, parce que c'est l'acheteur, et non le vendeur, qui détermine le prix: "Un homme peut bien (et c'est le cas de la plupart) s'attribuer la plus haute valeur possible: sa vraie valeur, cependant, n'excède pas l'estime que les autres en font" (*ibid.*). La vraie valeur est déterminée non pas par un seul autre mais par les autres. L'évaluation de ma puissance fait intervenir la multitude, parce que, d'évidence, plus grande sera la demande, plus élevé sera le prix. La valeur varie donc en fonction directe du nombre. L'augmentation du prix exige une stratégie de la communication, que réalise la dialectique des signes d'honneur et des signes d'honorabilité:

> "On appelle HONNEUR la reconnaissance de la puissance; et honorer un homme (intérieurement dans l'esprit) c'est concevoir ou reconnaître que cet homme a un avantage ou un excès de puissance sur celui qui est en conflit ou se compare à lui. Et sont HONORABLES, les signes par lesquels un homme reconnaît chez un autre une puissance ou un excès sur son concurrent" (*E.L.*, I, chap. VIII, 5, pp. 34-35).

Deux traits caractérisent le rapport à autrui dans l'échange des signes d'honneur et d'honorabilité: 1) la comparaison des rivaux en concurrence, 2) l'engagement d'un tiers. Deux rivaux sont en concurrence, parce que tous deux recherchent la même chose: étendre sa puissance sur l'autre. L'un manifeste, par rapport à l'autre, des signes d'un excès de puissance naturelle ou instrumentale. Un tiers les regarde: les signes d'honorabilité sont ceux par lesquels il reconnaît en l'un un excès de puissance sur l'autre. Ce tiers émet lui-même des signes à l'égard de chacun des rivaux: au premier, des signes d'honneur (il lui cède le pas, l'exalte, l'implore, écoute ses conseils, etc.), au second, des signes déshonorants (il passe devant lui, le raille ou le prend en pitié, ne l'écoute pas quand il parle). Pourquoi le tiers ? Parce que la rivalité est universelle, et qu'un tiers quelconque est toujours, directement ou indirectement, engagé dans toute concurrence ponctuelle qui semble d'abord concerner d'autres que lui. Le point de vue du tiers est celui de l'universalité du désir de puissance.

On voit à quel point le déploiement et l'universalisation du désir de puissance est loin de réduire la rivalité à un pur exercice de force ou de violence ouverte, qui la rendrait au contraire impensable. Ce qui ne veut pas dire que la violence en soit absente, mais qu'elle n'intervient elle-même qu'en tant que signe: "les actions qui procèdent de la force du corps (*strength of body*) et de la violence ouverte (*open force*) sont honorables en tant que signes qui résultent d'une puissance motrice, tels sont la victoire dans une bataille ou un duel; *et à avoir tué son homme*" [34] (*ibid.*). Les effets physiques de la force n'entrent donc dans la stratégie du désir de puissance qu'en tant qu'ils sont en même temps signes pour un tiers.

Trois conséquences découlent de la tendance générale de l'humanité à accumuler de la puissance: premièrement, la vie relationnelle des hommes est un théâtre – au double sens du lieu où sont donnés des spectacles et du lieu des opérations militaires – où tout comportement: action, geste, attitude, parole, relève moins d'une fonction directe d'usage que d'une fonction indirecte de spectacle. Le réseau des signes est une toile d'araignée où les désirs des hommes se laissent prendre et dont ils ne peuvent plus se défaire. Deuxièmement, l'accroissement de la puissance est une accumulation de signes, et non d'objets, ou du moins, un objet ne peut y entrer qu'à titre de signe. L'homme ne désire pas spontanément la puissance, il ne la désire que parce que les autres la désirent. Les désirs des hommes s'imitent, c'est cette imitation qui les porte vers la même chose que tous ne peuvent avoir, c'est elle aussi qui les rend indéfinis. Troisièmement, la rivalité ne résulte pas d'un désir de destruction de l'autre, mais au contraire, d'un désir de le dominer. Or la stratégie de la domination est de ruse avant d'être de violence. Le désir de domination commence par essayer de faire de l'autre un ami. C'est pourquoi il commence par la séduction et donne lieu à la violence quand la séduction échoue. Tu n'a pas voulu être mon ami, tu seras mon serviteur.

Mais dès lors pourquoi Hobbes ne débouche-t-il pas sur une conclusion comparable à celle de Pascal, c'est-à-dire sur une domination des plus puissants sur ceux qui le sont moins ?:

"Les cordes qui attachent le respect des uns envers les autres en général sont cordes de nécessité; car il faut qu'il y ait différents degrés, tous les hommes voulant dominer et tous ne le pouvant pas, mais quelques-uns le pouvant.

Figurons-nous donc que nous les voyons commencer à se former. Il est sans doute qu'ils se battront jusqu'à ce que la plus forte partie opprime la plus faible, et qu'enfin il y ait un parti dominant. Mais quand cela est une fois déterminé alors les maîtres qui ne veulent pas que la guerre continue ordonnent que la force qui est entre leurs mains succèdera comme il leur plaît: les uns la remettent à l'élection des peuples, les autres à la succession de naissance, etc.

Et c'est là où l'imagination commence à jouer son rôle. Jusque-là la pure force l'a fait. Ici c'est la force qui se tient par l'imagination en quelque parti, en France des gentilhommes, en Suisse des roturiers, etc.

Or ces cordes qui attachent donc le respect à tel et à tel en particulier sont des cordes d'imagination" (*Pensées*, fr. 828, p. 606 A-B)

Ces lignes fulgurantes renferment toute une philosophie politique [35]. Elles reposent à l'évidence sur une lecture de Hobbes, mais l'issue en est différente. Tout d'abord, pour Pascal comme pour Hobbes, il y a un désir universel de domination: tous veulent dominer et non pas seulement quelques-uns. Mais pour Pascal la rivalité n'est pas d'emblée jeu de signes, mais rapport de forces. Les cordes de nécessité attachent le respect à la force. La formation de l'Etat suppose donc qu'à l'issue de la bataille les camps soient formés: d'un côté les vainqueurs, de l'autre les vaincus. Cependant, cette domination des vainqueurs, devenus maîtres, est précaire. Pour qu'elle se maintienne, il faut que la guerre cesse et que la force s'établisse. C'est alors que l'imagination fait son œuvre en substituant le signe à la force, mieux, en institutionalisant la force par le signe. Le signe ici aussi cache et montre: il cache le coup de force initial et montre une qualité attachée à un certain parti: en France des gentihommes, en Suisse des roturiers. Le signe est d'emblée social, mais aussi juridique: il fait tenir le fort pour le juste. Le signe, c'est la force justifiée qui se substitue à une justice universelle hors de portée. Tout droit est donc droit de l'épée, "car l'épée donne un véritable droit" (*ibid.*, fr. 85, p. 510 A). La conclusion en découle de toute nécessité:

> "Ne pouvant faire qu'il soit force d'obéir à la justice on a fait qu'il soit juste d'obéir à la force. Ne pouvant fortifier la justice on a justifié la force, afin que le juste et le fort fussent ensemble et que la paix fût qui est le souverain bien" (*ibid.*, fr. 81, p. 509 B).

Sans qu'il soit ici question de dégager toutes les implications du rapport entre la politique de Pascal et celle de Hobbes, on retiendra cependant deux points de divergence. 1) Pour Hobbes, le désir universel de puissance ne peut déboucher sur une victoire décisive qui distinguerait le parti des maîtres, c'est bien pourquoi il y a perpétuation de l'état de guerre. Dans la guerre, chacun des belligérants éprouve le risque permanent d'une mort violente qui lui révèle cette vérité que tout maître est un maître provisoire, parce qu'il reste dépendant de ceux dont il tient sa puissance. Par la misère et la mort, les hommes comprennent la vanité du leurre: leurrer les autres pour les dominer, c'est se leurrer soi-même, c'est-à-dire se mettre en péril en croyant se sauvegarder. Mais l'ensemble de cette argumentation repose sur un principe: "la guerre est par sa nature perpétuelle, parce qu'en raison de l'égalité des combattants, elle ne peut être terminée par aucune victoire" (*D.Ci., O.L.* II, chap. I, 13, p. 166). Sans ce principe de l'égalité naturelle des hommes, le concept proprement hobbesien de l'état de guerre ne serait pas pensable. 2) La deuxième divergence découle de la première: la puissance ne peut à elle seule fonder le droit politique, c'est pourquoi il faudra un acte fondateur qui instaure originairement l'Etat à la fois comme puissance et comme droit.

Mais avant d'en venir aux conditions de la fondation, il faut examiner le sens du principe de l'égalité naturelle des hommes qui constitue la première phase (T2^{B}1) de la transformation (T2^B). Négativement le principe d'égalité naturelle est orienté contre Aristote:

> "Je sais bien qu'*Aristote*, au livre premier de sa *Politique*, pose comme fondement de sa doctrine que les hommes sont par nature, les uns plus dignes de commander (il l'entendait des plus sages, parmi lesquels il se rangeait en sa qualité de philosophe), les autres de servir (il l'entendait de ceux qui avaient des corps vigoureux, mais n'étaient pas, comme lui, philosophes): comme si maître et serviteur ne tiraient pas leur origine du consentement des hommes, mais bien d'une différence d'esprit; ce qui n'est pas seulement contraire à la raison, mais contraire aussi à l'expérience. Car bien peu sont assez sots pour ne pas aimer mieux se gouverner eux-mêmes que d'être gouvernés par autrui, et quand ceux qui sont sages selon leurs propres vues s'affrontent de vive force à ceux qui se défient de leur propre sagesse, ils ne sont victorieux ni toujours, ni souvent, mais au contraire presque jamais" (*Lev.*, chap. XV, p. 211, trad. pp. 153-154; cf. *E.L.*, I, chap. XVII, 7, pp. 87-88; *D.Ci., O.L.* II, chap. III, 13, p. 189).

Quelles sont les raisons de l'égalité naturelle qu'accrédite, sans pourtant en rendre raison, l'expérience que les hommes ne sont pas assez sots pour préférer être gouvernés par autrui plutôt que par eux-mêmes ?

> "La nature a fait les hommes si égaux quant aux facultés du corps et de l'esprit, que, bien qu'on puisse parfois trouver un homme manifestement plus fort, corporellement, ou d'esprit plus prompt qu'un autre, néanmoins, tout bien considéré, la différence d'un homme à l'autre n'est pas si considérable qu'un homme puisse de ce chef réclamer pour lui-même un avantage auquel un autre ne puisse prétendre aussi bien que lui" (*Lev.*, chap. XIII, p. 183, trad. p. 121).

L'égalité naturelle des hommes est donc moins une parfaite équation par absence de différences dans les facultés du corps et de l'esprit, qu'une égalité qui tient au caractère négligeable des différences dans le contexte de l'état de nature. L'idée d'une équation parfaite serait en effet contraire à ce que démontre le chapitre VIII du *Léviathan* touchant les vertus intellectuelles, c'est-à-dire les différences d'aptitudes mentales des hommes; en outre, elle rendrait d'emblée impossible toute rivalité sur la puissance. Ainsi, en ce qui concerne tout d'abord les facultés du corps, et plus particulièrement, la force physique, il serait manifestement faux de nier l'existence de différences, ne fût-ce que parce que nous avons été enfant avant d'être homme et que la vieillesse ôte une part de nos aptitudes physiques (*D.Ci., O.L.* II, chap. I, 13, p. 166). C'est pourquoi, loin de nier l'existence de différences, Hobbes les reconnaît et les affirme. Mais précisément la différence de force ne peut fonder une inégalité qui assurerait une domination: "l'homme le plus faible en a assez [de force] pour tuer le plus fort, soit par une machination secrète, soit en s'alliant à d'autres qui courent le même danger que lui" (*Lev.*, chap. XIII, p. 183, trad. p. 121). L'égalité de force des hommes ne peut pas être seulement considérée comme une relation entre deux termes, mais fait intervenir l'ensemble du contexte relationnel, c'est-à-dire la rivalité universelle. Certes on pourra toujours obtenir une victoire *hic et nunc*, mais cette victoire sera par essence incertaine et précaire dans un contexte relationnel miné par une instabilité permanente. L'égalité ne peut donc être déterminée que par ce que peuvent les termes qui se trouvent engagés dans ce contexte: ceux qui peuvent des choses égales seront considérés comme égaux. Or, de par la fragilité du corps humain, le plus faible, par ruse ou violence, peut tuer le plus fort. L'égalité est donc une égalité de puissance au maximum, qui rend les différences de force négligeables et qui se trouve établie sans les nier (cf. *D.Ci., O.L.* II chap. I, 3, p. 162).

De la même façon, l'égalité des facultés de l'esprit s'établit sans nier les différences d'aptitudes intellectuelles, parce que celles-ci deviennent négligeables dans le contexte relationnel de l'état de nature. Premièrement, en ce qui concerne la science, c'est-à-dire l'aptitude intellectuelle acquise par l'activité industrieuse et la méthode, on ne peut nier que seul un très petit nombre d'hommes la possède, et en outre, dans un domaine limité. Est-ce à dire pour autant que la science confère, sinon la légitimité, du moins la possibilité d'une domination ? En aucun cas, car elle ne peut être reconnue que par ceux qui la possèdent également, c'est-à-dire par ceux-là seuls sur lesquels elle ne peut constituer un facteur de supériorité. On comprend donc que la science ne constitue qu'une faible puissance et ne produise que bien peu d'effets, dans un contexte relationnel où la puissance réside dans l'excès visible et reconnaissable par les autres. A supposer même qu'elle en produise, ce qui n'est pas du tout certain, puisque son acquisition comme celle de la technique suppose la paix. Deuxièmement, l'égalité de prudence, c'est-à-dire d'esprit acquis par la simple expérience, passe aussi par la reconnaissance des différences: car s'il est vrai que "la prudence n'est que de l'expérience, laquelle, en des intervalles de temps égaux, est également dispensée à tous les hommes" (*Lev.*, chap. XIII, p. 183, trad. p. 121), cela implique que les plus âgés sont plus prudents que les autres. Hobbes le reconnaît implicitement: "l'expérience d'hommes égaux en âge n'est pas tellement inégale pour ce qui est de la quantité" (*ibid.*, chap. VIII, p. 138, trad. p. 68). Mais, il s'en faut qu'on puisse en conclure une inégalité naturelle, tout simplement parce que la quantité de temps n'est pas le seul facteur à intervenir dans la constitution de la prudence; s'y ajoute en effet l'application à un domaine déterminé. Or dans le contexte relationnel de l'état de nature, tous les hommes n'ont qu'un unique et même dessein. L'unité de l'occupation corrige donc l'inégalité qui peut résulter des différences d'âge. Reste, troisièmement, la sagesse: celle-ci est l'objet d'une vaine gloire universelle qui porte chaque homme à se considérer comme supérieur aux autres sur ce plan. Mais si tous les hommes sont satisfaits de leur sagesse et n'en souhaitent pas davantage, ils se posent comme égaux dans le moment même où ils se croient inégaux: "d'ordinaire, il n'y a pas de meilleur signe d'une distribution égale de quoi que ce soit, que le fait que chacun soit satisfait de sa part" (*ibid.*, chap. XIII, trad. p. 122).

Tel est donc le paradoxe de l'égalité d'être atteinte au second degré alors qu'on la croyait perdue au premier. Ce paradoxe est le ressort de l'état de guerre: tous les hommes sont égaux dans leur méconnaissance mutuelle de l'égalité. Ils peuvent réciproquement des choses égales, dans l'instant même où ils croient pouvoir davantage que les autres. Certes tous les hommes ne se méconnaissent pas à ce point, mais du fait que certains cherchent à affirmer leur supériorité: "il faut reconnaître qu'il doit nécessairement s'ensuivre, que ceux qui sont modérés, et ne recherchent rien de plus que l'égalité de nature, seront, de manière détestable, exposés à la force des autres qui tenteront de les soumettre. Et de là procédera une méfiance générale dans l'humanité, et une crainte mutuelle des uns aux autres" (*E.L.*,I, chap. XIV, 3, p.71). La dynamique relationnelle emporte même ceux qui seraient disposés à admettre l'égalité naturelle. C'est donc dans cette distance entre l'égalité de fait méconnue et sa reconnaissance effective dans l'épreuve du péril, où elle sera vécue par chaque individu comme une contradiction interne, que se développe l'espace du conflit. On comprend, par conséquent, que la reconnaissance de l'égalité naturelle puisse prendre la forme d'un principe pratique de la raison [36], c'est-à-dire d'une loi de nature: "Si donc la nature a fait les hommes égaux, cette égalité *doit être* reconnue" (*Lev.*, chap. XV, p. 211, trad., p. 154, souligné par nous). Mieux, l'égalité naturelle doit être reconnue comme un principe indépendant du fait: "si elle [la nature] les a faits inégaux, étant donné que les hommes, se jugeant égaux, refuseront de conclure la paix, si ce n'est sur un pied d'égalité, cette égalité doit néanmoins être admise. J'indique donc comme neuvième loi de nature celle-ci: *que chacun reconnaisse autrui comme étant son égal par nature"(ibid.)*. L'exigence rationnelle d'une reconnaissance réciproque de l'égalité n'adviendra donc qu'à l'issue de l'expérience ou de l'épreuve de la contradiction interne du refus de reconnaissance qui mine cet état de guerre dont trois causes rendent raison.

La théorie des trois causes de guerre constitue la deuxième phase $(T2^{B2})$ de la transformation $(T2^B)$. La première cause est la rivalité:

> "Si deux hommes désirent la même chose alors qu'il n'est pas possible qu'ils en jouissent tous les deux, ils deviennent ennemis: et dans leur poursuite de cette fin (qui est, principalement, leur propre conservation, mais parfois seulement leur agrément), chacun s'efforce de détruire ou de dominer l'autre" (*ibid.*, chap. XIII, p.184, trad.,p. 122).

La rivalité est d'abord économique. On peut légitimement penser que ce désir mutuel d'une même chose, dont la jouissance ne peut être partagée, présuppose la rareté. Supposons que la nature soit avare en biens utiles ou en choses nécessaires à la conservation de la vie, on comprend alors que le désir de persévérer dans l'être puisse amener chaque homme à agresser l'autre qui en détient, ou à défendre ceux qu'il possède lui-même. En outre, cette rareté semble confirmée par la précarité du travail humain en un temps où ses produits peuvent à tout moment être usurpés. Mais la rareté des biens et la guerre économique, qui en découle, ne peuvent rendre compte de l'universalité et de la permanence de l'état de guerre. La rareté donne lieu à une guerre du besoin, non du désir, elle peut expliquer une rivalité locale, non une rivalité universelle, elle peut susciter un conflit ponctuel, qui dure autant de temps que la faim ou la soif et qui s'éteint une fois la satisfaction obtenue, non un conflit perpétuel, qui fait que "l'agresseur à son tour court le même risque à l'égard d'un nouvel agresseur" *(ibid)*. En outre, si la rareté était seule au principe de l'état de guerre, cela supposerait que l'hypothèse d'une abondance des biens supprimerait la rivalité. Or, c'est exactement l'inverse qui se passe, car à l'opposé des bêtes qui ne se sentent pas offensées par leurs compagnes tant qu'elles jouissent de leurs aises, "l'homme est le plus enclin à créer du désordre lorsqu'il jouit le plus de ses aises" (*ibid.*, chap. XVII, p. 226, trad. pp. 176-177). La version latine de ce même passage du *Léviathan* précise: "quand il jouit de la plus grande abondance de loisirs et de richesses". La rareté ne peut donc rendre compte à elle seule de la volonté permanente de se nuire mutuellement, la guerre économique ne suffit pas à l'état de guerre. C'est pourquoi, la première cause de guerre est complétée par une seconde: la méfiance:

"Du fait de cette défiance de l'un à l'égard de l'autre, il n'existe pour nul homme aucun moyen de se garantir qui soit aussi raisonnable que le fait de prendre les devants, autrement dit, de se rendre maître, par la violence ou par la ruse, de la personne de tous les hommes pour lesquels cela est possible, jusqu'à ce qu'il n'aperçoive plus d'autre puissance assez forte pour le mettre en danger. Il n'y a rien là de plus que n'en exige la conservation de soi-même, et en général on estime cela permis" (*ibid.*, chap. XIII, p. 184, trad. pp. 122-123).

La seconde cause de guerre donne lieu à une guerre offensive de prévention, qui met en œuvre violence et ruse, et qui a pour enjeu la sécurité. En un sens, la méfiance – opinion selon laquelle un homme n'est pas véridique – découle de la rivalité sur les biens utiles ou les choses nécessaires à la conservation de la vie. Chacun, voyant en l'autre un agresseur, anticipe cette agression réelle ou imaginaire, pour maîtriser l'adversaire potentiel. Notons que le meilleur moyen d'assurer sa propre sécurité n'est pas de détruire l'autre mais de s'en "rendre maître". Cependant le désir de domination, encore enraciné dans le désir de persévérer dans l'être, ne peut se satisfaire d'une seule victoire. Dès qu'il commence, il faut qu'il s'étende et s'étende encore, jusqu'à ce que l'accroissement de notre propre puissance, à laquelle contribuent ceux qu'on domine, nous mette à l'abri du danger, c'est-à-dire ne rencontre plus d'obstacle. En principe, il y a une limite; en fait, cette limite est un horizon qui recule à mesure qu'on avance: il y aura toujours un obstacle, il y aura toujours du danger, qu'il vienne de nos ennemis, de nos serviteurs ou de nos amis. Qui m'a prêté main forte aujourd'hui peut demain se retourner contre moi. Il faut donc que je continue toujours à accroître ma puissance sur "la personne de tous les hommes pour lesquels cela est possible". Ce n'est pas là folie, mais nécessité, du moins tant que le motif en est la conservation de soi-même; et si c'est nécessaire, alors c'est permis, on en a la liberté.

En un autre sens, la méfiance révèle la vérité de la rivalité, car si celle-ci portait tout d'abord sur une chose immédiatement utile à la conservation de la vie, son enjeu est désormais d'un autre ordre: la puissance sur autrui; et la rivalité sur la puissance donne lieu à une guerre du désir. Certes, le désir de puissance reste encore enraciné dans le désir de persévérer dans l'être, puisqu'il est question d'assurer sa sécurité. La puissance sur autrui n'est pas d'emblée recherchée en soi, mais seulement comme un moyen utile ou un instrument. Seulement la course à la domination procure elle-même du plaisir. Tant de plaisir, que certains hommes en oublient le premier objet de rivalité: la chose nécessaire à la conservation de soi, et, prenant "plaisir à contempler leur propre puissance à l'œuvre dans les conquêtes, poursuivent celles-ci plus loin que leur sécurité ne le requiert" (*ibid.* pp. 184-185, trad. p. 123). Le plaisir de la puissance porte le désir de domination à s'étendre au monde entier. Le lieu de la rivalité a donc changé, le bien utile est désormais presque oublié, au profit du plaisir de la puissance. L'état de guerre est universel, parce que tous les hommes sont amenés à désirer une même chose que tous ne peuvent avoir ensemble. La troisième cause de guerre va assurer la reproduction de l'état de guerre universalisé. Cette troisième cause est la gloire:

> "De plus, les hommes ne retirent pas d'agrément (mais au contraire un grand déplaisir) de la vie en compagnie, là où il n'existe pas de puissance capable de les tenir tous en respect. Car chacun attend que son compagnon l'estime aussi haut qu'il s'apprécie lui-même, et à chaque signe de dédain, ou de mésestime, il s'efforce naturellement, dans toute la mesure où il l'ose [...], d'arracher la reconnaissance d'une valeur plus haute: à ceux qui le dédaignent, en leur nuisant; aux autres, par de tels exemples" (*ibid.*).

La gloire est ce plaisir de puissance qui achève de transformer l'espace relationnel en espace du conflit. D'abord effet subjectif, la gloire devient cause spécifique d'une guerre qui a pour objet n'importe quoi, et qui assure la permanence de l'état de guerre. C'est que la gloire n'a de réalité que si notre puissance est reconnue par les autres, sans quoi elle serait vaine. Les hommes cherchent donc à obtenir cette reconnaissance par des guerres de prestige. La *libido dominandi* est donc travaillée par un désir de reconnaissance. Mais ce désir est contradictoire, parce qu'il est en même temps refus de reconnaissance: l'un désire se faire reconnaître par l'autre, et réciproquement; mais tous deux méconnaissent du même coup la ressemblance de leur désir réciproque de supériorité. Sans en avoir conscience, ils se posent comme égaux dans le mouvement même par lequel ils s'affirment inégaux. Cette contradiction traverse l'individu et ébranle son existence, désormais dissociée entre la crainte de la mort et le désir de gloire. Mais la gloire fait oublier la crainte, elle amène les hommes à mettre leur vie en péril pour des bagatelles. Ainsi, la gloire introduit l'irrationalité dans le désir humain de persévérer dans l'être, en le faisant risquer cet être "pour un mot, un sourire, une opinion qui diffère [...], ou quelque autre signe de mésestime" (*ibid.*, p. 185, trad. p. 124). La guerre n'est pas en soi irrationnelle, bien au contraire, elle est rationnelle tant qu'elle s'enracine dans le désir de persévérer dans l'être, comme lorsqu'elle a pour objet un bien nécessaire à la conservation de soi, ou lorsqu'elle conduit à prendre l'offensive pour la sauvegarde de soi. En revanche, elle devient irrationnelle, lorsque nous recherchons la victoire pour le plaisir qu'elle procure, c'est-à-dire pour la gloire.

On le voit, la théorie de l'état de guerre ne s'inscrit dans aucune des traditions représentées par Erasme, Machiavel ou Grotius. Ni évangélisme, ni recettes stratégiques pour mener et remporter la guerre, ni possibilité de distinguer la guerre juste de la guerre injuste. Face au nouveau concept mis en place, la morale est impuissante, la stratégie, vaine, et la distinction du juste et de l'injuste, inopérante:

> "Cette guerre de chacun contre chacun a une autre conséquence: à savoir, que rien ne peut être injuste. Les notions de légitime et d'illégitime, de justice et d'injustice n'ont pas ici leur place. Là où il n'est pas de puissance commune, il n'est pas de loi; là où il n'est pas de loi, il n'est pas d'injustice. La violence et la ruse sont en temps de guerre les deux vertus cardinales" (*ibid.*, p. 188, trad. p. 126).

Mais comment sortir de l'état de guerre, si violence et ruse ne conduisent qu'à la misère et à la mort et si la guerre est en deçà du juste et de l'injuste? Poser cette question, c'est s'interroger sur les conditions de possibilité de la transformation (T3) de l'espace du conflit en espace civil. Or, quelles que soient les distances que Hobbes prenne par rapport à Grotius sur la question du droit de la guerre, c'est néanmoins du côté de la problématique juridique [37] développée par celui-ci qu'il trouve les conditions d'une réponse, mais en les enracinant dans le contexte de son éthique. De l'homme comme être désirant la puissance à l'homme comme être de droit, la transition sera assurée par le fondement de l'un et de l'autre: l'homme comme être de parole.

CHAPITRE V

L'ÊTRE DE PAROLE, LE DROIT ET LA LOI :
UNILATÉRALITÉ ET RÉCIPROCITÉ

Pour penser le rapport de l'homme comme être qui affirme son droit à l'homme comme être qui affirme sa puissance, il faut éviter deux écueils: penser ce rapport en termes de simple juxtaposition ou le penser en termes de pure identité. Dans le premier cas, en effet, la problématique du droit naturel apparaîtrait comme un corps étranger aux implications du déploiement de la vie passionnelle interhumaine; dans le second cas, il serait impossible de rendre compte de l'irréductibilité de la fondation juridique du politique.

Tout d'abord, s'il n'y a pas simple juxtaposition, c'est que le désir de puissance et le droit naturel ont la même origine. Cette origine commune est double: le désir de persévérer dans l'être et le langage. De même que le désir de persévérer dans l'être se transformait en désir de puissance, de même il intervient directement dans la détermination du droit naturel: "c'est donc un *droit de nature:* que chaque homme puisse préserver sa propre vie et ses membres avec toute la puissance qu'il possède" (*E.L.*, I, chap. XIV, 6, p. 71; *D.Ci., O.L.* II, chap. I, 7, pp. 163-164; *Lev.*, chap. XIV, p. 189, trad. p. 128). Le désir de puissance, originairement enraciné dans le désir de persévérer dans l'être, est par là même rationnel, cette rationalité est le droit naturel: "il n'est pas contre la raison qu'un homme fasse tout ce qu'il peut pour préserver son propre corps et ses membres, à la fois de la mort et de la douleur. Et ce qui n'est pas contre la raison, les hommes l'appellent DROIT, ou *jus,* ou liberté irréprochable d'utiliser notre puissance naturelle et notre capacité" (*E.L.*, I, chap. XIV, 6, p.71). L'intervention de la *recta ratio* indique la seconde origine du droit naturel: le langage. La droite raison est un acte de raisonnement qui n'enveloppe pas de contradiction. Un être qui affirme son droit est donc un être capable de rendre à soi-même raison de son comportement, et corrélativement, de repérer la contradiction éventuelle qui pourrait y intervenir. Que l'affirmation du droit exige l'aptitude à distinguer le rationnel de l'irrationnel indique, d'une part, qu'il n'y a pas lieu de parler du droit naturel des corps inanimés ou même des animaux, sinon par une extension abusive du terme, et d'autre part, que le droit naturel a pour origine la capacité de comprendre liée au langage. Toute la théorie du droit, de la loi et des contrats est soutenue par une théorie de la compétence et de la performance linguistiques, sans lesquelles il n'y a ni possibilité de définir la rationalité de l'usage de la puissance, ni possibilité de discerner la contradiction et de concevoir l'exigence de la loi naturelle, ni possibilité de se dessaisir d'un droit, c'est-à-dire de promettre. Mais Hobbes, on le verra , n'en reste pas à une simple position de principe, l'examen des actes de parole intervient dans la définition du contrat, la détermination de son objet et la délimitation de ses conditions de validité. S'enracinant ainsi dans le désir de persévérer dans l'être et dans l'extension du champ d'expérience que permet le langage, on comprend que le droit naturel ne soit pas simplement juxtaposé au désir de puissance.

Mais il n'y a pas pour autant identification: chez Hobbes, à l'opposé de Spinoza, le droit dans sa définition ou son essence ne revient pas à la puissance. Comme l'a montré A. Matheron [38], le droit n'appartient pas au genre puissance mais au genre liberté qui en est distinct: "Le DROIT DE NATURE, que les auteurs appellent généralement *jus naturale,* est la liberté qu'a chacun d'user comme il le veut de sa puissance propre, pour la préservation de sa nature" (*Lev.*, chap. XIV, p. 189, trad. p. 128). En effet, la liberté naturelle est l'absence d'obstacles extérieurs à l'usage de notre puissance. Or l'usage de la puissance n'est pas identique à la quantité de puissance utilisée, parce que les obstacles extérieurs "peuvent souvent enlever à un homme une part de la puissance qu'il a de faire ce qu'il voudrait, mais ne peuvent l'empêcher d'user de la puissance qui lui est laissée conformément à ce que lui dicteront son jugement et sa raison"*(ibid.).* La liberté d'user de la puissance que nous avons ne varie donc pas en fonction de l'augmentation ou de la diminution de notre puissance. En définissant d'emblée le droit naturel par la liberté, Hobbes accomplit un acte décisif, pleinement conscient et pleinement assumé, qui achève une tradition qui va de Guillaume d'Ockham à Grotius [39], en posant le droit comme faculté de l'individu, c'est-à-dire comme droit subjectif. Le droit naturel est donc le droit qu'un individu a sur lui-même, ses actions et les choses qu'il possède: c'est un *droit de* qui ne donne *droit à* rien, et n'a donc ni pour fondement, ni pour corrélat, une obligation d'autrui. Le droit naturel n'enveloppe aucun principe de réciprocité.

Mais si le droit naturel est la liberté dont chacun dispose, indépendamment de toute considération du droit de l'autre, d'user comme il le veut de sa puissance, cela n'implique pas que nous ayons le droit de tout faire, ou du moins, cela implique que nous avons le droit de tout faire *sauf* ce qui remettrait en cause la préservation de notre être. Le droit naturel ayant pour fondement le désir de persévérer dans l'être, il va de soi qu'il se contredirait lui-même s'il justifiait des actes qui mettraient notre être en péril. La liberté d'user de notre puissance ne définit le droit naturel que dans la mesure où elle reste rationnelle, c'est-à-dire en tant qu'elle se restreint à la classe des actions qui contribuent directement ou indirectement, suivant le contexte relationnel, à la conservation de notre être. Seulement, la rationalité est ici purement individuelle: chacun est, pour soi, seul juge à la fois du danger et de la nécessité des moyens qu'il faut mettre en œuvre pour s'en préserver:

> "Car s'il est contre la raison que je sois moi-même juge du danger que je cours, alors il est raison qu'un autre homme en soit juge. Mais la même raison qui fait un autre homme juge des choses qui me concernent, me fait également juge de ce qui le concerne. Et par conséquent, j'ai raison de juger son jugement, que ce soit pour mon profit ou non" (*E.L.*, I, chap. XIV, 2, p. 72, *D.Ci., O.L.* II, chap. I, 9, p. 169).

La démonstration est irréfutable: le droit naturel renvoie uniquement à la sphère du moi. Chacun étant pour soi juge de son propre droit, chacun aura donc la liberté "de faire tout ce qu'il considérera, selon son jugement et sa raison propres, comme le moyen le mieux adapté à cette fin" (*Lev.*, chap. XIV, p. 189, trad. p. 128). Toute la question est désormais de savoir ce que devient le droit naturel lorsqu'on le situe dans l'espace du conflit. Or, ce qui caractérise cet espace, c'est l'absence de toute certitude sur les desseins d'autrui et donc sur ce qui pourrait servir à notre propre défense. Il s'ensuit que tout acte ou toute chose, que notre raison nous amènera à considérer comme utile à la conservation de notre être, appartiendra à la sphère de notre droit naturel. Dans l'espace du conflit, le droit naturel s'étend au monde entier: non seulement aux choses, mais également au corps et à la vie des autres hommes. Dans l'état de guerre, mais dans l'état de guerre uniquement, le droit naturel devient *jus in omnia, right to every thing*. Le *jus in omnia* est uniquement le *jus naturale* dans l'espace du conflit [40]. En effet, si le droit naturel est dans sa définition même un usage rationnel de la puissance en vue de la préservation de notre être, à l'opposé, le droit sur toute chose devient irrationnel parce qu'il prend la forme d'une légitimation de l'état de guerre: "c'est pourquoi, aussi longtemps que dure ce droit naturel de tout homme sur toute chose, nul, aussi fort ou sage fût-il, ne peut être assuré de parvenir au terme du temps de vie que la nature accorde ordinairement aux hommes" (*ibid.*, p. 190, trad., p. 129). Loin de garantir la préservation de notre être, le *jus in omnia* le met en péril. Le droit sur toute chose est contradictoire, Hobbes le dit explicitement: "celui qui désire vivre dans un état tel que l'état de liberté et de droit de tous sur tout se contredit lui-même" (*E.L.*, I, chap. XIV, 12, p. 73; cf. *D.Ci.*, *O.L.* II, chap I, 13, p. 166). Alors que le *jus naturale* se distingue par définition de la puissance, à l'inverse, le *jus in omnia* s'y réduit: "de là, on peut légitimement déduire que dans l'état de nature la puissance irrésistible est le droit" (*E.L.*, I, chap. XIV, 13, p. 74; cf. *D.Ci.*, *O.L.* II, chap. I, 14, p. 167). Dans l'espace du conflit, l'écart entre le droit et le fait est aboli: chacun affirmant son droit sur toute chose, les différends se règleront en définitive par l'épreuve de force. Le droit sur toute chose aboutit à une impasse qui tient à son unilatéralité; mais parce que ce droit est le produit d'une déduction rationnelle, la raison peut reconnaître cette contradiction et tenter de la surmonter en limitant le *jus* par la *lex* qui impose l'exigence d'une réciprocité.

Pris dans la rigueur de ses implications, le droit subjectif ne peut plus se confondre avec la loi. Tout d'abord, la *lex naturalis* est un précepte de la raison qui s'enracine, comme le droit naturel, dans le désir de persévérer dans l'être, mais qui, contrairement à lui, n'est pas liberté mais obligation: "le DROIT consiste dans la liberté de faire une chose ou de s'en abstenir, alors que la LOI vous détermine, et vous lie à l'un ou à l'autre; de sorte que la loi et le droit diffèrent exactement comme l'obligation et la liberté, qui ne sauraient coexister sur un seul et même point" (*Lev.*, chap. XIV, p. 189, trad. p. 128). La loi naturelle ne dépend donc ni du consentement des nations, ni du consentement de l'humanité, sa force réside uniquement dans la force des raisons qui y conduisent, c'est-à-dire dans la nécessité de dépasser la contradiction interne du *jus in omnia*. Que la loi naturelle soit définie par sa rationalité implique, d'une part, qu'elle ne peut avoir de sens que pour un être doué de raison, et d'autre part, qu'elle n'est pas immanente à la constitution de l'individu, sans quoi elle ne pourrait jamais être transgressée. La raison exige une restriction du droit pour l'empêcher d'entrer en contradiction avec lui-même. La loi naturelle recouvre donc une classe d'actions distinctes de celle qui relève du droit naturel:

> "Les noms *lex* et *jus*, c'est-à-dire loi et droit, sont souvent confondus; et pourtant c'est à peine s'il y a deux mots de signification plus contraire. Car le droit est la liberté que la loi nous laisse; et les

lois sont les restrictions par lesquelles nous nous accordons mutuellement pour restreindre nos libertés réciproques. Par conséquent, la loi et le droit ne sont pas moins différents que la restriction et la liberté" (*E.L.*, II, chap. X, 5, p.186).

Reste à déterminer quels sont la nature et le contenu de l'obligation ou de la restriction de liberté que la raison impose. La nature de l'obligation fait problème dans la mesure où, si la loi naturelle consiste en la nécessité rationnelle de surmonter une contradiction, elle a plus un caractère logique qu'un caractère moral. Qu'est-ce qui permet le passage de la raison théorique à la raison pratique ? Notons, d'abord, qu'il n'y a pas entre l'une et l'autre l'écart que creusera Kant. Pour Hobbes, la raison théorique devient pratique dans la mesure où elle est mobilisée par le désir de persévérer dans l'être, et inversement, la raison pratique ne présente pas la loi comme un fait *a priori* qui imposerait un impératif catégorique ou inconditionnel. Le précepte pratique est en effet toujours conditionné par le contexte relationnel. Mais le problème est alors déplacé: la prescription de la raison est-elle une règle de prudence ou une obligation morale ? En fait, il n'y a pas là alternative, les deux lectures ne présentent aucune incompatibilité. Tout dépend du point de vue où l'on se place: si on en reste simplement au niveau des nécessités internes à la raison individuelle, le principe pratique est une conclusion rationnelle de prudence concernant ce qui favorise notre conservation; si on conçoit le principe pratique au niveau d'une vision globale de l'univers, alors la religion naturelle aussi bien que la religion révélée nous apprennent que son éternité et son universalité ont pour fondement la parole divine. Dans ce deuxième cas, le précepte pratique prend le statut d'une loi morale, sans pour autant changer de contenu. Les œuvres éthiques et politiques de Hobbes sont traversées par ces deux niveaux de lecture: celui de la déduction génétique et celui du système.

Quel est le contenu de la loi morale ? Ce contenu consiste à exiger une restriction du droit pour rendre possible la compatibilité des libertés, c'est-à-dire la réciprocité. De même que dans l'immanence de son rapport à soi, le désir s'ouvrait à la relation, de même ici dans l'unilatéralité de ses propres déductions, la raison découvre l'exigence de la réciprocité. Or, cette réciprocité suppose de surmonter la radicalisation de l'altérité par une commutativité du moi et de l'autre. Ainsi l'unique contenu, que toutes les lois particulières de nature ne font que spécifier, consiste en une règle de commutativité: *"qu'un homme s'imagine qu'il est à la place de la partie avec laquelle il a affaire; et réciproquement celui-ci à la sienne"* (*ibid.*, I, chap. XVII, 9,

p. 92). Il s'agit donc d'opérer un déplacement des termes de la relation: de changer les poids de chaque côté de la balance. L'exigence de réciprocité est exigence d'un accord des libertés, condition de la paix. L'alternative se joue donc entre l'unilatéralité et la réciprocité, entre la guerre et la paix. Cependant, formulés en ces termes, les membres de l'alternative peuvent paraître disproportionnés au profit de la paix, puisqu'en somme il s'agirait de choisir entre la mort et la vie. Mais la disproportion est largement diminuée lorsqu'on tient compte du statut de la loi naturelle non *in abstracto,* en tant qu'elle oblige à faire ce qui contribue à la préservation de notre être ou interdit de faire ce qui le met en péril, mais *in concreto* dans le contexte relationnel de l'espace conflictuel. En effet, si le *jus naturale,* appliqué à l'état de guerre, devient *jus in omnia,* l'application de la *lex naturalis* devient tout à fait problématique dans la mesure où l'effectivité de la réciprocité ne dépend pas uniquement du moi, mais également d'autrui. C'est pourquoi le contenu de l'exigence de réciprocité doit être adapté au contexte de l'espace conflictuel:

> "Par conséquent, la raison et la loi de nature sur et au-dessus de toutes les lois particulières, dicte cette loi en général: *Que ces lois particulières soient observées pour autant qu'elles ne nous assujettissent pas à quelque incommodité, qui peut se présenter en nos propres jugements, par la négligence dont elles font l'objet de la part de ceux à l'égard desquels nous les observons"* (*ibid.,* chap. XVII, 10, pp. 92-93; cf. *D.Ci., O.L.* II, chap. III, 27, pp. 194-195; *Lev.,* chap. XV, p. 215, trad. p. 158).

La réciprocité ne peut devenir effective que si l'autre se conduit à mon égard, comme moi au sien. Sans quoi, non seulement il n'y aurait pas réciprocité, mais l'observation de la loi naturelle deviendrait irrationnelle, parce qu'elle ferait du moi la proie de l'autre. Or, dans l'espace du conflit où chacun est gouverné par sa propre raison et où il n'y a pas de tiers pour juger, chacun est à la fois juge et partie prenante de la relation. Ce qui implique qu'il appartient à chacun de déterminer s'il doit ou non observer la loi de nature à l'égard de l'autre. Par là même, l'obligation inscrite dans la loi de nature se trouve restreinte à l'intention ou au désir, et pas toujours à l'application de cette intention à l'égard de l'autre. Mieux, l'application elle-même s'intériorise, elle trouve son sens *in foro interno* ou *in conscientia,* tant qu'il n'y a pas de garantie suffisante pour lui donner une effectivité *in foro externo.* On comprend donc que la loi de nature soit aisée à observer, trop aisée même, mais cette aisance se paye d'ineffectivité. Sachant que seule l'existence de l'Etat pourra fournir une garantie à la fois juridique et pratique de l'effectivité de la réciprocité, il semble que nous nous trouvions devant un cercle. Ce qui permet de sortir de ce cercle, c'est que la réciprocité, avant de prendre la forme d'une exigence morale, est éprouvée par chacun dans le risque permanent et mutuel d'une mort violente. La présence de la misère et l'imminence inéluctable de la mort rendent à l'obligation morale intérieure sa valeur de principe pratique. Chaque homme est désormais devant une alternative plus complexe que la précédente, parce qu'elle définit le rapport du droit naturel et de la loi naturelle en fonction de l'incertitude qui mine le contexte relationnel:

> *"Que tout homme doit s'efforcer à la paix, aussi longtemps qu'il a un espoir de l'obtenir; et quand il ne peut pas l'obtenir, qu'il lui est loisible de rechercher et d'utiliser tous les secours et tous les avantages de la guerre"* (*Lev.*, chap. XV, p.190, trad. p. 129).

C'est la même raison qui présente sous la forme d'une règle générale l'alternative entre la première et fondamentale loi de nature qui prescrit de rechercher la paix (première partie de la règle) et le droit naturel élargi en droit sur toute chose (seconde partie de la règle). Le même souci d'assurer la préservation de notre être, qui confère la rationalité à nos déductions, justifie chaque membre de l'alternative en fonction du contexte: l'observation de la *lex naturalis* est rationnelle si, et seulement si, *il y a un espoir d'obtenir la paix*, le *jus in omnia* est rationnel si, et seulement si, *il n'y a pas d'espoir de l'obtenir*. Si on modifie la nature du contexte dans l'un ou l'autre membre de l'alternative, l'application de la *lex naturalis* ou le *jus in omnia* devient contradictoire. L'incertitude sur les desseins d'autrui fonde la rationalité de l'alternative. Pour sortir de cette incertitude et s'assurer des desseins d'autrui, il faudra à la fois donner des signes de notre disposition à la réciprocité et tenter de susciter en l'autre une disposition semblable. Ces dispositions, bonnes mœurs ou vertus morales forment le contenu des lois particulières de nature. Mais avant d'y venir, il importe au plus haut point de souligner que l'alternative se situe entre le *jus in omnia* (c'est-à-dire le droit naturel *élargi,* et non le droit naturel en général, hors contexte) et la *lex naturalis*. C'est ce qu'atteste la seconde loi de nature qui fournit la condition de la réciprocité et de la paix:

> *"Que l'on consente, quand les autres y consentent aussi, à se dessaisir, dans toute la mesure où l'on pensera que cela est nécessaire à la paix et à sa propre défense, du droit qu'on a sur toute chose (to lay down this right to all things; a jure suo in omnia [...] decedere) et qu'on se contente d'autant de liberté à l'égard des autres qu'on en*

concéderait aux autres à l'égard de soi-même" (ibid.; cf. *E.L.*, I, chap.
XV, 2, p. 15; *D.Ci, O.L.* II, chap. II, 3, p. 170).

Peut-on dire les choses plus clairement ? La première loi naturelle,
qui prescrit la paix, était incompatible avec le *jus in omnia*, c'est
pourquoi, la deuxième loi, qui indique la condition à réaliser pour
l'obtenir, exige que l'on se dessaisisse ou que l'on abandonne le *jus in
omnia*, et non le *jus naturale* en général. La loi naturelle exige du reste
si peu qu'on se démunisse de tout droit naturel, qu'à l'inverse, elle en
présuppose le maintien. Il ne s'agit pas d'abandonner ou d'aliéner
totalement notre liberté, mais seulement cette extension de la liberté
qu'exige l'état de guerre, et par laquelle notre liberté ou notre droit
devient incompatible avec la liberté ou le droit de l'autre. Pour que la
réciprocité soit possible, il faut donc assurer la compatibilité des
libertés par leur restriction mutuelle. Or cette restriction mutuelle
suppose que je reconnaisse à l'autre la possibilité de conserver autant de
liberté ou de droit que j'en garde moi-même. La réciprocité ne peut
donc avoir lieu que par la reconnaissance juridique. L'institution de
l'Etat n'aura d'autre fonction que de garantir en fait et en droit cette
compatibilité des libertés. Toute la question sera, le moment venu, de
déterminer le contenu de la liberté et du droit naturel que les citoyens
conservent dans l'édifice politique. Mais, pour assumer sa fonction,
l'Etat doit être fondé, il convient donc d'examiner tout d'abord le statut
de la relation juridique qu'implique l'abandon de droit, pour en venir
ensuite à l'acte fondateur.

Qu'est-ce qui définit la relation juridique dont le genre le plus
général consiste à se dessaisir ou à abandonner *(to lay down, to
abandon; decedere, deponere)* un droit qu'on possède ? Quelles en sont
les modalités, les implications et les conditions de validité ? A ces
questions les *Elements of Law* (chap. XV), le *De Cive* (chap. II) et le
Léviathan (chap. XIV) répondent de manière à peu près identique. La
relation juridique (R) d'abandon de droit engage, l'un vis-à-vis de
l'autre, deux termes X et Y (il s'agit de personnes naturelles, c'est-à-
dire d'individus disposant de droits). Le contexte où elle s'inscrit
permet de déterminer, d'une part, les droits dont X et Y disposent
avant que cette relation ne s'établisse, et d'autre part, la valeur de la
relation pour un tiers W. Le contexte est évidemment différent selon
qu'on se situe dans l'espace du conflit ou dans l'espace civil, mais
comme l'instance politique n'existe pas encore et qu'en outre il s'agit de
se donner les moyens juridiques de penser sa fondation, le seul contexte
que nous puissions mobiliser est l'espace du conflit, ce qui ne nous
empêchera pas de simuler ce qui se passerait si l'instance politique

existait. Or dans l'état de guerre X, Y et W disposent d'un droit sur tout. La relation (R), par laquelle X abandonne le droit qu'il a sur une chose à Y, ne peut donc conférer aucun droit nouveau à ce dernier. Est-ce à dire pour autant que la relation (R) n'ait pas d'effet ? En aucune manière, parce qu'elle implique que X perd le droit qu'il avait auparavant d'user et de jouir de la chose, et corrélativement, que Y voit disparaître l'obstacle que pouvait constituer le droit de X à l'exercice de son propre droit sur la chose. Autrement dit, la relation (R) est toute négative: elle consiste pour X à ne plus opposer son droit au droit de Y ou à ne pas résister à l'exercice du droit de Y. Cependant, la non-résistance qu'implique la relation (R) n'engage pas le tiers W: celui-ci peut parfaitement opposer son droit au droit de Y. C'est pourquoi, eu égard au contexte général, les obstacles à l'exercice du droit de Y ne font que diminuer. On peut donc écrire: (R) = abandon de droit = non-résistance = diminution des obstacles.

La relation (R) comporte deux modalités, selon que Y est déterminé ou indéterminé. Dans le second cas, (R) consiste pour X à renoncer *(to renounce, renunciare)* à un droit sur une chose en faveur d'un Y quelconque. Cette modalité ne sera guère retenue, parce qu'elle revient purement et simplement à un abandon de fait. En revanche, la première modalité est fondamentale, parce qu'elle permet de définir entre X et Y un type d'engagement spécifié. Selon cette première modalité, la relation (R) consiste pour X à transférer ou à transmettre *(to transfer, transferre)* le droit qu'il a sur une chose à un Y déterminé (qu'il s'agisse d'une seule ou de plusieurs personnes naturelles): X est ainsi obligé, tenu ou lié à l'égard de Y. Il faudra, bien entendu, définir le contenu et les conditions de validité de ce lien. Disons simplement, pour l'instant, qu'au niveau de son contenu, la relation de transfert de droit (Rt) n'étant qu'une modalité de (R), l'obligation consistera pour X à ne pas résister à l'exercice du droit d'un Y précis. La relation (Rt), qui nous retiendra désormais, comporte elle-même deux sous-modalités, selon que le transfert est mutuel ou non. S'il n'est pas mutuel, il consiste en un don, s'il est mutuel, il consiste en un contrat *(contract, contractus)*. La catégorie des contrats se subdivise, à son tour, selon que le transfert de droit coïncide ou ne coïncide pas avec l'exécution de l'acte ou la remise de la chose sur laquelle porte le droit. S'il y a coïncidence, le contrat est rempli au moment même du transfert de droit (par exemple dans le cas d'une vente ou d'un achat au comptant), X et Y ne sont donc plus tenus l'un vis-à-vis de l'autre. S'il n'y a pas coïncidence, le contrat consiste en un pacte ou une convention *(pact or covenant, pactum)* qui implique toujours une promesse, soit de la part de celui qui ne s'est pas exécuté tout de suite, soit de la part des deux contractants, s'ils conviennent mutuellement de différer l'exécution de l'acte.

La relation (Rt) et ses modalités ainsi définies, il faut caractériser ses déterminations constitutives: premièrement, la relation (Rt) requiert toujours un acte volontaire, aussi bien de la part de X qui transfère un droit que de Y qui le reçoit. Si la volonté de transférer ou la volonté d'accepter font défaut, il n'y a pas de relation (Rt). Deuxièmement, il en résulte que la volonté doit se manifester à un être capable de la comprendre et de manifester à son tour son accord ou son refus. C'est pourquoi, la relation (Rt), quelles qu'en soient les modalités, est liée à une théorie du signe adéquat *(sufficient sign; signum idoneum):*

> "La façon dont on renonce simplement à un droit ou dont on le transmet, consiste à déclarer ou à signifier par un ou plusieurs signes suffisants et volontaires, soit qu'on renonce à son droit ou qu'on le transmet, soit qu'on y a renoncé ou qu'on l'a transmis à celui qui le reçoit. Ces signes sont constitués, soit seulement par des paroles, soit par des actes seulement, soit (c'est le cas le plus fréquent) à la fois par des paroles et par des actes" *(Lev.* chap. XIV, pp. 191-192, trad. p. 131; cf. *E.L.*, I, chap. XV, 3, pp. 75-76; *D.Ci, O.L.*II, chap. II, 7, p. 172).

Un signe adéquat est un signe volontaire et non-équivoque. Le premier caractère implique qu'une relation juridique ne peut s'établir qu'entre des êtres qui disposent d'une compétence linguistique, et qui peuvent l'exercer dans des actes de parole. Bien que la parole ne soit pas le seul signe de transfert de droit, elle est toujours présupposée. Un être juridique est un être qui parle. La possibilité, et même quelquefois la nécessité, d'utiliser d'autres signes que linguistiques a pour fonction le plus souvent de réduire l'équivocité éventuelle du signe linguistique. La relation juridique a pour fondement et pour limite l'appartenance à un espace d'interlocution. Supposons qu'un être X, qui parle, veuille établir une relation (Rt) avec Y, il ne pourra pas le faire si Y ne dispose pas de compétence linguistique, ou même si Y n'exerce pas lui-même un acte de parole. Ainsi la limite à l'institution d'une relation juridique peut être soit essentielle soit accidentelle. Elle est essentielle, lorsque, par nature, un être ne dispose pas de compétence linguistique, et qu'il lui est impossible d'entrer avec nous dans l'espace d'un langage commun, c'est le cas des animaux, ou lorsqu'un être transcende l'espace d'interlocution, c'est le cas de Dieu qui, hors d'une révélation surnaturelle, ne déclare pas qu'il accepte ou refuse une convention. Le serment n'est pas un acte juridique. Elle est accidentelle, lorsqu'un être se trouve occasionnellement dans l'impossibilité de déclarer son acceptation ou son refus, par exemple en raison de son absence. Entre la limite essentielle et la limite accidentelle, on trouve le cas des enfants: les enfants sont des êtres juridiques en vertu de leur acquisition prochaine de la parole; ils ont donc une compétence juridique virtuelle qu'ils sont seulement *censés* exercer. La classe des êtres doués de compétence juridique est ainsi exactement fonction de leur possibilité d'inscription dans l'espace d'interlocution. Reste à déterminer quels sont les actes de parole qui établissent les différentes modalités de la relation (Rt):

> "Les signes du contrat sont tels, soit *expressément,* soit par *inférence.* Les signes exprès sont des paroles qu'on prononce en comprenant leur signification. De telles paroles concernent le *présent* ou le *passé* (ainsi: *je donne, j'accorde, j'ai donné, j'ai accordé, je veux que cela t'appartienne*), ou le *futur* (ainsi: *je donnerai, j'accorderai*); ces paroles qui visent le futur se nomment PROMESSE. Les signes par inférence sont tantôt ce que l'on conclut à partir de certaines paroles; tantôt ce que l'on conclut d'un silence; tantôt ce que l'on conclut d'actions; tantôt ce que l'on conclut de l'omission d'une action. D'une façon générale, est signe par inférence d'un contrat quelconque tout ce qui démontre suffisamment la volonté du contractant" (*Lev.*, chap. XIV, p. 193-194, trad. p. 133).

Les signes par inférence ne sont pas moins valides que les signes exprès, les uns et les autres font partie de la classe des signes adéquats; mais, d'une part, les premiers peuvent tous avoir un substitut linguistique, et d'autre part, ils ont en général pour fonction de pallier l'insuffisance éventuelle de la parole, lorsque l'énoncé ne constitue pas à lui seul un signe exprès. C'est pourquoi il est possible de donner la forme d'un acte de parole à un signe non-linguistique de la volonté du contractant. Le passage du non-linguistique au linguistique aura une fonction d'explicitation. Si l'on s'attache à l'examen des signes exprès de transfert de droit, on constate qu'ils consistent tous en des énoncés linguistiques qui doivent remplir deux conditions: être actuellement proférés et signifier explicitement la volonté de passer un contrat ou de faire un don. Ces deux conditions sont remplies par des locutions comme: *"je donne"*, ou *"je donne pour être remis demain"*, en revanche, la locution *"je te le donnerai demain"*, quoique actuellement proférée, n'a la valeur que d'une simple promesse qui ne crée pas d'obligation juridique, parce qu'elle indique explicitement que je n'ai pas encore donné. Cependant, Hobbes range sous la même catégorie de signification ou de déclaration de la volonté deux sortes de locution qui ont un statut très différent comme *"j'accorde"*, d'une part, et *"j'ai accordé"*, d'autre part. Or, tandis que la première accomplit elle-même un acte, la seconde ne fait que décrire un acte passé [41]. Il faut donc distinguer dans les exemples fournis par Hobbes ceux qui signifient ou décrivent un acte et ceux qui l'exercent. L'énoncé de la convention sociale appartient, nous le verrons, à la seconde catégorie.

Troisièmement, la relation (Rt) exige en outre une détermination des droits qui peuvent ou ne peuvent pas faire l'objet d'un transfert. Pour cela, il suffit de revenir à la définition même de l'acte volontaire. Un acte volontaire est issu d'une délibération portant sur des choses possibles à exécuter. La seule limite au volontaire est donc l'impossible. Quelles sont les choses que nous ne pouvons pas vouloir, et qui, par conséquent, ne peuvent faire l'objet d'un transfert de droit ? Cette question revient à demander quels sont les droits inaliénables d'une personne naturelle. Pour y répondre, il convient donc d'examiner les causes qui rendent un acte volontaire. La cause ou le motif de l'acte volontaire qui établit la relation (Rt) est toujours un bien pour soi:

> "Le motif ou la fin qui donne lieu au fait de renoncer à un droit et de le transmettre n'est rien d'autre que la sécurité de la personne du bailleur, tant pour ce qui regarde sa vie que pour ce qui est des moyens de la conserver dans des conditions qui ne la rendent pas pénible à supporter" (*ibid.*, p. 192, trad. p. 132).

Il est donc impossible à quiconque de faire de son propre mal l'objet de sa volonté, parce que l'objet du vouloir serait la négation de la cause du vouloir, et la volonté serait contradictoire. Si cette contradiction intervient en fait quelquefois, c'est comme le résultat, non de la volonté du donateur ou du contractant, mais d'une erreur ou d'une ignorance, et on ne peut fonder une relation juridique sur l'erreur ou l'ignorance. Un don, un contrat ou une convention qui met en péril notre sécurité ou notre bien-être est en soi impossible, et les paroles qui l'expriment, nulles et non avenues: "il existe certains droits tels qu'on ne peut concevoir qu'aucun homme les ait abandonnés ou transmis par quelques paroles que ce soit, ou par d'autres signes" (*ibid.*). Ainsi, il est impossible à X de transférer à Y son droit de résister à la violence: un homme ne saurait stipuler: *"Si je ne fais pas ceci ou cela, je ne résisterai pas quand tu viendras me tuer"* . Ce serait s'engager à quelque chose d'impossible et d'absurde. En revanche, on peut toujours dire *"Si je ne fais pas ceci ou cela, tue moi"*, ces paroles ne sont pas nulles, mais vides: l'autre ayant toujours dans l'état de nature le droit de me tuer, je ne m'engage à rien. De même, on ne peut transférer le droit que nous avons sur les moyens directs de notre conservation, par exemple, le droit de libre passage d'un endroit à un autre, le droit d'usage de certaines choses comme l'eau, l'air, le feu, une habitation. Ces droits sont absolument inaliénables, ils ne valent pas seulement dans l'état de nature, mais également dans l'état civil: "la vérité de cela est concédée par tous les hommes, en ce qu'ils font mener les criminels au supplice ou à la prison par des hommes armés, nonobstant le fait que ces criminels aient accepté la loi qui les condamne" *(ibid., p. 199, trad. p. 139).* Mais ce n'est pas tout, car le bien pour soi ne se réduit pas à la survie, mais concerne tout ce qui est nécessaire pour bien vivre. Ainsi, on ne peut transférer le droit de ne pas s'accuser soi-même, ou de ne pas accuser ceux dont la condamnation nous plongerait dans la détresse: un père, une épouse, un bienfaiteur. Ces droits sont également absolument inaliénables. Cette sphère des droits naturels inaliénables de la personne est d'emblée exclue de la convention sociale, elle constitue un domaine de résistance toujours légitime à un pouvoir quel qu'il soit. Il faudra donc que la convention sociale assure l'existence d'un pouvoir politique sans remettre en question la sphère des droits naturels inaliénables.

Quatrièmement, il reste à déterminer l'effet de l'acte volontaire portant sur un droit aliénable. Cet effet consiste en une obligation par laquelle X est tenu de ne pas résister à Y. L'obligation ne vaut qu'à l'égard de Y, même si le dommage échoît à W. Empêcher autrui d'exercer son droit, c'est accomplir une action *sine jure,* c'est-à-dire sans droit, comme lorsqu'on ne tient pas une promesse. Accomplir une action *sine jure,* c'est mettre sa volonté en contradiction avec elle-même, puisque cette action revient à nier volontairement l'acte qu'on a soi-même posé. Quelles que soient les modalités de la relation (Rt), l'obligation est toujours entièrement négative: elle n'engage pas à faire, mais à ne pas faire. On voit déjà à quel point il sera difficile d'inclure dans la relation (Rt) la convention sociale qui, pour fonder l'Etat, doit donner naissance à une obligation positive de faire. Tels sont donc les caractères constitutifs de la relation (Rt), il faut désormais en déterminer les conditions de validité dans le contexte de l'espace du conflit où les relations interhumaines sont dominées par la crainte mutuelle.

La crainte peut être considérée d'un double point de vue: en principe, elle n'invalide pas la relation (Rt); en fait, elle l'invalide toujours. Au point de vue du principe, la crainte est, au même titre que l'espoir, une passion qui entre dans la délibération, elle ne contredit donc en aucune façon ni l'idée d'un acte volontaire, ni l'idée d'obligation: "les conventions passées sous l'effet de la crainte, dans l'état de simple nature, créent obligation. Par exemple, si je m'engage par une convention à payer une rançon ou à fournir un service à un ennemi, je suis lié par cet engagement" (*Lev.*, chap. XIV, p. 198, trad. p. 138). Est-ce à dire que Rousseau ait raison en dénonçant dans cette thèse la réduction du droit au fait ? "Qu'un brigand me surprenne au coin d'un bois: non seulement il faut par force donner la bourse, mais quand je pourrois la soustraire, suis-je en conscience obligé de la donner?" [42] Cette objection serait décisive, si Hobbes en restait là, mais justement, il ajoute: d'une part, qu'une telle convention est invalide dans l'état civil, et d'autre part, qu'elle est valide dans l'état de nature "à moins [...] qu'il ne surgisse quelque nouvelle et juste cause de crainte, telle qu'elle fasse reprendre les hostilités" *(ibid.)*. Or, dans l'état de nature, le surgissement d'une nouvelle cause de crainte n'est pas l'exception, mais la règle. Par conséquent, la convention avec le brigand est toujours invalide en fait: j'aurai toujours de bonnes raisons de craindre l'usage que le brigand pourra faire de la rançon. Au-delà de cet exemple limite, c'est la même crainte mutuelle permanente qui invalide toutes les conventions où "aucune des deux parties ne s'exécute sur le champ, car elles se fient l'une à l'autre: dans l'état de simple nature (qui est un état de guerre de chacun contre chacun) elle est selon toute attente raisonnable, nulle" *(ibid.*, p. 196, trad. p.136). S'exécuter le premier revient, purement et simplement, à se livrer à son ennemi. Quoique Hobbes semble faire une exception pour les conventions où l'une des parties a exécuté son acte, on ne voit pas pourquoi une nouvelle cause de crainte, dont chaque individu est seul juge de l'apparition, n'invaliderait pas également la promesse de l'autre partie malgré l'avantage déjà obtenu. Autrement dit, toute relation (Rt), qui enveloppe une promesse et repose sur la confiance, est sans valeur. On comprend que le concept de justice posé en principe comme corrélat de l'obligation ne puisse trouver d'effectivité dans l'espace du conflit. D'où le paradoxe: "la nature de la justice consiste à observer les conventions valides: mais la validité des conventions ne commence qu'avec la constitution d'un pouvoir civil suffisant pour forcer les hommes à les observer" *(ibid.*, chap. XV, pp. 202-203, trad. p. 144). Comment ce pouvoir civil, doté d'un droit et d'une force, seul susceptible de donner les garanties suffisantes pour assurer la validité des conventions, peut-il être fondé ?

Mais avant d'examiner la spécificité de la convention sociale, notons que les lois particulières de nature indiquent déjà les moyens de modifier l'espace relationnel pour disposer les autres à la réciprocité et créer les conditions de l'acte fondateur. Elles se divisent en deux classes. La première recouvre les lois de nature qui visent à susciter en autrui des dispositions ou des inclinations à la paix. Cette classe comporte la justice, la gratitude, la complaisance, le pardon, la considération du futur dans la vengeance, l'absence de mépris, la reconnaissance de l'égalité ou l'absence d'orgueil. Ces vertus conduisent à la réciprocité parce qu'elles nous rendent accommodants aux autres, c'est-à-dire sociables, par opposition à l'insensé qui continue à être intraitable parce qu'il ne comprend pas que la paix est nécessaire à la conservation de soi. La seconde classe définit les conditions d'une modification de la relation au tiers qui, de rival potentiel, doit devenir principe de règlement pacifique des différends. Cette classe recouvre les préceptes qui doivent nous disposer à choisir un tiers pour arbitre et les préceptes que doit respecter le tiers en position d'arbitre, en particulier l'équité en ce qui concerne les personnes. La transformation de l'espace du conflit en l'espace d'une communauté de reconnaissance réciproque se joue précisément dans ce passage du tiers-rival au tiers-arbitre.

Mais les dispositions exigées par les lois de nature ne suffisent pas à constituer une communauté, ou du moins, ce serait alors une communauté d'anges, et non d'hommes: "car si l'on pouvait imaginer un grand nombre d'hommes unanimes dans l'observation de la justice et des autres lois de nature, en l'absence d'une puissance commune qui les tienne tous en respect, on pourrait aussi bien imaginer toute l'humanité en faisant autant: aucun gouvernement civil, aucune espèce de République, n'existerait alors, et n'aurait besoin d'exister; il y aurait la paix, sans la sujétion" (*ibid.*, chap. XVII, p. 225, trad. p. 175). Or nous sommes loin de cette utopie: les dispositions morales sont de peu de poids face à la dynamique de la vie passionnelle qui porte à la partialité, à l'orgueil et à la vengeance. Ainsi la morale entretient un double rapport à la politique: elle la précède dans la mesure où elle est vécue comme une exigence intérieure de la raison de chaque individu, elle la suit au point de vue de l'effectivité. Ce double rapport de la morale à la politique – reproduit par le double rapport de la loi naturelle à la loi civile – est capital, parce qu'il indique, d'une part, que la fonction première de l'Etat sera de donner corps à la réciprocité, et d'autre part, que la raison de l'Etat devra en droit être régie par les mêmes préceptes que la raison individuelle, sans pour autant lui être identique. Il y a en droit une présomption de rationalité de l'Etat qui n'est pas impénétrable pour la raison des citoyens.

CHAPITRE VI

L'ÊTRE DE PAROLE ET L'ACTE PROTOFONDATEUR : L'ÉTAT

L'opérateur de la transformation (T3) de l'espace du conflit en l'espace d'une communauté civile est un acte de fondation, dont la nature est entièrement déterminée par le problème à résoudre. Du contenu et de la validité de cet acte, qui fonde originairement l'Etat et le peuple, la souveraineté et la citoyenneté, dépendent, d'une part, le statut du droit et de la puissance politiques, et d'autre part, le contenu du droit et de la liberté des sujets. Or, si Hobbes en a conçu, dès les *Elements of Law* et le *De Cive*, à la fois le principe général et les modalités d'effectuation, en revanche, son contenu sera entièrement remanié dans le *Léviathan*[43] par l'introduction d'une théorie nouvelle de l'autorisation qui vise à surmonter les difficultés et les contradictions qui minent les versions de la convention sociale fournies par les deux premières œuvres. A cet égard, on notera que l'évolution de Hobbes est diamétralement opposée à celle de Spinoza. Alors que ce dernier se donnera pour tâche dans le *Traité politique* de réduire la dimension juridique inhérente à la convention sociale, qu'il admettait encore dans le *Traité théologico-politique,* Hobbes, au contraire, remanie sa doctrine de la convention sociale pour tenter de lui assurer une consistance qu'elle n'avait pas auparavant [44].

Le problème à résoudre est formulé de manière à peu près identique dans les trois œuvres politiques majeures: il s'agit de trouver une garantie pour assurer l'effectivité de la réciprocité prescrite par les lois de nature, réciprocité qui est la condition de la préservation de notre être (cf. *E.L.*, I, chap. XIX, 1, pp. 99-100; *D.Ci.*, chap. V, 1, pp. 209-210; *Lev.*, chap. XVII, p. 223, trad. p. 173). La garantie doit être double: elle doit assurer la paix intérieure et la défense extérieure. Mais, le fait même que cette double garantie ne puisse être procurée ni par la simple concorde *(concord)* naturelle, ni par le seul consentement *(consent)* de plusieurs volontés à une seule ou plusieurs actions, indique déjà que la communauté civile ne pourra se ramener ni à une simple communauté de besoin, ni à une simple communauté militaire. Certes, l'Etat n'assumerait pas sa fonction si la dimension économique et la dimension militaire étaient négligées, mais cela n'implique pas que la communauté civile s'y réduise. La communauté civile enveloppe le double souci de sécurité dans une unité juridique qui à la fois le satisfait et le dépasse. Dans sa structure interne l'Etat comporte une dimension juridique qui rend d'emblée caduque toute lecture unilatérale de la politique en termes économiques ou en termes de physique de la puissance. Le principe général de la solution réside dans l'union:

> "L'union [...] est l'enveloppement ou l'inclusion des volontés de plusieurs dans la volonté d'un seul homme, ou dans la volonté de la plus grande partie d'un nombre quelconque d'hommes, c'est-à-dire dans la volonté d'un seul homme ou d'un seul CONSEIL; car un conseil n'est rien d'autre qu'une assemblée d'hommes qui délibèrent sur quelque chose qui est commun à tous" (*E.L*, I, chap. XIX, 6, p. 103).

> "L'union ainsi réalisée s'appelle *cité (civitas)* ou *société civile (societas civilis)* et aussi *personne civile (persona civilis)*. Car comme la volonté de tous est *une*, elle est tenue pour *une personne unique (una persona)*" (*D.Ci., O.L.* II, chap. V, 9, p. 214).

> "Cela va plus loin que le consensus, ou concorde: il s'agit d'une unité réelle de tous en une seule personne" (*Lev.*, chap. XVII, p. 227, trad. p. 177).

La transformation d'une multiplicité d'hommes en conflit en une communauté civile passe donc par la fondation d'une personne civile unique douée d'une volonté qui soit celle de tous, et "qui puisse se servir des forces et des facultés de chacun pour assurer la paix et la défense communes" (*D.Ci, O.L.* II, chap. V, 9, p. 214). Au point de vue de la multiplicité, chaque homme est une personne naturelle douée d'une puissance et d'un droit réglés par sa volonté propre. L'instauration de l'unité de la personne civile devra être telle que celle-ci possède une puissance et un droit civil réglés par une volonté politique unique. On voit donc les conditions que doit remplir l'acte protofondateur: 1) être tel, par son statut, qu'il rende pensable l'unification de la puissance et du droit des personnes naturelles composant la multitude; 2) sans présupposer, dans ses modalités d'effectuation, l'unité qui doit en être issue; 3) rendre compte, par son contenu, des droits et de la puissance attachés à la personne civile; 4) dont la volonté unique doit être celle de tous; 5) sans remettre en cause, sous peine de nullité, les droits inaliénables de l'homme; 6) garantir lui-même sa propre validité. Aux deux premières conditions concernant le statut et les modalités d'effectuation de l'acte, les *Elements of Law*, le *De Cive* et le *Léviathan* répondent à peu près de la même manière, en revanche, la réponse aux quatre dernières sera entièrement revue dans le *Léviathan*. Nous examinerons tout d'abord les deux premières conditions, pour aborder ensuite, successivement, la réponse apportée aux quatre dernières dans les *Elements of Law* et le *De Cive*, et le remaniement opéré par la théorie de l'autorisation du *Léviathan*.

Chacune des conditions à satisfaire doit surmonter une difficulté. En ce qui concerne le statut de l'acte fondateur, la difficulté peut se résumer en une question: comment unifier la puissance ou les facultés d'une multiplicité de personnes naturelles ? La difficulté tient d'abord à une impossibilité de fait: "il est impossible à un homme de transférer réellement sa propre force à un autre, ou pour cet autre de la recevoir" (*E.L.*, I, chap. XIX, 10, p. 104; cf. *D. Ci.*, chap. V, 11, p. 215). Cette impossibilité concerne l'ensemble de nos puissances ou de nos facultés naturelles, c'est-à-dire précisément celles qu'il s'agit d'unifier, puisque l'existence d'un pouvoir politique disposant d'une puissance de contrainte suppose qu'il "puisse se servir des forces et des facultés de chacun pour assurer la paix et la défense communes". L'impossibilité d'un transfert de fait de la puissance des individus détermine le caractère incontournablement juridique de l'acte qui doit fonder l'Etat: "transférer sa puissance et sa force n'est autre que se dessaisir ou abandonner son droit de résister à celui à qui on le transfère" (*E.L.*, I, chap. XIX, 10, p. 104). Si le *Léviathan* modifie le contenu de l'acte en le concevant comme un acte d'autorisation profondément différent du transfert de droit sur les choses, il n'en reste pas moins que le statut de l'acte est toujours identiquement conçu comme un acte juridique:

> "La seule façon d'ériger une telle puissance commune, [...] c'est de conférer toute leur puissance et toute leur force à un seul homme, ou à une seule assemblée, qui puisse réduire toutes leurs volontés, par la règle de la majorité, en une seule volonté. Cela revient à dire: désigner un homme, ou une assemblée pour assumer leur personnalité" (*Lev.*, chap. XVII, p.227, trad. p. 177).

La personne civile de l'Etat, ayant pour origine un acte juridique, n'aura qu'une existence juridique. Elle tire son unité de l'acte qui la fonde, il ne faut donc pas la confondre avec l'unité naturelle d'un individu. Ainsi s'explique qu'aussi bien un monarque qu'un conseil – composé d'un groupe restreint d'individus ou de la totalité de ceux qui accomplissent l'acte d'instauration – puissent être tenus pour une personne civile. En droit, l'Etat peut donc être monarchique, aristocratique ou démocratique. En droit, rien n'indique que la souveraineté doive appartenir à un seul homme. C'est à la souveraineté en tant que telle qu'est attaché le pouvoir absolu – c'est-à-dire la puissance et le droit politiques –, qu'on doit retrouver quel que soit le régime. Les arguments que Hobbes avance en faveur de la monarchie sont le plus souvent des arguments de fait, tenant à la commodité relative d'un tel régime par rapport aux deux autres. Commodité simplement relative, parce que la monarchie elle-même présente des difficultés, en particulier en ce qui concerne la succession au pouvoir:

> "La différence entre ces trois espèces d'État ne réside pas dans une différence de pouvoir, mais dans une différence de commodité ou d'aptitude à procurer au peuple la paix et la sécurité, qui sont la fin en vue de laquelle elles ont été instituées" (*ibid.*, chap. XIX, p. 241, trad. p. 195).

Toute restriction ou toute division du pouvoir absolu de l'État – dont il faudra examiner le contenu – revient à mettre en question, non tel ou tel régime, mais l'idée de souveraineté en général. La question sera de savoir si l'acte fondateur parvient à rendre compte de la puissance et des droits inaliénables de la souveraineté. Qu'il nous suffise pour l'instant de préciser que l'acte juridique, par lequel s'opère l'enveloppement de plusieurs volontés en une seule, ne peut s'entendre sur le mode d'un vouloir du vouloir: "et bien que la volonté d'un homme, qui n'est pas volontaire, mais qui est le commencement des actions volontaires, ne soit pas sujette à délibération et à convention, néanmoins lorsqu'un homme convient de soumettre sa volonté au commandement d'un autre, il s'oblige à ceci qu'il abandonne sa force et ses moyens à celui avec lequel il convient d'obéir" (*E.L.*, I, chap. XIX, 7, pp. 103-104). L'acte fondateur ne consiste pas à vouloir le vouloir politique. La volonté, on le sait, est la dernière des passions qui se succèdent dans la délibération, vouloir c'est donc cesser de délibérer. La convention sociale consistera en une soumission de la volonté: "que chacun par conséquent soumette sa volonté et son jugement à la volonté et au jugement de cet homme ou de cette assemblée" (*Lev.*, chap. XVII, p. 227, trad. p. 177). Seul l'examen du contenu de l'acte de soumission, nous permettra de savoir si la volonté souveraine peut être encore considérée comme la volonté de tous.

La seconde condition à remplir, qui concerne les modalités d'effectuation de l'acte, renvoie également à une difficulté: il s'agit de fonder une unité sans la présupposer.

> "Chaque citoyen contractant avec son voisin dit: *je transfère mon droit à celui-ci, à condition que tu lui transfères aussi le tien*. Par ce moyen, le droit que chacun avait d'user de ses forces pour son intérêt propre est transféré tout entier à un homme ou à un conseil pour l'intérêt commun" (*D.Ci.*, *O.L.* II, chap. VI, 20, p. 234).

"Une convention de chacun avec chacun [est] passée de telle sorte que c'est comme si chacun disait à chacun: *j'autorise cet homme ou cette assemblée, et je lui abandonne mon droit de me gouverner moi-même, à condition que tu lui abandonnes ton droit et que tu autorises toutes ses actions de la même manière.* Cela fait, la multitude ainsi unie en une seule personne est appellée une RÉPUBLIQUE, en latin CIVITAS" (*Lev.*, chap. XVII, p. 227, trad. p. 177).

Mis à part le concept d'autorisation qui fait tout le contenu de l'acte fondateur dans le *Léviathan*, ces deux textes ont une structure formelle comparable qui comporte trois temps. Le premier caractérise les modalités de l'acte, le second, l'énoncé qui l'effectue, le troisième, l'effet qu'il produit. En ce qui concerne les modalités, la convention sociale doit transformer une multitude d'individus en une personne unique sans présupposer l'unité dans la multitude. Une multitude est en effet l'amas ou l'agrégat d'une pluralité de personnes naturelles qui ne constituent pas ensemble une unité ou une totalité disposant d'une volonté propre: "car là où chaque homme a un droit distinct, il n'y a rien à quoi la multitude puisse avoir droit; et lorsque les particuliers disent: *ceci est à moi, ceci est à toi, ceci est à lui,* et ont tout partagé entre eux, il n'y a rien de quoi la multitude puisse dire: *ceci est à moi*" (*E.L.*, I, chap. II, p. 125, cf. *D.Ci. O.L.* II, chap. VI, 1, pp. 216-218). Ainsi, lorsque les individus composant une multitude accomplissent une action ou revendiquent quelque chose, l'action ou la revendication ne peut être attribuée à la multitude comme à un être, mais est constituée par autant d'actions et de revendications qu'il y a de personnes naturelles qui la composent. Ce qui peut masquer le caractère nécessairement composite de la multitude, c'est l'équivocité du mot peuple. En effet, on entend par peuple, tantôt un certain nombre de gens distingués par le lieu où ils habitent, tantôt un être collectif: d'un côté, il y a une multitude disparate, de l'autre, une personne civile douée d'une volonté qui enveloppe celle de chaque particulier. Les modalités de l'acte fondateur doivent donc être telles qu'elles fassent intervenir la volonté de chacun des individus d'une multitude, et aucunement la multiplicité elle-même comme une unité ou une totalité:

"Car on ne pourrait imaginer qu'une multitude contractât avec elle-même, ni avec une partie d'elle-même, qu'il s'agisse d'un homme ou d'un certain nombre d'hommes, pour se faire souveraine, ni qu'une multitude, considérée comme un agrégat, pût se donner quelque chose qu'elle ne possédait pas auparavant" (*E.L.*, II, chap. II, 2, p. 119).

Il y a là une critique de Rousseau avant la lettre, puisque ce dernier conçoit le contrat social comme un engagement de chacun envers tous, et présuppose, dans l'énoncé même du contrat social, la volonté générale qui doit en être issue: *"Chacun de nous met en commun sa personne et toute sa puissance sous la suprême direction de la volonté générale; et nous recevons en corps chaque membre comme partie indivisible du tout"* (*Contrat social*, I, chap. VI, *op. cit.*, p. 361). Si la convention sociale ne peut présupposer une totalité encore à naître, il reste donc à la concevoir comme constituée d'une pluralité de conventions individuelles où chaque particulier s'engage envers chaque autre. De cette exigence, les *Elements of Law* déduisent que la démocratie est la forme primitive de l'Etat:

> "Par conséquent, vu que la souveraineté démocratique n'est conférée par la convention d'aucune multitude (ce qui suppose l'union et la souveraineté déjà faites), il reste qu'elle soit conférée par des conventions particulières de chaque homme individuel: c'est-à-dire, chaque homme avec chaque homme, pour et en considération de l'avantage de sa propre paix et défense, passe une convention de se tenir et d'obéir à tout ce que la majeure partie de leur nombre total, ou la majeure partie d'un certain nombre d'entre eux, à qui il plaira de s'assembler en un temps et un lieu déterminés, décidera et commandera. Et c'est ce qui donne l'être à une démocratie. Les Grecs appelaient l'assemblée souveraine du nom de *Demos* (*id est*, le peuple)" (*E.L.*, II, chap. II, 2, p. 119).

De la démocratie dérivent l'aristocratie et la monarchie en vertu d'une nécessité interne: la démocratie tend par son fonctionnement de fait à devenir une aristocratie ou une monarchie d'orateurs. De sorte que, si en droit la démocratie constitue une forme de souveraineté comme les autres, son fonctionnement de fait lui donne le statut d'un Etat peu viable. En fait, il faudra donc la considérer moins comme un Etat à part entière, que comme un moment de la fondation des républiques d'institution. Mais tandis que ce moment garde dans les *Elements of Law* le caractère d'une phase historique, il devient dans le *Léviathan* un moment logique:

> "On dit qu'une *République* est *instituée,* lorsqu'un *grand nombre* d'hommes réalisent un accord et passent une *convention (chacun avec chacun),* comme quoi, quels que soient l'*homme* ou l'*assemblée d'hommes* auxquels la majorité d'entre eux aura donné le *droit* de *représenter* leur personne à tous (c'est-à-dire d'être leur représentant); chacun, aussi bien celui qui a *voté pour* que celui qui a *voté contre, autorisera* toutes les actions et tous les jugements de cet homme ou de cette assemblée d'hommes, de la même manière que si c'était les siens – cette convention étant destinée à leur permettre de

vivre paisiblement entre eux, et d'être protégés" (*Lev.*, chap. XVIII, pp. 228-229, trad. p. 179).

La fondation des républiques d'institution comporte donc un premier moment constitué par un accord de chacun avec chacun, et un second moment constitué par un vote majoritaire désignant un tiers (un homme ou un groupe d'hommes) pour assumer la souveraineté. Ce qui n'implique nullement une théorie du double contrat: aucune association ou collectivité civile ne peut subsister sans souveraineté. Dans les termes du *Léviathan:* une personne collective ne peut exister sans représentant, et la personne collective de l'Etat, sans représentant souverain. Eu égard à la fonction du moment démocratique, on comprend que les républiques d'acquisition posent un problème dans la mesure où elles semblent le remettre en cause. Notons cependant que, si les républiques d'acquisition sont obtenues par la force, cela n'ôte rien à l'exigence d'un acte juridique fondateur soit de l'Etat lui-même, soit de notre intégration à un Etat déjà existant. Sans l'acte juridique, il n'y aurait pas de sujets liés par une obligation à un souverain, mais des esclaves qu'un maître a vaincus. La spécificité des républiques d'acquisition tient seulement à ce que les hommes n'ont le choix ni de celui ou de ceux qui seront leur souverain, ni de la forme de souveraineté. L'acte juridique fondateur des républiques d'acquisition peut avoir deux modalités:

> "La République d'acquisition est celle où le pouvoir souverain est acquis par la force. Il est acquis par la force, là où des hommes, soit chacun individuellement, soit collectivement (par la majorité des suffrages), autorisent, par la crainte de la mort ou des fers, toutes les actions de l'homme ou de l'assemblée qui a leurs vies et leurs libertés en son pouvoir" (*ibid.*, chap. XX, pp. 251-252, trad. p. 207).

Les républiques acquises sont donc, en un sens, des républiques quasi-instituées, mais où le moment démocratique est tronqué et où le vote majoritaire ou la convention individuelle ne détermine pas la forme de la souveraineté. L'institution et l'acquisition s'articulent [45], dans la mesure où elles supposent l'une et l'autre un acte juridique, quoique différent dans ses modalités, d'où dérivent des droits identiques de la souveraineté.

Le deuxième temps des textes du *De Cive* et de celui du *Léviathan* est constitué par l'énoncé qui effectue l'acte de fondation: *"je transfère...à condition que tu..."*, *"j'autorise...à condition que tu..."* . Si l'on s'en tient au statut linguistique des deux énoncés, il s'agit de performatifs explicites [46], mais la performance reste chaque fois conditionnelle. Un *je* s'adresse à un *tu*: l'un et l'autre sont des êtres capables d'exercer un acte par leur dire, mais la réussite de cet acte reste suspendue à la réciprocité. La réciprocité est nécessaire, seul l'examen du contenu de l'énonciation, c'est-à-dire en définitive de l'acte lui-même, nous dira si elle est suffisante. Notons cependant pour l'instant, que la performance réalisée par l'énoncé est paradoxale, parce que la locution en question n'a jamais été prononcée par personne en un moment assignable de l'histoire humaine; mieux, lorsqu'on se situe dans les conditions où les hommes ont à sortir de l'état de nature, il n'est pas nécessaire que l'énoncé soit effectivement prononcé. Le simple fait d'être présent ou le silence peut être tenu pour un signe par inférence d'acceptation de la convention et de l'accomplissement de l'acte: "une convention de chacun avec chacun [est] passée de telle sorte que c'est *comme si* chacun disait à chacun". Le *comme si* change le caractère de l'énoncé, il s'agit moins d'une locution effectivement prononcée que de l'explicitation d'un acte censé avoir été reconnu et exercé, et qui soutient implicitement tout l'édifice politique. Il ne s'agit donc pas d'un acte de parole mythique, mais de l'explicitation rationnelle d'un acte symbolique que nous sommes tous censés avoir reconnu et exercé, et qui, seul, est apte à rendre compte à la fois de la fondation et de notre appartenance à l'Etat. La tâche que Hobbes assigne à la philosophie politique consiste précisément à montrer l'exigence d'un acte fondateur et à lui donner la transparence d'un énoncé qui permette, théoriquement, d'en déduire la structure et le fonctionnement de l'Etat, et pratiquement, d'éclairer les citoyens sur le fondement de l'obligation politique. A l'opposé de Pascal, pour lequel l'acte fondateur de l'Etat est une vérité qui doit demeurer cachée pour que l'édifice politique se maintienne –"il ne faut pas qu'il [le peuple] sente la vérité de l'usurpation, elle a été introduite autrefois sans raison, elle est devenue raisonnable. Il faut la regarder comme authentique, éternelle et en cacher le commencement, si on ne veut qu'elle ne prenne bientôt fin" (*Pensée, op. cit.*, fr. 60, p. 507B-508A) –, pour Hobbes l'explicitation de la convention sociale est la condition de la pérennité de l'Etat.

Le troisième temps des textes du *De Cive* et du *Léviathan* définit l'effet produit par l'acte fondateur: "par ce moyen le droit que chacun avait d'user de ses forces pour son intérêt propre, est transféré tout entier à un homme ou à un conseil pour l'intérêt commun"; "cela fait, la multitude ainsi unie en une seule personne est appelée une RÉPUBLIQUE *(common-wealth)*, en latin CIVITAS" [47]. La fondation réalise une transformation quasi-instantanée: chaque individu, en instituant le souverain, change à la fois sa relation aux autres et son propre statut. La multitude devient une personne juridique disposant d'un droit et d'une puissance politiques par la médiation du souverain, et les individus en tant qu'ils composent la personne civile deviennent des citoyens ou des sujets. De l'opposition des intérêts et des volontés, on passe à un intérêt commun et à une volonté commune. L'Etat n'est un *common-wealth*, richesse ou bien commun, que dans la mesure où il est *common-will*, volonté politique commune [48].

Toute la question est désormais de savoir, par l'examen de son contenu, si l'acte fondateur remplit effectivement les quatre conditions supplémentaires sans lesquelles l'idée d'une communauté politique de volonté et de bien resterait vide. Rappelons ces conditions: 1) rendre compte des droits et de la puissance attachés à la personne civile, 2) dont la volonté unique soit celle de tous, 3) sans remettre en question, sous peine de nullité, les droits inaliénables de l'homme, 4) tout en fondant lui-même sa propre validité. Du point de vue du contenu de l'acte fondateur, les *Elements of Law* et le *De Cive*, d'une part, le *Léviathan*, de l'autre, ne peuvent être mis sur le même plan; nous examinerons donc successivement les solutions qu'ils proposent, pour montrer comment la contradiction interne qui mine la conception de la convention sociale des deux premières œuvres est surmontée par la théorie de l'autorisation du *Léviathan*.

Dans son énoncé même, la première version de la convention sociale utilise immédiatement les concepts mis en place par la théorie du transfert de droit: *"Je transfère mon droit à celui-ci, à condition que tu lui transfères aussi le tien"*. Il ne s'agit pas d'une question de mot, car ni les *Elements of Law* ni le *De Cive* ne disposent d'une structure juridique différente du transfert de droit pour penser la convention sociale. Le transfert de droit est mutuel: chaque fois deux individus s'engagent, l'un vis-à-vis de l'autre, à transférer leur droit à un tiers (un homme ou un conseil). L'application de la doctrine du transfert de droit à la convention sociale doit rendre compte d'une double obligation: 1) une obligation mutuelle, les individus s'engagent les uns envers les autres; 2) une obligation envers l'homme ou le conseil à qui le droit est transféré. C'est cette double obligation qui doit rendre compte de l'existence d'*"une personne unique* dont la *volonté* doit être tenue, en vertu des pactes d'une pluralité d'hommes, pour la *volonté* de tous, et qui puisse se servir des forces et des facultés de chacun pour assurer la paix et la défense communes" (*D.Ci., O.L.* II, chap. V, 9, p. 214). Or, le problème majeur que pose l'application de la théorie du transfert de droit à la convention sociale tient à ce que cette théorie ne fait aucune différence entre le transfert de droit sur les choses et le transfert de droit sur les personnes et les actions. La question est donc de savoir si cette application assure effectivement sa fonction de fonder l'obligation politique.

Nous savons que transférer notre droit nous engage à ne pas mettre d'obstacle à l'exercice du droit que possède déjà celui à qui nous transférons le nôtre; il s'agit donc de savoir ce à quoi la convention sociale nous engage à ne pas résister. L'application du transfert de droit aux choses que nous possédons ne semble pas poser trop de problème. En effet, il n'y a pas de possession si absolue qu'elle ôterait au souverain le droit d'en user. La convention sociale fait du souverain la source de la différence du "mien" et du "tien", c'est-à-dire de la propriété, il n'y a donc pas de "mien" et de "tien" absolus. Reste qu'à ce niveau même, il y a des choses sur lesquelles nous avons des droits qu'il est impossible de transférer, comme l'usage de l'eau, de l'air, d'un lieu pour habiter, etc. Mais le problème devient plus grave dès que l'on passe du transfert de droit sur les choses que nous possédons, au transfert de droit sur nos actions et notre personne. La fondation de l'Etat exige en effet que le souverain dispose du droit de se servir de notre force et de nos facultés, sans pour autant remettre en question, sous peine de nullité, les droits inaliénables de l'individu. C'est pourquoi les *Elements of Law* introduisent une réserve dans la non-résistance des individus à l'égard du pouvoir du souverain:

> "Ce pouvoir de contrainte [49] consiste, comme on l'a dit au chapitre 15 section 3 de la partie précédente, en ce que chaque homme transfère son droit de résistance à celui à qui il a transféré le pouvoir de contrainte. Il s'ensuit, par conséquent, qu'aucun homme, dans quelque république que ce soit, n'a le droit de résister à celui ou ceux à qui il a conféré ce pouvoir coercitif, ou (comme on a coutume de l'appeler) l'épée de justice; *à supposer que la non-résistance soit possible*" (E.L., II, chap. I, 7, p. 111, souligné par nous).

Quelles sont les actions dont nous transférons le droit à l'Etat ? De quels droits le souverain dispose-t-il sur notre personne ? Autrement dit, quel est le domaine de non-résistance au pouvoir ? A quelles obligations les sujets sont-ils tenus ? Pour en rendre compte, le *De Cive* fait intervenir une distinction entre le droit de résistance en général et le droit de se défendre soi-même. En effet, la soumission de tous les hommes à la volonté d'un homme ou d'un conseil intervient "lorsque chacun d'eux s'oblige par un pacte avec chacun des autres à ne pas résister à *la volonté* de cet *homme* ou de ce *conseil* à laquelle il s'est soumis; c'est-à-dire à ne pas lui refuser l'usage de ses moyens et de ses forces contre quelqu'autre que ce soit (car on entend qu'il garde toujours le droit de se défendre contre la violence), ce qui s'appelle UNION" (*D.Ci, O.L.* II, chap. V, 7, pp. 213-214). La convention de soumission du *De Cive* tend donc à concilier les droits inaliénables de l'individu avec l'obligation de non-résistance qu'implique le transfert de droit sur soi-même à l'Etat, en limitant l'obligation de non-résistance à l'usage de nos actions contre autrui, et en excluant toute obligation de non-résistance à l'usage de nos actions contre nous-mêmes. Mais la difficulté n'est alors que déplacée, car l'obligation de non-résistance des sujets, ainsi restreinte, reste toute négative: s'engager à ne pas résister n'est pas s'engager à faire quelque chose. Si ne pas résister veut bien dire ne pas mettre d'obstacles aux droits du souverain, on ne voit pas au nom de quoi l'obligation de ne pas résister pourrait fonder une obligation positive de faire. La convention de soumission ne confère donc aucun droit d'obliger à agir. C'est ce qui fait toute l'ambiguïté du texte des *Elements of Law* où Hobbes fait correspondre aux droits du souverain une obligation de non-résistance des sujets, mais où il prétend en même temps que les sujets ont une obligation positive d'obéir:

> "L'homme ou l'assemblée qui peuvent, par leur propre droit, qui ne dérive du droit présent d'aucun autre, faire les lois ou les abroger, selon son ou leur bon plaisir, ont la souveraineté absolue. Car, vu que les lois qu'ils font sont censées être faites de droit, les membres de la république, pour qui elles sont faites, sont obligés de leur obéir; et en conséquence de ne pas résister à leur exécution; cette non-résistance fait le pouvoir absolu de celui qui les ordonne" (*E.L.*, II, Chap. I, 19, p. 117).

Entre ne pas résister à l'application d'une loi et accomplir ce que cette loi ordonne, il y a un fossé juridique que rien ne permet de combler. Le pouvoir politique excède ce que le transfert de droit lui accorde. Cette difficulté, qui tient à l'impossibilité d'identifier l'obligation de non-résistance à l'obligation positive de faire, semble être reconnue par Hobbes dans le *De Cive,* où faute de pouvoir fonder l'obligation d'agir immédiatement sur la convention sociale, il la fonde médiatement sur le fait que, sans obéissance, le droit de commander serait vain. C'est en effet une chose de dire: *"je te donne le droit de commander ce que tu veux",* et autre chose de dire *"je ferai tout ce que tu commanderas"* (*D.Ci., O.L.* II, chap. VI, 13, p. 226). L'obligation d'agir, loin d'être immédiatement corrélative du droit de commander, vient pallier son insuffisance. Mais, dès lors, la convention qui fonde l'Etat ou la personne civile n'est-elle pas, à l'instant même où elle est passée, nulle et non avenue ? Car comment la fonction de l'Etat pourrait-elle rendre compte d'une obligation positive qui n'était pas inscrite dans la convention de soumission qui lui donne l'existence ? Cette conséquence, le *Léviathan* l'énonce: "c'est en effet dans l'acte où nous *faisons notre soumission* que résident à la fois nos *obligations* et notre *liberté:* c'est donc là qu'il convient de rechercher les arguments d'où l'on peut inférer quelles elles sont: nul ne supporte en effet aucune obligation qui n'émane d'un acte qu'il a lui-même posé, puisque par nature tous les hommes sont également libres" (*Lev.*, chap. XXI, p. 268, trad. p. 229). Si dans la suite immédiate de ce texte Hobbes fait intervenir la fonction ou la finalité de l'Etat, ce n'est pas pour fonder une obligation politique des sujets qui resterait extérieure à la convention sociale, mais pour en mesurer l'extension. Du *De Cive* au *Léviathan* il y a plus qu'une nuance: d'une fondation médiate et problématique de l'obligation politique, on passe à une fondation qui émane de l'acte de la convention; mais pour cela il faudra repenser en son principe même le contenu juridique de l'acte fondateur.

La convention sociale entendue en termes de transfert de droit des *Elements of law* et du *De Cive* s'avère donc incapable de fonder les droits que Hobbes attribue, dans ces œuvres mêmes, à l'Etat. Les droits du souverain excèdent infiniment la convention de non-résistance à laquelle les sujets s'engagent. Il s'ensuit donc que la notion de personne civile douée d'une volonté unique qui est celle de tous n'y est pas opératoire. On voit déjà à quelle réélaboration le *Léviathan* devra soumettre l'édifice profondément chancelant des *Elements of Law* et du *De Cive*. Mais il faut aller plus loin, car cette carence de la théorie juridique en entraîne une autre au point de vue du fait, c'est-à-dire de la puissance. Car faute de créer l'obligation, le transfert de droit ne transmettra au souverain aucune puissance nouvelle. Autrement dit, le pouvoir absolu (comportant droit et puissance), caractérisé comme le plus grand que les hommes puissent conférer et le plus grand qu'un homme ou un conseil puisse recevoir, est absolument vide, parce qu'il repose sur la passivité des sujets. Ainsi, pas plus que les droits du souverain, sa puissance ne se trouve fondée par la convention sociale. Les concepts de personne civile et de pouvoir absolu sont simplement juxtaposés à une convention sociale qui ne peut en rendre compte.

Si nous suivions jusqu'au bout la théorie du transfert de droit, alors nous n'aboutirions ni à la personne civile, ni au pouvoir absolu. En effet la convention sociale n'ajouterait rien au droit sur toute chose que le souverain possédait comme individu dans l'état de nature, de même qu'elle n'ajouterait rien à sa puissance naturelle. La personne du souverain se réduirait alors à sa personne naturelle (individuelle ou multiple, selon qu'il s'agit d'un homme ou d'un conseil). Le pacte social ainsi conçu permettrait-il de sortir de l'état de guerre ? C'est ce dont nous pouvons douter. Car comment le souverain pourrait-il garder son droit sur toute chose alors que celui-ci avait pour condition la guerre ? La paix civile aurait-elle pour condition que le souverain restât dans l'état de guerre avec ses sujets ? Ainsi loin de permettre la fondation d'une volonté unique qui fût celle de tous et qui scellât l'unité de la société, il y aurait plutôt fondation d'une volonté totalement étrangère aux sujets et même radicalement archaïque, puisqu'elle ne trouverait le fondement de la légitimité de ses actes que dans le droit naturel élargi de l'état de guerre.

Les deux difficultés principales de la première théorie juridico-politique de la convention sociale tenaient, d'une part, à la réduction du transfert de droit sur les personnes et les actions au transfert de droit sur les choses, et d'autre part, à ce que la notion de personne civile [50] demeurait non-opératoire. C'est précisément à ces deux points que la théorie de l'autorisation du *Léviathan* tente d'apporter une réponse nouvelle. Tout d'abord, la théorie de l'autorisation est une théorie juridique qui vise à définir le mode de constitution d'une personne artificielle dont la personne civile est un cas particulier, cette dernière ayant elle-même l'Etat pour cas particulier [51]. Il s'agit donc pour Hobbes de mettre en place une structure juridique permettant de donner au transfert de droit sur les personnes et les actions un contenu qui ne se réduise pas au transfert de droit sur les choses. La relation juridique d'autorisation ou de transfert de droit sur les actions, que nous nommerons pour éviter toute confusion relation (A), devra être spécifiquement distincte de la relation (Rt) de transfert de droit sur les choses. Précisons que la convention sociale qui fonde une personne à la fois artificielle, civile et souveraine consistera en une modalité particulière de la relation d'autorisation (A).

Ainsi, à la relation (Rt) de transfert de droit, par laquelle nous perdons tout droit sur la chose que nous possédions avant de la transférer (théorie qui est maintenue au chapitre XIV du *Léviathan*), doit s'adjoindre une théorie de l'autorisation qui vise à rendre compte de la constitution d'un droit sur les personnes naturelles et leurs actions qui n'ôte pas à ces personnes tout droit sur elles-mêmes. C'est à cette seule condition qu'il sera possible de surmonter les difficultés auxquelles nous avons été confrontés dans l'examen de la théorie de la convention sociale des *Elements of Law* et du *De Cive,* laquelle accordait à la fois trop et trop peu de droits à l'Etat. Trop, puisque transférer notre droit – relation (Rt) – sur nous-mêmes et nos actions, c'était perdre tout droit sur soi, comme on perd tout droit sur une chose en la donnant ou en la vendant. Trop peu, puisque le transfert de droit sur soi ne consistait que dans la non-résistance, et que celle-ci n'impliquait aucune obligation positive des sujets. *Aliénation totale et impuissance de l'aliénation: tel est le paradoxe de l'application de la relation (Rt) à la convention sociale.* En revanche, dans le *Léviathan,* l'autorisation – relation (A) – contenue dans la convention sociale ne consistera plus en une perte totale de droit par laquelle les sujets deviennent, pour ainsi dire, la chose insaisissable du souverain, mais en la création de droits de la souveraineté qui ne suppriment pas tout droit à l'individu, de sorte que la volonté politique pourra être reconnue comme celle de tous. *Autorisation illimitée sans aliénation totale, et obligation positive sans remise en cause des droits inaliénables de l'homme: telle est la structure juridique de l'Etat que met en place l'application de la relation (A) à la convention sociale.*

Cette convention sociale est, en un sens, un cas particulier de la relation juridique d'autorisation (A), celle par laquelle se constitue une personne à la fois artificielle, civile et souveraine, mais, en un autre sens, elle est le fondement de toutes les autres formes de convention juridiques, parce que celles-ci ne peuvent avoir lieu que dans l'Etat. Il doit donc y avoir une autofondation de la convention sociale, elle doit créer elle-même les conditions de sa propre validité et de sa propre effectivité. Autrement dit, l'acte fondateur devra être tel qu'il ne puisse être contesté ni en droit, ni en fait. C'est également au problème de cette autofondation que la théorie de l'autorisation devra apporter une solution. L'Etat, avons-nous dit, est une personne civile souveraine. Notre examen aura donc trois moments: 1) théorie de la personne, 2) théorie de la personne civile, 3) théorie de la souveraineté.

– La théorie de la personne, que Hobbes donne au chapitre XVI du *Léviathan,* met en œuvre deux concepts: celui de représentation[52] et celui d'autorisation (nous rendons par ce terme le concept d'*authority, authoritas*). Le premier est utilisé dans la définition de la notion de personne, et le second est chargé de rendre compte de l'acte juridique qui constitue une personne artificielle. Commençons par la définition:

> "Est une PERSONNE, celui *dont les paroles et les actions sont considérées, soit comme lui appartenant, soit comme représentant les paroles ou les actions d'un autre, ou de quelque autre réalité à laquelle on les attribue par une attribution vraie ou fictive.*
>
> Quand on les considère comme lui appartenant, on parle d'une *personne naturelle (Naturall Person),* quand on les considère comme représentant les paroles et les actions d'un autre, on parle d'une personne *fictive* ou *artificielle (Feigned or Artificiall person)"* (*Lev.,* chap. XVI, p. 217, trad. p. 161).

La notion de personne en général désigne un rapport entre un individu et des actions ou des paroles. Lorsque ces actions ou ces paroles sont celles de l'individu qui agit ou parle, nous avons affaire à une personne naturelle qui s'engage elle-même. En revanche, lorsqu'il y a deux individus dont l'un agit et parle en lieu et place de l'autre, c'est-à-dire en son nom, le premier est le représentant, et le second, le représenté. Le représentant est alors une personne artificielle. La représentation a donc un double aspect, elle consiste à agir et à jouer le rôle. Ce double aspect de la représentation dans la définition de la notion de personne s'enracine selon Hobbes dans l'origine sémantique du mot personne, qui désigne le déguisement, l'apparence extérieure ou encore le masque de l'acteur qui imite quelqu'un sur la scène. La notion de personne a donc un sens théâtral qui va passer dans le langage juridique: "de la scène, le mot est passé à tout homme qui donne en représentation ses paroles et ses actions, au tribunal aussi bien qu'au théâtre. *Personne* est donc l'équivalent d'*acteur,* tant à la scène que dans la vie courante". On pourrait ajouter que Hobbes fait lui-même passer la représentation du tribunal à l'Etat. Cependant, les versions anglaises et latines du *Léviathan* semblent diverger sur le statut de la représentation. En effet, dans la version anglaise, la représentation intervient à la fois dans la définition de la personne naturelle et de la personne artificielle: "*personnifier,* c'est *jouer le rôle,* ou *assumer la représentation,* de soi-même ou d'autrui: de celui qui joue le rôle d'un autre, on dit qu'il en assume la personnalité *(to beare his Person),* ou qu'il agit en son nom" (*ibid.* p. 217, trad. p. 162). Dans le cas d'une personne naturelle, un individu joue son propre rôle et agit en son nom: il est à la fois le représentant et le représenté. Dans le cas d'une personne artificielle, un individu joue le rôle d'un autre et agit au nom de cet autre: il y a donc distinction entre le représentant et le représenté. En revanche, la version latine distingue nettement la *persona propria sive naturalis,* de la personne artificielle qui est seule qualifiée de *persona repraesentativa.* Cette divergence n'est pas pour nous fondamentale, dans la mesure où il s'agit d'examiner le mode de constitution d'une personne artificielle qui est toujours représentative.

Le mode de constitution d'une personne artificielle exige l'intervention du concept d'autorisation. En effet, la constitution du couple représentant/représenté requiert l'intervention d'un autre couple: acteur/auteur. Le rapport de l'auteur à l'acteur est chargé de rendre compte de l'acte juridique qui construit le rapport du réprésenté au représentant. Nous avons vu qu'une personne artificielle est un représentant dont les paroles et les actions sont attribuées à un représenté. Cette attribution étant juridique, elle suppose que le représentant dispose d'un droit de parler et d'agir au nom du représenté; en quoi consiste ce droit ?, et comment le représentant l'a-t-il obtenu ?

> "Les paroles et les actions de certaines personnes artificielles sont *reconnues pour siennes* par celui qu'elles représentent. La personne est alors l'*acteur;* celui qui en reconnaît pour siennes les paroles et actions est l'AUTEUR, et en ce cas l'acteur agit en vertu de l'autorité qu'il a reçue *(the Actor acteth by Authority)*. Car celui qui, en matière de biens de toute espèce est appelé propriétaire *(dominus* en latin, et *kurios* en grec), est appelé, en matière d'action, l'auteur. Et de même que le droit de possession est appelé empire sur une chose, Dominion, le droit d'accomplir quelque action est appelé AUTORITÉ *(Authority)*. Ainsi autorité s'entend-il toujours du droit d'accomplir quelque action, et *accompli en vertu de l'autorité reçue (done by Authority)*, de ce qui est accompli en vertu d'un mandat ou d'une permission de celui à qui appartient le droit" *(ibid.*, p. 218; trad. p. 163).

Le représentant ou l'acteur obtient de l'auteur le droit de parler et d'agir au nom du représenté. Mais le couple représentant/représenté n'est pas toujours convertible avec le couple acteur/auteur. En effet, si le représentant est toujours l'acteur, en revanche, le représenté n'est pas toujours l'auteur. On peut rendre compte par là de la distinction entre attribution vraie et attribution fictive. L'attribution des actes d'un représentant à un représenté est vraie, lorsque le représenté est auteur, c'est-à-dire un individu ou un groupe d'individus disposant d'une capacité juridique d'autoriser ou de reconnaître pour siennes les actions du représentant/acteur. L'attribution est fictive, lorsque le représenté n'est pas ou ne peut être auteur, c'est le cas des individus qui ne disposent pas encore (les enfants) ou ne disposent plus (les fous) d'une capacité actuelle d'autoriser l'action d'un représentant/acteur (tuteur, curateur), c'est également le cas des choses réelles (une église, un hôpital), ou même fictives (une idole), qui ont un représentant/acteur (gérant, fonctionnaire public). Quand l'attribution est fictive l'auteur est selon les cas l'Etat, le propriétaire ou en général celui qui dispose d'un droit.

Quel est le contenu juridique de cette reconnaissance que Hobbes nomme autorité ? Pour le déterminer, Hobbes établit un parallèle entre le propriétaire, qui détient un droit sur une chose ou un bien, et l'auteur, qui détient un droit sur lui-même et ses actions. Mais ce parallèle ne vise aucunement à réduire la relation (A) d'autorisation de l'auteur à l'acteur, à la relation (Rt) de transfert de droit sur une chose entre son propriétaire présent et son propriétaire futur. Car, si l'autorité que l'acteur reçoit de l'auteur en vertu d'un mandat ou d'une permission d'agir ou de parler en son nom revenait à une relation (Rt) de pur et simple transfert de droit, l'auteur perdrait tout droit sur ces paroles et ces actions, comme le propriétaire perd tout droit sur une chose en la vendant ou en la donnant. On ne verrait plus alors comment l'auteur pourrait encore reconnaître pour siennes les actions et les paroles de l'acteur. Pour que la relation entre l'auteur et l'acteur se maintienne, il faut que l'auteur, en autorisant les actions de l'acteur, ne perde pas son droit sur ces actions. Les actions de l'acteur ne peuvent être reconnues pour siennes par l'auteur, que pour autant qu'elles sont accomplies en vertu d'un droit qui est encore sien, donc qu'il conserve toujours.

Reprenons le parallèle entre le propriétaire et l'auteur: le propriétaire et l'auteur ont un droit, l'un sur une chose, l'autre sur lui-même et ses actions. Le propriétaire peut transférer son droit – relation (Rt) – à un autre, par là il perd tout droit sur la chose qui n'est désormais plus sienne. En revanche, l'auteur peut autoriser – relation (A) – les actions d'un acteur, sans pour autant perdre tout droit sur ces actions qu'il reconnaît encore comme siennes. On peut déjà repérer la différence considérable qui résulte de la substitution de la relation (A) à la relation (Rt) dans le cas de la convention sociale. Les *Elements of Law* et le *De Cive* concevaient le pacte social selon la relation de transfert de droit (Rt). Nous avons vu dans quelle impasse nous nous trouvions alors: 1) les individus se dépossédaient de tout droit sur eux-mêmes et sur leurs actions, la volonté du souverain leur était alors totalement étrangère; 2) mais comme cette perte totale de droit les réduisait à la passivité, elle ne pouvait rendre compte de la constitution des droits attachés à la personne civile de l'Etat. On comprend donc qu'il faille, pour que la notion de personne civile ait un sens et pour que la volonté du souverain puisse être tenue pour celle de tous les sujets, concevoir un acte juridique qui fonde les droits du souverain sans déposséder les sujets de tout droit sur eux-mêmes. Dans le *Léviathan*, la relation d'autorisation (A) permet de résoudre ce problème: la convention, par laquelle les auteurs (les individus qui deviennent par là sujets) autorisent les actions de l'acteur (l'individu ou le conseil qui devient par là souverain), laisse subsister le droit des premiers, tout en conférant, pour ainsi dire, un droit d'usage au second, donc un droit d'agir au nom du droit des auteurs. Reconnaître pour siennes les actions de quelqu'un d'autre, c'est lui donner l'autorité ou le droit d'accomplir des actions qui nous engagent. L'acteur acquiert avec l'autorité un droit d'usage du droit des auteurs pour une classe limitée ou illimitée d'actes (la classe d'actes sera illimitée dans le cas de la seule convention sociale). L'application de la relation (A) au pacte social permet de comprendre que la convention d'autorisation ne supprime pas le droit que les individus avaient sur eux-mêmes et leurs actions, mais au contraire se fonde sur lui. Cette application permet donc de concevoir un droit et une volonté publiques de la personne civile qui ne demeurent pas étrangers aux sujets. Mais pour que cette application soit complète, il faut expliciter la notion de personne civile dont l'Etat est un cas particulier.

– La personne civile est un cas particulier de la personne artificielle, celle par laquelle une multiplicité d'individus, dont chacun est doué de compétence juridique, se transforme en un ensemble uni par la médiation d'un représentant. Or cette transformation suppose que les individus multiples se fassent représenter en autorisant une classe (limitée ou illimitée) d'actes d'un représentant/acteur. Ce qui implique, d'une part, que dans le cas d'une personne civile le couple représentant/représenté soit convertible avec le couple acteur/auteur, et d'autre part, que la notion de personne civile ne s'applique pas uniquement à l'Etat. Le chapitre XXII développe ainsi une théorie générale des systèmes de citoyens (*systemata civium*). Un système de citoyens est simplement réglé lorsque ses membres sont unis par un représentant. Le système réglé se distingue ainsi d'un simple rassemblement de gens pour un intérêt commun ou pour un même genre d'affaires, comme dans un marché ou lors d'un spectacle. Le système, ainsi uni par la médiation d'une personne représentative unique (*one Person Representative*), peut être politique ou privé; ce n'est que dans le premier cas qu'il y a personne civile. Un système de citoyens, réglé et politique, peut être subordonné ou absolu et indépendant. Il est subordonné, d'une part, lorsque l'autorisation que les représentés/auteurs confèrent au représentant/acteur est circonscrite à une classe limitée d'actes, et d'autre part, lorsque le système, pour exister légalement, est soumis aux lois civiles et se constitue en vertu d'une charte (fixant son objet, son temps et le lieu de son activité) qui émane de l'Etat. Enfin, l'Etat lui-même est un système politique de citoyens unis par la médiation d'une personne représentative, mais cette fois le système est absolu et indépendant, c'est-à-dire souverain.

> "Une multitude d'hommes devient *une seule* personne (*One Person*) quand ces hommes sont représentés par un seul homme ou une seule personne (*one man, or one Person*), de telle sorte que cela se

fasse avec le consentement de chaque individu singulier de cette multitude. Car c'est l'*unité* de celui qui représente *(the Unity of the Representer)*, non l'*unité* du représenté *(the Unity of the Represented)*, qui rend *une* la personne *(that maketh the Person One)*. Et c'est celui qui représente qui assume la personnalité *(that beareth the Person)*, et il n'en assume qu'une seule. On ne saurait concevoir l'*unité (Unity)* dans une multitude, sous une autre forme" *(Lev.*, chap. XVI, p. 220, trad. p. 166).

Ce texte difficile est fondamental, dans la mesure où il contient la clef de la transformation d'une multitude en une personne juridique unique, ce qui veut dire qu'il contient aussi, comme le pressent F. Tricaud[53], la clef de la théorie du pacte social. La difficulté majeure tient à la polysémie de la notion de personne, elle signifie: 1) la multitude des hommes représentés: *"A Multitude of men are made One Person"*; 2) le représentant: *"when they are by one man, or one Person, Represented"*; 3) le rapport du représentant au représenté, ici le représentant est dit *assumer* la personne: *"and it is the Representer that beareth the Person, and but one Person"*. Il semble donc que la notion de personne comporte une ambiguïté quasi-insurmontable, à moins qu'il soit possible de rendre compte de cette polysémie. Or, il y a dans ce texte même un quatrième sens qui passe généralement inaperçu et qui contient peut-être la solution. En ce quatrième sens la personne ne signifie ni spécifiquement le représentant, ni spécifiquement le représenté, mais l'unité de l'être juridique qu'ils constituent tous deux: *"For it is the Unity of the Representer, not the Unity of the Represented, that maketh the Person One"*. Ce qu'il s'agit d'élucider, c'est comment la relation de représentation fait du représenté et du représentant une personne unique, à partir de laquelle la notion de personne peut, en vertu de sa cohérence interne, et non de son ambiguïté, engendrer sa propre polysémie qui la fait désigner le représentant, le représenté et le rapport qu'ils entretiennent.

Pour concevoir cette unité juridique de la personne, unité qui ponctue dans notre texte chaque apparition du mot personne, il faut prêter attention à la relation entre le représenté et le représentant, relation qui est indifférente au nombre des individus qui composent l'un ou l'autre. On peut formuler une règle en deux points: 1) *il y a personne unique, lorsque la relation entre le représenté et le représentant est unique;* 2) *l'unité de la relation ne dépend pas du nombre des individus qui composent le représenté ou le représentant.* Reprenons le premier point de la règle: la relation de représentation est unique, lorsqu'un représenté/auteur autorise un représentant/acteur à prononcer ou à accomplir une classe déterminée (limitée ou illimitée) de paroles ou d'actions en son nom. En revanche, la relation de représentation est multiple, lorsque le même représenté/auteur autorise des représentants/acteurs différents à prononcer ou à accomplir des classes différentes (ces classes seraient alors nécessairement limitées) de paroles ou d'actions en son nom[54]. Lorsque la relation de représentation est unique, on peut dire que le représenté/auteur et le représentant/acteur constituent juridiquement tous deux une personne unique pour la classe autorisée d'actes: les paroles et les actions du représentant/acteur sont considérées comme celles du représenté/auteur, et inversement, le représenté/auteur parle et agit lui-même par le représentant/acteur. L'un agit par l'autre, l'autre agit pour l'un. Par conséquent, pour la classe autorisée d'actes, représentant/acteur et représenté/auteur constituent juridiquement une seule et même personne. A partir de l'unicité de la relation, on comprend que la notion de personne puisse engendrer sa propre polysémie: puisque le représenté et le représentant sont une seule et même personne, il est possible de dire aussi bien que le représentant est la personne, ou que le représenté est la personne, ou encore que le représentant assume la personne du représenté.

Le deuxième point de la règle: l'unité de la relation qui fonde l'unité de la personne ne dépend pas du nombre des individus qui composent le représenté ou le représentant. Si nous supposons une relation unique de représentation entre un représenté/auteur, constitué d'une multiplicité d'individus, et un représentant/acteur, constitué d'un individu ou d'individus multiples, nous aurons dans chacun des cas une personne unique pour la classe autorisée d'actes. Examinons tout d'abord le premier cas: une multiplicité d'individus en relation unique de représentation avec un représentant qui est un individu. L'unicité de la relation signifie que chacun des multiples individus représentés/auteurs autorise l'individu représentant/acteur à prononcer ou à accomplir la même classe de paroles ou d'actions. Ce qui importe c'est que ce soit *la même* classe d'actes (limitée ou illimitée) qui soit ainsi autorisée. Alors les actes accomplis par l'individu représentant/acteur le sont au nom de chacun des individus représentés/auteurs. C'est ce qui arrive dans les systèmes de citoyens subordonnés dont le représentant/acteur est un individu, ou dans les systèmes de citoyens souverains dont le représentant/acteur est également un individu: l'Etat monarchique. Si nous retenons l'exemple de l'Etat monarchique, il y aura une personne unique puisque la totalité des actes du souverain est autorisée identiquement par chacun des sujets. Dès lors, on pourra dire aussi bien que le souverain est cette personne unique; ou que les individus multiples, dont chacun reconnaît pour siens la totalité des actes du souverain, deviennent, par cette relation de représentation/autorisation identique, une personne unique; ou enfin que le souverain assume la personne de la république. Examinons maintenant le second cas: des individus multiples sont représentés par un représentant composé de plusieurs individus. Cela a lieu dans les systèmes de citoyens subordonnés dont le représentant/acteur est un conseil, ou dans l'Etat aristocratique. Si l'on retient l'exemple de l'Etat aristocratique, la relation juridique de représentation sera ici aussi unique dans la mesure où chacun des sujets autorise identiquement la totalité des actes du conseil souverain. Il y a donc une personne unique qui peut, comme antérieurement, désigner le représentant, le représenté ou la relation de l'un à l'autre. Cependant, lorsque le représentant/acteur est composé de plusieurs individus, une condition supplémentaire est requise, à savoir, que le représentant/acteur puisse s'exprimer par une voix majoritaire unique:

> "Si le représentant est constitué par une multiplicité d'hommes, la voix du plus grand nombre doit être considérée comme la voix de tous. [...] [C']est l'unique voix du représentant. Un représentant composé d'hommes en nombre pair (et particulièrement quand ce nombre n'est pas grand, situation qui a souvent pour résultat que les voix opposées soient en nombre égal) est donc souvent muet et incapable d'agir" (*ibid.*, p. 221, trad. p. 167).

Nous pouvons maintenant revenir sur notre texte pour le suivre pas à pas. "Une multitude d'hommes devient *une seule* personne quand ces hommes sont représentés par un seul homme ou une seule personne, de telle sorte que cela se fasse avec le consentement de chaque individu singulier de cette multitude": 1) la multitude des hommes représentés ne devient une seule personne que par *l'effet* de l'unité de la personne du représentant. Lorsque Hobbes dit que le représentant doit être "un seul homme ou une seule personne", il ne faut pas entendre qu'il est une seule personne parce qu'il est un seul homme, nous savons en effet que le représentant peut être une personne unique même s'il est composé d'hommes multiples, comme dans le cas d'un conseil. 2) L'unité de la personne du représentant est elle-même *un effet* de ce que Hobbes nomme dans le texte anglais "le consentement" (le texte latin dit: autorité), qui est l'autorisation que chaque individu singulier de la multitude accorde au représentant de prononcer ou d'accomplir une classe identique d'actes en son nom. On peut donc dire que le texte régresse de conditions en conditions: le premier effet a pour condition le second effet. L'unité de la personne du représentant implique rétroactivement celle du représenté. Or cette unité de la personne du représentant est elle-même fondée sur l'identité de la classe d'actes autorisée par chacun des individus d'une multitude. L'unité rétroactive du représenté transforme la multitude disparate en un système réglé subordonné ou souverain de citoyens. La multitude, recevant l'unité juridique par la médiation du représentant, se transforme en une personne. Autrement dit, à travers les actes du représentant/acteur, c'est chacun des individus représentés/auteurs qui est censé agir: l'acte du représentant/acteur peut dès lors être considéré comme un acte collectif des individus réprésentés/auteurs, qui deviennent par là même une seule personne. On comprend la phrase suivante de notre texte: "Car c'est l'*unité* de celui qui représente, non l'*unité* du représenté qui rend *une* la personne": la personne désigne l'unité de l'être juridique du représentant et du représenté; il est possible de dire que le représentant porte ou assume la personne du représenté: "Et c'est celui qui représente qui assume la personnalité, et il n'en assume qu'une seule". Hobbes conclut le passage en affirmant: "On ne saurait concevoir l'*unité* dans une multitude, sous une autre forme". Tel était bien l'objectif de la théorie: fournir les moyens juridiques de penser la transformation d'une multiplicité d'individus en l'unité d'une personne douée d'une volonté unique qui soit celle de tous, sans présupposer que cette unité soit déjà donnée dans la multitude, et sans abolir la multitude par l'institution de l'unité.

Appliquée à la convention sociale, la théorie de la représentation/autorisation va permettre de concevoir, à partir de l'identité de l'acte de fondation accompli par chacun des individus d'une multitude, l'unité d'un représentant/acteur qui confère en retour à la multitude l'unité par laquelle elle devient un corps politique ou une personne civile souveraine, personne civile que le représentant/acteur souverain médiatise et assume. C'est pourquoi l'unité de la communauté civile se dissout à l'instant où la médiatisation par le représentant/acteur disparaît. Dans la communauté civile, l'unité juridique de la personne civile et souveraine coexiste avec la multitude naturelle des individus. Le concept de personne civile douée d'une volonté unique devient désormais opératoire: la personne civile est l'unité d'un être collectif médiatisée et assumée par le représentant, la volonté unique de cet être collectif est elle-même médiatisée et assumée par la volonté du représentant: les paroles et les actions du souverain seront celles du corps politique tout entier. C'est ainsi que la convention sociale peut instituer à la fois la souveraineté et la citoyenneté, l'Etat et le peuple. Loin d'être étranger à la société civile le souverain devient le garant de son unité.

– Reste à examiner la modalité spécifique de la convention sociale d'autorisation qui ne fonde pas seulement l'unité d'une personne civile, mais l'unité d'une personne civile souveraine. Cet examen engage le problème des conditions de validité des conventions d'autorisation: il s'agit de montrer que la convention qui fonde l'Etat garantit elle-même sa propre validité, et qu'en retour, l'existence de l'Etat confère leur validité à toutes les autres conventions, tant aux conventions d'autorisation qui sont à l'origine des systèmes subordonnés de citoyens, qu'aux contrats commerciaux entre personnes privées.

La convention par laquelle l'auteur autorise l'acteur à accomplir des actions ou à prononcer des paroles en son nom est une permission ou un mandat. Dès lors toute convention, conclue par l'acteur avec un tiers en vertu de l'autorisation qu'il a reçue, engage l'auteur comme s'il l'avait commise lui-même. L'acte de l'acteur crée une obligation pour l'auteur quand il appartient à la classe des actes autorisés par la permission ou le mandat, mais pas au-delà. Toute convention, conclue par l'acteur avec un tiers à l'encontre ou en dehors de l'autorité que l'auteur lui a donnée, n'engage pas ce dernier: "car nul n'est obligé par une convention dont il n'est pas l'auteur" (*ibid.*, p. 218, trad. p. 164). Dès lors deux possibilités pourront se présenter: soit la convention sera nulle, soit elle engagera l'acteur qui se sera fait lui-même auteur dans la convention avec le tiers. La règle générale étant que lorsque "l'autorité est évidente, la convention oblige l'auteur, et non l'acteur: mais quand l'autorité est usurpée, c'est l'acteur qui est obligé, car il n'y a pas d'autre auteur que lui" (*ibid.*, p. 219, trad. p. 164).

On peut considérer qu'il y a deux types de mandats possibles: 1) un mandat qui couvre une classe limitée d'actes; 2) un mandat qui couvre une classe illimitée d'actes. Dans le cas des mandats limités, l'auteur est obligé par l'action de l'acteur, mais l'acteur est également tenu aux clauses du mandat, puisque s'il en dépassait les limites, il serait seul responsable de son acte. Or, dans l'état de nature ce type de mandat limité ne peut avoir de validité, puisqu'il n'y a aucun juge pour décider si les clauses du mandat ont ou n'ont pas été respectées. Le mandat limité, s'il a lieu, restera simplement verbal: l'auteur pouvant toujours affirmer qu'il a agi en vertu de l'autorité que l'auteur lui a donnée, et celui-ci pouvant toujours le nier. C'est pourquoi toutes les conventions d'autorisation limitée supposent l'existence d'un juge irrécusable, c'est-à-dire de l'Etat. Mais l'Etat doit être lui-même issu d'une convention d'autorisation. L'institution de la personne civile souveraine suppose donc un type de mandat qui fonde lui-même sa propre validité, autrement dit un mandat qui ne puisse être récusé.

Or, seul le mandat illimité est susceptible de remplir cette condition. Dans la convention sociale, les individus conviennent entre eux d'autoriser toutes les actions de l'homme ou de l'assemblée représentant/acteur; chacun dit à chacun: *"j'autorise, je prends sur moi toutes ses actions"* (*ibid.*, chap. XXI, p. 269, trad. p.230). Dans l'énoncé complet de la convention sociale le caractère illimité de l'autorisation est également explicite: *"j'autorise cet homme ou cette assemblée, et je lui abandonne mon droit de me gouverner moi-même, à condition que tu lui abandonnes ton droit et que tu autorises toutes ses actions de la même manière"* (*ibid.*, chap. XVII p. 227, trad. p. 177). Par cette convention, il est impossible à l'un quelconque des auteurs de récuser quelque acte que ce soit du représentant/acteur. Aucun litige ne peut être soulevé entre eux, aucune des actions du représentant/acteur ne pourra être considérée comme invalide. Les représentés/auteurs seront tenus par tous les actes de la volonté du représentant/acteur. Hors de toute récusation possible, la convention sociale d'autorisation illimitée fonde elle-même sa propre validité. Cette convention est donc tout à fait particulière puisqu'elle institue un juge suprême irrécusable. C'est de l'exigence interne à la convention sociale que dérivent les droits inaliénables et la puissance qui constituent le pouvoir absolu attaché à l'essence de la souveraineté. Notons que cette souveraineté appartient à l'être collectif de la personne civile; mais comme l'unité de cet être requiert la médiation d'un représentant/acteur, celui-ci sera dit assumer les droits et la puissance de la république. On comprend ainsi le sens d'une formule du *De Cive* où Hobbes semble pressentir ce qui ne sera élucidé que dans le *Léviathan:* "*le peuple* règne en toute cité, car même dans *les monarchies le peuple* commande; en effet, *le peuple* veut par la volonté *d'un seul homme"* (*D.Ci., O.L.* II, chap. XII, 8, p. 291).

Tout d'abord, les droits de la souveraineté, assumés par le représentant/acteur, ne se réduisent plus au droit sur toute chose dont le souverain disposait déjà comme individu dans l'état de guerre [55] et qui le laissait, dans les *Elements of Law* et le *De Cive,* comme à l'extérieur de la société civile. La spécificité des droits politiques est assurée par le mandat illimité fondateur. Ce qui implique que ces droits sont attachés à la personne civile de l'Etat et détenus par le souverain en tant qu'il assume cette personne civile, et nullement en tant qu'il assume sa personne naturelle:"tout homme ou assemblée investis de la souveraineté représentent deux personnes, ou, comme on le dit couramment, ont une double capacité, l'une naturelle et l'autre politique (ainsi, un monarque n'assume pas seulement la personne de la

République, mais aussi celle d'un homme)" (*Lev.*, chap. XXIII, p. 289, trad. p. 254). En outre, l'Etat comme système réglé, indépendant et absolu de citoyens n'est plus un corps inerte où les sujets restent passifs parce qu'engagés à une simple obligation de non-résistance. Par l'acte de fondation, la volonté du représentant/acteur souverain est l'acte de la république ou du corps politique tout entier. La volonté souveraine n'est donc plus étrangère à celle des sujets, c'est la volonté de toute la collectivité. Par le mandat illimité chacun des représentés/auteurs citoyens a posé le vouloir souverain et se trouve engagé par lui. Le vouloir souverain revient ainsi aux citoyens sous la forme d'obligations positives de faire.

"De la forme de l'institution dérivent tout le pouvoir et tous les droits du souverain, en même temps que les devoirs de tous les citoyens" (*Lev.*, version latine, *O.L.* III, chap. XVIII, p.132, trad. p. 179). Cette forme de l'institution comporte, d'une part, la modalité qui en fait une convention au bénéfice d'un tiers, et d'autre part, le contenu juridique de l'acte d'autorisation. De la modalité de la convention, on peut déduire: 1) que les citoyens ne peuvent changer la forme du gouvernement, 2) qu'ils ne peuvent démettre le souverain, 3) qu'ils ne peuvent protester contre son institution. Du contenu juridique de l'acte, on peut déduire: 4) que les citoyens ne peuvent accuser d'injustice le souverain, 5) qu'ils ne peuvent le punir ou le mettre à mort avec justice. Tels sont les devoirs des sujets auteurs/citoyens. L'extension et le caractère inaliénable des droits du souverain sont immédiatement inférés de l'énoncé de la convention, laquelle vise à établir la paix publique. Les droits du souverain comportent: 1) le droit de juger de la compatibilité ou de l'incompatibilité des doctrines avec la paix publique, 2) le droit d'édicter les lois civiles, 3) le droit de rendre justice, 4) le droit de décider de la guerre et de la paix, et le commandement de la force armée, 5) le droit de choisir les fonctionnaires publics, 6) le droit de récompenser et de punir, 7) le droit d'attribuer les titres d'honneur. Ces droits sont inaliénables et inséparables parce que l'abandon de l'un d'entre eux entraîne l'impuissance des autres et la perte de la souveraineté:

> "Voilà donc les droits qui constituent l'essence de la souveraineté *(the Essence of Soveraignty),* et qui sont les critères par lesquels on peut discerner l'homme ou l'assemblée en qui est placé et réside le pouvoir souverain. Ils sont en effet inaliénables et inséparables" (*Lev.*, chap. XVIII, p. 236, trad. p. 187).

En assurant ainsi à la fois la spécificité des droits de la souveraineté et l'obligation des sujets, on comprend que la convention sociale puisse désormais rendre compte d'une puissance et d'une force attachées à la souveraineté qui ne se réduisent plus à la simple puissance dont le souverain disposait comme individu dans l'état de nature. C'est l'autorisation qui rend immédiatement compte de la constitution de la puissance publique: "car en vertu de cette autorité qu'il a reçue de chaque individu de la République, l'emploi lui est conféré d'une telle puissance et d'une telle force, que l'effroi qu'elles inspirent lui permet de modeler *(to forme)* les volontés de tous, en vue de la paix à l'intérieur et l'aide mutuelle contre les ennemis de l'extérieur" *(ibid.*, chap. XVII, p. 227-228, trad. p. 178). Cette puissance publique est égale à la somme de la puissance des sujets, c'est pourquoi, demeure sans fondement "l'opinion de ceux qui disent que les rois souverains, bien qu'ils soient *singulis majores* (plus puissants que chacun d'entre leurs sujets), sont néanmoins *universis minores* (moins puissants que l'ensemble de ceux-ci)" *(ibid.*, chap. XVIII, p. 237, trad. p. 190). En effet, si l'ensemble désigne les sujets comme une personne, cette personne est précisément assumée par le souverain. Droits et puissance publics définissent un pouvoir "tel qu'on ne saurait imaginer que les hommes en édifient un plus grand [...]. Et quiconque, jugeant trop grand le pouvoir souverain, cherchera à le diminuer, devra s'assujettir à un second pouvoir capable de limiter le premier, et donc encore plus grand" *(ibid.*, chap. XX, p. 260, trad. p. 219). Mais ce pouvoir absolu n'est pourtant pas sans conditions au point de vue de son origine, de son exercice et de sa finalité.

– Au point de vue de son origine, l'acte fondateur d'autorisation, quoique illimité, ne consiste pas, comme on l'a vu, en une perte totale de droit pour les sujets. C'est pourquoi l'institution ne leur ôte pas toute liberté naturelle:

> "Venons-en maintenant aux détails de la vraie liberté des sujets, c'est-à-dire aux choses qu'un sujet peut sans injustice refuser de faire, même si le souverain lui ordonne de les faire: il faut considérer quels sont les droits que nous transmettons lorsque nous constituons la République; ou bien, ce qui revient au même, quelle liberté nous nous dénions à nous-mêmes en faisant nôtres toutes les actions, sans exception, de l'homme ou de l'assemblée dont nous faisons notre souverain" *(ibid.*, chap. XXI, p.268, trad. p. 229).

Par l'autorisation illimitée, la volonté du souverain revient aux sujets sous la forme d'obligations: les sujets sont donc tenus par les actes de sa volonté, c'est-à-dire les lois civiles. Ne pas obéir aux lois serait commettre un acte contradictoire en niant ce qu'on a soi-même posé. C'est dans la mesure où la puissance du souverain peut donner, par la contrainte, une effectivité aux lois civiles, qu'elle modèle les volontés de tous. En ce domaine la liberté des sujets dépend du silence de la loi: "Dans les cas où le souverain n'a pas prescrit de règle, le sujet a la liberté de faire ou de s'abstenir, selon qu'il le juge bon. Aussi cette liberté est-elle ici plus étendue et là plus restreinte, à tel moment plus grande et à tel autre moins grande, selon ce que les détenteurs de la souveraineté jugent le plus avantageux" (*ibid.*, p. 271, trad., p. 232). La liberté que les lois civiles restreignent sans la supprimer, c'est le droit naturel (élargi) de chaque homme, qui, par cette restriction, devient compatible avec le droit de l'autre: "le droit de nature, c'est-à-dire la liberté naturelle de l'homme, peut être amoindri et restreint par la loi civile: et même la fin de l'activité législative n'est autre que cette restriction, sans laquelle ne pourrait exister aucune espèce de paix" (*ibid.*, chap. XXVI, p. 315, trad. pp. 285-286). Mieux, il existe des droits qu'il est impossible de restreindre. Dans certains cas, les sujets ont la liberté de refuser de faire ce que le souverain pourrait leur ordonner. A première vue, l'existence d'une telle liberté de refuser peut paraître paradoxale. Mais le paradoxe disparaît dès que l'on examine le contenu de ces ordres qui n'obligent pas les sujets. Ils correspondent en effet à ce qu'aucun homme ne peut vouloir ni dans l'état de nature, ni dans la société civile, c'est-à-dire à ce dont il ne peut en aucun cas être tenu pour l'auteur. Autoriser, c'est reconnaître pour siennes les actions et les paroles d'un autre, mais on ne peut reconnaître pour sien ce qu'il nous est impossible de vouloir: chacun conserve donc l'intégralité des droits inaliénables de l'homme. Mais ces droits sur soi-même, que chaque citoyen conserve, échappent à l'autorisation non parce qu'ils la limitent mais parce qu'ils la fondent. L'autorisation illimitée, que chacun concède au souverain, a pour raison première son désir de persévérer dans l'être: obéir aux ordres qui contreviendraient à cette raison de l'autorisation est à la fois impossible en fait et contradictoire en droit. On le voit, la convention sociale permet de penser une constitution de droits de la souveraineté qui ne dépouille pas les sujets de tout droit.

— Au point de vue de son exercice, le pouvoir absolu du souverain est gouverné par deux principes régulateurs. Le premier est constitué par les lois de nature. Les lois de nature entretiennent en effet un double rapport avec les lois civiles, lesquelles dépendent directement de la volonté du souverain: eu égard à l'effectivité, les lois de nature sont une partie des lois civiles:

"En effet, dans l'état de pure nature, les lois de nature, qui consistent dans l'équité, la justice, la gratitude, et les autres vertus morales qui dépendent de ces premières, ne sont pas proprement des lois (je l'ai dit plus haut, à la fin du chapitre XV), mais des qualités qui disposent les hommes à la paix et à l'obéissance. C'est une fois qu'une République est établie (et pas avant) qu'elles sont effectivement des lois, en tant qu'elles sont alors les commandements de la République, et qu'en conséquence elles sont aussi des lois civiles" (*ibid.*, p. 314, trad. p. 285).

La puissance de contraindre dont dispose le souverain peut seule donner l'effectivité au principe de réciprocité qui est constitutif des lois de nature. Mais est-ce à dire pour autant, qu'en devenant des lois civiles, les lois de nature tombent sous le coup de la volonté d'un souverain qui serait aussi peu obligé par elles, qu'il ne l'est par les lois civiles ? Les lois de nature entrent-elles purement et simplement dans la sphère d'une légalité entièrement dépendante de la volonté souveraine ? Répondre que le souverain est obligé par les lois naturelles en vertu d'une obligation qu'il doit à Dieu seul est notoirement insuffisant, parce que cette réponse n'affecte pas la légalité interne à l'Etat. Le second rapport de la loi de nature à la loi civile nous donne-t-il les moyens de dépasser cette insuffisance ?

"Réciproquement, la loi civile est une partie des préceptes de la nature: en effet, la justice, autrement dit l'exécution des conventions et le fait de rendre à chacun ce qui lui revient, est un précepte de la loi de nature; or tout sujet d'une République s'est engagé par convention à obéir à la loi civile" (*ibid.*).

Si la loi civile confère l'effectivité à la loi de nature, celle-ci est la source de l'obligation aux prescriptions de la légalité civile, parce qu'elle est à l'origine de l'obligation de respecter les conventions. Mais l'obligation demeure ici celle des sujets, et notre question concerne la légalité interne de l'Etat dont le souverain est le principe. Autrement dit, peut-on concevoir une légalité positive qui serait contraire aux lois de nature ? A cette question la réponse doit être négative: "la loi civile ne modifie ni ne limite les lois naturelles, mais seulement le droit naturel" (*Lev.*, version latine *O.L.* III, chap. XXVI, p. 198, trad. pp. 285-286). Les lois civiles, différentes suivant les républiques, sont néanmoins gouvernées par un principe commun: elles ne doivent pas être contraires aux lois de nature. Certes, le souverain peut toujours en fait contrevenir aux lois de nature, en particulier à celle de l'équité concernant les personnes. Mais alors l'injustice qu'il commet n'est pas seulement une injustice à l'égard de Dieu, mais plus profondément, une contradiction interne à l'institution politique, puisque le souverain remet lui-même en cause les principes qui président à la paix civile: *"the civil law cannot make that to be done jure, which is against the law divine, or of nature"* (*E.L.*, II, chap. X, 5, p. 186).

Le second principe régulateur se déduit des lois de nature: "la loi au-dessus des souverains, *salus populi*" (*ibid.*, chap. IX, 1, p. 178). Ce principe couvre l'ensemble des fonctions ou des devoirs du souverain et préside à un art de gouverner qui doit assurer la pérennité de l'Etat: "notez que par *sûreté*, je n'entends pas ici la seule préservation, mais aussi toutes les autres satisfactions de cette vie que chacun peut acquérir par son industrie légitime, sans danger ni mal pour la République" (*Lev.*, chap. XXX, p. 376, trad. p. 357). L'art de gouverner consiste en maximes générales qui ont pour but le bien du peuple: 1) un enseignement officiel sur le fondement des droits de la souveraineté qui prévienne la rébellion; 2) la confection de bonnes lois: "une bonne loi se caractérise par le fait qu'elle est, en même temps *nécessaire* au *bien du peuple*, et claire" (*ibid.*, p. 388, trad. p. 370); 3) le bien temporel du peuple, qui consiste dans les commodités de la vie, la paix domestique et la défense contre les puissances étrangères. Ces maximes de l'art de gouverner ne relèvent pas de la seule sollicitude du souverain, mais aussi, et surtout, de son intérêt bien compris: "en effet, le bien du souverain et celui du peuple ne sauraient être séparés. C'est un souverain faible que celui qui a des sujets faibles; et c'est un peuple faible que celui que son souverain n'a pas le pouvoir de régir selon sa volonté" (*ibid.*). La puissance du souverain réside dans la sommation de la puissance des sujets: affaiblir ses sujets c'est, pour le souverain, s'affaiblir lui-même. Certes, ces maximes de l'art de gouverner ne suppriment pas tous les inconvénients et les incommodités de la vie civile. Mais la vie humaine n'en est jamais exempte, et en tout état de cause, elles sont sans commune mesure avec celles qui résulteraient de la dissolution de l'Etat. Il y a de mauvais souverains, c'est-à-dire des souverains qui ne connaissent pas ou qui ne respectent pas les règles qui président à l'artifice politique. L'abus de pouvoir, le mauvais exemple donné aux sujets, le non-respect de la loi naturelle d'équité concernant les personnes et de justice dans la répartition des charges sont des causes d'affaiblissement et de dissolution de l'Etat. Si la convention sociale est conçue comme réalisée une fois pour toute et irréversible, il s'en faut pourtant de beaucoup que "sans l'aide d'un très habile architecte" les hommes ne soient "assemblés autrement qu'en un édifice fissuré, à peine capable de durer autant qu'eux, et destiné à coup sûr à s'effondrer sur la tête de leurs descendants" (*ibid.*, chap. XXIX, p. 363, trad. p. 342).

– Au point de vue de sa finalité, le pouvoir politique comporte également une condition. L'Etat n'est pas une fin en soi, sa finalité est la paix et la sécurité des individus qui le composent. La personne civile est une personne artificielle, douée d'une âme et d'une volonté également artificielles: l'engagement qui leur a donné naissance cesse d'exister à l'instant où l'Etat n'est plus capable de remplir sa fonction. Les sujets ne se donnent ni ne se vendent au souverain, c'est pourquoi leur obéissance demeure suspendue à la garantie que l'Etat apporte à leur existence individuelle:

> "L'obligation qu'ont les sujets envers le souverain est réputée durer aussi longtemps, et pas plus, que le pouvoir par lequel celui-ci est apte à les protéger. En effet, le droit qu'ont les hommes, par nature, de se protéger lorsque personne d'autre ne peut le faire, est un droit qu'on ne peut abandonner par aucune convention. La souveraineté est l'âme de la République: une fois séparée du corps, cette âme cesse d'imprimer son mouvement aux membres" (*ibid.*, chap. XXI, p. 272, trad. pp. 233-234).

Conditionné dans son origine, son exercice et sa finalité, le pouvoir politique est loin de se réduire aux caprices du bon plaisir. Les conséquences de la théorie de la représentation et de l'autorisation sont considérables: l'espace public est chez Hobbes un espace juridique. Le *Léviathan* met en place une structure juridique de l'Etat qui n'a pas son équivalent dans les *Elements of law* et le *De Cive*. Les couples de concepts autour desquels elle s'organise: auteur/acteur, représentant/représenté, autorisation/autorité font de l'Etat tout autre chose qu'un monstre froid. Par l'acte fondateur, le souverain devient la clef de voûte de l'unité et du fonctionnement juridique interne de la république.

En effet, l'institution du souverain introduit un véritable renversement dans la relation auteur/acteur, représentant/représenté et dans la notion d'autorité. Dès que la personne civile est instituée, on peut dire que le souverain devient lui-même l'auteur politique majeur. Ce renversement, Hobbes le formule en termes explicites à propos des lois civiles: "il n'est donc pas seulement indispensable que la loi soit signifiée, mais aussi qu'il existe des signes adéquats indiquant son auteur et son autorité (*of the Author, and Authority*). Qui est l'auteur (*The Author*), c'est-à-dire le législateur, cela est censé être connu dans chaque République de façon manifeste: c'est en effet le souverain, lequel ayant été institué par le consentement de chacun, est censé être adéquatement connu de chacun" (*ibid.*, chap. XXVI, p. 320, trad. p. 291). D'acteur autorisé par la convention sociale, le souverain devient l'auteur qui confère une autorité aux lois. Certes, le concept d'autorité est ici déplacé, puisqu'il ne désigne plus un mandat ou une permission donné à un individu, mais un attribut attaché à la souveraineté et conféré par elle à la loi civile comme commandement [56]: "l'authentification ne concerne en effet que l'attestation et l'enregistrement de la loi, et nullement *son autorité, laquelle réside seulement dans le commandement du souverain*" (*ibid.*, chap. XXVI, p. 320, trad. p. 293, souligné par nous).

Mais il y a également une autorité ou une autorisation, au sens initial de mandat ou de permission, délivrée par le souverain à certains sujets. Le souverain autorise ainsi certains sujets à exercer des fonctions publiques: "est MINISTRE PUBLIC, celui que le souverain (qu'il s'agisse d'un monarque ou d'une assemblée) emploie dans telles ou telles affaires avec autorité pour représenter *(with Authority to represent),* dans cet emploi, la personne de la République" (*ibid.*, chap. XXIII, p. 289, trad. p. 254). Font partie des ministres publics les sujets chargés de l'administration générale ou spécialisée, du commandement militaire, de la justice, de l'enseignement, de fonctions de représentation à l'étranger. Tous agissent au nom du souverain: "sont également ministres publics tous ceux qui ont reçu du souverain autorité *(that have Authority from the Soveraign)* pour assumer l'exécution des jugements rendus [...]. En effet, tout acte qu'ils accomplissent en vertu d'une telle autorité *(Authority)* est l'acte de la République" (*ibid.*, p. 293, trad. p. 258). De même qu'il y a inversion dans l'autorisation, il y a inversion dans la représentation. Ainsi les juges subalternes "sur leur sièges de juge, (ils) représentent *(they represent)* la personne du souverain et leur sentence est sa sentence" (*ibid.* p. 291, trad. p. 257). Le souverain est désormais l'auteur et le représenté, les sujets des acteurs et des représentants de l'Etat. Toute l'organisation publique interne de l'Etat s'articule autour de cette inversion. Du côté de la sphère privée, toutes les conventions de transfert de droit sur les choses (le commerce), de même que les conventions d'autorisation privées deviennent valides, dans la mesure où elles ne sont pas contraires aux lois civiles, et effectives, dans la mesure où leur validité est désormais garantie par le droit et la puissance politiques.

L'acte fondateur instaure ainsi une structure juridico-politique du monde des hommes. La réciprocité devient effective entre sujets, mais cette réciprocité a pour condition la non-réciprocité entre les sujets et le souverain. Dans l'Etat se déploie l'espace d'une communauté civile, qui est une communauté de bien et une communauté de volonté, par la médiation du représentant/acteur souverain. L'espace conflictuel de l'état de nature se transforme, par l'institution d'un juge suprême, en l'espace d'une paix civile où les différends sont tranchés par le droit. Mais cet espace civil de droit et de paix, le politique ne peut jamais le garantir de manière définitive ou irréversible. La paix civile sera toujours menacée: à l'extérieur, par l'état de guerre international qui est indépassable, à l'intérieur, par le rebelle – celui qui récuse délibérément l'autorité de la république – qui ne comprend pas ou ne veut pas comprendre, que c'est dans la paix et non dans la guerre que le désir de persévérer dans l'être trouve son effectivité.

NOTES

1. ARISTOTE, *La Politique*, I, 2, 1253 a, trad. J. Tricot, Paris, Vrin, 1970, p. 28; cf. G. ROMEYER DHERBEY, *op. cit.*, pp. 229-270.

2. Pierre MESNARD, *L'essor de la philosophie politique au XVI° siècle*, Paris, Vrin, 1977, pp. 19-20.

3. A cela il faut ajouter que Hobbes ne manque pas du sens de la réalité politique, puisque c'est, selon ses dires mêmes, l'imminence de la guerre civile qui le conduit à modifier l'ordre de rédaction de son système. Mais cela n'implique nullement que sa théorie politique soit réaliste au sens où elle tiendrait compte de l'enracinement naturel et historique de l'Etat, cf. note suivante.

4. On peut donner deux sens à la notion de réalisme en politique. En un premier sens, on peut appeler réaliste une théorie politique qui part des passions humaines pour en déduire des conséquences sur la fonction de l'Etat. Ici le réalisme s'oppose au moralisme, lequel part moins des passions elles-mêmes que d'un jugement de valeur sur les passions, c'est-à-dire d'une différence première entre la vertu et le vice. En ce premier sens Hobbes comme Machiavel sont réalistes. En un deuxième sens, le réalisme politique consiste à considérer la société et l'Etat dans leur enracinement naturel et historique. La théorie politique ne peut faire alors l'économie d'une histoire – et même d'une géographie, comme c'est le cas chez Bodin. Ici le réalisme s'oppose à l'utopie qui rompt avec le réel naturel et historique. L'utopie transforme une fiction en récit pour donner l'illusion d'une réalité. Ce deuxième sens peut être lui-même dissocié, suivant une indication de P. Mesnard, en un réalisme empirique (Machiavel) et en un réalisme intégral (Bodin), lequel intègre le problème de la justice et du droit dans l'histoire. En ce sens, Hobbes n'est pas réaliste parce qu'il arrache le problème politique à l'espace géographique du monde et au temps de l'histoire, mais il ne sombre pas pour autant dans l'utopie. Hobbes sort de cette alternative, en déplaçant le lieu du problème politique.

5. Pour la notion de souveraineté chez Bodin, cf. P. MESNARD, *op. cit.*, pp. 471-494. Il faut garder en mémoire que la seconde partie du *De Cive* s'intitule *imperium*.

6. Jean BODIN, *Les six livres de la République*, édition de 1583, I, chap. X, réimpression, Aalen, Scientia Verlag, 1977, p. 223.

7. Jean BODIN, *Methodus ad facilem historiarum cognitionem*, traduction P. Mesnard, Paris, Belles lettres, 1941.

8. Sur la question du réalisme politique chez Hobbes, cf. note 4 ci-dessus.

9. PUFENDORF, *Le Droit de la Nature et des Gens*, traduction J. Barbeyrac, Bâle, 1732, réimpression, Caen, Bibliothèque de Philosophie politique et juridique, 1987, Tome I, I, chap. I, 6, p. 6.

10. LOCKE, *Two Treatises of Government*, II, chap. 6, ed. W.S. Carpenter, Londres, Everyman's Library, 1978, p. 120, traduction par B. Gilson du

Deuxième Traité du Gouvernement Civil, Paris, Vrin, 1967, p. 78: "Chacun est *tenu non seulement de se conserver lui-même* et de ne pas abandonner volontairement le milieu où il subsiste, mais aussi, dans la mesure du possible et toutes les fois que sa propre conservation n'est pas en jeu, *de veiller à celle du reste de l'humanité*, c'est-à-dire, sauf pour faire justice d'un délinquant, de ne pas détruire ou affaiblir la vie d'un autre, ni ce qui tend à la préserver, ni sa liberté, ni sa santé, ni son corps, ni ses biens". De même on peut lire chez Pufendorf: *"L'Etat de Nature [...] c'est celui où l'on conçoit les Hommes, en tant qu'ils n'ont ensemble d'autre relation morale que celle qui est fondée sur cette liaison simple et universelle qui résulte de la ressemblance de leur nature, indépendamment de toute convention & de tout acte humain qui en ait assujetti quelques-uns à d'autres"* (*Les Devoirs de l'Homme et du Citoyen, op. cit.*, II, chap. I, 5, p. 4).

11. *D.Ci., O.L.* II, épître dédicatoire (figurant dans la seconde édition en 1646) pp. 138-139, trad. R. Polin dans son édition de la traduction Sorbière du *De Cive*, Paris, Sirey, 1981, pp. 55-56; cf. *Lev.*, chap. XV, p. 202, trad. p. 144.

12. Les *Elements of Law* et le *Léviathan* exposent la théorie de manière beaucoup plus précise et rigoureuse que le *De Homine*. Mais même dans les deux premières œuvres la présentation générale est différente.

13. Cf. ci-dessous le Chapitre III

14. Alexandre MATHERON, *Individu et Communauté chez Spinoza*, Paris, Minuit, 1969, pp. 83-84.

15. Cf. ci-dessus, Première Partie, Chapitre premier.

16. Sur l'explication physiologique de cette liaison entre représentation et affect, cf. ci-dessus Chapitre III, § 3.

17. Cf. notre étude "Vision et désir chez Hobbes", *art. cit.*, pp. 133-135 et pp. 139-141.

18. A partir du *Tractatus Opticus I* et des *Elements of Law* (achevés tous deux à peu près à la même époque, 1640).

19. Leo Strauss fait sur ce point des remarques importantes (*op. cit.* pp. 44-58).

20. LA ROCHEFOUCAULD, *Maximes*, édition de 1678, max. 504, texte établi par Jacques Truchet, Paris, Garnier, 1967, pp. 114-115.

21. Il suffit de comparer certaines maximes de La Rochefoucauld avec des passages de Hobbes: 1) "Les hommes ne sont pas seulement sujets à perdre le souvenir des bienfaits et des injures; ils haïssent même ceux qui les ont obligés, et cessent de haïr ceux qui leur ont fait des outrages. L'application à récompenser le bien, et à se venger du mal, leur paraît une servitude à laquelle ils ont peine de se soumettre" (max., 14, op. cit., p. 10); "Si l'on a reçu d'un homme dont on se considère comme l'égal, des bienfaits trop grands pour qu'on puisse espérer les payer de retour, on est incliné par là à feindre de l'aimer, et, en réalité, à le haïr secrètement, car on est mis alors dans la situation d'un débiteur insolvable, qui évite de voir son créancier, et lui souhaite en secret de se trouver dans un endroit tel qu'il n'apparaisse plus jamais devant son assisté. Car les bienfaits obligent; or une obligation est un esclavage; et une obligation dont on ne peut s'acquitter, un esclavage perpétuel; et il nous est odieux d'être l'esclave d'un de nos égaux" (*Lév.* chap. XI, pp. 162-163, trad. p. 97). 2) "Pour s'établir dans le monde, on fait tout ce que l'on peut pour y paraître établi" (max., 56, op. cit., p. 19); "La réputation de

posséder une puissance est une puissance: car on s'attache grâce à elle ceux qui ont besoin de protection" (*Lév.*, chap. X, p. 150, trad. p. 82). 3) "Ce que les hommes ont nommé amitié n'est qu'une société, qu'un ménagement réciproque d'intérêts, et qu'un échange de bons offices; ce n'est enfin qu'un commerce où l'amour-propre se propose toujours quelque chose à gagner" (max., 83, *op. cit.*, 26); "Favoriser avec diligence le bien d'un autre, et aussi le flatter, c'est l'honorer, car cela signifie que nous recherchons sa protection ou son aide" (*Lév.*, chap. X, p. 153, trad. p. 84). 4) "L'honneur acquis est caution de celui qu'on doit acquérir" (max. 270, *op. cit.*, p. 69); "Etre honoré, aimé ou craint d'un grand nombre est honorable, car ce sont des preuves de puissance" (*Lév.*, chap. X, p. 155, trad. p.87).

22. LA ROCHEFOUCAULD, *Maximes,* première édition, max. 1, op. cit., p. 283.

23. Cf. Jean LAFOND, *La Rochefoucauld, Augustinisme et Littérature,* Paris, Klincksieck, 1977.

24. St. THOMAS D'AQUIN, *Somme Théologique,* I-II, Q. 23, a. 1, rép., Paris, Cerf, 1984, p. 178: "Donc, toute passion qui regarde le bien ou le mal de façon absolue appartient au concupiscible; ainsi la joie, la tristesse, l'amour, la haine, etc. Et toute passion qui regarde le bien ou le mal, en tant qu'il est ardu, c'est-à-dire en tant qu'il y a difficulté à l'atteindre ou à l'éviter, appartient à l'irascible, comme l'audace, la crainte, l'espérance etc.".

25. Cet argument qui suppose une incapacité juridique des enfants semble cependant faire difficulté, parce que Hobbes tient, par ailleurs, la famille pour une micro-société, analogue à la société civile, qui repose sur un contrat et, par conséquent, fondée sur une relation artificielle. Le *De Cive* (*O.L.* II, chap. VIII, 1, p. 249) exprime explicitement cette analogie en faisant de la famille un petit royaume et du royaume une grande famille. La famille comme l'Etat ne consiste pas seulement en une réunion d'êtres liés par l'intérêt et la concupiscence mais exige un consentement de l'enfant. Ainsi, le droit de domination, selon les cas, du père ou de la mère "ne dérive pas de la génération, en ce qu'il appartiendrait au parent de dominer son enfant du seul fait qu'il l'a procréé; il dérive du consentement de l'enfant" (*Lév.*, chap. XX, p. 253, trad. p. 208). L'analogie entre l'Etat et la famille est même poursuivie jusque dans le détail. En résulte-t-il pour autant que la distinction entre le désir naturel d'une relation à l'autre et la capacité de constituer une société soit aboli? Pour répondre exhaustivement à cette question, il faudrait élucider dans leur complexité les rapports du droit et du fait dans l'état de nature. Disons simplement, pour l'instant, que si le droit est par essence différent du fait, dans l'état de nature il se ramène en définitive à lui. Il est donc parfaitement possible de faire de la relation familiale à la fois une relation naturelle, où ne sont en jeu que la concupiscence naturelle et l'intérêt, et une société artificielle élémentaire. Les deux lectures sont indiscernables dans l'état de nature et ne le deviendront que dans la société civile. On peut donc dire que la famille est une assemblée précaire fondée sur l'intérêt naturel, l'aspect juridique restant simplement virtuel. La lecture juridique des relations interhumaines en dehors de l'existence de l'Etat est possible, mais correspond à une simple reproduction des rapports de fait. En outre, l'enfant est *censé* promettre obéissance, ce qui signifie ni qu'il le sache, ni qu'il le fasse.

26. J.J. ROUSSEAU, *Que l'état de guerre naît de l'état social, op. cit.*, p. 611.

27. Sur la religion chez Hobbes, cf. l'article d'A. MATHERON, "Politique et religion chez Hobbes et Spinoza", repris in *Anthropologie et politique au XVII° siècle,* Paris, Vrin, 1986, pp. 123-153.

28. Cf. ci-dessus, Deuxième Partie, Chapitres I et II. Remarquons qu'en fondant d'abord la relation, et en distinguant ensuite l'usage individuel des mots comme marques de leur usage dans la communication, Hobbes résout à l'avance les apories sur l'origine de la parole formulées par Rousseau dans la première partie du *Discours sur l'origine et les fondements de l'inégalité*. D'autre part, bien des points de l'opuscule de FICHTE, *De la faculté linguistique et de l'origine du langage* (in *Essais philosophiques choisis*, traduction Luc Ferry et Alain Renaut, Paris, Vrin, 1984, pp. 115-146), retrouvent des analyses de Hobbes, que Fichte cite du reste dans ce texte.

29. Cf. Notre article "La sémiologie de la guerre chez Hobbes", *Cahiers de philosophie politique et juridique de l'Université de Caen*, n° 10, 1986, pp. 127-146.

30. Si Hobbes semble parfois utiliser indifféremment *potestas* et *potentia* (comme dans *D.Ci., O.L.* II, chap. VI, 17, pp. 230-231), c'est parce que le pouvoir inclut la puissance.

31. Au regard du droit romain, cette identification repose sur une série de contresens, de même d'ailleurs que le fait de concevoir la souveraineté comme issue d'un contrat entre particuliers.

32. On comprend donc pourquoi nous substituons, dans la traduction de F. Tricaud, le terme de puissance à celui de pouvoir chaque fois que dans l'édition latine du *Léviathan* (ou le contexte, quand il n'y a pas d'équivalent latin d'un passage) le terme correspondant est *potentia*.

33. Nous aborderons, bien entendu, cette distinction dans le présent chapitre, mais son approfondissement exigerait une lecture complète du système éthique et politique de Hobbes, ce qui n'est pas le propos spécifique de cet ouvrage.

34. L'expression soulignée par Hobbes est en français dans le texte.

35. Cf. Pierre MAGNARD, "Le roi et le tyran", in *Cahiers de philosophie politique et juridique de l'Université de Caen*, n°6, 1984, pp. 111-126. Cf. Louis MARIN, *Portrait du roi*, Paris, Minuit, 1981.

36. L'expression de "raison pratique" n'est pas à prendre en un sens kantien, parce que le précepte rationnel reste toujours soumis chez Hobbes à une condition de réciprocité.

37. Cf. sur ce point A. MATHERON, "Spinoza et la problématique juridique de Grotius", in *Philosophie*, n°4, 1984, pp. 65-89, repris in *Anthropologie et politique au XVII° siècle, op. cit.*, pp. 81-101.

38. Cf. A. MATHERON, " 'Le droit du plus fort', Hobbes contre Spinoza", in *Revue Philosophique*, Paris, PUF, n° 2, avril-mai 1985, pp. 149-176.

39. Cf. Michel VILLEY, *La formation de la pensée juridique moderne, op. cit.*, pp. 638-704.

40. On ne peut pas identifier purement et simplement le droit naturel au droit sur toute chose. Le droit naturel ne devient droit sur toute chose qu'en s'élargissant dans le contexte de l'état de guerre. Cette distinction est importante parce qu'elle peut rendre compte du fait que, dans l'Etat, le citoyen ne perde pas tout droit naturel. Dans l'Etat, la loi civile restreint le droit naturel, elle ne le supprime pas. Dans certains passages, Hobbes semble pourtant identifier le droit naturel et le droit de tous sur toute chose, par exemple: "Donc, la loi civile ne modifie ni ne limite les lois naturelles, mais seulement le *droit naturel*. Ce fut même l'objet de la

promulgation des lois civiles que cette limitation du droit naturel, c'est-à-dire du droit de tous sur toute chose, droit avec le maintien duquel aucune paix n'était compatible *(Imo, legum civilium ferendarum finis erat restrictio juris naturalis, sive juris omnium in omnia, quo stante pax nulla esse potuit)"* (*Lev.*, version latine, *O.L.* III, chap. XXV, p. 198, trad. pp. 285-286). Mais le sens même de ce passage implique que, s'il y a restriction du droit naturel par les lois civiles, le droit naturel subsiste néanmoins sous une forme restreinte, ou mieux, il faut sans doute entendre que la forme que le droit naturel prend dans le contexte de l'état de nature, c'est-à-dire le droit sur toute chose, est restreint par les lois civiles parce qu'incompatible avec la paix. Autrement dit, il y a une forme spécifique du droit naturel dans le contexte de l'état civil, forme dans laquelle il ne s'identifie plus au droit sur toute chose.

41. On peut faire cette distinction à partir des analyses proposées par J.L. AUSTIN, *Quand dire, c'est faire,* Paris, seuil, 1970. Pour Austin, les énoncés comme "j'accorde" ou "je donne" sont des énoncés performatifs explicites. Performatifs, parce qu'ils sont à la fois des énoncés et des actions; et explicites, parce qu'ils expriment explicitement qu'ils font quelque chose. Il ne nous appartient pas ici, d'entrer dans le détail des analyses d'Austin, concernant, d'une part la distinction initiale entre les énoncés performatifs et les énoncés constatifs, et d'autre part, la théorie générale des actes de parole où la distinction initiale s'efface. Remarquons seulement que l'analyse des énoncés performatifs chez Hobbes reste prise dans une théorie du signe, ce qui empêche de prendre la pleine mesure de leur spécificité par rapport aux énoncés dotés simplement de signification.

42. ROUSSEAU, *Du contrat social,* I, chap. III, *op. cit.,* p. 355.

43. Sur ce point encore nous ne nous référons qu'occasionnellement aux quelques pages que le chapitre XV, intitulé *"De Homine fictitio",* du *De Homine* consacre à la théorie de la personne civile.

44. Sur ce remaniement interne de la convention sociale, cf. notre article "Personne civile et représentation politique chez Hobbes" in *Archives de Philosophie,* Tome 48, Cahier 2, Paris, Beauchesne, 1985, pp. 287-310.

45. Sans pour autant nier les difficultés que présente cette articulation de la théorie des républiques instituées et de la théorie des républiques acquises.

46. Pour reprendre le langage d'Austin, cf. ci-dessus note 41.

47. On notera que chez Rousseau également l'Etat naît, pour ainsi dire, à l'instant où la convention est passée: "A l'instant, au lieu de la personne particulière de chaque contractant, cet acte d'association produit un corps moral et collectif composé d'autant de membres que l'assemblée a de voix, lequel reçoit de ce même acte son unité, son *moi* commun, sa vie et sa volonté. Cette personne publique qui se forme ainsi par l'union de toutes les autres prenoit autrefois le nom de *Cité,* et prend maintenant celui de *République* ou de *corps politique"* (*Du contrat Social,* I, chap. VI, *op. cit.,* pp. 361-362).

48. Cf. Raymond POLIN, *Hobbes, Dieu et les hommes,* Paris, PUF, 1981, pp. 75-96.

49. Nous traduisons ici *power of coercion* par "pouvoir de contrainte" plutôt que par "puissance de contrainte" parce que cette puissance est explicitement liée à un droit de contraindre.

50. Sur les origines historiques de l'usage de la notion de personne civile chez Hobbes, cf. R. POLIN *Philosophie et politique chez Thomas Hobbes*, Paris, Vrin, seconde édition augmentée, 1977, pp. 221-250; Simone GOYARD-FABRE "Le concept de *Persona civilis* dans la philosophie politique et juridique de Hobbes", in *Cahiers de philosophie politique et juridique de l'Université de Caen*, n° 3, 1983, pp. 46-71, et *Le Droit et la Loi dans la philosophie de Thomas Hobbes*, Paris, Klincksieck, 1975. Sur la théorie de l'autorisation, cf. D.P. GAUTHIER, *The logic of Leviathan*, Oxford, Clarendon Press, 1969, pp. 120-177.

51. Dans les *Elements of law* (II, chap. VIII, 7, p. 174), Hobbes estime être le premier à avoir considéré le *commonwealth* comme *person in law*. Dans le *De Cive* (*O.L.* II, chap. V, 10, p. 214), Hobbes considère que la notion de *persona civilis* désigne l'Etat mais également les associations de citoyens auxquelles l'Etat donne la permission de se constituer en corps: "bien que toute *cité (civitas)* soit *une personne civile (persona civilis)*, cependant, à l'inverse, toute personne *civile (persona civilis)* n'est pas une *cité (civitas)*". Font partie des personnes civiles, les compagnies de marchands et d'autres collectivités. Ce sont là des personnes civiles, mais non des cités ou des Etats, pour deux raisons: 1) parce que les membres de la compagnie ou de la corporation ne sont pas soumis en toute chose à la volonté de la personne civile, 2) parce que ces membres peuvent porter l'association devant d'autres juges. C'est pourquoi ces associations sont subordonnées à l'Etat. Mais ce qui dans Les *Elements of Law* et le *De Cive* ne figure qu'à titre de remarque sera pleinement développé dans le *Léviathan* où on trouve une théorie complète des *systemata civium*.

52. Nous n'établissons aucune espèce d'analogie entre le concept de représentation qu'enveloppe la théorie juridique de la *persona repraesentativa* et le concept de représentation mentale étudié dans notre Première Partie.

53. Cf. la suggestion de F. Tricaud dans la note 62 de la page 168 de sa traduction du *Léviathan*.

54. Cette relation de représentation multiple intervient pour Dieu qui entretient, selon Hobbes, une triple relation de représentation avec Moïse, Jésus-Christ et le Saint-Esprit. Chaque relation de représentation constitue une personne différente: Dieu/Moïse = une personne; Dieu/Jésus-Christ = une deuxième personne; Dieu/le Saint Esprit = une troisième personne (cf. *Lev.*, chap. XVI, p. 220, trad. pp. 165-166; *ibid.*, chap. XLII, p. 522, trad. p. 518; *A.B.B.*, *E.W.*, IV, pp. 310-311). Nous devons le principe de cette solution à Monsieur A. Matheron.

55. Néanmoins Hobbes réintroduit le droit sur toute chose que possédait le représentant souverain dans l'état de nature, pour rendre compte du droit problématique de punir: "Mais j'ai aussi montré plus haut, qu'avant l'institution de la République chaque homme avait un droit sur toute chose *(a right to every thing)*, c'est-à-dire le droit de faire tout ce qu'il jugerait nécessaire à sa préservation, et donc, en vue de cette préservation, de soumettre tout autre homme, de lui nuire, ou de le tuer. Tel est le fondement du droit de châtier qui s'exerce dans toute République: en effet, ce ne sont pas les sujets qui l'ont donné au souverain; mais en se dessaisissant des leurs, ils ont fortifié celui-ci dans l'usage qu'il jugera opportun de faire du sien pour leur préservation à tous. Bref, on ne le lui a pas donné: on le lui a laissé, et on ne l'a laissé qu'à lui; et, abstraction faite des limites imposées par la loi de nature, on le lui a laissé aussi entier qu'il existe dans l'état de simple nature et de guerre de chacun contre son prochain" (*Lev.*, chap. XXVIII, p. 354, trad. p. 332). Ici se joue une difficulté centrale du système de Hobbes, dans la mesure

où, au Chapitre XVIII du *Léviathan*, le droit de châtier était immédiatement déduit de l'autorisation que confèrent les individus au souverain: "En outre, si celui qui tente de déposer le souverain est, à la suite de cette tentative, tué, ou puni par celui-ci, il est *l'auteur de son propre châtiment, puisqu'il est, en vertu de l'institution, auteur de tout ce que peut faire le souverain"* (p. 229, trad. p. 180, souligné par nous). Cette difficulté est considérable, parce qu'elle remet en question la distinction fondamentale entre le droit de châtier, qui est exercé par le souverain en tant qu'il assume la personne de la république, c'est-à-dire en vertu de l'autorisation illimitée qu'il a reçue lors de l'institution, et l'acte d'hostilité à l'encontre d'un ennemi que le souverain peut exercer dans sa personne naturelle, donc en vertu du droit sur toute chose qu'il possédait dans l'état de nature. Le criminel est-il encore citoyen ou devient-il ennemi de l'Etat ? La réponse à cette question dépend du fondement du droit de châtier.

56. Cf. les remarques présentées par F. Tricaud dans la note 68 de la page 292 de sa traduction du *Léviathan*.

CONCLUSION

LA STRUCTURE SPÉCULATIVE

Au terme de ce parcours qui visait à repenser le déploiement de la problématique éthico-politique inaugurée par Hobbes à partir d'un recentrage métaphysique qui en exhibe la structure spéculative interne, il ne nous semble désormais plus possible de considérer les œuvres majeures du philosophe anglais comme un ensemble dont les parties seraient simplement juxtaposées, ou, à l'inverse, comme un système purement déductif. Parler de juxtaposition reviendrait en effet à nier l'enjeu métaphysique de l'œuvre et à considérer les principes d'une éthique et d'une politique, qui vont marquer pour plus de deux siècles la pensée philosophique, soit comme des postulats, soit comme le produit d'une constatation purement empirique de la société de l'époque. Certes, la philosophie de Hobbes, comme du reste n'importe quelle autre, n'est pas sans positions de principes et ne se déploie pas dans le ciel désincarné des idées. Mais ces évidences ne peuvent, à notre sens, justifier une paresse de la pensée qui s'arrête là où commence la difficulté, et qui, en définitive, contribue à marginaliser une œuvre qu'il s'agissait au départ de comprendre. A l'inverse, parler d'un système purement déductif, où l'éthique et la politique seraient déduites d'une théorie de la matière en mouvement, reviendrait à faire de cette éthique et de cette politique un système purement métaphorique. Pour éviter ces deux écueils, il fallait remettre en mouvement l'ensemble de l'œuvre, non pour la répéter, mais pour la repenser, c'est-à-dire pour en dégager la structure spéculative qui à la fois la traverse et en gouverne le déploiement.

Cette structure spéculative articule *métaphysique de la séparation* et *fondation du politique* comme deux versants de la même problématique. La métaphysique de la séparation engage une nouvelle définition du rapport de l'homme au monde, depuis la théorie de la perception jusqu'aux plus hautes élaborations des démarches discursives. Au niveau de la théorie de la perception, il y a séparation antéprédicative de la représentation et de la chose. Certes, la chose reste la cause réelle externe de la représentation perceptive, mais celle-ci n'est plus l'apparaître de la chose telle qu'elle est dans le monde avec ses qualités et ses déterminations réelles. Dès la perception, l'homme se trouve séparé d'un monde de choses où il ne trouve plus sa résidence. La représentation devient ainsi un phénomène qui n'est plus la manifestation première et irréductible du monde: l'apparaître, loin d'être un apparaître de l'être, devient un écran entre nous-mêmes et la chose. L'hypothèse de l'*annihilatio mundi* fait de cette séparation antéprédicative de la représentation et de la chose, le moment inaugural d'une *Philosophia prima* qui confère à l'espace et au temps, comme formes de la représentation, le statut de premiers principes. A partir de cette séparation antéprédicative, il devenait impossible pour le discours prédicatif de retrouver et de dire l'être ou l'essence d'une chose désormais en retrait. Mieux, la théorie de la signification et de la proposition débouche sur une critique du discours ontologique. Les modes de la prédication acquièrent une autonomie, par rapport aux articulations de l'être, qui transforme les catégories en une simple échelle de dénominations et déplace le connaître de l'être au faire. La séparation de la prédication et de l'être confère à la connaissance, élaborée dans et par le langage, un caractère hypothétique et conditionnel indépassable, quand il s'agit de rendre raison du monde tel qu'il est de l'autre côté du miroir inversé de la représentation. Dans ce contexte, le matérialisme physique, étendu à la physiologie, ne peut avoir qu'un statut gnoséologique, par lequel le suppôt ou substrat est connu comme matière en étant rapporté aux conditions de la représentation et du discours. La métaphysique de la séparation rend ainsi définitivement impossible toute réconciliation avec un monde perdu par l'hypothèse annihilatoire.

Mais en arrachant ainsi le monde de la représentation et de la signification à son enracinement dans les structures de l'être et en construisant un nouveau concept de la réalité comme matière en mouvement, la métaphysique de la séparation ouvre la possibilité d'un déplacement du lieu du problème politique qui devient celui de la fondation originaire et anhistorique de l'Etat. Avec l'unicité du problème de la fondation, le politique ne s'inscrit ni dans l'espace géographique d'un monde de choses, ni dans le temps où se sédimente le sens de l'histoire des hommes, ce qui imposerait de tenir compte de la diversité des lieux et de l'histoire des peuples, des mœurs et des institutions. Partant de l'espace représentatif et affectif, qui constitue le champ d'expérience de l'individu, le système éthico-politique développe les moments de son déploiement en l'espace d'une communauté juridique qui ne peut exister que comme espace civil, c'est-à-dire sous la condition d'une fondation de l'Etat. La théorie des passions, la systématisation du droit subjectif et les déterminations constitutives de cet acte de fondation qu'est la convention sociale se situent dans ce nouveau contexte. Tout d'abord, la théorie des passions simples – qui sont autant de modalités du désir – décrit le champ de la vie passionnelle de l'individu qui s'ouvre, avec la théorie des passions complexes, à la relation à l'autre. Les déterminations les plus propres de son existence individuelle aussi bien que relationnelle sont conférées à l'homme par le langage. Le champ d'expérience relationnel, ainsi constitué et traversé par l'ambivalence fondamentale du langage, se transforme, par la dynamique spécifique de la vie passionnelle interhumaine, en l'espace du conflit de l'état de guerre. Le désir de persévérer dans l'être, devenu désir illimité de puissance, s'étend au monde entier. Mais comme ce désir est universel, il ne peut déboucher que sur la misère et la mort. L'unilatéralité du point de vue de chaque individu et l'exigence d'une réciprocité sont exprimées par l'opposition entre le droit naturel élargi en droit sur toute chose et la loi naturelle qui prescrit la paix. La convention sociale comme acte protofondateur vient dès lors donner sa structure juridico-politique à un monde humain qui ne trouve plus sa préfiguration dans un ordre ontologique.

BIBLIOGRAPHIE SÉLECTIVE

Pour une bibliographie générale on pourra consulter: 1° Pour l'oeuvre de Hobbes: H. MACDONALD et M. HARGREAVES, *Thomas Hobbes, a Bibliography*, Londres, The Bibliographical Society, 1952. 2° Pour les études sur Hobbes: A. GARCIA, *Thomas Hobbes: Bibliographie internationale de 1620 à 1986*, Caen, Bibliothèque de Philosophie politique et juridique, 1986; on trouvera dans ce travail l'indication des recherches bibliographiques antérieures en particulier de Ch.HINNANT, A. PACCHI, W. SACKSTEDER, F. TÖNNIES et de B. WILLMS. 3° Pour les biographies: J. AUBREY, *Brief Lives of contemporaries*, édition A. Clark, 2 vol., Oxford, 1898, une traduction de la *Vie de Thomas Hobbes* a été donnée par R. Polin et publiée dans son édition de la traduction Sorbière du *De Cive*, Paris, Sirey, 1981, pp. 3-25; G. C. ROBERTSON, *Hobbes*, Edimbourg-Londres, 1910; F. TRICAUD, "Eclaircissements sur les six premières biographies de Hobbes", in *Archives de Philosophie*, T.48, n°2, 1985, pp. 277-286. 4° Pour l'accès aux oeuvres et les inédits: F. TRICAUD, "Quelques éléments sur la question de l'accès aux textes dans les études hobbiennes", in *Revue Internationale de Philosophie*, n°129, 1979, pp. 393-414. 5° Pour la correspondance, on pourra se référer à la fois au second article de F. TRICAUD et à la bibliographie figurant à la fin de l'introduction de l'édition que J. JACQUOT et H.W. JONES ont donné de la *Critique du 'De Mundo' de Thomas White*, p. 102.

Le premier numéro d'un "Bulletin Hobbes", conçu par Y. Ch. ZARKA en collaboration avec J. BERNHARDT, paraîtra dans les *Archives de Philosophie*, T. 51, n°2, 1988, il portera sur les dix dernières années d'études et de recherches sur Hobbes, avec de nombreuses contributions internationales.

§1. Oeuvres de Hobbes

Oeuvres complètes : *–Thomae Hobbes Opera philosophica quae latine scripsit*, (abr. *O.L.*) 5 vol.;

–The English Works of Thomas Hobbes, (abr. *E.W.*) 11 vol., édition W. Molesworth, Londres, 1839-1845, réimpression, Aalen, 1966.

Une édition critique des œuvres complètes de Hobbes est en cours. Sont publiés à ce jour, par H. Warrender, le texte latin et la traduction anglaise du *De Cive,* Oxford, Clarendon Press, Oxford, 1983.

1 °. Oeuvres de portée métaphysique :

Les textes regroupés dans ce registre constituent les étapes successives de la rédaction du *De Corpore;* ils attestent que la dimension métaphysique de la pensée de Hobbes n'est pas un produit tardif qui n'aurait eu d'existence qu'une fois que le système éthico-politique fut achevé. Pour plus de précision sur les manuscrits, cf. l'introduction de J. Jacquot et H.W. Jones à leur édition de la *Critique du 'De Mundo',* pp. 71-97.

1638-1639 : Notes de Herbert of Cherbury sur une première ébauche du *De Corpore* qu'on intitule conventionnellement *De Principiis,* National Library of Wales, Aberystwyth, MS 5297. D'abord édité par M. Rossi dans *Alle Fonti del Deismo e del Materialismo Moderno,* Florence, 1942, pp. 104-119; et réédité par J. Jacquot et H.W. Jones en Appendice II de la *Critique du 'De Mundo',* pp. 449-460.

1641 : *Objectiones ad Cartesii Meditationes,* pour ce texte nous nous référons à la fois à l'édition Molesworth (*O.L.* V, pp. 249-274) et à l'édition des *Oeuvres de Decartes* (A.T., IX-1, pp. 133-152).

1643 (vers) : *Critique du 'De Mundo' de Thomas White,* Paris, Bibliothèque Nationale, Fonds latin 6566 A. Edité par J. Jacquot et H.W. Jones, Paris, Vrin-CNRS, 1973, pp. 105-438.

1644-1645 : *Logica Ex T.H.* et *Philosophia prima Ex T.H.,* Chatsworth MS A 10. Manuscrit autographe. Publié par J. Jacquot et H.W. Jones en Appendice III de la *Critique du 'De Mundo',* pp. 461-513.

1645-1646 (vers) : Notes de Cavendish sur une ébauche (différente du manucrit A 10) du *De Corpore,* British Museum, Harleian MS 6083, f°s 71-74 et 194-211. Les variantes qui distinguent ce manuscrit du manuscrit autographe A 10 sont reprises dans l'Appendice III (cité ci-dessus) de la *Critique du 'De Mundo'.*

1655 : *De Corpore* (*O.L.* I), une traduction anglaise revue par Hobbes paraît en 1656 (*E.W.* I).

2 °. Oeuvres scientifiques :

1630 : *A Short Tract on first principles,* British Museum, Harl. MS 6796, f°s 297-308. Publié par F. Tönnies en Appendice I dans son édition des *Elements of Law,* pp.193-210. Il s'agit d'un état ancien de la pensée de Hobbes. Une édition critique accompagnée d'une traduction et d'un commentaire par J. Bernhardt est en voie de publication.

1640 : *Tractatus Opticus I* (*O.L.* V, pp. 217-248), publié en 1644 par Mersenne dans ses *Cogitata physico-mathematica,* Livre VII de l'Optique.

1640-1641 : Correspondance avec Descartes sur *La Dioptrique* par l'intermédiaire de Mersenne (*O.L.* V, pp. 277-307). Cette correspondance figure également dans la *Correspondance du P. Marin Mersenne, Religieux Minime*, vol. X, Paris, CNRS 1967, et dans les *Oeuvres de Descartes*, A.T., III.

1644: Extraits de la préface de la "Ballistica" dans les *Cogitata physico-mathematica* de Mersenne, (*O.L.*V, pp. 309-318).

1644-1645: *Tractatus Opticus II*, British Museum, Harl. MS 6796, f°s 193-266. Des extraits en sont donnés par Tönnies en Appendice II des *Elements of Law*, pp. 211-226. Edition intégrale par F. Alessio, in *Rivista critica di storia della filosofia*, XVIII, n°2, 1963, pp. 147-228.

1646 : *A Minute or First Draught of the Optiques, in two parts. The first of illumination, the second of vision*, British Museum, Harl. MS 3360. Seules la dédicace et les conclusions figurent dans l'édition Molesworth (*E.W.* VII, pp. 467-471). La seconde partie de ce traité sera traduite en latin et placée dans les chapitres II à IX du *De Homine*. Dans l'épître dédicatoire du *De Corpore* (*O.L.* I, s.p.) Hobbes indique que la traduction de l'anglais en latin date de 1649. Une édition critique de ce manuscrit est en préparation sous la direction de J. Bernhardt.

1656 : *Six Lessons to the professors of the mathematics* (*E.W.* VII, pp. 181-356).

1657 : *Stigmai, or marks of the absurd geometry...* (*E.W.* VII, pp. 357-400).

1660 : *Examinatio et emendatio mathematicae hodiernae* (*O.L.* IV, pp. 1-232). Ce texte a sans doute eu une influence importante sur Spinoza.

1661 : *Dialogus physicus de natura aeris* (*O.L.* IV, pp. 231-296).

1662 : *Problemata physica* (*O.L.* IV, 297-384), texte traduit et publié en anglais en 1682 sous le titre *Seven philosophical problems* (*E.W.* VII, pp. 3-68).

1666 : *De Principiis et ratiocinatione geometrarum* (*O.L.* IV, pp. 385-484).

1669 : *Quadratura circuli, cubatio sphaerae, duplicatio cubi* (*O.L.* IV, pp. 485-522).

1671 : *Rosetum geometricum* (*O.L.* V, pp. 1-88).

1671 : *Three papers presented to the Royal Society against Dr. Wallis* (*E.W.* VII, pp. 429-441).

1672 : *Lux mathematica* (*O.L.* V, pp. 89-150).

1674 : *Principia et problemata aliquot geometrica...* (*O.L.*, V, pp. 151-214).

1678 : *Decameron physiologicum* (*E.W.* VII, pp. 69-177).

3°. Oeuvres éthiques et politiques :

1640 : *The Elements of Law natural and politic*, circulèrent en manuscrit et furent publiés pour la première fois en 1650 sous la forme de deux traités : *Human nature* (*E.W.* IV, pp. 1-76) et *De Corpore politico* (*E.W.* IV, pp. 77-228). F. Tönnies en a donné en 1889 une édition d'après des manuscrits originaux où ne figure pas la division en deux traités, seconde édition avec une introduction de M.M. Goldsmith, Londres, Frank Cass, 1969; nous nous référons à cette dernière édition. L. ROUX a donné une traduction des *Elements of Law*, sous le titre de *Eléments du droit naturel et politique*, Lyon, 1977.

1642 : *De Cive*, seconde édition, Amsterdam, 1647, est enrichie d'une préface et de notes particulièrement importantes (*O.L.* II, pp. 135-432). La traduction anglaise revue par Hobbes lui-même paraît en 1651 sous le titre *Philosophical rudiments concerning government and society* (*E.W.* II, pp. 1-319).

1651 : *Leviathan* (*E.W.* III), la traduction latine commencée par Stubbe est reprise et achevée par Hobbes, elle fut publiée en 1668 (*O.L.* III). Le texte latin comporte de nombreuses variantes par rapport au texte anglais. Pour le texte anglais nous nous référons à l'édition C.B. Macpherson, Pelican classics, Penguin Books, 1968; pour le texte latin à l'édition Molesworth. La traduction de F. Tricaud (Paris, Sirey, 1971), à laquelle nous renvoyons également, comporte en notes la traduction des variantes du texte latin.

1658 : *De Homine* (*O.L.* II, pp. 1-132), pour ce texte nous nous référons à l'édition Molesworth; traduction P.M. Maurin, Paris, Blanchard, 1976.

4°. Oeuvres relatives à la controverse avec l'évêque Bramhall

1646 : *Of Liberty and necessity* (*E.W.* IV, pp. 229-278), fut publié sans l'accord de Hobbes en 1654.

1656 : *The questions concerning liberty, necessity and chance* (*E.W.* V, pp. 1-455).

1668 : *An Answer to a book published by Dr. Bramhall, late Bishop of Derry, called the 'Catching of the Leviathan'* (*E.W.* IV, pp. 279-384), publication posthume en 1682.

5°. Oeuvres historiques :

1660 : *Historia Ecclesiastica carmine elegiaco concinnata* (*O.L.* V, pp. 341-408), publication posthume en 1688.

1660-1668 : *Behemoth, or the long Parliament* (*E.W.* VI, pp. 161-418), publication posthme en 1680. Une édition plus soignée a été donnée de ce texte par F. Tönnies, Londres, 1889, rééditée avec une introduction de M.M. Goldsmith, Londres, Frank Cass, 1969, nous utilisons cette dernière édition.

1666 : *A Dialogue between a philosopher and a student of the common laws of England* (*E.W.* VI, pp. 1-160), publication posthume en 1681. Nouvelle édition avec une introduction de J. Cropsey, Chicago, University of Chicago Press, 1971.

1666 : *An historical narration concerning heresy, and the punishment thereof* (*E.W.* IV, pp. 385-408), publication posthume en 1680.

6°. Traductions et oeuvres mineures :

1627 : *De mirabilibus pecci* (*O.L.* V, pp. 319-340) publié vers 1636.

1629 : Traduction de la *Guerre du Péloponnèse* de Thucydide (*E.W.* VIII et IX).

1637 : Rédaction d'abrégés de la *Rhétorique* d'Aristote (*E.W.* VI, pp. 419-536).

1650 : *Answer of Mr. Hobbes to Sir William Davenant's preface before 'Gondibert'* (*E.W.* IV, pp. 441-458).

1673-1676 : Traduction de *l'Iliade* et de *l'Odyssée* (*E.W.* X).

§2. *Oeuvres classiques*

ABÉLARD (P.), *Philosophische Schriften*, ed. B. Geyer, "Beiträge zur Geschichte der Philosophie des Mittelalters", XXI, Münster in W., 1919-1927.

– *Dialectica*, ed L.M. De Rijk, Assen, 1956.

–*Oeuvres choisies*, textes présentés et traduits par M. de Gandillac, Paris, 1945.

ALTHUSIUS (J.), *Politica methodice digesta*, ed. C.J. Friedrich, New York, Arno Press, 1979.

ARISTOTE, *La métaphysique*, introduction, traduction, notes et index par J. Tricot, 2 vol., Paris, Vrin, 1970

–*Organon*, traduction nouvelle et notes par J. Tricot, 6 ouvrages en 5 vol., Paris, Vrin 1950-1971.

-*Physique*, texte établi et traduit par H. Carteron, 2 vol., Paris, Belles Lettres, 1966 et 1969.

–*De la génération et de la corruption*, traduction nouvelle et notes par J. Tricot, Paris, Vrin, 1971.

–*Ethique à Nicomaque*, introduction, traduction, notes et index par J. Tricot, Paris, Vrin, 1967.

–*La politique*, introduction, traduction notes et index par J. Tricot, Paris, Vrin, 1970.

–*Rhétorique*, Texte établi et traduit par M. Dufour, 3 vol. (trad. M. Dufour et A. Wartelle pour le troisième volume), Paris, Belles Lettres, 1967-1973.

ARNAULD (A.), *Des vraies et des fausses idées*, Paris, Fayard, 1986.

ARNAULD et LANCELOT, *Grammaire générale et raisonnée*, Paris, Republication Paulet, 1969.

ARNAULD et NICOLE, *La logique ou l'art de penser*, ed. P. Clair et F. Girbal, Paris, Vrin, 1981.

AUGUSTIN (Saint), *Les confessions*, traduction par J. Trabucco, Paris, garnier, 1964.

–*Le Magistère Chrétien*, Bibliothèque augustinienne, vol. 11, introduction, traduction et notes de G. Combes et J. Farges, Paris, 1949.

–*La Trinité*, Bibl. aug., vol. 15 et 16, introduction E. Hendrikx, traduction et notes pour le vol. 15 de M. Mellet et Th. Camelot, et pour le vol. 16 traduction de P. Agaesse, notes en collaboration avec J. Moingt, Paris, 1955.

BACON (F.), *Oeuvres philosophiques, morales et politiques*, traduction par J.A.C. Buchon, Paris, 1842.

–*La Nouvelle Atlantide*, traduction et commentaire par M. Le Doeuff et M. Llasera, Paris, Payot, 1983.

BERKELEY (G.), *Philosophical Works*, ed. M.R. Ayers, Londres, 1980.

–*Oeuvres I*, Traductions publiées sous la direction de G. Brykman, Paris, PUF, 1985.

–*Principes de la connaissance humaine*, édition bilingue, traduction A. Leroy, Paris, Aubier-Montaigne, 1969.

–*Trois dialogues entre Hylas et Philonous*, traduction A. Leroy, Paris, Aubier-Montaigne, 1970.

–*De l'obéissance passive*, traduction D. Deleule, Paris, Vrin, 1983.

–*Alciphron*, traduction J. Pucelle, Paris, Aubier-Montaigne, 1952.

BODIN (J.), *Les six livres de la République*, deuxième réimpression de l'édition de Paris 1583, Aalen, 1977.

–*La méthode de l'histoire*, traduction de P. Mesnard, Paris, Belles Lettres, 1941.

–*Exposé du Droit Universel*, traduction par L. Jerphagnon, commentaire par S. Goyard-Fabre, notes par R.M. Rampelberg, Paris, PUF, 1985.

BOÈCE, *Commentarii in Librum Aristotelis Peri Hermeneias*, ed. C. Meiser, 2 vol., Leipzig, 1877 et 1880.

BOSSUET, *Politique tirée des propres paroles de l'Ecriture Sainte*, édition critique J. Le Brun, Genève, Droz, 1967.

–*Politique de Bossuet*, présentée par J. Truchet, Paris, A. Colin, 1966.

BOTERO (G.), *Raison et gouvernement d'Estat*, Paris, 1599.

BOVELLES (Charles de), *Le livre du sage*, texte et traduction par P. Magnard, précédé d'un essai "L'homme délivré de son ombre", Paris, Vrin, 1982.

–*Le livre du néant*, texte et traduction par P. Magnard, précédé d'un essai "L'Etoile Matutine", Paris, Vrin, 1983.

–*L'art des opposés*, texte et traduction par P. Magnard, précédé d'un essai "Soleil Noir", Paris, Vrin, 1984.

BOYLE (R.), *The Works of the honourable Robert Boyle*, 5 vol., Londres, 1744.

BRUNO (G.), *La cena de le ceneri -Le banquet des cendres*, extraits traduits par E. Namer, Paris, Gauthier-Villars, 1965.

–*Cause, principe et unité*, traduction E. Namer, Paris, Editions d'aujourd'hui, 1982.

–*Des fureurs héroïques*, traduction P.H. Michel, Paris, Belles Lettres, 1954.

BURIDAN (Jean), *Compendium totius Logicae*, édition de Venise 1499, réimpression, Frankfurt / Main, 1965.

–*Sophismata*, ed. T.K. Scott, Stuttgart-Bad Cannstatt, 1977.

–*Tractatus de Consequentiis*, ed. H. Hubien, Louvain-Paris, 1976.

BURLAMAQUI (J.J), *Eléments du droit naturel*, édition de Lausanne 1783, réimpression, Paris, Vrin, 1981.

–*Principes du droit politique*, 2 vol., édition d'Amsterdam, 1751, réimpression, Caen, Bibliothèque de Philosophie politique et juridique, 1984.

BURTHOGGE (R.), *Organum vetus et novum, or a Discourse of Reason and Truth wherein the Natural Logick Common to Mankind is briefly and plainly described*, Londres, 1678.

–*An Essay upon Reason and the Nature of Spirits*, Londres, 1694.

CALVIN, *Institution de la religion chrétienne*, texte établi et présenté par J. Pannier, deuxième édition, 4 vol., Paris, Belles Lettres, 1961.

CAMPANELLA (T.), *La cité du soleil*, traduction A. Tripet, Genève, Droz, 1972.

CHARRON, *De la sagesse*, Paris Fayard, 1986.

CICÉRON, *De la République* et *Des lois*, traduction Ch. Appuhn, Paris, Garnier, 1965.

–*De l'orateur*, texte établi et traduit par E. Courbaud, 3 vol. (le troisième volume est traduit en collaboration avec H. Bornecque), Paris, Belles lettres, 1966-1971.

CLARKE (S.), *Oeuvres*, traduction par A. Jacques, Paris, 1847.

COMTE (A), *Physique sociale* (Cours de philosophie positive, leçons 46-60), ed. J.P. Enthoven, Paris, Hermann, 1975.

COPERNIC (N.), *Des révolutions des orbes célestes*, texte, traduction et notes par A. Koyré, Paris, Félix Alcan, 1934.

CORDEMOY (Gérauld de), *Oeuvres philosophiques*, édition critique présentée par P. Clair et F. Girbal, Paris, PUF, 1968.

DESCARTES (R.), *Oeuvres*, ed. C. Adam et P. Tannery, nouvelle présentation, Paris, CNRS-Vrin, 1964-1974.

–*Règles utiles et claires pour la direction de l'esprit en la recherche de la vérité*, traduction selon le lexique cartésien et annotations conceptuelles par J.L. Marion, avec des notes mathématiques de P. Costabel, La Haye, 1977.

DUPLEIX (Scipion), *La logique ou l'art de discourir et de raisonner*, Paris, Fayard, 1984.

EPICURE, *Lettres et Maximes*, introduction, texte, traduction et notes de M. Conche, Paris, Editions de Mégare, 1977.

ERASME, *La philosophie chrétienne (L'éloge de la folie –L'essai sur le libre arbitre – Le cicéronien –La réfutation de Clichtove)* introduction, traduction et notes par P. Mesnard, Paris, Vrin, 1970.

–*Enchiridion Militis Christiani,* introduction et traduction par A.J. Festugière, Paris, Vrin, 1971.

–*Cinq Banquets,* texte et traduction sous le direction de J. Chomarat et D. Ménager, Paris, Vrin, 1981.

–*Liberté et unité dans l'Eglise,* introduction, présentation des textes et bibliographie par J.M. De Bujanda, traduction et notes de R. Galibois en collaboration avec P. Collinge, Centre d'Etudes de la Renaissance de l'Université de Sherbrooke, 1971.

–*Guerre et Paix,* choix de textes, introduction et commentaires par J.C. Margolin, Paris, Aubier-Montaigne, 1973.

–*Erasme de Rotterdam et Thomas more, Correspondance,* traduction G. Mac'hadour et R. Galibois, Centre d'Etudes de la Renaissance de l'Université de Sherbrooke, 1985.

FÉNELON, *Oeuvres philosophiques,* Paris, 1843.

–*Ecrits et lettres politiques,* publiés sur des manuscrits autographes par Ch. Urbain, Paris, 1920.

FICHTE (J.G.), *Essais philosophiques choisis* (1794-1795), traduction L. Ferry et A. Renaut, Paris, Vrin, 1984.

–*Fondement du droit naturel selon les principes de la doctrine de la science,* traduction A. Renaut, Paris, PUF, 1984.

–*Le système de l'éthique selon les principes de la doctrine de la science,* traduction P. Naulin, Paris, PUF, 1986.

FILMER (R.), *Patriarcha, and Other Political Works,* ed. P. Laslett, Oxford, 1949.

GAIUS, *Institutes,* texte établi et traduit par J. Reinach, Paris, Belles Lettres, 1979.

GALILÉE, *Le message céleste,* texte établi, traduit et présenté par E. Namer, Paris, Gauthier-Villars, 1964.

–*Discours concernant deux sciences nouvelles,* présentation, traduction et notes par M. Clavelin, Paris, A. Colin, 1970.

–*Dialogues et Lettres choisies,* traduction P.H. Michel, Paris, Hermann, 1966.

GASSENDI (P.), *Exercitationes Paradoxicae Adversus Aristoteleos* (Livre I et II), texte établi et traduit par B. Rochot, Paris, Vrin, 1959.

–*Disquisitio Metaphysica,* texte établi, traduit et annoté par B. Rochot, Paris, Vrin, 1962.

–*Institutio Logica,* 1658, édition critique de H. Jones, Assen, 1981.

GEULINCX (A.), *Opera philosophica,* ed. J.P.N Land, 3 vol., réimpression, Frommann-Holzboog, Stuttgart -Bad Cannstatt, 1965-1968.

GRACIÁN (B.), *La pointe ou l'art du génie*, traduction intégrale par M. Gendreau-Massaloux et P. Laurens, préface de M. Fumaroli, Lausanne, L'Age d'Homme, 1983.

—*L'homme universel*, traduction J. Courbeville, Paris, Plasma,1980.

—*L'homme de cour*, traduction par Amelot de la Houssaie, Paris, Champ libre, 1980.

—*Le Politique Dom Ferdinand le catholique*, traduction J. de Courbeville, Paris, Editions Gérard Lebovici, 1984.

—*Le Héros*, traduction par J. de Courbeville, Paris, Champ libre, 1973.

GRÉGOIRE DE RIMINI, *Super Primum et Secundum Sententiarum*, Venise, 1522, réimpression, Padenborn, 1955.

GROTIUS (H.), *Le droit de la guerre et de la paix*, traduction J. Barbeyrac, 2 vol., édition d'Amsterdam 1724, réimpression, Caen, Bibliothèque de Philosophie politique et juridique, 1984.

HARVEY (W.), *La circulation du sang*, traduction Ch. Richet, Paris, Masson, 1879.

HEGEL, *Ecrits politiques*, textes traduits par M. Jacob et P. Quillet, Paris, Champ libre, 1977.

—*Des manières de traiter scientifiquement du droit naturel*, traduction et notes par B. Bourgeois, Paris, Vrin, 1972.

—*Système de la vie éthique*, traduit et présenté par J. Taminiaux, Paris, Payot, 1976.

—*Première philosophie de l'esprit* (Iéna, 1803-1804), traduction et présentation par G. Planty-Bonjour, PUF, 1969.

—*La philosophie de l'esprit de la Realphilosophie* (1805), Traduction par G. Planty-Bonjour, Paris, PUF, 1982; le même texte a été également traduit par J. Taminiaux dans *Naissance de la philosophie hégélienne de l'Etat* (Paris, Payot, 1984) avec une introduction substantielle qui fait une large place à la comparaison de Hegel avec Hobbes.

—*La phénoménologie de l'Esprit*, traduction J. Hyppolite, Paris, Aubier-Montaigne.

—*Principes de la philosophie du droit*, traduction R. Derathé en collaboration avec J. P. Frick, Paris, Vrin, 1982.

—*Leçons sur l'histoire de la philosophie*, T. VI, traduction P. Garniron, Paris Vrin, 1985.

HOOKER (R.), *Of the Laws of Ecclesiastical Polity*, ed. C. Morris, 2 vol, Londres, Everyman's Library, 1969.

HUME (D.), *Traité de la nature Humaine*, traduction par A. Leroy, 2 Vol., Paris, Aubier-Montaigne, 1973.

— *Essays moral, political and literary*, édition de E.F. Miller, indianapolis, 1985.

—*Enquête sur les principes de la morale*, traduction par A. Leroy, Paris, Aubier-Montaigne, 1947.

378   BIBLIOGRAPHIE

     –Essais politiques, republiés par R. Polin, Paris, Vrin, 1972.

     –Dialogues sur la religion naturelle, traduction de M. David, Paris, Vrin, 1973.

     –L'histoire naturelle de la religion, traduction M. Malherbe, seconde édition corrigée, Paris, Vrin, 1980.

KANT, *Logique,* traduction L. Guillermit, Paris, Vrin, 1982.

     –Critique de la raison pure, traduction de J. Barni, revue, modifiée et corrigée par A. J.-L. Delamarre et F. Marty.

     –Premiers principes métaphysiques de la science de la nature, traduction J. Gibelin, Paris, Vrin, 1971.

     –Critique de la raison pratique, traduction F. Picavet, Paris, PUF, 1966.

     –Anthropologie du point de vue pragmatique, traduction M. Foucault, Paris, Vrin, 1970.

     –Métaphysique des moeurs, première partie *Doctrine du droit,* traduction A. Philonenko, Paris, Vrin, 1971; deuxième partie *Doctrine de la vertu,* même traducteur, Paris, Vrin, 1980.

     –Théorie et pratique, traduction L. Guillermit, Paris, Vrin, 1980.

     –Projet de paix perpétuelle, traduction J. Gibelin, Paris, Vrin, 1975.

KEPLER, *Paralipomènes à Vitellion,* traduction C. Chevalley, préface de R. Taton et P. Costabel, Paris, Vrin, 1980.

LA BOÉTIE (Etienne de), *Discours de la servitude volontaire,* texte établi par P. Léonard, présentation M. Abensour et M. Gauchet, avec des études de P. Clastres et C. Lefort.

LA RAMÉE (Pierre de), *Grammaire* (1562 et 1572) et *Dialectique* (1555), réimpression, Slatkine, 1972.

LA ROCHEFOUCAULD, *Maximes,* édition de J. Truchet, Paris, Garnier, 1967.

LEIBNIZ, *Die philosophischen Schriften,* édition Gerhardt, 7 vol., Hildesheim, Olms, 1965-1978.

     –Sämtliche Schriften und Briefe, herausgegeben von der preussischen Akademie der Wissenschaften, VI, *Philosophische Schriften,* I.

     –Opuscules et fragments inédits, édition L. Couturat, Hildesheim, Olms, 1966.

     –Nouvelles lettres et opuscules inédits, édition A. Foucher de Careil, Paris, 1857.

     –Textes inédits, d'après les manuscrits de la bibliothèque provinciale de Hanovre, publiés et annotés par G. Grua, 2 vol., Paris, PUF, 1948.

     –Correspondance Leibniz-Clarke, présentée d'après les manuscrits originaux des bibliothèques de Hanovre et de Londres par A. Robinet, Paris, PUF, 1957.

     –Principes de la nature et de la grâce fondés en raison, et *Principes de la philosophie ou Monadologie,* publiés intégralement d'après les

manuscrits de Hanovre, Vienne, Paris, et présentés d'après des lettres inédites par A. Robinet, troisième édition, Paris, PUF, 1986.

—Opuscules philosophiques choisis, traduction P. Schrecker, Paris, Vrin, 1969.

—Oeuvres choisies, par L. Prenant, Paris, Garnier.

LOCKE (J.), *An Essay concerning Human Understanding,* édition par P.H. Nidditch, Oxford, Clarendon Press, 1975.

—Examen de la 'vision en Dieu' de Malebranche, traduction J. Pucelle, Paris, Vrin, 1978.

—Two treatises of Government, édition W.S. Carpenter, Londres, Everyman's Library, 1978; traduction du *Deuxième traité,* B. Gilson, Paris, Vrin 1967.

—Le Magistrat civil, texte établi et traduit par R. Fréreux, Caen, Bibliothèque de Philosophie politique et juridique, 1984.

LUTHER (M.), *Du serf arbitre, Oeuvres,* vol. 5, Genève, Labor et Fides, 1958.

—Luther et l'autorité civile, édition bilingue, textes traduits par J. Lefebvre, Paris, Aubier-Montaigne, 1973.

MACHIAVEL, *Oeuvres complètes,* édition établie et annotée par E. Barincou, Paris, Gallimard, 1952.

MALEBRANCHE, *Oeuvres complètes,* édition dirigée par A. Robinet, 20 vol., 1958-1967.

MARSILE DE PADOUE, *Le défenseur de la paix,* traduction J. Quillet, Paris, Vrin, 1968.

MERSENNE (le P. Marin), *Correspondance du P. Marin Mersenne Religieux Minime,* 14 vol. parus, 1945-1980.

MONTAIGNE, *Essais,* édition P. Villey, 2 vol., Paris, PUF, 1978.

MONTESQUIEU, *Oeuvres complètes,* Paris, Seuil, 1964.

MORE (Henry), *An Antidote against Atheism,* livres I et II, in *The Cambridge Platonists,* édité par C.A. Patrides, Cambridge, CUP, 1980. Ce volume contient également des texte de B. Whichcote, R. Cudworth, J. Smith.

MORE (Thomas), *L'utopie,* Paris, Editions Sociales, 1978.

NICOLAS DE CUES, *De la docte Ignorance,* traduction L. Moulinier, Paris, Editions de la Maisnie, 1979.

NICOLE (P.), *Essais de Morale,* 14 vol. Paris, Desprez, 1783.

OCKHAM (Guillaume d'), *Opera Philosophica,* 7 vol., *Opera Theologica,* 10 vol. parus, The Franciscan Institute, St. Bonaventure, 1967-1984.

—Summa Logicae, ed. Boehner, 2 fasc., The Franciscan Institute, St. Bonaventure, 1951-1954, édition incomplète.

—Commentaire sur le livre des prédicables de Porphyre, traduction R. Galibois, Centre d'Etudes de la Renaissance de l'Université de Sherbrooke, 1978.

–*Opera politica*, édition J.G. Sikes, R.F. Bennet, H.S. Offler, Manchester, 1940-1956.

PASCAL, *Oeuvres complètes*, édition L. Lafuma, Paris, Seuil, 1963.

PIERRE D'ESPAGNE , *Tractatus*, called afterwards *Summulae logicales*, ed. L.M. De Rijk, Assen, 1972.

PLATON, *Oeuvres complètes*, traduction et notes par L. Robin avec la collaboration de M.J. Moreau, 2 vol., Paris, Gallimard, 1950.

PORPHYRE, *Isagoge*, Traduction et notes par J. Tricot, Paris, Vrin, 1981.

PUFENDORF, *Le droit de la nature et des gens*, traduction Barbeyrac, 2 vol., Bâle, 1732, réimpression, Caen, Bibliothèque de Philosophie politique et juridique, 1987.

–*Les Devoirs de l'homme et du citoyen*, traduction Barbeyrac, 2 vol., Londres, 1741, réimpression, Caen, Bibliothèque de Philosophie politique et juridique, 1984.

ROUSSEAU (J.J.), *Oeuvres complètes*, publiées sous la direction de B. Gagnebin et M. Raymond, 4 vol. parus, Paris, Gallimard, 1959-1969.

–*Essai sur l'origine des langues*, introduction et notes par A. Kremer-Marietti, Aubier-Montaigne, 1974.

SANCHEZ (Francisco), *Il n'est science de rien*, texte établi et traduit par A. Comparot, Paris, Klincksieck, 1984.

SPINOZA, *Oeuvres*, traduction par Ch. Appuhn, 4 vol., Paris, Flammarion, 1964-1966.

–*Ethique*, texte et traduction Ch. Appuhn, Paris, Vrin, 1977.

–*Traité de la réforme de l'entendement*, texte, traduction, notes, par A. Koyré, Paris Vrin, 1979.

SUAREZ (Francisco), *De Legibus*, Lyon, 1613.

THOMAS D'AQUIN (Saint), *Somme théologique*, édition coordonnée par A. Raulin, traduction A.M. Roguet, 4 vol., Paris, Cerf, 1984-1986.

–*L'Etre et l'essence*, texte et traduction par C. Capelle, Paris, Vrin, 1971.

–*De Magistro*, préface J. Chatillon, introduction, traduction, notes par B. Jollès, Paris, Vrin, 1983.

–*Du gouvernement Royal*, traduction C. Roguet en collaboration avec l'Abbé Poupon, Paris, 1926.

VICO (G.), *La Science Nouvelle*, (sans nom de traducteur) Paris, 1844.

–*Origine de la poésie et du droit*, traduction C. Henri et A. Henry, introduction J.L. Schefer, Paris, 1983.

–*Oeuvres choisies*, par J. Chaix-Ruy, Paris, PUF, 1946.

VITORIA (F.), *Leçons sur le pouvoir politique*, introduction, traduction et notes par M. Barbier, Paris Vrin, 1980.

–*Leçons sur les Indiens et sur le droit de la guerre*, Genève, Droz, 1966.

§3. Etudes sur Hobbes

AARON (R.I.), "A possible Early Draft of Hobbes' *De Corpore*", in *Mind*, n° 54, 1945, pp. 342-356.

BARNOUW (J.), "Bacon and Hobbes : the conception of experience in the scientific revolution", in *Science, Technology & Humanities*, Vol. II, n° 1, 1979, pp. 92-110.

BERNHARDT (J.), "Hobbes et le mouvement de la lumière", in *Revue d'Histoire des Sciences*, T. XXX, n° 1, 1977, pp. 3-24.

—"Image et raisonnement chez Hobbes. Note sur un essai d'empirisme rationnel au XVII° siècle", in *Revue des Sciences Philosophiques et Théologiques*, T. LXVII, n° 4, 1983, pp. 564-572.

—"Polémique de Hobbes contre la *Dioptrique* de Descartes dans le *Tractatus Opticus II* (1644)", in *Revue Internationale de Philosophie*, n° 129, 1979, pp. 432-442.

—"Genèse et limites du matérialisme de Hobbes", in *Raison Présente*, n° 47, 1978, pp. 41-61.

—"Sur le passage de F. Bacon à Th. Hobbes", in *Etudes Philosophiques*, n° 4, 1985, pp. 449-455.

—"Intelligibilité et réalité chez Hobbes et Spinoza", in *Revue Philosophique*, n° 2,1985, pp. 115-133.

—"Nominalisme et mécanisme chez Hobbes", in *Archives de Philosophie*, T. 48, n° 2, 1985, pp. 235-249.

—"Savoir universel, Nature et Paix civile: sur l'unité de la pensée de Hobbes", *Cahiers de Littérature du XVII° siècle*, Publications de l'Université de Toulouse-Le Mirail, 1987, pp. 135-149.

—*Naissance de Th. Hobbes à la pensée moderne, le Short Tract on First Principles*, texte, traduction et commentaire, à paraître aux PUF.

BERTMAN (M.A.), "Equality in Hobbes, with reference to Aristotle", in *Review of Politics*, Vol. 38, n° 4, 1976, pp. 534-544.

BOSS (G.), *La mort du Léviathan. Hobbes, Rawls et notre situation politique*, Zürich, Editions du Grand Midi, 1984.

BOWLE (J.), *Hobbes and his Critics : a study in seventeenth century constitutionalism*, Londres, Jonathan Cape, 1951.

BRANDT (F.), *Thomas Hobbes' mechanical conception of nature*, Londres, 1928.

BROCKDORFF (C. von), *Die Urform der "Computatio sive Logica"*, Kiel, 1934.

CARRIVE (P.), "Béhémoth et Léviathan", in *Cahiers de Philosophie politique et juridique de l'Université de Caen*, n° 3, 1983, pp. 9-48.

CHANTEUR (J.), "Le rapport de l'économique et du politique chez Hobbes et ses implications philosophiques", in *Revue Internationale des Sciences Sociales*, n° 49, 1980, pp.161-173.

DEMÉ (N.), "La table des catégories chez Hobbes", in *Archives de Philosophie*, 1985, T. 48, n°2, pp. 251-275.

GAUTHIER (D.P.), *The logic of Leviathan, the Moral and Political Theory of Thomas Hobbes*, Oxford, Clarendon Press, 1969.

GOLDSMITH (M.M.), *Hobbes's Science of Politics*, New York, CUP, 1966.

GOYARD-FABRE (S.), *Le droit et la loi dans la philosophie de Hobbes*, Paris, Klincksieck, 1975.

–"Le concept de *persona civilis* dans la philosophie politique de Hobbes", in *Cahiers de Philosophie politique et juridique de l'Université de Caen*, n° 3, 1983, pp. 49-71.

–"Les effets juridiques de la politique mécaniste de Hobbes", in *Revue Philosophique*, n°2, 1981, pp. 189-211;

–*Montesquieu adversaire de Hobbes*, Paris, Archives des Lettres Modernes, n° 192, 1980.

HOOD (F.C.), *The divine Politics of Thomas Hobbes*, Oxford, Clarendon Press, 1964.

HUNGERLAND (I.C.) et VICK (G.R.), "Hobbes's theory of signification", in *Journal of the history of philosophy*, n° 11, 1973, pp. 459-482.

JACQUOT (J.), "Un amateur de science ami de Hobbes et de Descartes, Sir Charles Cavendish", in *Thalès*, n°6, 1949-1950, pp. 81-88.

JAUME (L.), *Hobbes et l'Etat représentatif moderne*, Paris, PUF, 1986.

JOHNSTON (D.), *The Rhetoric of Leviathan*, Princeton, PUP, 1986.

KAVKA (G.S.), *Hobbesian Moral and Political Theory*, Princeton, PUP, 1986.

KODALLE (K.M.), *Thomas Hobbes, Logik der Herrschaft und Vernunft des Friedens*, München, 1972.

LAIRD (J.), *Hobbes*, New York, Russell & Russell, 1968.

LYON (G.), *La philosophie de Hobbes*, Paris, Felix Alcan, 1893.

MAC NEILLY (F.S.), *The Anatomy of Leviathan*, Londres, 1968.

MACPHERSON (C.B.), *La théorie politique de l'individualisme possessif de Hobbes à Locke*, traduction M. Fuchs, Paris, Gallimard, 1971.

MALHERBE (M.), "La science de l'homme dans la philosophie de Hobbes", in *Revue Internationale de Philosophie*, n° 129, 1979, pp. 531-551.

–*Thomas Hobbes, ou l'oeuvre de la raison*, Paris, Vrin 1984.

MANENT (P.), *Naissances de la politique moderne*, Paris, Payot, 1977.

MATHERON (A.), "Le droit du plus fort, Hobbes contre Spinoza", in *Revue Philosophique*, n°2, 1985.

MINTZ (S.I.), *The hunting of Leviathan*, Cambridge, CUP, 1970.

OAKESHOTT (M.), *Hobbes, on civil association*, Oxford, Basil Blackwell, 1975.

PACCHI (A.), *Convenzione e ipotesi nella formazione della filosofia naturale di Thomas Hobbes*, Florence, 1965.

PETERS (R.), *Hobbes*, Londres, 1967.

PITKIN (H.F.), *The concept of representation*, Berkeley-Los Angeles-London, UCP, 1972.

POLIN (R.), *Politique et philosophie chez Thomas Hobbes*, seconde édition, Paris, Vrin, 1977.

–*Hobbes, Dieu et les hommes*, Paris PUF, 1981.

RANGEON (F.), *Hobbes, Etat et droit*, Paris, J.E. Hallier-Albin Michel, 1982.

RAPHAEL (D.D.), *Hobbes. Morals and Politics*, Londres, G. Allen & Unwin, 1977.

ROBERTSON (G.C.), *Hobbes*, Edimbourg-Londres, W. Blackwood & Sons, 1910.

ROBINET (A.), "Pensée et langage chez Hobbes. Physique de la parole et *Translatio*", in *Revue Internationale de Philosophie*, n° 129, 1979, pp. 452-483.

ROUX (L.), *Thomas Hobbes. Penseur entre deux mondes*, Publication de l'Université de Saint Etienne, 1981.

RUDOLPH (R.A.), *Thomas Hobbes and the political philosophy of scepticism*, New York, CUP, 1975.

SCHMITT (C.), *Der Leviathan in der Staatslehre des Thomas Hobbes*, Hambourg, 1938.

SCHUHMANN (K.), "Thomas Hobbes und Francesco Patrizi", *Archiv für Geschichte der Philosophie*, N° 68, 1986.

SPRAGENS (T.A.), *The politics of motion. The world of Thomas Hobbes*, Londres, Croom Helm, 1973.

STRAUSS (Leo), *The political philosophy of Hobbes, its basis and its genesis*, Chicago, UCP, 1963.

–"On the spirit of Hobbes's political philosophy", in *Revue Internationale de Philosophie*, n° 4, 1950, pp. 405-431.

STRONG (E.W.), *Procedures and Metaphysics, a Study in the philosophy of mathematical-physical science in the XVI and XVIIth centuries*, Berkeley, 1936.

TAYLOR (A.E.), "The Ethical doctrine of Hobbes", in *Philosophy*, n° 13, 1938, pp. 406-424.

TINLAND (F.), "Formes et effets de la représentation dans le *Léviathan*", in *Revue Européenne des Sciences Sociales*, n° 49, 1980, pp. 41-65.

TÖNNIES (F.), "Contribution à l'histoire de la pensée de Hobbes" (lettres inédites), in *Archives de Philosophie*, vol. 12, n° 2, 1936.

–*Hobbes, Leben und Lehre*, Stuttgart, Frommann, 1896.

–*Studien zur Philosophie und Gesellschaftslehre im 17. Jahrhundert*, Stuttgart-Bad Cannstatt, Frommann-Holzboog, 1975.

TRICAUD (F.), "La question de l'égalité dans le *Léviathan*", in *Revue Européenne des Sciences Sociales*, n° 49, 1980, pp. 33-40.

–"*Homo homini deus, Homo homini lupus* : recherche des sources de deux formules de Hobbes", in *Hobbes-Forschungen,* 1969, pp. 61-70.

–"An investigation concerning the usage of the words *Person* and *Persona* in the political treatises of Hobbes", in *Thomas Hobbes. His view of man,* Amsterdam, 1979, pp. 82-98.

–"Réflexions sur les rapports de la force et de la justice dans l'anthropologie de Hobbes", in *Annales de l'Université Jean Moulin (Lyon),* 1978, pp. 145-158.

TRIOMPHE (M.), "Hobbes sophiste?", in *Revue Européenne des Sciences Sociales,* n° 49, 1980, pp. 33-40.

VIOLA (F.), *Behemoth o Leviathan?, Diritto e obbligo nel pensiero di Hobbes,* Milan, 1979.

WARRENDER (H.), *The political philosophy of Hobbes : his theory of obligation,* Oxford, Clarendon Press, 1957.

WATKINS (J.W.N.), *Hobbes's System of Ideas : a Study in the Political Significance of Philosophical Theories,* Londres, Hutchinson University Library, 1965.

WILLMS (B), *Die Antwort des Leviathan. Thomas Hobbes' politische Theorie,* Berlin, 1970.

ZARKA (Y.Ch.), "Vision et désir chez Hobbes", in *Recherches sur le XVII° siècle,* n° 8, Paris, CNRS, 1986, pp. 127-142.

–"Espace et représentation dans le *De Corpore* de Hobbes" in *Recherches sur le XVII° siècle,* n° 7, Paris, CNRS, 1984, pp. 159-180.

–"Empirisme, nominalisme et matérialisme chez Hobbes", in *Archives de Philosophie,* T. 48, n° 2, 1985, pp. 177-233.

–"Personne civile et représentation politique chez Hobbes", in *Archives de Philosophie,* T. 48, n° 2, 1985, pp. 287-310.

–"L'origine du concept d'état de nature et son enjeu dans la philosophie politique de Hobbes", in *Revue de l'Enseignement Philosophique,* n°3, 1982.

–"La sémiologie de la guerre chez Hobbes", in *Cahiers de Philosophie politique et juridique de l'université de Caen,* n° 10, 1986, pp. 127-146.

–"Histoire et développement chez Hobbes", in *Entre Forme et Histoire,* sous la direction de O. Bloch et B. Balan, Paris, Klincksieck (à paraître).

–"Actes de parole et pacte social chez Hobbes", in *Cahiers de Philosophie politique de l'Université de Reims,* (à paraître).

–"Hobbes", in *Dictionnaire des Philosophes,* Paris, PUF, 1984, T.I, pp. 1228-1236.

–"La matière et le signe, Hobbes lecteur de la *Dioptrique* de Descartes", à paraître dans les actes du colloque Descartes du CNRS, de juin 1987.

—"Aspects sémantiques, syntaxiques et pragmatiques de la théorie du langage chez Hobbes", à paraître dans les actes du colloque de Nantes, de juin 1987

§4. *Etudes historiques et critiques sur les auteurs antérieurs,*
contemporains ou postérieurs à Hobbes
(et autres textes consultés)

AARON (R.I.), *John Locke,* Oxford, Clarendon Press, 1973.

ALQUIÉ (F.), *La découverte métaphysique de l'homme chez Descartes,* deuxième édition, Paris PUF, 1966.

ARQUILLIÈRE (H.X.), *L'augustinisme politique, essai sur la formation des théories politiques du moyen-âge,* deuxième édition, Paris, Vrin 1972.

ASHWORTH (E.J.), *Language and Logic in the Post-Medieval Period,* Dordrecht-Boston, 1974.

—"The Doctrine of Supposition in the Sixteenth and Seventeenth Centuries", in *Archiv für Geschichte der Philosophie,* n° 51, 1969, pp. 260-285.

AUBENQUE (P.), *Le problème de l'être chez Aristote,* Paris, PUF, 1972.

—*La prudence chez Aristote,* Paris, PUF, 1963.

AUSTIN (J.L.), *Quand dire, c'est faire,* traduction G. Lane, Paris, Seuil, 1970.

BAUDRY (L.), *Lexique Philosophique de Guillaume d'Ockham,* Paris, Lethielleux, 1958.

—*Guillaume d'Occam, sa vie, ses oeuvres, ses idées sociales et politiques,* T. 1: *L'homme et les oeuvres,* Paris, Vrin, 1950.

BELAVAL (Y.), *Leibniz critique de Descartes,* Paris, Gallimard, 1960.

BÉRUBÉ (C), *La connaissance de l'individuel au moyen-âge,* Montréal-Paris, PUM-PUF, 1964.

BEYSSADE (J.M.), *La Philosophie Première de Descartes,* Paris, Flammarion, 1979.

BIARD (J.), *L'émergence du signe au XIII° et au XIV° siècles,* Thèse de Doctorat d'Etat soutenue à l'Université Paris 1-Sorbonne en 1985.

—"La signification d'objets imaginaires dans quelques textes anglais du XIV° siècle (Guillaume Heytesbury, Henry Hopton)", in *The Rise of British Logic,* O. Lewry (ed.), Toronto, Pontifical Institute of Mediaeval Studies, 1985, pp. 265-283.

BLOCH (E.), *Droit naturel et dignité humaine,* traduction D. Authier et J. Lacoste, Paris, Payot, 1976.

BLOCH (O.R.), *La Philosophie de Gassendi, Nominalisme, Matérialisme et Métaphysique,* La Haye, Martinus Nijhoff, 1971.

—"Sur les premières apparitions du mot *matérialiste"* in *Raison Présente,* n° 47, 1978, pp. 3-16.

BOEHNER, *Medieval Logic*, Manchester, 1952.

BORDES (J.), *'Politeia' dans la pensée grecque jusqu'à Aristote*, Paris, Belles Lettres, 1982.

BOURGEOIS (B.), *Le Droit Naturel de Hegel, Commentaire*, Paris, Vrin, 1986.

BRÉHIER (E.), *La.philosophie du moyen-âge*, Paris, Albin Michel, 1937.

BRUYÈRE (N.), *Méthode et dialectique dans l'oeuvre de La Ramée*, Paris, Vrin, 1984.

BRYKMAN (G.), *Berkeley, Philosophie et Apologétique*, 2 vol., Paris, Vrin, 1984.

CANGUILHEM (G), *La formation du concept de réflexe au XVII° et au XVIII° siècles*, seconde édition, Paris, Vrin, 1977.

CARRIVE (P.), "La pensée politique de Filmer", in *Cahiers de Philosophie politique et juridique de l'Université de Caen*, n° 5, 1984, pp. 61-84.

CASSIRER (E.), *Individu et Cosmos dans la Philosophie de la Renaissance*, Paris, Minuit, 1983.

CHANTEUR (J.), *Platon, le désir et la cité*, Paris, Sirey, 1980.

COMPAROT (A.), *Augustinisme et aristotélisme de Sebon à Montaigne*, Paris, Cerf, 1984.

COURTINE (J.F.), "Le projet suarézien de la métaphysique", in *Archives de Philosophie*, tome 42, n°2, 1979, pp. 235-274

COUTURAT (L.), *La Logique de Leibniz*, Hildesheim, Olms, 1969.

CROMBIE (A.C.), *Histoire des sciences de Saint Augustin à Galilée (400-1650)*, 2 vol., traduction J. D'Hermies, Paris, PUF, 1959.

DAVIS (J.C.), *Utopia & the Ideal Society, a Study of English Utopian Writing, 1516-1700*, Cambridge, CUP, 1983.

DERATHÉ (R.), *Jean-Jacques Rousseau et la science politique de son temps*, Paris, Vrin, 1970.

DERMENGHEM (E), *Thomas Morus et les utopistes de la renaissance*, Paris, Plon, 1927.

D'HONDT (J.), *Hegel, Philosophe de l'Histoire Vivante*, Paris, PUF, 1966.

DUCHESNEAU (F.), *L'empirisme de Locke*, La Haye, Martinus Nijhoff, 1973.

DUNN (J.), *The political thought of John Locke*, Cambridge, CUP, 1982.

GAUTHIER (R.A.), *Magnanimité, l'idéal de la grandeur dans la philosophie païenne et dans la théologie chrétienne*, Paris, Vrin, 1951.

FOUCAULT (M.), *Les mots et les choses*, Paris, Gallimard, 1966.

GILBERT (N.W.), *Renaissance concepts of method*, New York, 1960.

GILSON (E.), *L'être et l'essence*, Paris, Vrin, 1981.

    –L'esprit de la philosophie médiévale, Paris, Vrin, 1983.

    –Introduction à l'étude de Saint Augustin, Paris, Vrin, 1982

    –Le Thomisme, Paris, Vrin, 1979.

    –Saint Thomas moraliste, Paris, Vrin, 1981.

–*Humanisme et renaissance*, Paris, Vrin, 1983.

–*Pourquoi Saint Thomas a critiqué Saint Augustin*, suivi de *Avicenne et le point de départ de Duns Scot*, Paris, Vrin, 1981.

–*Jean Duns Scot, introduction à ses positions fondamentales*, Paris, Vrin, 1952.

GOLDSCHMIDT (V.), *La doctrine d'Epicure et le droit*, Paris, Vrin, 1977.

–*Anthropologie et Politique. Les principes du système de Rousseau*, Paris, Vrin, 1977.

GOUHIER (H.), *Cartésianisme et augustinisme au XVII° siècle*, Paris, Vrin 1978.

GOYARD-FABRE (S.), *John Locke et la raison raisonnable*, Paris, Vrin, 1986.

GRUA (G.), *Jurisprudence universelle et Théodicée selon Leibniz*, Paris, PUF, 1953.

–*La justice humaine selon Leibniz*, Paris, PUF, 1956.

GUELLUY (R.), *Philosophie et Théologie chez Guillaume d'Ockham*, Louvain-Paris, Nauwelaerts-Vrin, 1947.

GUENANCIA (P.), *Descartes et l'ordre politique*, Paris, PUF, 1983.

GUEROULT (M.), *Berkeley, quatre études sur la perception et sur Dieu*, Paris, Aubier Montaigne, 1956.

–*Descartes selon l'ordre des raisons*, 2 vol, Paris, Aubier Montaigne, 1968.

–*Malebranche*, 3 vol., Paris, Aubier Montaigne, 1955-1959.

–*Spinoza I* et *Spinoza II*, Paris, Aubier Montaigne, 1968 et 1974.

–*Leibniz, Dynamique et Métaphysique*, Paris, Aubier Mointaigne, 1967.

–"Métaphysique et physique de la force chez Descartes et Malebranche", in *Revue de Métaphysique et de Morale*, n° 1, 1954, pp. 1-37, et n° 2, 1954, 113-134.

HABERMAS (J.), *Théorie et pratique*, traduction G. Raulet, Paris, Payot, 1975.

HAGGENMACHER (P.), *Grotius et la doctrine de la guerre juste*, Paris, PUF, 1983.

HAMELIN (O.), *Le système d'Aristote*, Paris, Vrin, 1985.

HAYDN (H.), *The Counter-Renaissance*, New York, 1950.

HEIDEGGER (M.), *Chemins qui ne mènent nulle part*, traduction W. Brokmeier, Paris, Gallimard, 1962.

–*Question I*, traduction H. Corbin, R. Munier (et al.), Paris, Gallimard, 1968.

–*Question II*, traduction K. Axelos, J. Beaufret (et al.), Paris, Gallimard, 1968.

–*Essais et Conférences*, traduction A. Préau, Paris Gallimard, 1958.

–*Le principe de raison*, traduction A. Préau, Paris, Gallimard, 1952.

–*Qu'est-ce qu'une chose?*, traduction J. Reboul et J. Taminiaux, Paris, Gallimard, 1971.

–*Traité des catégories et de la signification chez Duns Scot*, traduction F. Gaboriau, Paris, Gallimard, 1970.

–*Les problèmes fondamentaux de la phénoménologie*, traduction J.F. Courtine, Paris, Gallimard, 1985.

HILL (C.), *Le monde à l'envers, les idées radicales au cours de la révolution anglaise*, traduction S. Chambon et R. Ertel, Paris, Payot, 1977.

JARDINE (L.), *Francis Bacon, Discovery and the Art of Discourse*, Cambridge, CUP, 1974.

JOLIVET (J.), *Arts du langage et théologie chez Abélard*, Paris, Vrin, seconde édition, Paris, Vrin, 1982.

–*Abélard, ou la philosophie dans le langage*, Paris, Seghers, 1969.

–"Abélard et Guillaume d'Ockham lecteurs de Porphyre", in *Cahiers de la Revue de Théologie et de Philosophie*, n° 6, 1981, pp. 31-54.

JOLY (H.), *Le renversement platonicien, Logos, Epistémè, Polis*, seconde édition, Paris, Vrin 1985.

JONES (R.F.), *Ancients and Moderns, a Study of the Rise of the Scientific Movement in Seventeenth-Century England*, New York, Dover, 1982.

KALUKA (Z.) et VIGNAUX (P.) (eds.), *Preuves et Raisons à l'Université de Paris. Logique, Ontologie et Théologie au XIV° siècle*, Paris, Vrin 1984.

KANTOROWICZ (E.H.), *The King's Two Bodies, a Study in Mediaeval Political Theology*, Princeton, PUP, 1957.

KOYRÉ (A.), *La révolution scientifique*, Paris, Hermann, 1974.

-*Etudes Galiléennes*, Paris, Hermann, 1966.

-*Etudes d'histoire de la pensée scientifique*, Paris, Gallimard, 1973.

KREMER-MARIETTI (A.), *L'anthropologie positiviste d'Auguste Comte*, Lille, Atelier de reproduction des thèses, 1980.

LAFOND (J.), *La Rochefoucauld, augustinisme et littérature*, Paris, Klincksieck, 1977.

LAGARDE (G. de), *La naissance de l'esprit laïque au déclin du moyen-âge*, 5 vol., Louvain-Paris, Nauwelaerts, 1956-1963.

LARGEAULT (J.), *Enquête sur le nominalisme*, Louvain-Paris, Nauwelaerts, 1971.

LAURENT (P.), *Pufendorf et la loi naturelle*, Paris, Vrin, 1982.

LEFF (G.), *William of Ockham, The Metamorphosis of Scholastic Discourse*, Manchester, 1975.

LEFORT (C.), *La travail de l'oeuvre, Machiavel*, Paris, Gallimard, 1972.

LENOBLE (R.), *Mersenne ou la naissance du mécanisme*, deuxième édition, Paris, Vrin, 1971.

LUTAUD (O.), *Des révolutions d'Angleterre à la révolution française, le tyrannicide*, La Haye, Martinus Nijhoff, 1973.

MAGNARD (P.), *Nature et Histoire dans l'apologétique de Pascal*, Paris, Belles Lettres, 1975.

–"Le roi et le tyran", in *Cahiers de Philosophie politique et juridique de l'Université de Caen*, n° 6, 1984, pp. 113-126.

–"Prédicables et prédicaments chez Charles de Bovelles", in *Recherches sur le XVII° siècle*, Paris, CNRS, n° 8, 1986, pp. 47-61.

MANSION (A.), *Introduction à la physique aristotélicienne*, Louvain-Paris, 1945.

MARENBON (J.), *Early Medieval Philosophy (480-1150)*, Londres, 1983.

MARIN (L.), *La critique du discours. Sur la 'logique de Port-Royal' et les 'Pensées' de Pascal*, Paris, Minuit, 1975.

–*Le portrait du roi*, Paris, Minuit, 1981.

MARION (J.L.), *Sur l'ontologie grise de Descartes*, Paris, Vrin, seconde édition, 1981.

-*Sur la théologie blanche de Descartes*, Paris, PUF, 1981.

MATHERON (A), *Individu et Communauté chez Spinoza*, Paris, Minuit, 1969.

-*Anthropologie et politique au XVII° siècle (études sur Spinoza)*, Paris, Vrin 1986.

MEINECKE (F.), *L'idée de la Raison d'Etat dans l'Histoire des Temps Modernes*, traduction M. Chevallier, Genève, Droz, 1973.

MESNARD (P.), *L'essor de la philosophie politique au XVI° siècle*, Paris, Vrin 1977.

MICHAUD-QUANTIN (P.), *Universitas, expressions du mouvement communautaire dans le moyen-âge latin*, Paris, Vrin, 1970.

-*Etudes sur le vocabulaire philosophique du moyen-âge*, Edizioni dell'Ateneo, Rome, 1970.

MURALT (A. de), *La méthaphysique du phénomène. Les origines médiévales et l'élaboration de la pensée phénoménologique*, Paris, Vrin, 1985.

–*Comment dire l'être?, l'invention du discours métaphysique chez Aristote*, Paris, Vrin, 1985.

–"Structure de la philosophie politique moderne. D'Occam à Rousseau", in *Cahier de la Revue de Théologie et de Philosophie*, n° 2, 1978, pp. 3-84.

–"La connaissance intuitive du néant et l'évidence du 'je pense'. Le rôle de l'argument *de potentia absoluta dei* dans la théorie occamienne de la connaissance. Introduction, traduction et commentaire du Prologue des Sentences de Guillaume d'Occam", in *Studia Philosophica*, vol. XXXVI, 1976, pp. 107-158.

NUCHELMANS (G.), *Late-Scholastic and Humanist Theories of the Proposition*, Amsterdam-Oxford-New York, 1980

–*Judgment and Proposition from Descartes to Kant*, Amsterdam-Oxford-New York, 1983.

PAQUÉ (R), *Le statut parisien des nominalistes*, Paris, PUF, 1985.

PARIENTE (J.C.), *L'analyse du langage à Port-Royal*, Paris, Minuit, 1985.

PASSERIN D'ENTRÈVES (A.), *La notion d'Etat*, traduction J.R. Weiland, Paris, Sirey, 1969.

PHILONENKO (A.), *Théorie et pratique dans la pensée morale et politique de Kant et Fichte en 1793*, Paris, Vrin, 1976.

QUILLET (J.), *La philosophie politique de Marsile de Padoue*, Paris, Vrin, 1970.

RANDALL (J.H.), *The School of Padua and the Emergence of Modern Science*, Editrice Antenore, Padova, 1961.

RIJK (L.M. de), *Logica modernorum. A Contribution to the History of Early Terminist Logic*, Assen, 1967.

-*La logique au moyen-âge*, E.J. Brill, Leiden, 1985.

RISSE (W.), *Die Logik der Neuzeit, I, 1500-1640*, Stuttgart-Bad Cannstatt, 1964.

-*Die Logik der Neuzeit, II, 1640-1780*, Stuttgart-Bad Cannstatt, 1970.

ROBINET (A.), *Système et existence dans l'oeuvre de Malebranche*, Paris, Vrin, 1965.

—*Malebranche de l'Académie des Sciences, l'oeuvre scientifique*, Paris, Vrin, 1970.

—*Malebranche et Leibniz, relations personnelles*, Paris, Vrin, 1955.

—*Le défi cybernétique : l'automate et la pensée*, Paris, Gallimard, 1973.

—*Le langage à l'âge classique*, Paris, Klincksieck, 1978.

—"Les fondements métaphysiques des travaux historiques de Leibniz", *Studia Leibnitiana, Zeitschrift für Geschichte der Philosophie und der Wissenschaften*, Wiesbaden, Franz Steiner Verlag.

RODIER (G.), *Aristote, Traité de l'âme, commentaire*, Paris, Vrin, 1985.

ROMEYER DHERBEY (G.), *Les choses mêmes, la pensée du réel chez Aristote*, Lausanne, l'Age d'Homme, 1983.

ROSIER (I.), *La Grammaire spéculative des modistes*, Lille, PUL, 1983.

RUSSELL (B.), *La philosophie de Leibniz*, traduction P. et R. Ray, Paris-Londres-New York, Gordon & Breach, 1970.

STRAUSS (L.), *Pensées sur Machiavel*, traduction M.P. Edmond et Th. Stern, Paris, Payot, 1982.

—*De la tyrannie*, traduction H. Kern, Paris, Gallimard, 1954.

—*Droit naturel et Histoire*, traduction M. Nathan et E. Dampierre, Paris, Plon, 1954.

TOCANNE (B.), *L'idée de nature en France dans la seconde moitié du XVII° siècle*, Paris, Klincksieck, 1978.

TULLY (J.), *A Discourse on Property, John Locke and his adversaries*, Cambridge, CUP, 1982.

VEALL (D.), *The popular movement for Law Reform 1640-1660*, Oxford, Clarendon Press, 1970.

VÉDRINE (H.), *La conception de la nature chez Giordano Bruno*, Paris, Vrin, 1967.

VIGNAUX (P.), *la justification et la prédestination au XIV° siècle*, Paris, Leroux, 1934.

–*De Saint Anselme à Luther*, Paris, Vrin, 1976.

–*Nominalisme au XIV° siècle*, Paris, Vrin, 1981.

–"Nominalisme" in *Dictionnaire de Théologie Catholique*, Tome XI, première partie, Paris, 1931, col. 713-784.

VILLEY (M.), *La formation de la pensée juridique moderne*, Paris, Montchrétien, quatrième édition, 1975.

-*Leçons d'histoire de philosophie du droit*, Paris, Dalloz, 1962.

-*Seize essais de Philosophie du droit*, Paris, Dalloz, 1969.

ZARKA (Y. Ch.), "Signe, supposition et dénomination. Figure du nominalisme au XVII° siècle", in *Signes, concepts et systèmes*, (collectif) à paraître dans la *Revue des Sciences Philosophiques et Théologiques*.

–"Locke" in *Dictionnaire des philosophes*, T. II, Paris, PUF, 1984, pp. 1612-1620.

INDEX DES NOMS PROPRES

(Cet index ne comporte que les noms des auteurs classiques et des commentateurs.
Sauf exception, les éditeurs et les traducteurs cités dans le corps de l'ouvrage ne
sont pas repris)

TABLE DES MATIÈRES

DEUXIÈME PARTIE

LE MOT ET LA CHOSE

TROISIÈME PARTIE

LA MATIÈRE ET L'ARTIFICE

ACHEVÉ D'IMPRIMER
EN AVRIL 1999
PAR L'IMPRIMERIE
DE LA MANUTENTION
A MAYENNE
N° 101-99

Dépôt légal : 2ᵉ trimestre 1999